U0444470

国家自然科学基金资助项目(40101010、40571056)
中国科学院知识创新工程重要方向性项目(KZCX2-SW-318)

沿海地区城市土地利用扩展的时空模式

刘盛和 陈 田 张文忠 等著

商务印书馆
2008年·北京

图书在版编目(CIP)数据

沿海地区城市土地利用扩展的时空模式/刘盛和等著. —北京：商务印书馆，2008

ISBN 978-7-100-05638-0

Ⅰ.沿… Ⅱ.刘… Ⅲ.沿海-城市-土地利用-研究-中国 Ⅳ.F299.232

中国版本图书馆 CIP 数据核字(2007)第 152148 号

所有权利保留。
未经许可，不得以任何方式使用。

沿海地区城市土地利用扩展的时空模式
刘盛和 陈 田 张文忠 等著

商 务 印 书 馆 出 版
（北京王府井大街36号 邮政编码100710）
商 务 印 书 馆 发 行
北京瑞古冠中印刷厂印刷
ISBN 978-7-100-05638-0

2008年12月第1版 开本 787×1092 1/16
2008年12月北京第1次印刷 印张 17½ 插页 4
定价：35.00元

序

城市土地利用扩展研究不仅是剖析人文驱动因子对土地利用的影响的最佳切入点和优先研究领域之一,而且对人多地少的中国来说,更具有迫切的现实意义。本书的作者在国家自然科学基金项目和中国科学院创新工程重要方向性项目的支持下,对我国东部沿海的北京市、长江三角洲、珠江三角洲等典型地区进行了大量的实地调查,并运用GIS空间分析、信息图谱等先进方法,较深入地分析了我国东部地区城市土地利用扩展的时空模式、动力机制及其资源环境效应。这不仅有利于丰富和发展我国城市土地利用的理论与方法,而且对合理调控城市用地扩展、促进土地合理而节约集约利用具有较重要的实践参考价值。

概略说来,本书在以下五个方面具有较重要的理论和应用创新:

第一,系统地综述了西方城市土地利用理论研究的最新进展,较深入地评析了历史形态方法与生态学派、空间经济学方法与经济区位理论、行为分析方法与社会行为学派、政治经济学方法与政治区位学派等各种研究方法与理论派系的独到功力及其局限性,并指出西方城市土地利用理论研究的最新发展趋势。

第二,改正了土地利用动态变化的测算方法和城市土地利用扩展空间分异的衡量指标。本书首先从土地利用变化的空间涵义出发,细分出未变化部分、转变部分和新增部分三种空间类型,并据此对国内现有测算土地利用变化速率的数量分析和动态度模型进行了评析;在此基础上,进一步提出了更加具有可比较性的城市土地利用空间扩展的衡量指标和空间分析测算模型,可以更为精细和准确地测算各土地利用类型的动态变化程度,清晰地揭示城市土地利用扩展的空间分异规律、扩展中心及扩展轴的时空迁移模式。

第三,实证分析了我国东部地区案例城市在20世纪90年代的城市土地利用扩展时空模式。本书利用GIS空间分析技术对我国东部沿海的北京市、长江三角洲(上海和绍兴)和珠江三角洲等案例地区,在不同时期相同比例尺的区域土地利用图进行叠合运算和空间统计分析,构建各区域不同土地利用类型间的马尔可夫转变矩阵,定量化、定位化地揭示了区域内各土地利用类型间相互转化的来源和去向,并更为精确地计算出区域土地利用变化率;并通过对多时相间城市土地利用扩展的时空过程进行空间聚类和历史形态分析,揭示了各案例地区城市土地利用扩展的时空模式。

第四,构建了我国土地管理"双轨制"下城市土地利用扩展的动力机制。运作政治经济学派的理论与方法对我国现阶段城市土地开发过程进行政治经济分析,剖析了"双轨制"下城市土地利用扩展的开发类型与动力机制,发现其最大的隐患是对集管理者和市场参与者的双重身份于一体的政府"行为"缺乏公正有效的约束与监督,从而导致城市土地利用扩展的总量失控,并诱发土地隐性交易市场。从而,提出未来我国的城市土地利用开发:一方面应进一步强化市场机制的基础性地位,并建立一种透明、公正、高效的城市土地市场监管机制;另一方面要加强政府的宏观调控能力,协调城市发展与耕地保护、生态环境建设等之间的矛盾,实现城市可持续发展。

第五,比较系统地阐述了我国东部沿海地区城市化和城市土地利用扩展所带来的资源环境胁迫效应。

总之,这是一本既具学术前沿性,又切合我国社会经济发展的重大实践需求的力作。我十分乐意把它推荐给从事城市发展、土地管理和资源环境等领域的广大理论与实践工作者,以期获得学术界同仁的帮助和指正。

前国际地理学会副主席
中国地理学会名誉理事长
中国科学院院士

吴传钧

2008年1月于中关村

前　言

我国正处在工业化、城镇化加快发展的进程中,土地需求十分强烈,可以预见我国的土地利用在 21 世纪初将更趋剧烈,并可能引发更为尖锐的土地利用冲突和人地矛盾,其突出表现可概括为:维护国家食物安全与推进城市化进程之间、保持耕地总量动态平衡与生态环境建设之间的矛盾,也就是土地资源在农业土地利用、建设用地及生态用地等不同利用类型和功能之间的转换与配置问题。能否科学、合理地解决这些矛盾、冲突和问题,关系到我国社会经济的可持续发展,乃至整个民族的生存与发展。

纵观近 50 年来我国土地利用变化的政策导向,却具有较大的自发性、应急性和短视性,如自然灾害过后,"以粮为纲"的目标导致全民毁林开荒、围湖造田;为发展经济而大规模侵占优质耕地致其低价出让,由此而造成的损失是惨重的。20 世纪末的八九十年代在我国兴起的"开发区热"、"房地产热",造成了巨大的土地浪费、资金沉淀和繁多的社会和生态问题,东部地区的优质耕地的减少已经到了触目惊心的地步,并引发了"谁来养活中国人"(粮食安全)的争论与忧虑,中央政府对耕地采取了更为严格的保护政策和措施,1997~1998 年连续两年全面冻结新增建设用地。但是,暂时的冻结之后,又出现一浪高过一浪的"圈地"热。面对严峻的形势,2003 年国务院办公厅连续下发了两道整顿土地市场秩序的命令——《关于暂停审批各类开发区的紧急通知》、《关于清理整顿各类开发区加强建设用地管理的通知》,由国土资源部、国家发展与改革委员会等五部委联合对全国的各类开发区和建设用地扩展进行执法大检查。据统计汇总,2003 年全国各类开发区总数达 5 658 个,区规划面积达 3.6 万平方公里,超过了全国现有城镇建设用地总量。在调查摸底基础上,各地对各类违规设立的开发区进行整改撤并。全国撤并整合各类开发区 2 046 个,占总数的 36%。其中山东省 947 个开发区撤并整合 695 个,浙江省 758 个开发区撤并整合 472 个,江苏省 475 个开发区撤并整合 302 个,北京市 470 个开发区撤并 17 个。

研究我国特别是东部沿海地区城市土地利用的扩展规律及其资源环境效应,具有极为重要的现实意义和科学价值。首先,我国人多地少和正处于工业化、城镇化快速发展阶段的独特国情,迫切要求开展对城市土地利用扩展规律及其资源环境效应研究,寻找妥善解决"吃饭"与"建设"这对矛盾的途径与模式。中国的城市土地利用面临着世界上少有的严峻环境。一方面,国家目前的城市化水平极低、人均城市用地面积过少,在未来的 50 年内将处于工业化和城市化的加速发展阶段,城市用地扩展是发展经济和提高人民生活质量的必然要求;另一方面,城市扩展所不可避免地要占用的耕地资源在我国极为稀缺和宝贵,部分外国学者甚至已经向我们敲响了"谁来养活中国人"的警钟。在这种复杂、微妙的形势下,必须切实加强对城市土地利用的理论和实证研究,严格地根据城市土地利用扩展的时空规律来制定相关政策并指导开发活动。否则,任何主观臆断性的决策均可能产生极为严重的后果,或造成耕地大量被侵占,危及国家未来的生存与发展;或导致城市土地供应的人为短缺及房地产价格的畸形高涨,严重阻碍经济增长和人民生活质量的改善。国家近几十年来在城市土地利用政策上的忽热忽冷、忽左忽右,集中反映出我国对城市土地利用扩展客观规律性缺乏足够的认识和研究,以及国家社会经济发展对这方面学术研究的急切渴求。

其次,开展对城市土地利用扩展规律及其资源环境效应研究,有助于促进节约和集约利用土地,有助于优化城乡用地结构和布局,是健全城市土地市场、合理调控城市用地增长的需要。自土地有偿使用制度实施以来,城市土地批租成为政府重要的财政来源之一。由于对城市土地扩展的客观规律缺乏必要的认识,不少城市政府在短期利益的驱使下,任意、盲目批租城市土地,严重地扰乱了城市土地市场,并破坏了城市生态环境。其突出表现为:①城市土地利用扩展缺乏长远计划,批租时机把握不当,扩展的速度与规模严重失控,从而人为地扰乱了土地市场的正常运作,并导致土地资源的浪费和土地收益的流失;②新增城市土地利用的用地结构严重失调,房地产开发用地的比重过大,建筑容积率过高过密,道路、绿化、广场等公共设施用地严重不足,从而导致城市基础设施不堪重负,公共配套设施严重短缺,城市生活环境日趋恶劣;③城市土地利用扩展的空间布局混乱,见缝插针式、沿边沿路蔓延式的城市土地开发行为普遍,从而导致较严重的土地利用冲突及"摊大饼"的圈层式扩展,破坏了城市总体规划,恶化了城市生态环境。因此,为了建立健全城市土地市场、实现城市可持续发展,必须加强对城市土地利用扩展规律的研究,并制定科学合理、定量、定时、定位的城市土地供应计划。国务院办公厅在2005年转发国土资源部《关于做好土地利用总体规划修编前期工作意见的通知》(国办发[2005]32号文),要求各地在开展土地利用总体规划修编的前期,必须深入研究如何促进节约和集约利用土地、如何优化城乡用地结构和布局、如何统筹区域土地利用等重大问题。

其三,开展对城市土地利用扩展规律及其资源环境效应研究,有利于丰富和发展我国的城市土地利用的理论体系。现有的城市土地利用理论研究大多集中在西方资本主义国家,源自于土地私有制下的市场机制。我国城市土地所有权全部归属国有,只有使用权可依法通过市场出让、出租和转让;并且我国城市土地利用发展的社会经济背景环境及历史基础有很强的独特性。因而,在中国开展城市土地利用的理论与实证研究,有望发现不同于西方国家的规律与准则,极大地丰富和发展城市土地利用的理论体系。城市土地利用是近代西方城市地理学和经济学及区域科学中最富活力的交叉研究领域,先后提出并形成了历史形态学派、区位经济学派、社会行为学派及政治经济学派等不同的研究方法与理论派系,极大地丰富和增进了学术界对资本主义市场机制下城市土地利用的空间结构及其演替规律的认识,近期又将研究重点转向城市土地开发过程及城市增长管理。在我国长期实行单一性行政配置土地的计划体制下,不存在土地市场,建设用地配置是在基建投资计划过程中附带完成的,城市规划则是协调不同建设项目用地的行政手段,采用的是"先立项,后给地"的方式,城市土地利用的理论与实证研究因缺乏实践需求而少人问津,构成目前我国学术研究中的薄弱点。在实行土地有偿使用制度之后,虽然城市土地估价因实际工作的迫切需要而获得蓬勃发展,但对"双轨制"下城市土地利用的发展机理等理论性研究仍严重滞后,致使土地开发实践中普遍存在着两种片面的极端认识:一种是沿用"先立项,后给地"的计划方式,导致大量土地被行政划拨或低价协议出让;另一种是肤浅地把市场机制等同于卖地,大部分土地出让合同中缺乏必要的土地使用条件,规划管理形同虚设。因此,我国土地使用制度的改革深化迫切需要城市土地利用理论研究提供科学指导。

其四,城市土地利用扩展研究是剖析土地利用/土地覆被变化的动力机制的重要切入点。自20世纪90年代以来,土地利用变化已成为国际学术界的研究热点。"国际科学联合会"(ICSU)和"国际社会科学联合会"(ISSC)这两个具有全球影响的国际组织分别将其列为核心研究项目,并于1995年共同拟定并发表了《土地利用/土地覆被变化科学研究计划》,"国际地理联合会"也专门成立了一个"土地利用/土地覆被变化"(LUCC)研究组。其中,土地利用/土地覆被的变化机制是研究的焦点问题。由于历史时期土地覆被的变化都是通过人类活动造成的,因而,分析社会经济因素对土地利用的作用被摆在重要位置。城市是社会生产力发展到一定水平的产物。由于只有当土地上已进行了大量的投资开发,修建路、水、电等城市基础设施时,才适用于城市利用,所以城市土地利用是人类对自然环境干预得最为强烈、改造得最为彻底的一种土地利用方式。同时,城市土地利用积淀着城市各项活动的丰富内涵,它随着城市人口的增长和社会经济的发展而不断外向扩展,是城市社会经济活动在地域空间上的投影。各种社会经济因素对土地利用变化的影响程度和作用机理,在城市土地利用扩展过程中表现得最为明显和强烈。因而,城市土地利用扩展研究是剖析土地利用/土地覆被的变化机制的最佳切入点和优先研究领域之一。

本书是在国家自然科学青年基金项目"半城市化地区的土地利用变化与空间重组"(批准号40101010)和中国科学院知识创新工程重要方向性项目"城市化及其生态环境效应与对策研究"(KZCX2-SW-318)之第三课题"半城市化地区空间结构重组及其生态环境效应研究"及国家自然科学基金项目(40571056)的部分研究成果的基础上,经进一步修改加工而成的。全书以城市土地利用理论和可持续发展思想为指导,采用GIS空间形态、聚类分析、信息图谱、统计分析等定量分析方法与文献综述、实地调研、政治经济学分析等定性分析方法相结合的综合技术路线,对我国东部沿海的北京市、长江三角洲(上海市和绍兴市)和珠江三角洲等典型地区城市土地利用扩展模式及动力机制进行了案例研究,旨在:①探寻我国城市土地利用扩展的时空模式及分异规律;②剖析我国城市土地利用扩展的主导动力因素及其作用机制;③分析我国城市土地利用扩展的资源环境效应;④提出合理调控我国城市土地利用扩展的对策与建议。

本书共分11章。第一章到第四章为理论部分。第一章在概述国内外城市土地利用研究进展的基础上,指出了我国城市土地利用研究的局限性及发展方向。第二章比较系统和全面地评析了西方城市土地利用研究中的历史形态学派、区位经济学派、社会行为学派及政治经济学派四种学派的研究方法与理论派系,比较分析了不同研究方法各自的优势与不足。第三章在分析现有土地利用动态变化的分析模型特点与局限性的基础上,通过综合并加以改进,提出了土地利用动态变化空间分析测算。第四章对城市土地利用扩展的基本动力与作用机制进行比较系统的阐述。第五章和第六章为专题部分,分别对居住区位选择及居住空间扩展过程和外来人口聚居区及土地利用特征进行了专题研究。第七章到第十章为案例研究部分。分别选择北京市(第七章)、上海市(第八章)、绍兴市(第九章)和珠江三角洲地区(第十章)作为我国东部沿海的典型案例,从多角度深入讨论了大城市土地利用空间扩展的特征、演变过程及其驱动因素。其中,第七章通过对北京市土地利用动态演变的宏观总量分析、过程空间分析以及时空过程进行空间聚类和历史形态分析,揭示了北京城市土地利用规模"超常膨胀"的主要原因、城市土地利用扩展的空间分异规律,阐明了城市土地利用扩展中心和扩展轴的时空迁移模式。第八章重点从内市区和边缘区两个角度,探讨了上海城市用地扩展的时空模式与动力机制。第九章重点从市域角度,分析了绍兴地区城乡建设用地的时空演变和动力机制。第十章的侧重点是从区域角度,探讨了珠江三角洲城市密集地区的城市土地扩张的基本过程及其带来的环境变化。第十一章为第四部分,从沿海地区的整体角度,阐述了城市化与城市土地利用扩展所带来的资源环境胁迫效应,并以北京市、珠三角地区以及深圳市为典型案例讨论了城市可持续发展问题。

本书各章的研究与撰写人员分工如下:第一、二、三、七章:刘盛和;第四章:刘盛和、陈田、蔡建明;第五章:张文忠;第六章:陈田;第八章:曾杉;第九章:杜红亮、刘盛和、宋金平;第十章:胡伟平、张文忠;第十一章:李文君、胡伟平。全书由刘盛和、陈田统稿。国家自然科学基金委员会和中国科学院知识创新工程资助了本书的相关研究;吴传钧院士、刘毅研究员、郭焕成研究员等指导了本书的研究与撰写工作,提出了宝贵的修改意见;在此谨表谢忱。由于作者水平所限,书中有错误和不当之处,还望各位同仁和读者批评指正!

刘盛和
2007 年 12 月

目　　录

序
前言

第一章　国内外土地利用变化与城市土地利用扩展的研究进展 …… 1
第一节　土地利用变化(LUC)的国内外研究现状与发展趋势 …… 1
第二节　国外城市土地利用变化研究进展 …… 4
第三节　国内城市土地利用研究进展 …… 10

第二章　城市土地利用研究的基本方法与理论 …… 20
第一节　历史形态方法与生态学派 …… 21
第二节　空间经济学方法与经济区位理论 …… 23
第三节　行为分析方法与社会行为学派 …… 27
第四节　政治经济学方法与政治区位学派 …… 29
第五节　城市土地利用理论研究进展评析 …… 33

第三章　土地利用动态变化的空间分析测算模型 …… 38
第一节　土地利用动态变化的空间涵义 …… 39
第二节　土地利用动态变化的空间分析测算模型 …… 40
第三节　案例分析与结果比较——以北京城市边缘区为例 …… 42

第四章　城市土地利用扩展的动力机制 …… 46
第一节　不同经济社会体制下城市土地利用扩展的动力机制 …… 46
第二节　我国的城市土地使用制度改革与"双轨制"的形成 …… 47
第三节　"双轨制"下我国城市土地利用扩展的动力机制 …… 49
第四节　可持续性城市土地利用扩展的管理对策 …… 58

第五章　城市居住区位选择机理与居住空间扩展模式 …… 61
第一节　居住空间研究的主要流派 …… 61

  第二节 影响居住区位选择的主要因素 ······ 65
  第三节 北京城市居民的居住空间偏好与选择机理 ······ 69
  第四节 北京市居住空间扩展模式 ······ 75

第六章 城市外来人口聚居区的形成及其土地利用特征 ······ 83
  第一节 全国流动人口的变化特征及背景 ······ 83
  第二节 大城市边缘区流动人口聚居现象及其特征 ······ 87
  第三节 城市外来人口聚居区的形成机理 ······ 91
  第四节 城市外来人口聚居区的土地利用特征及形成机制 ······ 96

第七章 北京城市土地利用扩展的时空模式与动力机制 ······ 101
  第一节 北京城市土地资源及利用条件 ······ 101
  第二节 北京城市土地利用的动态变化 ······ 106
  第三节 北京城市土地利用扩展的历史演变与空间分异 ······ 116
  第四节 北京城市土地利用扩展的时空模式 ······ 133
  第五节 北京城市土地利用扩展的驱动力分析 ······ 136
  第六节 促进北京城市可持续发展的土地利用管理对策 ······ 142

第八章 上海城市土地利用的空间结构演变及其动力机制 ······ 149
  第一节 上海城市土地利用现状 ······ 149
  第二节 上海市土地城市化的时空扩散特征 ······ 153
  第三节 上海市中心城用地空间结构演变 ······ 159
  第四节 上海市中心城内部用地变化分析 ······ 162
  第五节 上海城市空间结构演变的动力机制 ······ 166

第九章 绍兴地区土地利用的时空演变过程及其影响因素 ······ 172
  第一节 绍兴地区土地利用变化分析 ······ 172
  第二节 绍兴地区城乡建设用地的时空演变 ······ 182
  第三节 绍兴地区城乡建设用地扩展的驱动力 ······ 195

第十章 珠江三角洲城镇群体演变的时空特征与动力机制 ······ 202
  第一节 城镇群体发育的自然基础 ······ 202
  第二节 城镇群体的时空演变过程及动力类型 ······ 204
  第三节 城镇用地扩展的区域类型及其与城市化发展的空间耦合 ······ 214
  第四节 典型样区城镇群体时空演变的信息图谱剖析 ······ 222

第十一章 城市空间扩展的资源环境胁迫效应与城市可持续发展的
　　　　　空间管理对策 ·· 229
　第一节 城市空间扩展的资源胁迫效应 ··· 229
　第二节 城市空间扩展的环境胁迫效应 ··· 237
　第三节 典型案例研究 ··· 242
　第四节 城市可持续发展的空间管理对策 ··· 259

彩图

第一章 国内外土地利用变化与城市土地利用扩展的研究进展

第一节 土地利用变化(LUC)的国内外研究现状与发展趋势

一、总体趋势

进入20世纪90年代以来,土地利用和土地覆被变化研究已成为全球环境变化研究的重点领域之一。这主要与具有全球影响的两大组织"国际地圈与生物圈计划"(IGBP)和"全球环境变化人文计划"(IHDP)的推动有关。自1990年起,两组织积极筹划全球性综合研究计划,于1995年共同拟定并发表了《土地利用/土地覆被变化科学研究计划》,将其列为全球环境变化的核心项目。目前,该项目(简称IGBP/IHDP-LUCC)已受到许多国际组织和国家的关注和响应。联合国粮农组织(FAO)、国际应用系统分析研究所(IIASA)、联合国环境署都启动了各自的LUCC研究项目,美国和日本等国家也相继启动了有关的区域性研究项目。

国际应用系统分析研究所(IIASA)于1995年启动了为期三年的"欧洲和北亚地区土地利用/土地覆被变化模拟"(LUC)项目。该项目旨在从宏观的角度分析1900~1990年欧洲和北亚地区土地利用/土地覆被变化的空间特征、时间动态和环境效应,并预测未来50年土地利用/土地覆被的变化趋势,为研究相关对策提供服务。该项目在俄罗斯的五个地区及中国的两个地区进行个例分析,同时与区域性模型模拟相结合,土地利用变化的宏观模型主要建立在供(资源、技术)求(食品、纤维、燃料及娱乐)关系之上。

UNEP/EAP-AP于1994年启动了土地覆被评价和模拟(LCAM)项目,旨在调查东南亚地区土地覆被的现状和变化,确定这种变化的热点地区,为区域可持续发展决策提供服务。该项目采用美国宇航局高分辨率雷达(AVHRR)影像进行1:100万比例尺土地覆被制图和监测。

美国科学技术委员会下辖的全球变化研究委员会的主要工作集中于全球和区域性土地覆被变化监测、土地覆被(主要是森林和湿地)变化与温室气体的释放及减少温室气体释放的土地利用对策与技术(免耕、少耕及精耕)等方面,并与欧洲空间署等国际组织合作开展了高分辨率雷达监测土地覆被变化和季节性植被状况项目。1996财政年度,美国全球变化委员会还立项开展了北美洲土地覆被变化的研究。该项目利用遥感方法分析北美(包括美洲大陆的赤道带地区)自1970年以来的土地覆被空间变化。美国还与国际地圈生物圈计划的资料和信息系统项目合作,利用 AVHRR 影像完成了 1990 年时点 1×1km 分辨率的全球土地覆被图。

此外,FAO 自 1995 年开始组织实施了"非洲土地覆被研究项目",简称 AFRICOVER 项目。借助航空遥感手段绘制了非洲大陆 1∶25 万土地覆被图,并提出了一套新的土地利用分类体系和土地覆被分类体系。

总的来讲,20 世纪 90 年代国际上有关土地利用/土地覆被变化的研究项目,侧重于土地覆被的制图和动态监测,研究目标明显地偏重为气候变化和其他系统性全球变化研究提供情景的目的。国际上的相关研究项目也主要集中在不同时点土地覆被制图和对热带雨林的研究领域。20 世纪 90 年代末,IGBP 开始讨论第二个十年的发展战略,全球变化研究与可持续发展问题的联系成为主要议题。与此相应地,IGBP/IHDP-LUCC 科学指导委员会在其 1999 年出版的 LUCC 项目《执行战略》中,指出交叉性(或综合性)和区域性是 LUCC 研究的两大突出特征,并强调了 LUCC 研究必须与区域可持续发展问题相联系,如水资源、土地退化、环境污染、贫困以及区域自然环境和社会在全球变化压力下的脆弱性等问题。

近年来,我国在土地利用和覆被变化方面也开展一些研究工作。总的来讲,以硕、博士研究生的论文项目、陆地生态系统变化和气候变化项目中的专题研究为主。以土地利用和覆被变化为主题的项目多为区域性的研究。大型项目当属国土资源部最近完成的"全国土地利用详查"及随后的变更调查工作,为土地利用变化过程的驱动力分析打下了良好的资料基础。中国科学院在其"知识创新工程"中,利用遥感手段进行大比例尺多时相的土地利用和土地覆被制图工作,已完成了 20 世纪 80 年代中期、90 年代中期和 2000 年的 3 个时期的全国 1∶10 万土地利用图。但目前,国内有关 LUCC 机制的驱动力模型和 LUCC 环境效应方面的研究工作还不多见。

二、驱动力方面

对土地利用变化驱动力的认识是构建区域和全球 LUCC 模型的依据,是评估土地利用变化未来情景的基础,所以一直是 LUCC 研究的核心内容。LUCC 驱动力的研究一般从三个途径进行:①社会人类学和经济学途径,即从土地使用者的行为分析出发,通过个例比较,探讨影响地类转变的各种因素的作用;②经验性诊断模型,即从遥感图像所反映的地类变化的现象出发,联系社会经济统计和调查资料,建立相互间的关系;③区域或全球模拟模型,即在若干假设和理论的基础上,以回归方程或微分方程刻画土地利用目标、土地利用和土地覆被变化以及这种变化的各种经济和资源环境效应,评估各种驱动力对土地利用变化的影响。

目前通过个例比较进行驱动力分析的工作以热带雨林砍伐的研究为最多,超过 100 多项。联系人口空间分布和通达性的经验性诊断模型、以杜能或李嘉图的地租理论为依据的空间经济学模型以及回归模型等,个别学者作了一些探讨。但是,在反映土地利用和土地覆被变化与经济、资源、环境互馈关系的动力学模型方面,研究进展十分缓慢。

作为 IGBP 十年研究综合集成的一部分,IGBP/IHDP-LUCC 科学指导委员会于 2000 年 3 月在斯德哥尔摩召开了"土地利用/土地覆被变化驱动力的综合集成"研讨会,集体撰写了题为"The Causes of Land-Use and Land-Cover Change: Moving beyond the Myths"的综述文章。文章总结了有关森林、草地和耕地变化的驱动力研究，指出简单抽象的因果关系很难得到客观现实的验证，对土地利用变化驱动力的解释必须在特定的人地关系地域系统中进行。相信典型区域案例分析与考虑互馈关系的区域土地利用系统的综合分析相结合的研究途径，将会促进有关驱动力研究的深化。

三、资源、环境和生态效应方面

随着全球变化研究的深入，"格局与过程的相互作用"已成为地理学和生态学等学科的研究重点。土地利用和土地覆被格局变化同生态环境过程的关系是这一研究的核心问题之一。近年来，国际上的LUCC研究也逐渐深入到探讨这一变化同生态环境过程的相互作用上。

选择特定区域，通过建立各种模型来认识和揭示LUCC与气候、水沙及化学元素空间迁移的关联和规律，成为LUCC研究新的发展方向。如由美国国家环境保护署（USEPA）建立的SWMM模型和L-THIA模型以及国际应用系统分析研究所（IIASA）的Watbal-luc模型等，都是在流域尺度上探讨土地利用变化同大气和水文过程的相互关系。然而，这方面的工作仍在探索之中。国内学者在土地利用格局与环境过程的关系方面开展了一些研究工作，但利用环境过程模型对土地利用/土地覆被动态变化效应的评估则不多见。土地利用变化往往是长时间尺度（10~15年左右的周期）的空间过程，如何在分布式水文模型和营养盐通量模型中评估这种变化的作用，仍然是一个挑战。

关于土地利用与水资源面源污染问题，国外已有成功的研究案例。经过30多年的研究，美国在面源污染物迁移规律，污染物吸附及解析模式，和污染物迁移转化模拟等方面取得了丰硕成果。例如，20世纪70年代的CREAMS（Chemical, Runoff, and Erosion From Agricultural Management Systems, Knisel, 1980）模型，80年代中期的GLEAMS（Groundwater Loading Effects on Agricultural Management Systems, Leonard et al., 1987）模型等。最近的SWAT（Soil and Water Assessment Tool, Arnold et al., 1996）模型将坡面产流和流域汇流产沙结合起来，同时应用了地理信息系统（GIS）技术，增加了流域网格化功能，从而可模拟更大流域上农业生产活动对于径流、泥沙、农业化学物质迁移等的影响。

欧洲在水质研究方面，成果较为突出。主要代表性模型有ANMO（Agricultural Nitrogen Model, Berghuijs-van Dijk et al., 1985）和TRANSOL（Transport of a Solute, Kroes and Rijtema, 1989），并将这些模型成功地应用于区域土地利用对环境的影响评价和政策分析上。

纵观上述研究，国外在面源污染方面的研究比较全面和成熟，其研究成果已在指导生产实践中开始发挥作用。相比之下，我国开展这方面研究的时间较短，基础相对薄弱。从土地利用方式入手，把水土保持和水质污染问题紧密结合，系统研究面源污染问题，解决污染物定量预报的研究报道更少。

国外土地利用变化的水土资源效应研究主要体现在土地资源的合理利用研究成果中，部分国家已实现了全国土地利用情报数据化。进入90年代，随着可持续发展概念的提出，可持续发展的思想开始贯穿于各个研究领域,持续土地利用研究也成为当今土地利用研究的热点。FAO 于 1993 年提出了《土地持续利用评价纲要》(FAO,1993),与此同时,以土地可持续利用为目的的综合研究也在世界范围内展开。如 1994 年,荷兰瓦格宁根大学在哥斯达黎加开始了名为"土地持续利用"的合作研究,提出了名为"持续土地利用开发(USTED)"的土地利用方案定量分析方法体系,对区域土地利用可持续性和各层次持续性及相互关系进行定量分析,提出土地持续利用方案及对策。

总的来讲,目前国际上水土资源利用研究侧重于土地利用分类、动态监测和制图等问题,对水土资源调控机理的研究则不多见。对土地利用变化与水土资源调控机理的研究将丰富人类对土地覆被变化规律的认识。

我国自古以来就特别重视"相土之宜而布其利"。1949 年以来,我国水土资源利用研究主要表现在:地区性土地资源利用调查;土地生产潜力与人口承载力的研究;土地后备资源调查;土地资源动态变化研究等方面。总体来说,已有的研究工作着重区域土地资源利用现状制图和结构分析,缺乏对水土资源的时空变化与调控机理研究,对与粮食安全保障有关的水土资源高效持续利用模式及保护途径等问题还没有足够清楚的认识与把握。因此,开展这项研究工作既是国际上科学研究的前沿,也是我国土地利用保护研究的重点领域之一。

四、经济和社会效应方面

土地利用变化的经济和社会效应研究主要体现在城市的扩张规律和区域城市化过程等方面。城市土地利用是近代西方城市地理学、经济学及区域科学中最富活力的交叉研究领域,先后提出并形成了历史形态学派、区位经济学派、社会行为学派及政治经济学派等不同的研究方法与理论派系,极大地丰富和增进了学术界对西方市场体制下城市土地利用的空间结构及其演替规律的认识,近期又将研究重点转向城市土地开发过程及城市增长管理。

第二节 国外城市土地利用变化研究进展

城市土地利用变化是城市发展在土地利用上的动态表现,因而是城市土地利用理论研究中的核心问题。在资本主义社会中,城市土地的开发是通过市场机制来进行的,个人和企业是其中的主要角色。他们的区位选择受制于以赚取利润为基本动机的资本主义生产方式,也就不可避免地要产生阶层分化和居住区分隔。同时,由于城市土地利用外在性的溢出和对公共物品的需要,越来越多的国家和城市政府开始采用各种增长控制(growth control)或开发管理(development management)措施,通过城市规划这一集体干预行为对城市土地发展和变化施加直接或间接的控制[1]。因而,国外对城市土地利用变化的研究主要集中在城市土地利用变化的空间过程与模式、动力机制和增长控制三个方面,研究的区域大多为欧美等资本主义国家,对社会主义国家的城市土地变化的研究则极为缺乏。

一、城市土地利用变化的空间过程与模式

城市土地利用变化的空间过程主要表现为两个相互联系的形态方面：一是农业用地转换为城市用地，即城市土地利用扩展或农村城市化；二是城市土地的再开发(redevelopment of urban land)，即对城市中心的已有建筑和结构的重新使用、重建或者替换。国外对于城市土地利用变化空间过程的研究，侧重于后者，即重视对城市土地的再开发或再城市化现象的研究。例如，伯恩(L. S. Bourne)在对大量文献进行综述并具体研究了六个大都市区后，总结出了与城市动态发展相关的最常见的问题[2]：①城市外围蔓延与内城萧条；②现成建筑环境价值的过早降低；③城市土地和现存基础设施的不充分使用；④内城和郊区不同的税率和税种；⑤新郊区发展中的贿赂；⑥建成环境的蚀本投资。

1. 历史形态模式

历史形态学派通过大量的具体案例研究，归纳出城市土地利用的空间扩展可能呈轴向增长、同心圆式增长、扇形扩展及多核增长等多种形态，并普遍认为"圆形城市"(circular city)是城市形态和增长模式的理想类型。利用因素或社会区域分析，城市地理研究者们，如贝利[3,4](J. L. Berry)和西蒙斯[5](J. W. Simmons)证实：根据社会经济阶层而划分的城市社区呈轴向或扇形变化；根据家庭结构而划分的城市社区呈同心圆式变化；某些种族群体的空间分布呈区域性分隔或多核模式。另外，通过对城市土地利用的历史变化的调查分析，历史形态学派发现了高租金居住区的外向移动和居住区位的下向"过滤"规律，并采用扩张、入侵、更替等生态演替规律来刻画和解释城市土地利用的扩展和再开发过程[6]。

2. 区位经济模式

经济区位理论深入地分析了各种经济变量的动态变化对城市土地开发的影响，并模拟了农业土地转化为城市用地或城市土地再开发的最佳时机和强度。在古典经济模型和静态预见模型中，城市土地利用的扩展被认为是一个递增过程，即随着时间的推进，由就业中心向外呈现连续的圈带，从来不会出现城市蔓延的现象。每一时期土地开发的密度仅仅与其开发时的经济条件有关，收入增加和交通费用下降的历史趋势导致城市土地利用的密度由中心向外减小[7]。而动态经济区位模型揭示，城市土地开发的不可逆性及不确定性会提高土地开发的门槛价格并延缓城市土地开发进程；并且城市土地开发的空间过程主要受收入、交通费用及人口等经济要素的历史趋势的影响。收入的增加、交通花费的下降和人口快递增长均趋向于导致更强烈的递减密度梯度，确保土地开发方式总是由内向外进行；而收入的减少，交通花费的增加，或缓慢的人口增长均趋向于产生一个平缓甚至递增的密度坡度，并可能使土地开发方式发生逆转，即由外向内推进。从而，系统性留置城内土地而不予开发，如蛙跃式发展(leap-frog development)、蔓延式开发等，可能是城市土地利用市场高效的内在要求[8]。

3. 决策行为模式

社会行为学派注重研究与空间格局和空间过程相关的个体决策行为，强调人的价值观念和主观能动性对城市土地利用区位决策的影响，认为土地利用的区位决策是"源于日常相互联系的需要和渴望"，并辨认出了土地开发过程中"主要的"(primary)和"次要的"(secondary)决策，较消费者的空间—可通达性偏好更为重要的政府和土地开发商的作用。同时，家庭生命周期的变化会左右住户的迁居行为；信息网络革命将从根本上改变人们的日常相互联系方式，并促使城市土地利用的空间结构由传统的圈层式走向网络化。

4. 政治经济学模式

政治经济学派注重研究有着不同目标、不同权力及影响力程度的利益集团在城市土地开发过程中的作用，认为土地利用的变化在很大程度上是这些集团之间相互冲突与妥协、讨价还价的结果。马克思主义结构学派强调社会的政治经济结构对城市土地利用变化的决定性作用，认为城市土地开发与其他商品生产过程一样，受制于社会生产方式(包括生产力水平和生产关系)，也反映了阶级、社会经济利益。哈维将其地租分析方法与现代资本主义城市社会内居住分异和金融机构的地位结合在一起，用来解释阶级垄断地租。斯科特(Scott)研究了新劳动空间分工影响城市土地利用变化的过程，他认为生产过程的地域分离、劳动力市场的分割等造成了城市土地利用变化的郊区化和边缘化(peripherization)现象[9]。

5. 不同空间模式的效率比较

总体看来，圈层式紧凑发展和郊区松散蔓延式扩展是城市土地利用扩展的两种主要模式。究竟采用哪一种更经济、更少付出代价，虽然研究的文献很多，但迄今尚无定论。英国经济学家彼得·斯通(Peter Stone)从不同的角度，试图用最准确的数据，综合分析这两种发展模式的费用，他最后的结论是，"除非考虑了总的结果，否则发现城市发展的最佳平衡模式是不可能的"[10]。利弗[11](W. Lever)、休厄尔[12](J. Sewell)的研究结果比较倾向于松散发展，戈登(P. Gordon)和王[13](H. Wong)、派泽[14](R. Peiser)、汉森[15](M. Hanson)、布莱克利[16](E. J. Blakely)、盖特兹拉夫(D. Gatzlaff)和史密斯[17](M. Smith)，他们的结论是倾向于紧凑发展。霍尔[18](P. Hall)和伯恩[2](L. S. Bourne)两位著名学者差不多在同一时间内对这些研究进行了评述，都认为不可能得出一个广泛的可以被接受的结论。不过，伯恩认为，在对两种结论的争论之中，对紧凑发展形式的支持愈来愈多。

二、城市土地利用扩展的动力机制

1. 动力因素

一般认为，影响城市土地利用扩展的动力因素包括自然和社会经济两大类因素，其中又以社会经济因素的影响为主。福姆(W. H. Form)把影响城市土地利用变化的动力分为两大类,一是市场驱动力,一是权力行为力。两种力量共同作用于城市土地利用变化的过程与模式,市场驱动力通过行为力作用于城市空间,前者主要揭示变化的宏观过程,后者重在揭示变化的微观过程[15]。斯特恩(P. C. Stern)等人则把土地利用变化的社会驱动力分为:人口变化、贫富状况、技术变化、经济增长、政治和经济结构以及观念和价值等几类[16]。

2. "自然"机制

历史形态学派笼统地把城市土地利用的增长和区位过程比做是"自然的",认为城市土地利用变化的动力机制如同生态群落的演替一样,是在天生力量的作用下形成的。

3. 市场机制

经济区位学派认为,在自由经济条件下,城市土地扩展的主要内在驱动力是对土地和区位在地产市场上的竞争,市场机制是土地利用变化和区位决策的天然结算场,城市土地利用的空间结构则是市场经济下自发的市场力和竞争性投标过程的结果。如戴蒙德(H. Diamond)认为城市用地扩张是单一的个人和单独的城镇政府出于各自利益而决策的结果[17]。因而,经济区位模型重在模拟各种经济市场要素,如人口、经济收入、交通费用、资本利率等的历史趋势与城市土地利用扩展之间的内在联系。

4. 社会价值机制

社会行为学派则强调从主观性—意图意向—价值标准—环境情感联系的角度认识城市土地利用扩展的动力。他们认为城市土地利用变化是人们日常城市行为与城市空间相互作用的过程,其社会动力机制有四:一是人们日常活动系统的分离机制与土地利用的动态分化;二是收入层次、家庭类型以及种族、少数民族的内聚机制;三是人们的住宅选择行为与生活方式的分化机制;四是政府对城市的管理与调控行为机制。这些机制反映不同土地利用者对城市空间的竞争过程,土地利用变化是他们竞争—协商—共识的行动过程[18]。有些学者认为社会—距离梯度(social distance gradients)的变化是城市土地利用变化的内在原因,它比空间经济学家所强调的"物质距离"和"成本距离"要重要得多。

5. 政治权力机制

政治经济学派认为,土地市场是高度有组织的,且受制于特定的政治经济结构和社会生产方式,不同社会阶层和类型群体在土地利用的决策与开发过程中的影响力和权力是有显著差别的,因而政治权力机制是城市土地利用变化的内在动力机制。如哈维(D. Harvey)认为资本的积累和阶级斗争是最终引发城市土地利用空间结构变化的根本动因[19]。另外,结构主义研究还重视经济结构转型和技术进步对土地利用变化的影响,信息网络技术的发展对城市土地利用变化的影响正在成为一个新的研究热点。卡斯特尔斯(M. Castells)提出了"信息城市"

(informational city)的概念[20]。朗科尔(T. R. Longcore)和里斯(P. W. Rees)通过对纽约曼哈顿地区的研究得出结论,信息技术的发展极大地改变了城市中心商务区的区位特征,许多大金融机构从该区迁到城市边缘,一些街道只担负着后方办公(back-office)的功能[21]。

不过总体来看,现有理论所探讨的基本上都是单一要素对城市土地利用变化的发展作用,但实际上,各种驱动要素的作用是相互复合和相互影响的。因此,今后应该深入研究各种驱动力如何在不同的社会、经济和历史背景下相互作用并产生不同的土地利用格局,以及它们的相对重要性,即重视城市土地利用变化的动力机制的研究。但目前这方面的研究工作并未取得很大的进展,仍是研究工作中比较薄弱的环节。已有的工作虽然使人们对驱动力的主要类型有了一定的了解,并且从较长的历史时期可以看出这些驱动力与土地利用变化之间的密切关系,但这些研究工作多数局限在对区域、城市体系或城市整体的范围上对长期的土地利用变化趋势进行描述,对土地利用变化的内部机制涉及不多,而且大尺度的一般趋势描述往往掩盖了中、小尺度上土地利用变化的实际情况。在研究方法上,不少人采用的是相关分析的方法,由于相关分析难以说明事物之间的因果关系,由此得出的结论便显得缺乏说服力。此外,在已有的研究中,多数都是考察单个或少数因素的影响,而多因素的综合比较研究则较少。实际上,无论在宏观或是微观尺度上,单因素的解释都是不充分的,简单的模型难以说明土地利用变化的动力机制。上述情况说明,土地利用变化是一个涉及众多自然、经济、社会因素的复杂系统,到目前为止还没有十分独到的理论出现。

三、城市土地利用扩展的增长控制(growth control)

1. 自发扩展与增长管理的观念交锋

"二战"以后,收入增加、联邦住宅局(FHA)按揭、流动性提高及便宜的汽油使大量的美国中产阶层能够离开中心城市而移向郊区,美国部分地区的城市开始快速扩张,并侵占了大量农业用地[19~21]。这种趋势引起包括农户、城市地理学家、规划师、环境主义者、郊区居民等在内的社会各阶层的广泛关注。农户感到他们正在被迫放弃原有的农业生活方式;规划师认为没有规划的增长会导致城市蔓延、造成交通联系的不经济、提高基础设施的费用、诱发更高的犯罪率和更严重的污染,从而把增长过程看做是浪费行为;环境保护主义者认为零碎的城市扩展毫无必要地侵占了国家美好宜人的开阔空间和主要农业土地。于是,各阶层都强烈呼吁政府干预私有土地市场,对城市土地利用扩展进行增长管理[22]。

土地利用理论认为,在没有公共干预时,市场会将土地分配于可以带来最佳经济回报的用途。因而,在城市增长过程中,土地所有者期望能将农业用地转变为非农业用地,因为适合于开发建设的土地具有更高的价值。增长管理直接向应该让土地市场来决定土地利用问题的观念提出了挑战,在崇尚自由经济的美国,必然会招致以开发商、建筑商为代表的既得利益集团的强烈反对。反对者们宣称,政府对土地利用的附加限制,是对市场机制的粗暴干预,会阻碍经济增长,并且,强迫个人或企业承担社会公众利益的代价的行为是不公平的。但是,增长管理的支持者反驳道,私有土地上也包含着公共价值,单独的市场力量不能充分保护农业、美化环境的绿带和已建成的社区,并且,世界上存在着比金钱更高的价值和比成本效益分析更好的衡量善恶的标准。在20世纪的大部分时间,重视土地交易价格和市场赢利的开发商集团,由于得到偏好大规模郊区开发的城市政府的支持,一直处于经济利益的上风;到20世纪末期,随着环境问题的日趋严峻和可持续发展思想的日渐深入人心,形势开始转向怀疑更多的城市土地利用增长、珍视土地本身的价值的支持者一方,要求实行城市土地利用增长管理的呼声日趋高涨。

2. 增长管理的含义与目标

增长管理(growth management)被定义为"为社区在增长速度、居住、工业和商业用地的结构、用途与交换价值间的互换、公共服务的提供和环境保护等方面做出决策而进行的一个合理的规划过程"[23]。这样的管理可以协调增长反对者和增长赞成者的立场,以满足环境保护主义者和开发商的要求。合理的增长控制应该能够对国家最宝贵的农业资源提供保护、允许数量足够、价格合理的住房建设、保护城市的居住环境优美宜人、减少城市不平等,并为可持续发展的经济提供基础。尽管目标诱人,增长管理实际上并不容易实现。因为要在要求没有新增长的增长反对者和要求对土地开发不作限制的增长赞成者之间取得一致常常是很困难的。另外,在美国大部分土地为私人所有,并且美国缺乏有权力系统性地管理广阔地理区域的国家、州或区域性机构[22]。

控制美国城市增长的运动是与农业保护活动紧密联系在一起的,可以追溯到20世纪二三十年代和美国区域规划协会的初建。农业土地的足够性有两个基本方面:①承载力问题;②环境宜人问题。承载力问题是考虑土地在生产农产品中的地位,土地是一种简单的商品和另一种生产要素。环境宜人问题是由于土地作为一种不可分割的价值,如开阔空间,由生产者的地位而产生。特韦滕(L. Tweeten)发现,美国1992年的耕地面积大于1945年的,这主要是由于因排灌条件的改善及土地开垦所增加的耕地面积超过了因城市扩展或其他原因所损失的面积[24]。从而,克兰(Kline)和威切恩斯(Wichelns)发现公众对农业土地保护的关切中,最重要的是环境的和审美的目标而不是食物短缺[25]。

3. 增长管理措施

政府干预私有土地市场的增长管理措施包括:用途—价值课税计划(use-value tax assessment programs)、农业分区条例(agricultural zoning ordinances)、开发权的公共征用(the public acquisition of development rights)和增长控制(growth-control initiatives)。税收优惠计划通过根据土地的用途价值(land value on use)而不是相当的市场价值(fair market value)来课税以降低合格的农业用地或开阔空间的税金。其目的是使城市边缘区的农业保持足够的获得能力阻止其转变为城市用地。实际上,税收优惠计划并不能有效地改变快速增长区域的开发趋势。因为当土地利用转变能带来可能每公顷数千美元的收益时,因不同的课税计划而产生的税金节省并不足以促使土地转变。分区能规范土地利用以改善公共健康、安全和福利状况,并能防止干扰。显然这些条例是有效的,但当利用分区来限制私有土地的利用以保护开阔空间或优美景观时,就产生了公平问题。由社区作为一个整体所享受的开阔空间这一集体物品,却是由私有土地者来承担其代价。当土地价值受到严重影响且分区目标是趋向于景观优美时,根据美国宪法第五修改案的征用条款(the taking clause of the fifth amendment),法庭已经反对分区[22]。库格林(R. E. Coughlin)和贝利(D. Berry)认为唯一可能的公平计划是购买开发权(the purchase of development rights)[26]。

4. 增长管理的功效

增长管理措施虽然因保护环境而受到赞誉,但它们也因延缓经济增长、导致住房短缺和增加住房费用、城市蔓延、社会不平等而受到指责,从而产生了增长控制的功效问题[27~29]。菲谢尔(W. A. Fishchel)发现部分已发表的旨在核算土地利用规则的成本与效益的实证研究表明,增长控制很可能是没有效率的,因为它们总体上是给社会增加了净成本[30]。增长控制所产生的主要代价是企业的浪费性分散布局和家庭的通勤过多。另外,一个社区的增长控制会把开发者驱赶到其他社区,常常是更远的郊区或农村,从而使开发蔓延、居住与工作的分散化更趋恶化[31]。

第三节　国内城市土地利用研究进展

我国在长期的计划经济时期,城市土地的开发是附属于经济建设项目而进行的,实行的是"行政划拨,无偿、无期限使用"制度,因而城市土地利用问题一直少人问津。自 20 世纪 80 年代以来,伴随着城市土地有偿使用制度的施行、房地产业的迅猛发展和城市用地的快速扩展,我国的城市土地利用问题一直是社会各界关注的焦点,也是地理学、城市规划、经济学、社会学等学科研究的重点。总体来看,我国的城市土地利用研究主要集中在城市土地使用制度改革、城市土地估价与经济区位、空间结构与扩展形态三个方面。

一、城市土地使用制度改革研究

我国传统的城市土地使用制度是一种以高度集中的指令性计划调拨,无偿、无限期、无流动性使用为特征的制度,其弊端是显而易见的,大量的文章、报告和著作回顾了中国土地使用制度的历史并着重论述了这个问题[32~37]。这种城市土地使用制度,一方面批准城市用地的权力高度集中;另一方面,一旦批准用地单位占用城市土地后,又难以调控城市土地利用。这样,就形成一种城市土地使用和管理中的高度集权统一与高度自由放任同时并存、高度短缺与高度浪费同时并存的二元矛盾现象。没有一个促进城市土地资源流动和调整城市土地用途的有效机制,从而造成城市土地资源配置不合理、使用效益低的状况。这种城市土地使用制度的突出空间表征是集就业、居住、公建于一体的"单位"式的土地使用方式[38,39]，如在北京随处可见的各种单位大院，生产生活自成一体，并建立内部自用的基础设施系统，成为独立的小社会。但这种"单位"式的土地利用方式，一方面致使城市社会空间出现隔离，城市空间系统的整体性被肢解，从而导致城市整体运行成本提高；另一方面，各单位间的土地利用活动的协调性差，外部不经济及"搭便车"的行为会造成"单位"外环境质量的下降和无人过问的状况。

自1987年9月17日在深圳开始土地拍卖以来，土地使用制度改革得到了不断的发展和深化。钱铭总结我国土地使用制度改革的几种实现形式为成片土地开发、城镇建设用地有偿出让、农村宅基地有偿使用、乡镇企业用地有偿使用四种[40]。实行土地有偿出让制度后，中国土地使用制度形成了"二轨四式"的局面[41]。"二轨"是指行政划拨与有偿出让并存，"四式"指土地获得有四种方式，即行政划拨、有偿出让的协议、招标和拍卖。

近年来，土地使用权出让转让中的土地产权问题又成为研究热点[42]。袁绪亚认为土地产权结构为：土地所有权、土地市场经营权、土地最终使用权[43]。土地所有权获得地租，土地市场经营权获得地产营销利润和地产风险收益，土地最终使用权获得土地使用收益。然而目前尽管我国的土地使用权已经从土地所有权中分离出来，形成了新的存量土地行政划拨制和增量土地批租制并行的二元土地产权制度格局，但它并不能从根本制度上解决现代城市土地市场的发育问题。陈少辉认为这主要是源于一系列的模糊不清造成的，即所有者主体不明确、土地所有权和土地使用权之间产权界定不清、多形态土地使用权并存造成的混乱等[44]。针对城市产权制度的这些问题，有学者大胆提出"长约年租制"[45]、"宏观级差地租制度"[46]等措施，这些探索有望为解决我国目前城市土地利用中最复杂和最敏感的难题——原有行政划拨城市用地的市场准入问题，提供理论依据。

二、城市土地估价与经济区位研究

1. 城市土地估价研究

随着城市土地有偿使用制度的施行和房地产业的崛起，我国的城市土地估价工作顺应土地出让、转让、抵押、合资入股等实践活动的需要而获得迅猛的发展。在广泛借鉴西方及我国港台地区城市土地估价的理论与方法的基础上，我国学者结合我国的具体国情对城市土地定级和地产估价的理论与方法进行了深入的研究[47~49]，并形成了城镇土地定级和土地估价两个国家规程[50,51]。全国各大中小城市相继开展了土地定级或估价工作。并且，我国于1995年开始实行土地估价师资格考试和注册执业制度，自此城市土地研究已成为一个专业行业。相对于中心城区土地估价理论和实践的不断完善，城乡结合部由于存在土地产权模糊、土地利益分配机制的不合理、土地利用和管理的不到位等原因而极大地增加了在这一特殊地区开展土地估价的难度，因而成为近来学者们研究的热点[52~54]。今后，城市边缘区和半城市化地区仍将是城市土地估价工作者主要关注的方面之一。

2. 城市土地置换研究

长期以来在"先生产,后生活"、"变消费城市为生产城市"等指导方针下建设和发展起来的中国城市,普遍存在着工业用地比重过大、大量低效益的工厂、企业占据城市中心的黄金地段等不合理现象[55]。随着房地产市场的建立和土地估价工作的广泛开展,城市土地的区位经济价值和级差地租效应现已被越来越多的人和单位所熟知和了解,从而产生了城市土地置换的实践需求,并带动了大量相关学术研究。

首先,许多学者通过比较国内外大城市土地利用的结构比例来说明城市土地功能置换的必要性[56],也有学者分别从资源短缺的角度[57,58]、中国城市土地利用中存在的问题[59]等角度进行了论述。其次,部分学者分析了城市产业结构转换与土地功能置换的关系。周岚从第三产业发展的角度,论述了城市土地使用必须向第三产业倾斜[60]。葛本中研究了北京市经济结构转换与城市土地使用配置之间的关系[61,62]。再次,部分研究者已开始探讨城市土地置换理论与机制。欧名豪对土地利用置换的内涵作了概括,他认为置换的基本思路是土地使用机制转换、产业结构转换、土地利用空间竖向置换与平面置换[63]。刘彦随、倪绍祥从研究土地配置的三种模式入手,分析了土地配置的市场化机制,并提出了土地市场化的指标体系与阶段目标[64]。张谦益在研究济南市的土地功能置换中发现,第三产业的发展、现代市场经济的发展与现代化建设及城市持续发展的需要是土地置换的动力机制[65]。钱文荣通过对新中国成立后城市土地资源配置机制的回顾和考察,认为中国城市土地资源配置中市场机制与政府机制都未能有效地消除土地资源配置低效率和城市用地规模过度扩张,因而今后应该采取市场为主、政府调控的复合型机制逐步扭转这种不利局面[66]。近来对城市土地优化配置的方法越来越趋向于定量化和模型化,这对于建立更加科学和有说服力的土地配置理论大有裨益,是一个值得肯定的方向。目前我国城市土地利用过程中的旧城改造、城中村改造、工业用地置换等问题更加凸显,土地利用配置研究者们也未停止从这些具体的问题中探索城市土地优化配置的理论与方法的努力。

3. 城市土地利用的区位经济研究

城市土地利用的区位经济研究是城市土地估价和土地置换的理论基础。伴随着房地产业的起伏发展及国家住房分配制度的根本性改革,城市土地利用的区位理论及空间模式已经引起社会各界的广泛关注,并开始被不少研究者所触及。城市的活动区位直接影响到城市土地利用的空间格局,杨涛等[67]认为城市的活动区位主要受到历史背景、经济因素、政策政治因素、文化习俗、地理区位、历史和城市规划布局六类因素的影响而形成不同的城市景观,为研究城市土地利用的区位条件及其变化提供了参考。王宝铭利用回归方法研究了天津市工业用地区位差异,评价城市中工业用地的合理分布程度[68]。杜德斌采用GIS技术和多元线性分析方法,分析了上海市地价与城市区位因子的线性关系,并发现南京路、市中心和淮海路是影响上海市地价的主要区位因子[69]。刘彦随在西安市的实例研究表明,市区区位差异是形成级差地租和地价的决定因素[70]。

但同时必须看到,我国城市土地利用的区位经济研究大多侧重于宏观性、政策性描述和分析,较为零星和肤浅,说服性较差;对城市土地区位价值的认识主要来源于古典静态理论,对由于城市动态增长所产生的增长奖励、不可逆性奖励及风险奖励等组成部分却不够重视。因此,亟待加强区位经济的实证与理论研究,辨认影响城市土地利用空间结构的主导区位因子及其作用机理,构建中国的城市土地利用区位理论模型。

三、城市土地利用的空间结构与扩展形态研究

1. 城市土地利用的空间结构研究

一般情况下,城市空间结构受自然条件、经济因素、交通方式、历史基础、社会因素等的影响而更替和演变。在我国,由于在长期的工业先导发展和变"消费城市"为"生产城市"的方针指导下,城市土地利用的空间结构普遍存在着用地结构和空间布局极不合理等问题,主要表现为工业用地的比重过大且占据城市的黄金地段,而公建、商服、绿化等用地则严重不足。在长期的计划经济体制下,城市规划中的居住区规划和市政管理共同作用形成三个相互联系的中国城市内部生活空间结构层次:由单位构成的基础生活圈、以同质单位为主形成的低级生活圈、以区为基础的高级生活圈[71]。工业生产圈和单位生活圈都具有明显的集中发展特点,从而在城市内部形成能够进行功能分区的空间结构,即工业区和居住区。而城市中心地区一般以商业零售功能为主,但同时兼有工业、居住、文化等多种活动所形成的综合区,因而达不到中心商业区的标准[72]。因而有些学者认为,根据有利生产、方便生活的原则来组织好工业区与生活居住区之间的关系,是规划城市空间结构的核心内容[73]。武进利用形态学分析方法对我国城市内部结构形态和外部形态演变进行了系统的研究,并发现工业用地的扩展速度是城市各种用地中扩展速度最快的,因为城市工业活动作为城市发展的主导因素,从宏观上决定了城市用地扩展速度,在微观上决定了城市用地结构形态,工业用地向外扩展带动了居住和仓库交通用地的扩展,但居住和公共建筑用地有明显的向心集中特征[72]。另外,随着城市的金融、商务、房地产等第三产业的快速发展和旧城改造步伐的加快,城市中心商业区(CBD)的特征日渐鲜明。在介绍了西方国家CBD与城市发展的关系之后[74],一批学者开展了对上海、北京、广州等城市CBD的研究[75~77]。在引进西方研究成果的同时,有学者认为对于现代中国的城市空间结构布局理论而言,要整理研究古代遗存,总结近、现代实践反馈,并强调土地的节约利用,在此基础上才有可能创建适应我国现代城市特点的城市土地空间结构理论[78]。宋启林还具体分析了我国城市土地利用的特点,指出今后自然结构条件、经济结构条件、区域结构条件、国际环境结构条件、政治结构条件、社会结构、科技进步条件和文化历史结构等外部条件和其他外部宏观、微观因素的综合影响下,形成八个现代城市空间结构子系统,即综合型空间子系统、居住区空间子系统、成片的第二产业区空间子系统、成片的第三产业区空间子系统、大型公建设施区空间子系统、大型

度假和游憩子系统、网络型沟通和联结设施空间子系统、郊区空间子系统,今后的城市空间结构的演变也将延续八个子系统的结构[79]。

2. 城市空间扩展形态研究

在学习和借鉴西方城市土地利用理论,特别是芝加哥生态学派的基础上,我国学者对我国城市空间的扩展形态开展了大量的实证研究。武进认为我国城市形态演变方式主要有四种,即由内向外的同心圆式连续扩展、沿主要对外交通呈放射状扩展、跳跃式成组成团扩展和低密度蔓延[72]。顾朝林发现我国大都市空间增长形态具有从同心圆圈层式扩展形态走向分散组团形态、轴间发展形态乃至最后形成带状增长形态的发展规律[39]。

由于城市的扩展与渗透,在城市建成区与农村地域之间开始形成一个过渡特征明显的城市边缘区或城市交错带,也称城乡结合部。显然,城市边缘区是研究城市扩展的空间过程与形态特征的天然实验室。对我国90年代以前的城市边缘区土地利用的动态监测显示,其用地转化过程呈如下规律:近郊农业用地→菜地→工业用地→居住填充→商业服务设施配套,并且,很多城市向边缘地带形成一个包围城市的环状工业用地区域,居住用地随着工业用地的扩散而被动地向边缘区迁移,并带动商业用地外移。这一扩展过程与西方国家城市以居住生活为主的边缘区扩展过程不同[80~81]。

值得注意的是,由于在我国很难搜集到系统性的城市地价资料(90年代以前没有地价,现在的地价资料极为零散、可信度差且不公开),所有的城市扩展研究都是采用单纯的形态分析和类型比较的方法,而不可能如西方的相关研究一样,利用地价的空间变化进行区位经济分析,从而也就不可能发现诸如扇形模式之类的扩展形态规律。并且,所有的城市扩展模式或规律也只可能进行经验性归纳,而不能构建出理论解释能力和预测能力较强的演绎模型。

3. 北京市城市土地利用及城市扩展研究

由于首都效应,北京市土地利用及城市扩展备受国内外关注。中国科学院地理科学与资源研究所先后应邀主持了1982年北京市土地资源概查和1992年的北京市土地资源详查汇总,全面系统地掌握了北京市土地资源的基础资料,并剖析了现状存在的主要问题。这两次工作获取、编制了一批极为重要的土地利用数据与图件,但囿于委托任务的目的,对城市土地利用的调查和分析较为概略[82,83]。甘国辉在实地调查的基础上,分析了改革开放初期(1985年)北京城市系统结构要素的工业、商业、交通运输、居住、办公等活动的地域结构规律性和特征[84]。陈佑启研究北京城乡交错带土地利用的特征,认为土地利用比较效益差异和土地管理权属混乱是造成城乡交错带土地利用结构复杂、利用效率低的原因[85]。邬江研究了城区工业搬迁的规划、法规和经济效益问题,认为轻工业系统实行的"退二进三"(退出第二产业,改从第三产业)和"退四进二"(退到四环以外,在高起点上发展第二产业)工程对北京的工业结构和布局影响最大[86]。杨吾扬对北京商业服务业的地域结构的形成机制与合理预测进行了研究,认为北京市商业地域结构符合中心地理论的原理[87]。有人对北京市CBD建设发表了看法[88,89]。顾朝林、王均则剖析了北京的社会空间分异及其影响因素[90~92]。

对城市土地利用及其扩展的研究与关注，集中体现在北京市城市总体规划的编制与修订等实际工作及学术界对它们的评议之中。从50年代开始的历次规划中，北京市都坚持按"分散集团式"原则来安排城市土地利用[93]。但实际上，北京的城市分散集团布局模式一直在遭到破坏。薛凤旋（Victor F. S. Sit）认为社会主义意识形态和中国传统中心主义思想的共同作用，是导致北京城市扩展现实与城市规划间存在较大差距的主要原因[94]。近年来，北京城市土地利用中存在的诸多问题，如市区的建设用地日趋紧张；效率低下的设施占据着市中心区；边缘集团内土地利用急需调整；绿化隔离带土地被不断蚕食等[95~97]，特别是北京城市建设的"摊大饼"现象，引起了社会的普遍关注，甚至有人宣称"国内规划设计最坏的城市是北京"。陈秉钊认为历次北京城市总体规划均坚持以旧城为单中心的空间结构，是其主要原因[98]。此外，于学文利用1951年、1959年和1983年三个时期的北京航空像片，计算了北京自新中国成立以来在不同历史时期城市用地在16个方向上的扩展速度[99]；范作江采用1984年、1988年、1992年和1994年四个时相的TM遥感影像提取城市实体边界，对确定影响城市实体扩散的社会经济因子进行了初步研究[100]。柯焕章针对90年代北京建设占地超常膨胀的现象，对市区住宅开发用地进行了专门性调查研究，发现了一些引人注意的问题，如居住用地中高档住宅、别墅用地过大；城乡结合部的乡村集体、国有农场等非法出让、出租土地搞房地产开发的现象严重等，并提出了边缘地区的开发应主要集中在回龙观等区位和供水条件较好的地区、规划确定的城市非建设区不能以各种名义搞开发等相应对策[101]。此外，周一星、胡兆量对北京郊区化进行了较系统的研究[102,103]。方修琦等则对近百年来北京城市土地利用的空间扩展过程和城乡过渡带的演变进行了总结，并将北京的城市空间和城乡过渡带的扩展过程分成了三个阶段，20世纪上半叶城市扩展十分缓慢，过渡带范围非常狭小；50年代初到80年代初期城市扩展明显加快，过渡带扩展速度明显快于城市核心区；80年代中期以后城市扩展最为快速，过渡带发展成为城市地域中一个不可或缺的宽广实体[104]。

但概观现有对北京城市土地利用扩展的研究工作，大多以调查、解决某些具体的城市规划问题为目的，针对性、实用性、政策性强，但理论性的学术探索较少；在技术路线上多采用对典型案例进行实地调研、定性分析为主，极少有研究对城市地域开展系统性的定量分析；在时间取向上，多为对现状问题的主观性总结与分析，对多个时期土地利用的动态变化研究极少，特别是对改革开放以来北京城市土地利用的超常规快速扩展的问题，虽已引起政府管理部门和学术界的高度重视，但迄今尚未有研究对其扩展的时空规律及动力机制进行深入的剖析。

参考文献

[1] Gar-On Yeh and FuLong Wu 1996. The New Land Development Process and Urban Development in Chi-

nese Cities, *International Journal of Urban and Regional Studies*, Vol. 20.

[2] L. S. Bourne 1996. Reurbanization, Uneven Urban Development and the Debate On New Urban Forms, *Urban Geography*, 17(8).

[3] Brian J. L. Berry and F. E. Horton 1970. *Geographic Perspectives on Urban System*, Englewood Cliffs, NJ: Prentice-Hall.

[4] Brain J. L. Berry 1971. Internal Structure of the City, In Larry S. Bourne ed., *Internal Structure of the City*. New York: Oxford University Press.

[5] James W. Simmons 1971. Descriptive Models for Urban Land Use, In Larry S. Bourne ed., *Internal Structure of the City*. New York: Oxford University Press.

[6] E. W. Burgess 1972. The Growth of the City, in M. Stewart ed., *The City: Problems of Planning*, Penguin Books.

[7] Anas 1976. Short-Run Dynamics in the Spatial Housing Market, In G. J. Papageorgiou, ed., *Mathematical Land Use Theory*, Lexington: Lexington Books.

[8] W. C. Wheaton 1982. Urban Residential Growth under Perfect Foresight. *Journal of Urban Economics*, Vol. 12.

[9] J. Scott 1988. *Metropolis: From the Division of Labor to Urban Form*, Berkley: University of University of California Press.

[10] P. A. Stone 1973. The Structure, Size and Costs of Urban Settlements, *Economic and Social Studies*, Vol. 28.

[11] W. Lever 1993. Reurbanizaiton: The Policy implications. *Urban Studies*, Vol. 30.

[12] Sewell 1994. *The Shape of the City*, Toronto: University of Toronto Press.

[13] P. Gordon and H. Wong 1985. The Costs of Urban Sprawl: Some New Evidence. *Environment and Planning*, Vol. 17.

[14] R. Peiser 1989. Density and Urban Sprawl. *Land Economics*, Vol. 65.

[15] Hanson 1992. Automobile Subsides and Land Use: Estimates and Policy Responses. *Journal of the American Planning Association*, Vol. 58.

[16] E. J. Blakely 1992. *Shaping the American Dream: Land Use Choices for America's Future*. Cambridge MA: Lincoln Institute of Land Policy.

[17] D. Gatzlaff and M. Smith 1993. Uncertainty, Growth Controls and the Efficiency of Development Patterns. *Journal of Real Estate Finance and Economics*, Vol. 6.

[18] Hall 1997. The Future of the Metropolis and its Form. *Regional Studies*, 31(3).

[19] Ewing 1994. Characteristics, Cause, and the Effects of Sprawl: A Literature Review. *Environmental and Urban Issues*, 21.

[20] 张庭伟:"控制城市用地蔓延:一个全球的问题",《城市规划》,1999(8)。

[21] D. F. Levia 1998. Farmland Conversion and Residential Development in North Central Massachusetts. *Land Degradation & Development*, 9.

[22] W. V. Ackerman 1999. Growth Control versus the Growth Machine in Redlands, California: Conflict in Urban Land Use. *Urban Geography*, 20(2).

[23] R. Vogel and B. Swanson 1989. The Growth Machine versus the Antigrowth Coalition: The Battle for Our Communities. *Urban Affair Quarterly*, 25.

[24] L. Tweeten 1997. Competing for Scarce Land: Food Security and Farmland Preservation. Paper presented at Growth in the Future: A Land-Use Conference for all of Ohio, Ohio State University.

[25] J. Kline and D. Wichelns 1996. Public Preference Regarding the Goals of Farmland Preservation Programs. *Land Economics*, Vol. 72.

[26] R. E. Coughlin and D. Berry 1978. Differential Assessment of Real Property as an Incentive to Open Space Preservation and Farmland Retention. *National Tax Journal*, Vol. 31.

[27] S. Pincetl 1994. The Regional Management of Growth in California: A History of Failure. *The International Journal of Urban and Regional Research*, Vol. 18.
[28] L. J. Bates and R. E. Santerre 1994. The Determinants of Restrictive Residential Zoning: Some Empirical Findings. *Journal of Regional Science*, Vol. 34.
[29] K. Warner and H. Molotch 1995. Power to Build: How Development Persist despite Local Controls. *Urban Affair Review*, Vol. 30.
[30] W. A. Fischel 1982. The Urbanization of Agricultural Land: A Review of the National Agricultural Lands Study. *Land Economics*, Vol. 58.
[31] E. Deakin 1989. Growth Control: A Summmary Review of Empirical Research. *Urban Land*, Vol. 48.
[32] World Bank 1993. China: Urban Land Management: Options for an Emerging Economy, World Bank, Washington, DC.
[33] Wu Fulong 1996. Changes in the Structure of Public Housing Provision in Urban China, *Urban Studies*, 33(9).
[34] Anthony Gar-On Yeh and Xia Li 1996. Urban Growth Management in the Pearl River Delta: An Iintergrated Remote Sensing and GIS Approach. *ITC Journal*, (1).
[35] David E. Dowall 1993. Establishing Urban Land Markets in the People's Republic of China. *Journal of the American Planning Association*, Vol. 59, No. 2.
[36] Wing-Shing Tang 1994. Urban Land Development under Socialism: China Between 1949 and 1977. *International Journal of Urban and Regional Studies*, Vol. 18.
[37] 王先进：《中国土地管理与改革》，当代中国出版社，1994。
[38] 柴彦威："以单位为基础的中国城市内部生活空间结构——兰州市的实证研究"，《地理研究》，1996(1)。
[39] 顾朝林等：《中国大城市边缘区研究》，科学出版社，1995。
[40] 钱铭："地改与规划"，《北京规划建设》，1993(1)。
[41] 吴缚龙、叶嘉安："中国城市土地开发方式的转变与城市空间结构的重新构造"，《中国社会科学学刊（香港）》，夏季卷，1996(15)。
[42] 杨开忠："土地资源可持续利用的若干思路"，《中国土地》，1996(7)。
[43] 袁绪亚："土地产权结构中的利益定位与分享"，《中国经济问题》，1997(1)。
[44] 方和荣："改革和完善城市土地产权制度的思考"，《中国土地科学》，2003(2)。
[45] 杨继瑞："城市土地使用者产权的'长约年租制探讨'"，《四川大学学报（哲学社会科学版）》，1998(1)。
[46] 饶会林、徐雅莉："试论城市宏观级差地租制度的建立与实施"，《中国土地科学》，1998(1)。
[47] 严星、林增杰：《城市地产评估》，中国人民大学出版社，1993。
[48] 鹿心社等：《中国地产估价手册》，改革出版社，1993。
[49] 倪绍祥、王玲霞："城市土地综合基准地价评估方法探讨"，《地理研究》，1994(4)。
[50] 国家土地管理局：《城镇土地定级规程（试行）》，中国农业出版社，1990。
[51] 国家土地管理局：《城镇土地估价规程（试行）》，中国农业出版社，1993。
[52] 周国华、唐承丽："试论我国城市边缘区土地的可持续利用"，《湖南师范大学社会科学学报》，2000(2)。
[53] 阮连法、祝海、何闰峰："基于神经网络的城乡交错区土地估价方法"，《浙江大学学报（工学版）》，2003(4)。
[54] 郭爱请、葛京凤、梁彦庆："城乡结合部土地估价探讨——以石家庄市为例"，《资源科学》，2004(1)。
[55] 石成球："关于我国城市土地利用问题的思考"，《城市规划》，2000(2)。
[56] 林志群："关于在首都总体规划修改中重视用地结构调整的建议"，《北京城市规划建设》，1993(1)。
[57] 潘琦、王丽青："城市土地集约利用与土地置换"，《中国土地科学》，1996(2)。
[58] 李秉仁："城市规划在优化城市土地资源配置中的作用"，《城市规划》，1995(5)。
[59] 林志群："八十年代中国城市建设用地的发展"，《住宅与房地产》，1992(4)。
[60] 周岚："第三产业发展与城市规划"，《城市规划》，1993(4)。

[61] 葛本中:"北京经济职能与经济结构的演变及其原因探讨(上)",《北京规划建设》,1996(3)。
[62] 葛本中:"北京经济职能与经济结构的演变及其原因探讨(下)",《北京规划建设》,1996(4)。
[63] 欧名豪:"论城市土地利用的置换",《中国土地科学》,1996(2)。
[64] 刘彦随、倪绍祥:"城市土地优化配置的模式、目标及实现途径探讨",《经济地理》,1996(4)。
[65] 张谦益:"土地置换和城市持续发展",《城市规划汇刊》,1997(3)。
[66] 钱文荣:"中国城市土地资源配置中的市场失灵、政府缺陷与用地规模过度扩张",《经济地理》,2001(4)。
[67] 杨涛、孙俊、郭军:"城市活动区位模型:反思与更新",《东南大学学报》,1996(4)。
[68] 王宝铭:"对城市工业用地收益区位差异规律的探讨——以天津市为例",《地理学报》,1995(5)。
[69] 杜德斌:"影响上海地价空间分布的区位因子分析",《地理学报》,1997(5)。
[70] 刘彦随:"城市土地区位与土地收益相关分析",《陕西师大学报(自然科学版)》,1995(1)。
[71] 柴彦威:"以单位为基础的中国城市内部生活空间结构——兰州市的实证研究",《地理研究》,1996(1)。
[72] 武进:"城市形态:结构、特征及增长",《江苏科技出版社》,1990。
[73] 许学强、胡华颖:"广州市城市社会空间结构的因子生态分析",《地理学报》,1989(4)。
[74] 楚义芳:"CBD与城市发展",《城市规划》,1992(3)。
[75] 宁越敏:"上海市区商业区位探讨",《地理学报》,1984(2)。
[76] 杨吾扬、谢东晓:"北京市中心商务区的改造与发展",《城市问题》,1992(3)。
[77] 阎小培、许学强:"广州市中心商业区土地利用特征、成因及发展",《城市问题》,1993(4)。
[78] 宋启林:"加速建立适应我国特点的城市土地空间结构理论体系",《华中建筑》,1997(3)。
[79] 宋启林:"城市土地利用空间结构理论与实践研究总结",《华中建筑》,1998(4)。
[80] 顾朝林、陈田:"中国大城市边缘区特性研究",《地理学报》,1993(4)。
[81] 崔功豪、武进:"中国城市边缘区空间结构特征及其发展",《地理学报》,1990(4)。
[82] 吴传钧主编:"北京土地利用(内部资料)",1985。
[83] 北京市房屋土地管理局:"北京土地资源",1997。
[84] 甘国辉:"北京城市地域体系研究结构"(博士论文),中国科学院地理研究所,1986。
[85] 陈佑启:"北京城乡交错带土地利用问题与对策研究",经济地理,1996,16(4):46~50,40。
[86] 邬江:"谈北京城区工业调整搬迁问题",《北京规划建设》,1990(1)。
[87] 杨吾扬:"北京市零售商业与服务业中心和网点的过去、现在和未来",《地理学报》,1994(1)。
[88] 戴冀峰、刘斌:"对北京未来CBD地区交通的初步探讨",《北京规划建设》,1996(1)。
[89] 施卫良:"是政府行为,还是市场行为?——北京CBD扩展趋势浅析",《北京规划建设》,1996(5)。
[90] 顾朝林、C.克斯特洛德:"北京社会极化与空间分异研究",《地理学报》,1997(5)。
[91] 顾朝林、C.克斯特洛德:"北京社会空间结构影响因素及其演化研究",《城市规划》,1997(5)。
[92] 王均、祝功武:"清末民初时期北京城市社会空间的初步研究",《地理学报》,1999(1)。
[93] 董光器:《北京规划战略思考》,中国建筑工业出版社,1998。
[94] Victor F. S. Sit 1995. *Beijing: The Nature and Planning of a Chinese Capital City*, Wiley.
[95] 范耀邦:"差距、机遇、挑战——从国外大城市的森林环看北京市区的绿化隔离地区",《北京规划建设》,1995(6)。
[96] 周聿贞:"运用市场经济规律,合理利用城市土地——以北京市区土地利用为例",《北京规划建设》,1994(5)。
[97] 吴良镛、刘健:"北京城乡交错带土地利用的发展变化",《北京规划建设》,1997(4)。
[98] 陈秉钊:"北京城市建设的战略选择——抓住机遇摆脱'摊大饼'",《城市规划》,1999(12)。
[99] 于学文:"应用航空遥感技术对北京城市建设用地发展趋势分析",《城市规划》,1986(2)。
[100] 范作江:"遥感与地理信息系统相结合的城市扩展研究",《遥感信息》,1997(3)。
[101] 柯焕章:"关于北京城市开发用地和市区住宅开发用地情况的研究",《北京规划建设》,1996(2)。

［102］ 周一星:"北京郊区化及引发的思考",《地理科学》,1997(3)。
［103］ 胡兆量、福琴:"北京人口的圈层变化",《城市问题》,1994(4)。
［104］ 方修琦、章文波、张兰生等:"近百年来北京城市空间扩展与城乡过渡带演变",《城市规划》,2002(4)。

第二章 城市土地利用研究的基本方法与理论

土地是人类活动的载体，城市土地利用涉及构成城市系统的一切要素，积淀着城市各项活动的丰富内涵，它是城市社会经济活动在地域空间上的投影。城市土地利用的空间结构可以被看做是一个城市区域物质组成部分的特定秩序或相互关系。这种秩序和关系又在不断地演化，从而使城市空间结构呈现为一种随时间和空间变化的动态现象。自18世纪初期以来，随着城市化进程的发展和城市问题的大规模涌现，构建城市空间结构的城市土地利用问题备受经济学、地理学、社会学、人类生态学、城市规划及土木工程等学科领域研究者们的热切关注，各学科均以其特长的研究理论和方法来探索或归纳城市土地利用的空间结构及其发展变化的普遍性规律，并先后构建和发表了数以百计的理论模型，其中尤以各种经济学模型居多。

国外关于土地利用的理论研究，一般以德国人杜能于1826年发表名著《孤立国同农业和国民经济的关系》，提出著名的农业土地利用区位理论为起源[1]。较系统的城市土地利用理论研究始于自上个世纪20年代以来兴起的历史形态学派，通过直观地辨认各类城市土地利用的空间分布及其历史演变，并归纳出一般性的城市土地利用模型。但随着国外社会科学理论的发展和分析技术手段的多样化，学者们开始认识到，城市土地利用的空间结构充其量只是一种表现形式，只对这种表面特征进行归纳描述和分析，对于理解其内部动力机制并无多大帮助，必须寻找其他的切入点来透视和剖析隐藏在城市土地利用空间结构背后的内在动力机制。随着历史形态学、空间经济学、行为分析和政治经济学等研究方法的先后引入，形成和发展了城市土地利用研究的生态学派、经济区位学派、社会行为学派和政治结构学派等理论体系，从不同的角度分别揭示了影响城市土地利用的社会、经济、政治等人文动力因素及其作用机理，极大地拓展和深化了我们对城市土地利用的空间模式及其发展规律的认识和理解。

我国现代城市土地利用虽已有近半个多世纪的实践，但由于历史和体制等方面的原因，我国的城市土地利用理论研究工作尚处于理论介绍和个案研究的起步阶段[2]，迄今还没有取得具有突破性和较大影响力的理论成果。这种理论研究的落后已经严重地损害了我国城市土地利用实践的健康与快速发展，其宏观表征为，我国的城市土地利用政策忽左忽右，时而大量圈地搞开发区和房地产，时而又全面冻结新增城市用地的审批；其微观表征如城市用地规划的普遍性贪大求洋、普通居民住房紧张与大量商品房空置滞销并存等更是俯拾皆是。这些表征均反映出我们对城市土地利用的客观规律性缺乏认识和研究。中国在建设社会主义市场经济过程中，其城市土地利用的客观规律性，显然既会具有市场经济社会的同一性，也会具有其"中国"及社会主义的独特性,因为我国的城市土地为国有,与西方国家具有根本性差别;另外,我国城市土地发展的社会经济及政治制度环境也具在独特性。这种具有中国特色的城市土地利用理论有待于我们在实践中去总结和验证,通过大量的案例研究来进行归纳和提高。

本章主要是对西方城市土地利用研究的基本方法和理论进行较全面和系统的梳理和评析,为研究我国城市土地利用选择适当的方法和思路奠定基础。

第一节 历史形态方法与生态学派

历史形态方法是系统地研究城市土地利用的最直观和最早使用的方法,始兴于19世纪20年代,它是通过在地图或实地上直观地辨认各类城市土地利用的空间分布及其历史演变[3],并归纳出一般性的城市土地利用模型。土地利用理论的生态学派主要是采用描述性的历史形态方法,来概述城市土地利用的历史增长趋势及由此所形成的土地利用空间分异规律。其中的同心圆、扇形和多核理论已广为人知,被称誉为三大经典生态学理论[4],对于理解城市土地利用的空间功能分异规律和城市社区的社会经济结构共同做出了相互独立、互为补充的贡献。查平(F. S. Charpin)和凯瑟[5](E. J. Kaser)将它们归于"城市土地利用的理论基础"。巴多(J. W. Bardo)和哈特曼[6](J. J. Hartman)认为:"最合理的说法是没有哪种单一模式能很好地适用于所有城市,但以上三种理论能够或多或少地在不同程度上适用于不同地区。"

一、轴向增长理论

第一个对城市土地利用增长模式进行正式描述的是理查德·赫德(Richard M. Hurd),他因在1903年出版的《城市土地价值原理》(*Principles of City Land Values*)中首次提出城市土地利用的中心增长和轴向增长而受到赞誉[7]。在揭示经济因素对特定土地利用的区位的影响时,赫德着重强调可接近性和邻近性原则是中心和轴向增长的形成基础。这些原则支配着商业土地的价值和个体对土地的竞标:"因为价值依赖经济地租,地租依赖区位,区位依赖便利性,而便利性依赖邻近性,我们可以忽略中间步骤,从而说价值依赖于邻近性。"[7]赫德的观点为其后的土地利用理论研究提供了基础,但他没有构建具体的城市土地利用模式。

二、同心圆理论

伯吉斯(Burgess)把"竞争"、"优势"、"入侵"、"更替"等人类生态学观点应用于芝加哥的城市土地利用研究之中,用以描述由不同的土地利用活动和居住区所组成的空间模式,并构建了一个城市土地利用的决定性描述理论,土地利用模式被认为直接随着远离CBD而变化。第一个区是CBD或中心商务区;环围在第一区之外的第二区是一个商业和轻型制造业正在侵入原来的居住用地的过渡区;第三区是工人居住区;第四区是白领和专业人员的高级公寓居住区;第五区是由卫星城和郊区所组成的通勤区[8]。与许多生态学家和经济学家一样,伯吉斯经常把城市土地利用的增长和区位过程比做是"自然的",认为城市土地利用的空间模式是在天生力量的作用下形成的。总的来看,伯吉斯的同心圆区理论是纯描述性的,重在用扩张、更替和集聚来描述城市土地利用的扩展过程。但是,正如罗布森(B. T. Robson)所指出的,"伯吉斯和所有生态学家都认识到,这个模式是纯概念性的,在应用到某个具体城市时,地形、交通线路的分布等因素的影响都会扭曲理论上的同心圆区"[9]。因而,伯吉斯的同心圆理论的主要价值不是它的理论贡献,而在于它提供了一个可以根据经验进行印证和改正的抽象空间模式,并提供了一个便于据此发现城市土地利用模式的基本空间决定因素的简明框架。

三、扇形理论

扇形理论是霍默·霍伊特(Homer Hoyt)于1939年提出来的一种不同于伯吉斯的同心圆模式的城市土地利用理论。研究采用1934年的数据,142个城市的居住租金区域被标示在地图上,并用来分析其区位的规律性[10]。在这项研究中,霍伊特发现:高租金或高花费的居住区域集中在一个城市的一个或几个扇形区内,这些扇形区外的所有方向都存在一个向下的租金等级,因而,不同收入群体的居住用地在空间上被分隔为扇形或楔形而不是围绕CBD呈同心圆分布。其次,通过调查分析城市土地利用的历史变化,霍伊特发现:随着时间的推移,高租金居住区趋向于向远离CBD的方向移动,原来的高租金住处随着结构的陈旧和破陋向下"过滤"给低收入家庭或转变为非居住利用,即富裕家庭趋向于迁移到边缘地带。在这一点上,霍伊特和伯吉斯是一致的。但是,霍伊特在导致居住用地空间结构分异的距离因素上进一步增加了一个方向要素。他观察到,某种租金区域的重新安置总是发生在同一扇区的范围之内。这是由于高租金区域的移动是"必然地"和"自然地"向外的。但是霍伊特未能解释清楚为什么高租金区域没有占用中、低租金区域的扇形路径中的未开发土地。总之,霍伊特提供了一个居住土地利用及其增长趋势的描述性理论,在不同租金居住区域的空间布局与结构模式上它与同心圆理论截然不同。霍伊特的扇形理论的主要缺陷是没有把影响城市土地利用空间结构的社会的、经济的和机构的因素间的相互关系描述出来,非居住土地利用对居住区位和城市土地利用增长模式的影响也不清楚。

四、多核理论

哈里斯(C. D. Harris)和厄尔曼(E. L. Ullman)于1945年在一篇题为"城市的性质"(The Nature of Cities)的文章中提出了多核理论[11]。他们认为一个城市的土地利用模式是围绕几个而不是单个中心核的增长所形成的。甚至,这些核并不必须是"商业"中心。更重要的是,哈里斯和厄尔曼还提出,一个城市在初始时就可能存在一个以上的增长中心。多中心的概念并不排斥土地利用的放射性和同心圆模式的存在;相反,城市内每个次中心都可以具有同心圆模式的性质。赫德、伯吉斯、霍伊特都没有认识到这种可能性。因而从这个意义上来看,此理论比前三者前进一步,看到城市土地利用分化的复杂性及其形成因素的多样性。但实际上,哈里斯和厄尔曼所构建的多核理论只是略具雏形,不可能由此得出确定的空间形态或发现动力因素与空间特征之间相互联系的规律,因而与其说它是一种理论,还不如说它是一个需要通过大量经验性调查来加以充实的概念更为客观。

除了上述四大经典理论以外,也有其他一些学者在探索城市土地利用的空间结构模式。迪肯森(R. E. Dickenson)和木内信藏分别于1947年和1951年提出了"三地带说",这三地带是中央地带、中间地带、外缘地带或郊区地带。进入60年代,由于城市规模的不断扩大,城市地域范围也不断外延,在这种情况下,诞生了一种新的城市土地利用描述模式——城市理想化结构,其代表人物有塔夫(E. Taffe)、加纳(B. Garner)、耶茨(M. Yeates)。该模式把城市地域分为五个部分,从内向外分为中心商务区、中心边缘区、中间带、向心外缘带和放射近郊区,其特点是各带虽然均有自己的突出功能与性质,但土地混合利用明显加强。随着后来城市发展的恶性膨胀,城市交通、住房、环境恶化等一系列城市问题的产生,以德国学者亨宁(G. Henning)提出的发展中国家大城市疏散理论为基础,又提出了多层向心城镇体系模式[12~14]。60年代以后,对城市土地利用的研究已不限于考察不同土地利用功能的空间分异,而是深入到同一功能用地之间的差别上,其中商业土地利用的研究尤为活跃。

但是,城市土地利用的历史形态理论都属于简单的圈层研究体系,主要停留在对城市土地利用空间结构的描述阶段,并不能解释清楚某种特定的土地利用模式及其增长趋势的形成原因,从而也就不能用来决定城市系统变化对土地利用模式的影响;其次,这些城市土地利用理论模式体现得更多的是城市的社会经济特点,而较少体现其实际的土地利用方面的特点,如位置规模、利用的强度和质量、与其他次区域的通达性等,因而,不能解答社会经济变量与土地利用之间相互联系的问题。另外,虽然土地利用和土地价值被看做是紧密相连的,但这些理论或模型并没有指明土地利用的哪些特定方面对土地价值的变化是敏感的。

第二节 空间经济学方法与经济区位理论

与历史形态学派的描述特性和归纳方法不一样,经济区位理论旨在以市场平衡理论为基础,注重运用空间经济学理论和系统的数理分析方法来演绎和构建城市土地利用的理论模型,分析和解释城市土地利用的区位决策和空间模式。古多尔(B. Goodall)总结经济学方法的基本假设是:"一个城市所形成的合理的土地利用模式是各种各样的经济活动和居住阶层的不同要求的映射。"[15]同时,参与城市土地利用的人都被假定为是追求经济效益最优化和花费最少化的经济人(economic beings)[16]。由于在大多数西方社会,土地在不同用途之间的分配只有多少不等的公共规则,主要是由市场来决定的,因而市场被认为是土地利用区位决策的结算场,空间结构应理解为竞争性投标过程的结果[17]。

1968年艾萨德(W. Isard)在《区位和空间经济学》(*Location and Space Economy*)专著中首次提出可以把冯·杜能(von Thünen)的农业土地利用区位理论扩展到城市范畴[18]。随后贝克曼(M. J. Beckman)、温戈(L. Wingo)及阿朗索(W. Alonso)等在他们的开创性城市土地利用研究工作中,成功地概括出了"竞租曲线"这一冯·杜能理论中的精髓概念[17]。随后,城市土地利用这一富有挑战性的研究领域激发了大量的理论及实证研究。继阿朗索等的古典单中心模型之后,先后发展并构建了考虑城市土地利用外在效用的"新"城市经济学模型、考虑城市的社会福利的理想城市模型、考虑城市土地发展的不可逆性和投资刚性的动态模型和不确定性模式、非单中心模型等多类型的各种理论模型。最新的趋势是把资本理论(capital theory)与城市土地利用理论相结合[19]。

一、古典单中心模型(classic monocentric models)

以阿朗索的《区位和土地利用》(Location and Land Use)和温戈的《交通和城市土地》(Transportation and Urban Land)为代表,重视地租与城市土地利用之间的相互关系和空间面积与可接近性间的得失权衡(space-access tradeoff)。温戈的城市土地利用模式特别关注交通费用对地租及居住用地需求的影响,家庭被假定倾向于用工作通勤费用来替代居住花费,直到交通费用的边际支出等于区段地租上的边际节省,因而可通达性或"区位的质量"是"一块土地因其与具有一定服务水平的交通系统的关系而自然增长的一种相对质量"。因而,任何区位的价格都是"与现有交通费用最高的区位相比较,它的年交通费用节省额"[20]。利用杜能的单中心、对称平原的假设与方法,阿朗索构建了一个在完全自由竞争的条件下城市土地利用的解释性模式。在市场平衡条件下,通过对不同土地利用者的使用效用函数或竞标地租曲线进行最优化求解[21],该模式推导出了资本主义社会中城市土地利用的三个重要特点:①竞标地租随远离城市中心而减少,即存在居住地租坡度(residential rent gradient),不同区位间的地租差异正好补偿其区位通达性上的差别,即城市土地的定价遵循"差异补偿性"原则,以保证不同区位上的土地使用者间的平等;②不同类型的家庭或土地利用在空间上趋向于自然分离,因为不同收入群体的不同空间面积——通达性偏好是显著的空间决定因素,不同的土地利用方式对可通达性的敏感程度有差别,并具有不同陡缓的竞标地租曲线;③城市土地利用的强度由中心向外缘逐渐减少[22]。这是由于在"要素替代"经济规律的作用下,在土地价格昂贵的中心区位,城市居住用地的发展趋向于在每单位住房中使用较少的土地和相对较多的结构资本,即具有较高的容积率。阿朗索的研究在一定程度上解释了土地功能空间分异的客观规律,引起了学术界的广泛兴趣。但由于其假设条件的苛严和不切实际,其模式与现实有较大的差距,也招致了不少的批评。其次,该模型属于静态的"部分"平衡模型[23],因为在解释一种土地利用的区位时,它们假定其他土地利用类型或经济活动的区位是已知的。

二、"新"城市经济学模型("new"urban economic models)

继阿朗索之后的第二代模型不仅更加复杂,而且以发现和解释城市外在性(urban externalities)对城市增长和土地利用的影响为重点,更具有政策指向意义[24]。因而,相对于第一代模型,被称为"新"城市经济学模型或外在性模型。

交通堵塞(traffic congestion)是研究得最多的城市外在性。一些模式表明[25],在没有堵塞捐税或纠正性定价的情况下，城区会更趋向于郊区化，CBD附近的交通设施往往会投资过度。不过，这个结论是在单城市中心、每一家庭拥有恒定数量的居住用地、个人和公共部门都追求利润最大化等假设条件下获得的，并且，城市的边界是内在决定的。相反地，如果我们假定一个外在决定的、固定的城市边界、居住用地的供给不断增加，我们得出结论是交通堵塞会导致一个更加紧凑的城市出现。因为在封闭性单中心城市，相当多的家庭会向内迁居以抵御增加了的堵塞费用。另外，地租及密度的分布依赖于诸如就业中心的数目及分布、交通服务设施等要素。因而，任何旨在纠正交通堵塞对土地利用的影响的行动，都也应考虑密度外在性。但现有还没有一个模型同时考虑这两种外在性。

总体来看，外在性可以视做一些负面空间决定因素，因为它们会导致个体和社会在区位决定费用上的不一致，从而形成低效率的土地利用模式。部分学者如科普曼斯（T. C. Koopmans）和贝克曼（M. J. Beckman）甚至进一步推论认为，一个竞争性的土地市场不会形成一个高效的土地利用模式[26]。另外，外在性模型的研究结果显示[27]，划定城市边界并规定边界以外地区不能进行城市土地发展的公共政策，会增加密度坡度和总堵塞费用，但由于人口的增加，平均个人交通费用将降低，即城市土地利用的效率会得到提高。

三、动态模型（dynamic models）

前述的两类土地利用理论虽然显著地提高了我们对城市土地利用的经济规律及其影响的认识，但由于它们完全忽略了城市土地利用开发投资的可耐久性和调整代价，属于静态理论和模型，其实际应用具有极大的局限性[17]。因为只有当土地上已进行了大量的投资开发，修建了建筑物或其他设施时，才适用于城市利用。由于资本的刚性，城市土地利用的发展呈现某种程度的不可逆性。因而，城市土地利用的动态发展是很重要的，无论是其动力因素还是空间结构等方面，动态平衡都与静态平衡极为不同。首先，由于建筑投资具有经济可耐久性，这就意味着城市土地的再开发或再利用要承担机会成本（opportunity cost）[28]；同时，它又具有物质可耐久性，因而城市土地的再开发还要承担转换成本（conversion cost）[29]。其次，由于资本的可耐久性，开发商趋向于在时间上选择最适宜的开发时机[19]。因而，开发商的知识及其对未来经济条件的预期，都是重要的动态平衡决定因素。实际上，许多与增长相关的城市土地利用空间现象，如城市蔓延、城市衰退、城市复兴、住房市场的过滤过程、不确定性对土地开发及地价的影响等，只有应用动态模型，才能处理好以上问题[17]。

在动态模型中，为了简化求解过程大多保留了单中心的假设。其次，资本的耐久性和开发商的知识常被假定为极端情况，因而，资本要么是可替代的，要么是不可替代的，开发商的知识要么是盲视的，即把目前的条件当做是静止不变的，要么是具有完美预见。动态模型中所研究的影响城市土地利用发展的因素主要有：人口、收入、交通费用及外输产品的需求等的变化。

卡波则（D. Capozza）和赫尔斯利（R. W. Helsley）在其所构建的一个人口不断增长、开发商具有完美预见的动态模型中[30]，揭示城市增长对土地价格具有重要影响：城市土地和城市边缘区的农村土地的价格都包括一项增长奖励（growth premium），它是由于人口增长而产生的未来预期租金增长的资本化。在一个快速增长的城市,这项增长奖励可以占土地平均价格的一半。这一发现可以用来解释不同城市间土地价格的差异和城市边缘地区城市土地的市场价值和农业地租的价值间的巨大差距。

安纳斯(A. Anas)、哈里森(D. Jr. Harrison)和卡因(J. F. Kain)的静态预见模型[31~33],假设居住地资本具有完全耐久性,人口随时间逐渐增加,城市发展成为一个递增过程,即随着时间的推进,由就业中心向外呈连续的圈带,每一时期,一个开发圈带被附加在现有的城市边缘上,以容纳增加的人口;城市的密度梯度仅仅与居住用地发展时的经济条件有关。随着经济条件的改变,城市的总体密度会随离市中心的距离增加或减少。他们的研究均间接表明,在经验性研究中所普遍发现的递减密度梯度,并不是如古典单中心模型所解释的那样——是交通费用与土地消费之间的得失权衡而形成的平衡,而是广泛存在的收入增加和交通费用下降的历史趋势所致。静态预见模型的显著缺陷是,例如,根据静态预见假设下,城市土地利用发展在时间上呈由CBD向外的连续圈带,因而,从来不会出现城市蔓延的现象。而"活跃的城市土地投机市场的存在表明,对未来事件的预期是发展过程的一部分"[34]。

在惠顿(Wheaton)的完美预期下的居住用地动态增长模型中[34],任何区位的土地在不同的时间区间上开发,会产生不同的利润,在完美预期条件下,位于任何区位的土地都只会在其竞标地租的贴现价值最大的时间区间才会被开发,也就是说,每一区位的土地会在不同的开发时间区间上相互竞争。在每一时间区间内,居住密度均随通勤距离增加而减少;在不同区间的边界,居住密度是不连续的,其差异受收入、交通费用及人口等市场要素的历史趋势的影响。例如,收入的增加、交通花费的下降和人口快递增长均趋向于导致更强烈的递减密度梯度,这种递减梯度确保土地开发方式总是由内向外进行。收入的减少、交通花费的增加或缓慢的人口增长均趋向于产生一个平缓甚至递增的密度坡度。如果收入的减少或交通花费的增加幅度"足够大",或者如果对开发的需求密度随时度增长得"足够快",土地发展方式将会发生逆转,即由外向内,从而,系统性留置城内土地而不予开发即蛙跃式发展(leap-frog development),在时间区际上常常是高效的,因而,土地投机可能对城市发展具有很重要的积极贡献。另外,惠顿的研究结果表明,完美预见和资本可替代的假设,使城市土地利用的动态平衡与静态平衡极为相似。

特恩布尔(G. K. Turnbull)在一个连续时间动态模型中的比较分析表明[35]:其一,增长过程中的机会租金的提高会延缓土地开发过程,减少边远区位(far-out locations)的密度,增加邻近区位(close-in locations)的密度;其二,较高边际建筑成本会增加开发密度,延缓边远区位的开发进程,加快邻近区位的开发进程;其三,增长进程中效用或交通费用的提高,或者收入及竞标租金的减少,会延缓边远区位和大多数邻近区位的开发进程,加快中间区位(intermediate locations)的开发,并减少边远区位和中间区位的密度。

四、不确定性模型(uncertainty models)

城市土地开发和居住选择的不可逆性,使得在不确定性环境下的房地产开发投资具有极大的风险。不确定性模型注重剖析风险对城市土地开发和住房需求的影响。从供给方面来看,投入在城市土地的开发和发展上的资金已沉淀在土地利用之中;从需求方面来看,一个家庭的住房和区位选择一经决定,调整与更换的代价昂贵。卡波则和赫尔斯利在"随机城市"(the stochastic city)中构建了一个在不确定的收入增长驱动下的开放城市增长模型[29]。具有相同预期行为的土地开发商都采用一种"首次触发"战略:一旦某一区位的城市土地租金达到或触及最适转变租金(an optimal conversion rent),该区位的农村土地即被转变为城市土地利用。该研究表明,不确定性会提高最适转变租金,从而延缓开发进程。另外,这个城市土地利用的动态增长模型还揭示了城市土地发展及其不确定性对土地价值的重要影响。城市土地价格除了包括因城市增长而产生的增长奖励(a growth premium)之外,还应包括因更高的最适转变租金而产生的一项不可逆性奖励(an irreversibility premium),因而,城市边缘区的农村土地价格也要包括一项选择权价值(an option value),它是当收入增长较预期更快时农村土地具有提前开发为城市土地的机会的资本化。

卡波则和李玉明(Yuming Li)把不确定条件下耐用资本投资理论(durable-capital-investment theory)扩展到土地利用转变决策之中[19]。他们的研究发现,土地价值不仅包含一项不可逆性奖励,还包括一项强度奖励(intensity premium),即改变土地利用强度会带来更多的价值。因而,可以变更土地利用强度的能力会提高阻碍地租(hurdle rent),从而延缓开发进程。因此,蛙跃式开发可能是最佳的。

城市经济学模型通过引入"经济优化人"(economic optimizer)和"阻滞花费"(cost of friction)为城市土地利用提供了一个经济学的解释性理论,加深了我们对城市土地价格的构成、空间差异及其历史变化的认识和理解,揭示城市土地利用空间结构所蕴涵的经济规律,对选择最有利的土地开发时机和方式具有重要的指导价值。可以说,城市经济学派是最具解释能力和实用价值的城市土地利用理论。在推进城市土地利用的理论研究中,城市经济学派贡献卓著,功不可没。但实际上,影响城市土地利用的动力因素是多方面的,除经济的因素之外,还有社会的、政治的等多方面原因。因而,把城市土地利用模式当做纯粹经济活动的结果的城市经济学模型显然具有"经济决定论"色彩。其次,为了推导和构建理论模型的所设定的假设,使得理论与现实具有较大的差距,从而也限制了它的实践应用。人文主义者批评城市经济学把个人缩小为在抽象市场环境中单纯的最大利益追求者,新马克思主义者则在意识形态上进行了批评,认为城市经济学研究是以"城市是消费者选择的反映"这一虚构的假设为基础的,忽视了阶级和财产关系。

第三节 行为分析方法与社会行为学派

20世纪60年代出现的行为学派反对历史形态学派和经济区位学派对人进行过于主观简单化和理想化的假设。他们认为,由于价值观、思维习性、知识水平和对信息的掌握等方面的影响,人不可能是完全理性的。在现实社会中人们的土地利用行为和区位决策从来都没有使自己的利益最大化,同时,最优经济效益和最佳效用也不是人们土地利用决策的唯一动因和目标,决策者常常是"满意者"(satisfiers)而非"经济优化人"[16]。从而,行为学派强调对人的研究,提倡把人的价值观、意识和能动性等非经济的社会动力因素纳入城市土地利用的研究范畴,用城市社会系统来代替市场作为土地利用区位决策的场所。行为学派的代表性理论为北卡罗来纳(North Carolina)大学的决策分析模型和福里(Foly)与韦伯(Webber)的城市土地利用互动理论。

一、决策分析模型

该方法以北卡罗来纳大学的蔡平(F. S. Chapin)和韦斯(S. F. Weiss)为代表,故也称为北卡罗来纳模型,它的理论框架是由"价值—行为—模式—结果"(values-behavior-pattern-consequences)等基本概念组成,注重研究与空间格局和空间过程相关的个体决策行为,并认为人的空间行为遵循一定的准则[5]。城市土地利用的空间结构被认为是行为模式以物质形式所表示出来的结果,而行为模式又要用价值和态度来解释。行为模式是指不同土地利用者(家庭和企业)间相互作用(interaction)的外在的、合理的形式。家庭、企业及政府的土地利用区位决策是把行为模式转变为物质形式的驱动力。并且,蔡平用"主要的"(primary)和"次要的"(secondary)决策来描述土地开发过程,前者诱发了后者。例如,修建一条高速公路的决策会导致许多家庭决定重新选择居所,并且前一主要的决策具有预先决定其后的居住用地的开发强度及分布的功能[36]。进而,北卡罗来纳模型明确提出,在居住区位决策中,消费者的空间—可通达性偏好所起的作用可能还不如政府的政策和私人开发商的决策重要。总之,北卡罗来纳城市土地利用区位理论的显著特点是,它认为土地利用的区位决策是"源于日常相互联系的需要和渴望"[5],从而,较城市经济理论更进了一步,因为经济因素本身也必须从人类相互联系的需要的角度来解释;其重要贡献是辨认出了政府和市场两者都是调控城市土地利用区位决策的重要机制,并提出用城市社会系统来代替市场作为土地利用区位决策的场所。

二、城市土地利用的互动理论

城市土地利用互动理论侧重于研究不同城市土地利用驱动因素之间的相互联系系统(systems of interrelationship),并以此作为解释城市土地利用的基础。福里(D. L. Foly)构建了一个城市土地利用的空间与非空间特征及价值观与物质环境之间相互联系的概念模型[37]。韦伯(M. M. Webber)的互动理论由"城市地域"(the urban place)和"非地域的城市范围"(the nonplace urban realm)两个理论性概念所构成,人类活动的所有空间范围都是由这两者复合组成的,缺一不可[38]。一个城市地域的空间结构基本上是由四部分组成的:随空间分布而变化的不同活动之间在功能上的依赖或联系;由流所组成的人类相互作用的空间模式;通信联系和交通网络的空间形式;活动场所的区位等。非地域的城市范围主要通过对各利益社区之间的通信联系流量的衡量来界定,有限的城市地域可以通过各种通信渠道,具有在疆界上无限制的非地域的城市范围。因而,一个城市的土地利用模式既受城市范围内也受城市范围外各条件的影响。

行为学派中的另外一些研究则强调人作为思想者具有思维能力的特点,倡导通过定性方法来描述人们对城市空间环境的感知行为,从而解释城市土地利用空间结构的塑造过程。这方面较早的研究有林奇(K. Lynch)对城市空间意象的研究,后来的研究者如段义孚(Tuan,Y. F.)则认为城市土地利用结构反映了其中居住、活动的人的思想、性格、价值观和感情等社会、文化的特点[39]。

总之,社会行为学派重视对人的研究,给城市土地利用研究带来了人文思想,用这种思想对忽视人的价值观念和主观能动性的历史形态学派和城市经济学派进行批判,显得非常有力。但行为学派侧重于考察人的决策行为及认知行为与土地利用的关系,较少考虑城市土地利用的空间结构模式;并且过于注重个人行为的影响力,而忽略了社会结构的制约作用,因而具有较大的局限性。

第四节　政治经济学方法与政治区位学派

实际上,城市土地利用的区位决策和空间模式并不是无数个体在自由而无组织的土地市场中随意行为决策的结果,而是受制于特定的政治经济结构和社会生产方式,不同社会阶层和类型群体在土地利用的决策与开发过程中的影响力和权力是有显著差别的。空间是权力运作的基础,城市是国家权力进行控制的形态表现[40]。从而,在七八十年代崛起了一派运用政治经济学的理论和方法来揭示城市土地利用的内在动力机制、演绎和解释城市土地利用的空间模式的政治区位理论学派。该派理论批评经济区位学派和行为学派的研究方法割离了土地利用决策与社会政治环境及历史背景间的有机联系。结构主义、区位冲突流派和城市管理学派是其主要的理论代表。

一、结构主义

结构主义利用马克思主义政治经济学的基本概念和原理来解释城市土地利用的空间结构及变化过程,认为社会生产关系等是城市土地利用空间结构变化的内因机制,个人、公司、政府的土地利用的空间行为和区位决策必须被放置在其特有的社会、政治、经济背景与结构中来加以考察[16]。因为城市土地开发与其他商品生产过程一样,受制于社会生产方式(包括生产力水平和生产关系),也反映了阶级、社会经济利益[41,42]。结构主义的代表人物为卡斯特尔斯(M. Castells)、哈维(D. Harvey)和斯科特(A. J. Scott)。

卡斯特尔斯将住房、居住结构和空间关系所组合的城市系统定义为劳动力集合再生产的一个单元(a unit for the collective reproduction of labor power),并从结构(structure)和实践(practices)两方面来分析这一系统[41]。首先,针对社会经济结构和空间结构的相互关系,卡斯特尔斯将社会体系划分为综合的政治、意识形态和经济层次,这些层次和各层次内部之间相互矛盾和相互影响,形成了城市土地利用的空间结构(这些空间包括象征性空间、制度空间和经济空间)。结构研究主要集中于规划的研究,因为规划是国家试图控制冲突和矛盾的重要手段,是社会系统再生产的政治过程。其次在实践方面,主要是针对在结构中占有不同地位的机构(agents),研究其相互间的阶级实践和阶级冲突。因为阶级关系是城市系统的结构矛盾在实践层面上的表现,其主要内容为城市社会运动(urban social movements)。另外,卡斯特尔斯还对由于技术进步,特别是信息产业的高速发展,所引起的城市土地利用空间结构的演变与重构进行了政治经济学分析。由于以信息为基础的新经济的飞速发展,将刺激"双重城市"(dual city)的产生,城市土地利用空间系统的新的组织逻辑是"流的空间"(space of flow),即空间结构形态很大程度上由远程通信与计算机的基础设施分布状况来决定,呈既非集中也非分散的网络化,其结构特征也将从"实力的流"转化为"流的实力"(the power of flow)[43,44]。

哈维起初应用马克思的地租理论来研究城市土地利用[45]。哈维认为古典经济学中的地租概念掩盖了社会阶级关系的内在矛盾,垄断地租和绝对地租的差别可以重新表述为收取地租的个人垄断权力与抽取地租的整个阶级权力之间的差别。因为城市土地的稀有性是由社会决定的,而不是受自然的限制。哈维后来引入一个新术语"阶级垄断地租(class monopoly rent)",其产生是因为存在一个资源(土地、房屋等)拥有者阶级[46]。哈维将其地租分析方法与现代资本主义城市社会内居住分异和金融机构的地位结合在一起,用来解释阶级垄断地租。城市住房市场日益由公共和私人金融机构网控制、他们把贷款和投资引向住房市场的不同部分,例如,在郊区,投机发展商供应各种各样的郊区住房,致力于制造社会地位的差别,因而可以从搬入郊区的中等收入白人中抽取阶级垄断地租。由政府和金融机构进行的居住环境改造和重构也起到改变消费模式、分解阶级关系的作用,有利于城市系统的社会稳定。其后,哈维对这一观点进行了修正,并提出了资本循环理论(the theory of circuits of capital)[47,48]。他认为资本循环有三种形式:初级循环是商品生产;第二级是建成环境的投资和消费基金的资本;第三级是流向科学技术和劳动力再生产方面的投资。当第一循环发生过度积累而产生危机时,资本就转移到对建成环境的投资。战后城市郊区化就是为了克服资本主义危机而把资本从商品生产中转移到对建成环境投资的一个例证。他又特别从劳动力再生产的过程中分析阶级斗争,认为阶级斗争促进了"转移的危机"。因而,资本的积累和阶级斗争是最终引发城市土地利用空间结构变化的根本动因。

艾伦·斯科特(Allen Scott)是美国独树一帜的经济和城市地理学家,他从20世纪80年代初开始进行产业与大城市内部区位关系研究[49]。斯科特于1985年发表了"区位过程,城市化和区域发展"一文。他把生产纵向一体化看成是企业出现的原因,生产纵向分解及由此产生的横向联系(horizontal linkage)看成是现代城市出现的原因[50]。1988年,在上文的基础上,他又发表了《大都市:从劳动分工到城市形态》一书,研究了新劳动空间分工影响城市土地利用变化的过程[51]。他把新劳动空间分工分为三个层次:新的国际劳动空间分工、新的国内(区域)空间劳动分工和城市内部劳动空间分工。与国际资本外向投资(outward investment)、国内产业区域化现象相应,在城市内部,受现代技术影响,劳动力技能和技术水平、职能结构在空间也形成了明显差异。生产过程的地域分离、劳动力市场的分割(labor market segmentation)、后福特制(post-fordism)的采用,造成郊区化和边缘化(peripherization)的现象。企业的交易活动总是产生于一定的空间,这一点被只重视制度研究的经济学家所忽略。作为地理学家的斯科特,他赋予了生产纵向一体化和纵向分解(vertical integration and disintegration)以空间概念。生产的纵向联合和分解的不断变化,将导致更为复杂的生产网络的出现,即生产的横向联合(horizontal linkages)。而且企业或部门为了节约空间联系成本,也必然趋向于向中心企业集聚,进而导致生产综合体的出现。在城市区域,不同形式的生产综合体并存并相互作用,成为城市经济活动的重要特征。资本主义社会城市空间经济的演变以一系列生产的纵向联合和分解、横向联合和综合体形成为主要特征。这些生产的重新组织、生产的社会和空间关系的变化奠定了新的国际、政治经济环境下的城市内部劳动空间分式的基础。劳动的空间分工机制不仅反映和推动了城市内部产业结构的调整、产业的空间位移、城市形态和环境的变化,而且刺激了城市郊区、边缘区的经济发展和城市化水平的提高,导致了更深层次的区域城市化。

二、区位冲突流派

区位冲突流派关注权力、冲突和空间之间的关系。城市包含从家庭到政府的不同性质、不同规模的土地利用决策单位,由于城市土地利用的外部效应和资源稀缺性,各土地利用者的利益常与他人利益相冲突。区位冲突流派认为城市土地利用的空间结构和区位模式是有着不同目标、不同权力及影响力程度的各个利益集团之间相冲突、相互妥协而"合理化"的结果。

这一观点的早期表述是福姆(W. H. Form),他认为土地市场是高度有组织的,由许多相互作用的组织控制;这些组织是土地利益集团(land interested groupings),包括房地产和建筑团体、较大的工商企业和城市公用事业、住房的所有者、政府机构;可以根据这些集团各自掌握的资源、在土地市场的作用、内部组织和责任模式来研究他们;土地利用的变化很大程度上是这些集团之间冲突与讨价还价的结果,并以美国城市土地利用的分区(zoning)决策实例来说明[52]。

考克斯(K. R. Cox)于1973年将冲突理论运用到美国城市土地利用的实例研究中,他认为空间的权力分布是城市土地利用空间结构形成和演化的内在动力机制[53]。威廉姆斯(O. P. Williams)认为空间的组织就是政治,事实上城市政治学就是研究有利区位在不同个体和团体之间的分配[54,55]。区位对城市政治学的研究具有特别重要的意义,空间不只是由政府、市场所分配的一种有价值的东西,而且具有权力资源的特征,空间分配能更快地直接反馈到城市政治过程[56]。

因此,区位与权力关系的分析是区位冲突流派研究的主要内容,其研究的重点是住房市场,主要分析在住房市场中不同利益集团和组织发展商,如地主、房地产机构、金融机构、邻里组织和地方政府,在居住用地发展过程中的作用及相互间的冲突;在特定问题上,可以将住房形态与特定空间因素如外在效应模式联系起来,因为外在效应对居住结构的形成非常重要。权力和财富的不平等分布保障某些团体能更深入地影响住房市场过程,获得正向的外在效应[57]。区位冲突流派的分析较好反映了政府干预较少的美国城市现实,多应用于研究美国城市的实例。

三、城市管理学派

城市管理学派适用了英国等欧洲福利国家的状况。较之北美,在这些国家,规划师、住房管理者、中央政府和地方政府在政府市场中的地位更重要,从而改变了自由市场的运作模式。管理学派认为资本主义国家政府具有看门人(gate-keeper)角色。因为政府需要采取措施干预不平等现象,从而对土地利用的空间结构的形成机制有深刻的影响。

雷克斯(J. Rex)和穆尔(R. Moore)的研究结果是该流派早期的代表文献[58]。他们在对伯明翰的一个内城区作社会学研究时,提出了住房阶级(housing class)的概念,这些阶级产生于获得私人和公共住房的不同可能性,一方面由个人的收入、职业和种族地位决定,另一方面由公共和私人住房的分配规则决定。他们在英国城市分出了六个具有明显空间特征的住房阶级。虽然雷克斯和穆尔的住房阶级概念与分类后来受到了批评[59],但他们的工作及有关的批评使住房市场的研究转向制度因素的分析,开始重视住房可获得性的差异及公共和私人住房机构分配政策的重要性。

在一系列研究的基础上[59],帕尔(Pahl)指出需要考虑影响不同类型住户生存机会的制约因素,基本的问题是谁得到稀有资源和设施、谁决定如何分配这些资源。管理学派认为城市管理者(urban-manager),包括公共房屋经理、房地产商、地方政府官员等众多机构在稀缺资源的分配过程中起着不同作用,具有不同动机,是影响城市社会空间结构和土地利用模式的重要作用者。20世纪80年代初,管理学派对国家背景下城市土地利用的空间塑造过程进行了大量的研究,试图揭示国家对城市土地利用空间结构的影响,国家组合体(corporatist)模式被应用于土地利用变化及其分布影响的研究。

总之,城市管理学派强调国家和政府及其各类土地与住房职能管理机构在形成城市土地利用与住房空间结构中的关键性作用,重视研究土地开发和住房分配过程中各类城市管理机构的动机、地位及其对土地发展模式和城市社会空间结构的影响。由于我国城市土地的供给实行高度的国家控制,各类城市土地与房屋管理机构在城市土地发展过程中具有重要作用,因而城市管理学派理论对于深入认识我国城市土地利用的空间模式与发展过程具有重要的借鉴作用。

政治区位学派的理论为城市土地利用研究提供了一个系统的政治经济关系和社会结构的分析框架,指出对城市土地利用空间结构的认识必须从土地开发过程及其所在的社会背景和政治经济结构入手,有利于透过繁杂错综的种种结构表象来把握和揭示深藏在其背后的内在动力机制和演变规律。但是目前大多数政治经济学模型只是提供了一个概念性分析框架,普遍存在着过分简化和决定主义的不足之处,因而其解释能力还比较有限,今后有待于与其他模型,特别是城市经济学模型的有机融合。

第五节 城市土地利用理论研究进展评析

从20世纪20年代产生的生态学派,到60年代的经济区位学派、行为学派,到70年代的政治经济学派,西方城市土地利用理论研究取得了丰硕的成果,在广度和深度上都有了明显的发展,具体表现为:研究的问题由城市土地利用的自然空间、经济空间扩展到了社会空间、政治空间;研究重点由静态的空间结构深化和细化到空间结构的动态变化及其发展过程;对人在土地利用活动中的作用的认识由简单化、机械化的生态人、经济人转变为具有价值观和能动性的社会人及具有政治经济结构属性的阶级人;对影响土地利用的驱动力识别从单一的经济因素扩展到经济的、社会的、制度的、技术的多因素综合;对土地利用演变的动力机制研究由表象的形态演化深入到隐藏在其背后的内在机制。可用表2—1来概括西方城市土地利用理论的研究进展。

表2—1 西方城市土地利用理论研究进展

研究理论	生态学派	经济区位学派	社会行为学派	政治区位学派
研究问题	土地利用的自然空间问题	土地利用的经济空间问题	土地利用的社会空间问题	土地利用的政治空间问题
理论基础	人类生态学、古典经济学	新古典经济学	行为学	政治经济学(韦伯社会学、马克思主义等)
研究方法	历史形态学方法、发生学方法	空间经济方法	行为分析方法	政治经济学方法(结构主义分析、冲突分析等)
研究重点	土地利用的空间形态模式及其演变模式	土地利用的区位经济模式及其发展方式	土地利用者的行为模式及决策过程	权力的空间分布模式及土地发展过程中权力机构的动机与影响力
土地利用者	生态人	经济优化人	社会人	阶级人
辨认的驱动力	自然的驱动力	经济的驱动力	经济的、社会的驱动力	政治的、制度的、技术的驱动力
动力机制	自然竞争机制	市场机制	社会机制(社会价值系统)	政治权力机制
代表性理论模型	同心圆模式、扇形模式、多核模式等	单中心模型、外在性模型、动态模型、不确定模型等	决策分析模型、互动理论	结构主义、区位冲突流派、城市管理学派等

显然,后来发展起来的理论是建立在对原有理论的批判和扬弃的基础之上,并具有明显的人文化和政治化的趋势。从人地关系的角度来看,历史形态学派和城市经济学派重视对城市土地利用的物质结果和空间结构即"地"的研究;而行为学派和政治经济学派则把研究的焦点转向为对人的价值观及能动性、人类社会的政治经济组织及其结构对土地利用的影响及土

发展过程,即强调对"人"的研究。从系统论的角度来看,最先采用的历史形态方法,把土地利用的决策与发展过程当做一个"黑箱",而研究其产生结果的空间演化规律;而其后出现的城市经济学、行为学和政治经济学方法则试图从经济的、行为的和制度的角度解剖这个"黑箱",并发现其内在的动力机制。这清楚地反映了社会经济发展对学术研究的影响和分析技术手段的多样化对研究活动的促进。

但是,上述各种研究方法在不同问题上各有其独到功力,因而新方法的应用和新理论的形成并未导致原有方法与理论的萎缩和停滞[60]。历史形态方法的重要性在于,它认识了城市土地利用的空间分异规律及其演变模式,至今仍是西方土地估价师和房地产商预测城市发展方向和选择最具增长潜力的投资区位的主要理论依据[61];但是,其简单的圈层模式在很大程度上与现实不合,描述性的归纳方法也极大地限制了它的理论解释能力。空间经济学方法深入地剖析了城市土地的价格构成,对城市土地利用的空间结构提供了强有力的定量化经济学解释,并且能够为房地产开发商选择最适宜的土地投资区位、发展时机和开发类型提供重要的理论指导;但是它对空间结构的描述显然不及对形成机制的研究,并且其"经济优化人"和其他为求解数理模型而设置的各种假定常招致其他学派的批评。行为分析方法从人的理智决策、人的日常需求等方面来解释人们对土地利用的选择和对空间结构的影响,涵盖了城市土地利用的社会因素驱动力,较经济区位模型更为全面和合乎实际;但是,以个体土地利用区位决策为研究对象的行为学方法建立在选择的不确定性和随机性两个概念之上,具有很强的描述和推测性质,理论解释能力较弱,并且它忽略了土地市场的有组织性及政治权力的影响。政治经济学方法从广度和深度上都极大地拓展和加深了我们对城市土地开发及其空间结构的内在动力机制的认识。区位冲突学派和管理学派告诉我们权力结构对城市土地开发及区位分配具有至关重要的作用,马克思主义的结构主义方法更是深刻地揭示了城市土地利用的制度性本质,城市土地利用的空间结构不应被视为随意决策的产物,而是受制于资本主义的生产方式。土地开发与其他商品生产一样,体现着资本主义的生产关系,土地系统的演变必然符合资本主义社会的基本逻辑[49]。但是目前大多数政治经济学模型只是提供了一个概念性分析框架,普遍存在过分简单化和决定主义的倾向,今后有待于与其他理论,特别是城市经济学模型进行有机融合,以加强其解释能力。

迄今为止,西方的城市土地利用理论研究虽然已取得了长足的进步,但显然尚未形成一个综合协调的理论体系。要想改变这个现状,一方面有赖于各种方法依靠新技术、新理论的引用而更趋完善,如可以用 GIS 和 RS 来加强历史形态方法的空间分析能力,结合资本投资理论以发展经济区位理论模型;但更重要的是引用新的理论范式在一个更高的层次上来综合和协调前述的各种方法与理论,这仍有待于思路上的进一步创新和探索。

参 考 文 献

[1]　P. A. Samuelson 1983. Thunen at Two Hundred. *Journal of Economic Literature*, Vol. 21.

[2] 宋启林:《中国现代城市土地利用学》,中国建筑工业出版社,1992。
[3] 胡天新、杨汝万:"西方城市内部空间结构研究的理论进展",载杨汝万、陆大道、沈建法编:《迈向21世纪的中国城乡与区域发展》,1999。
[4] J. F. McDonald 1997. *Fundamentals of Urban Economics*. Prentice Hall.
[5] F. S. Chapin & E. J. Kaiser 1967. *Urban Land Use Planning*. 3rd ed. ,University of Illinois Press,20.
[6] J. W. Bardo,& J. J. Hartman 1982. *Urban Sociology:A Systematic Introduction*. Peacock,43.
[7] R. M. Hurd 1924. *Principles of City Land Values*,New York:The Records and Guide.
[8] E. W. Burgess 1972. The Growth of the City, In M. Stewart ed. , *The City:Problems of Planning*, Penguin Books.
[9] B. T. Robson 1969. *Urban Analysis—A Study of City Structure with Special Reference to Sunderland*. Cambridge:Cambridge University Press.
[10] Homer Hoyt 1939. *The Structure and Growth of Residential Neighborhoods in American Cities*,Washington,D. C. :U. S. Government Printing Office.
[11] C. D. Harris and E. L. Ullman 1945. The Nature of Cities. *The Annals of the American Academy of Political and Social* Sciences,Vol. 4.
[12] 田至美:"城市地域结构模式的演变——兼论我国城市土地利用的若干问题",《地理学与国土研究》,1992(2)。
[13] 王发曾:"国外居住功能的空间研究",《地理学与国土研究》,1989(1)。
[14] 马玫:"城市地域结构的理论回顾",《地理学与国土研究》,1995(3)。
[15] B. Goodall 1972. *The Economics of Urban Area*. New York:Pergamon Press.
[16] 吴传钧、刘建一、甘国辉编著:《现代经济地理学》,江苏教育出版社,1997。
[17] M. Fujita 1985. Urban Land Use Theory. In J. J. Gabszewicz etc. ,*Location Theory*. Harwood Academic Publishers.
[18] W. Isard 1956. *Location and Space-Economy*,Cambridge:The MIT Press.
[19] D. Capozza & Yuming Li 1994. The Intensity and Timing of Investment:The Case of Land. *The American Economic Review*,Vol. 84,No. 4.
[20] L. Jr. Wingo 1972. *Cities and Space:The Future Use of Urban Land*. Baltimore:The Johns Hopkins Press.
[21] W. Alonso 1964. *Location and Land Use*. Cambridge:Harvard University Press.
[22] D. Dipasquale & W. Wheaton 1996. *Urban Economics and Real Estate Markets*. Prentice-Hall,Inc.
[23] W. C. Wheaton 1974. A Comparative Static Analysis of Urban Spatial Structure. *Journal of Economic Theory*,Vol. 9.
[24] Liu Shenghe 1998. The Theory of Location and Urban Land Use,U. B. C. Urban Economics Seminar 1998.
[25] R. M. Solow 1973. Congestion Cost and the Use of Land for Streets. *Bell Journal of Economics and Management Sciences*,Vol. 4.
[26] T. C. Koopmans & M. J. Beckman 1957. Assignment Problems and the Location of Economic Activities. *Econometrica*,Vol. 25.
[27] Man Cho 1997. Congestion Effects of Spatial Growth Restrictions:A Model and Empirical Analysis. *Real Estate Economics*,Vol. 25.
[28] S. S. Rosenthal & R. W. Helsley 1994. Redevelopment and the Urban Land Price Gradient. *Journal of Urban Economics*,Vol. 35.
[29] D. Capozza & R. W. Helsley 1990. Stochastic City. *Journal of Urban Economics*,Vol. 28.
[30] D. Capozza & R. W. Helsley 1989. The Fundamentals of Land Prices and Urban Growth. *Journal of Urban Economics*,Vol. 26.
[31] Anas 1976. Short-Run Dynamics in the Spatial Housing Market. In G. J. Papageorgiou, ed. , Mathemati-

cal Land Use Theory, Lexington: Lexington Books.

[32] Anas 1978. Dynamics of Urban Residential Growth. *Journal of Urban Economics*, Vol. 5.

[33] D. Jr. Harrison and J. F. Kain 1974. Cumulative Urban Growth and Urban Density Functions, *Journal of Urban Economics*, Vol. 1.

[34] W. C. Wheaton 1982. Urban Residential Growth under Perfect Foresight. *Journal of Urban Economics*, Vol. 12.

[35] G. K. Turnbull 1988. Residential Development in an Open City. *Regional Science and Urban Economics*, Vol. 18.

[36] F. S. Chapin and S. F. Weiss 1962. *Factors Influencing Land Development*. Chapel Hill: Institute for Research in Social Science, University of North Carolina.

[37] D. L. Foley 1964. An Approach to Metropolitan Spatial Structure. In M. M. Webber ed., *Explorations into Urban Structure*, Philadelphia. University of Philadelphia Press.

[38] M. M. Webber 1964. The Urban Place and the Nonplace Urban Realm. In Webber ed., *Explorations into Urban Structure*, Philadelphia. University of Philadelphia Press.

[39] Tang Yi-Fu 1975. Images and Mental Maps. *Annals of the Association of American Geographers*, 66(2).

[40] M. Foucault 1986. Texts/Contexts of Other Space. *Diacritics*, 16(1).

[41] M. Castells 1977. *The Urban Question: A Marxist Approach*. Cambridge MA: The MIT Press.

[42] M. Castells 1983. *The City and The Grassroots: A Cross-Cultural Theory of Urban Social Movements*. London: Edward Arnold.

[43] M. Castells 1989. *The Information City: Information Technology, Economic Restructuring, and the Urban-Regional Process*. Oxford: Blackwell.

[44] 张兵,《城市规划实效论——城市规划实践的分析理论》,中国人民大学出版社,1998。

[45] D. Harvey 1974. Class Monopoly Rent, Finance Capitals and the Urban Revolution. *Regional Studies*, Vol. 8.

[46] D. Harvey 1978. The Urban Process under Capitalism. *International Journal of Urban and Regional Research*, Vol. 2, No. 1.

[47] D. Harvey 1985. *The Urbanization of Capital*. Oxford: Blackwell.

[48] D. Harvey 1989. *The Urban Experience*. Baltimore: Johns Hopkins University Press.

[49] J. Scott 1980. *The Urban Land Nexus and the State*. London: Pion Limited.

[50] J. Scott 1985. The Locational Process: Urbanization and Regional Development. *International Journal of Urban and Regional Research*, Vol. 16, No. 1.

[51] J. Scott 1988. *Metropolis: From the Division of Labor to Urban Form*. Berkley: University of University of California Press.

[52] W. H. Form 1954. The Place of Social Structure in the Determination of Land Use. *Social Forces*, Vol. 32.

[53] K. R. Cox 1974. *Locational Approaches to Power and Conflict*, New York: John Wiley.

[54] P. Williams 1971. *Metropolitan Political Analysis*, New York: Free Press.

[55] P. Williams 1975. Urban Politics and Urban Ecology. In Young ed., *Essay on the Study of Urban Politics*. London: Macmillan.

[56] K. Young 1975. Urban Politics: An Overview. In Young ed., *Essay on the Study of Urban Politic*. London: Macmillan.

[57] K. Bassett and J. Short 1989. Development and Diversity in Urban Geography. In D. Gregory and R. Walford ed., *Horizons in Human Geography*. Basingstoke: Macmillan.

[58] J. Rex and R. Moore. Race 1967. *Community and Conflict*. Oxford University Press.

[59] R. E. Pahl 1975. *Whose City*. 2th ed. , Harmondsworth:Penguin.
[60] R. J. Johnston 1971 *Urban Residential Patterns*. London:G. Belland Sons Ltd.
[61] T. D. Pearson 1991. Location! Location! Location! What is Location? *The Appraisal Journal*,No. 1.

第三章 土地利用动态变化的空间分析测算模型

人类活动深刻地改变着自然环境,其中土地利用是这种作用的主要形式。我国近年来发生的许多重大资源、生态和环境问题,如1998年长江和松花江流域的大洪水以及2000年春季的沙尘暴等,无不与土地利用变化密切相关。随着我国社会经济的持续快速发展和工业化、城市化进程的加快,可以预见我国的土地利用和土地覆被变化在21世纪初将更趋剧烈,由此而引起的土地利用冲突及人地矛盾也会更为尖锐,其突出表现可概括为:维护国家食物安全与推进城市化进程之间、保持耕地总量动态平衡与生态环境建设之间的矛盾,也就是土地资源在农业土地利用、建设用地及生态用地等不同利用类型之间的转换与配置问题。能否科学、合理地解决这些矛盾、冲突和问题,关系到我国社会经济的可持续发展,乃至于整个民族的生存与发展。其中,准确地测算区域及各种土地利用变化的速率和程度,是客观地判断现状形势和未来趋势、制订出合理且有针对性的土地政策的基本要求和必要前提。

进入20世纪90年代以来,土地利用和土地覆被变化研究已成为全球环境变化研究的重点领域之一和我国资源科学、地理学、遥感信息科学等多学科的研究热点[1,2]。目前,在土地利用/土地覆被的制图和动态监测、驱动力辨识、区域环境效应等研究领域已经或正在取得重要进展[3,4]。不过,在如何准确、科学地测算土地利用动态变化程度与速率这一基本方法论方面,却意外地被长期忽视而停滞不前。虽然马尔可夫模型已被广泛地用来揭示区域内各土地利用类型间相互转化的来源和去向[5,6],但现有的数量分析和动态度这两种测算模型均不能完全涵盖和真实地刻画土地利用变化的空间过程。传统的数量分析模型虽然简明扼要,且不需较复杂的专业性分析技能,但完全忽略了土地利用空间区位的固定性与独特性,没有考虑土地利用动态变化的空间过程及相关属性。动态度模型虽然是一种基于GIS空间分析技术的测算模型,但仅考虑了土地利用动态变化的空间转移过程,而忽略了其新增过程,从而严重地低估了那些转移慢但增长快的土地利用类型,特别是城市用地的动态变化程度与速率。

本章首先从土地利用变化的空间涵义出发,将其空间过程细分为未变化部分、转移部分和新增部分,并据此对现有的数量分析和动态度模型进行了评析,并提出了土地利用变化的空间分析测算模型,旨在更为准确和精细地测算各土地利用类型的动态变化程度;并以北京城市边缘区土地利用动态变化为例,对三种模型的测算结果进行数量比较。

第一节 土地利用动态变化的空间涵义

对区域土地利用变化的数量、结构及景观特性等方面的总量分析,有助于从总体上把握区域土地利用动态演变的趋势与特点。但土地利用的显著特点之一是其空间区位的固定性与独特性,因而只有对区域土地利用变化进行定位化、定量化的空间分析,才能更为深入和准确地认识区域土地利用的动态演变过程。比如,在同一变化时期内,同时发生了以下两种土地利用变化,其一是远郊区的一片原工业用地,如废弃的砖窑厂,被整理改造为耕地;其二是在近郊区新开发了一片工业区,占据了同等面积耕地。类似这样的土地利用变化,在总量分析中被相互对冲掉了,反映不出来,只能通过定量化、定位化的空间分析才能予以揭示。

如图 3—1 所示,第 i 类土地利用类型从研究期初 $t_1(LA_{(i,t_1)})$ 到研究期末 $t_2(LA_{(i,t_2)})$ 的空间格局变化,可以划分出三种空间类型:①未变化部分(ULA_i),其土地利用类型与空间区位在研究期初和期末是一样的,没有发生变化(出于研究的时间尺度方面的考虑,这里将在同一研究时期内先转变为另一种类型,但最终又转回为原有土地利用类型的变化过程视为无效变化,而予以忽略);②转移部分($LA_{(i,t_1)}-ULA_i$),第 i 类土地利用类型转变为其他非 i 类土地利用类型;③新增部分($LA_{(i,t_2)}-ULA_i$),其他非 i 类土地利用类型转变为第 i 类土地利用类型。

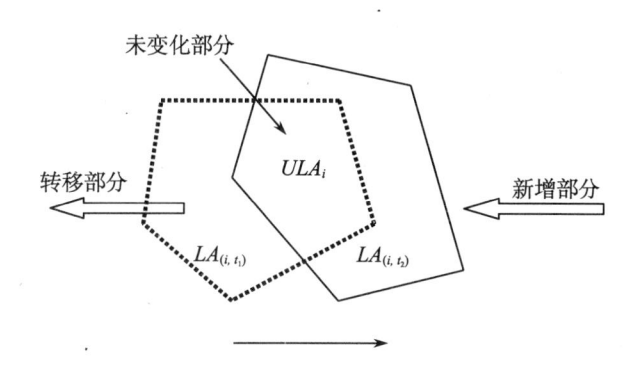

图 3—1 土地利用动态变化的空间涵义

GIS 空间分析技术为开展区域土地利用变化的空间分析提供强有力的技术支持。通过对不同时期的区域土地利用图进行叠加运算(overlay)及空间统计分析,可以定量化、定位化地识别出各土地利用类型在不同监测时点间的未变化部分、转移部分及其去向和新增部分及其来源。在此基础上,还可以进一步建立区域不同土地利用类型间的马尔可夫转变矩阵,清晰地揭示了区域内各土地利用类型间相互转化的来源和去向[5,6]。

第二节 土地利用动态变化的空间分析测算模型

一、对现有测算模型的评析

目前,测算土地利用动态变化的定量化模型主要为传统的数量分析模型和动态度模型。

1. 传统的数量分析模型

这是一种最传统和最简单的分析模型[7],通过计算研究区域内某种土地利用类型在监测期末(T_2)与监测期初(T_1)之间的数量的年均变化速率来表示。有人称之为单一土地利用类型的动态度[8]。其数学表达式为:

$$K_i = (LA_{(i,t_2)} - LA_{(i,t_1)})/LA_{(i,t_1)}/(T_2 - T_1) \times 100\% \tag{1}$$

式中,K_i 为研究区域内某种土地利用类型 i 在监测期间的年均变化速率,$LA_{(i,t_1)}$ 和 $LA_{(i,t_2)}$ 分别为该种土地利用类型在监测期初和期末的面积。

这种测算模型的显著优点是简明扼要,不需要较复杂的专业性分析技能,现已被广泛应用于各种专业性及非专业性的报告和论文之中[9,10]。但其缺陷也同样显而易见。

① 这种模型忽略了土地利用空间区位的固定性与独特性,不能反映土地利用动态变化的空间过程及相关属性。譬如,在某一变化时期内,同时发生了以下两种空间区位及属性不同但数量完全一样的土地利用变化,一方面是边远山区的一片贫瘠的未利用土地被开垦为耕地;另一方面是城市近郊同等面积的优质耕地被转化为城市用地。采用以上模型分析该区域耕地的动态变化时,以上两种变化过程被相互对冲掉了,反映不出来。

② 这种模型无法测算和比较区域土地利用变化的总体或综合活跃程度,即不能识别土地利用变化的"热点"或"敏感"区域。

2. 动态度模型

区域内某土地利用类型 i 在某变化时期的动态度,或土地利用变化速率,可用下式进行计算[8,11,12]:

$$S_i = (LA_{(i,t_1)} - ULA_i)/LA_{(i,t_1)}/(T_2 - T_1) \times 100\% \tag{2}$$

式中,$(LA_{(i,t_1)} - ULA_i)$ 为在监测期间转移部分面积,即第 i 种土地利用类型转化为其他非 i 类土地利用类型的面积总和,$LA_{(i,t_1)}$ 为监测初期第 i 种土地利用类型的面积,ULA_i 为监测期间第 i 种土地利用类型未变化部分的面积(图3—1)。

某一研究区的综合土地利用动态度的计算式为:

$$S = \frac{\sum_{i=1}^{n}\{LA_{(i,t_1)} - ULA_i\}}{\sum_{i=1}^{n} LA_{(i,t_1)}} /(T_2 - T_1) \times 100\% \tag{3}$$

这是刘纪远等提出来的一种基于GIS空间分析技术的测算模型[11]，同时考虑了第i类土地利用类型转变为其他非i类土地利用类型的数量及空间属性，可以测算和比较区域土地利用变化的总体或综合活跃程度，显然较前述的传统数量分析模型有了很大程度的提高。但是该模型仅考虑了第i类土地利用类型转变为其他非i类土地利用类型这个单向变化过程，而忽略了其他非i类土地利用类型在该研究时期内由其他空间区位上同时转变为第i类土地利用类型的变化过程，可称之为单向的空间分析模型。于是模型存在一个严重的缺陷：那些转化慢但增长快的土地利用类型，特别是城市建设用地的动态变化程度被严重低估。

众多案例研究表明，城市建设用地的快速扩展和蔓延是经济较发达地区土地利用动态变化的重要特征和驱动力[13~15]。特别是在我国，由人多地少和正处于城市化的加速发展阶段的基本国情所决定，城市建设用地的扩展及其所引起的资源、环境效应，已引起国际国内社会的广泛关注和政府管理层的高度重视，是研究我国土地利用动态变化的一个关键和焦点。但由于其具有很强的不可逆性，采用上述模型所测算的城市建设用地动态度总是很低的，不能识别和反映其快速扩展的态势，与实际情况明显不符。

不过，在测算区域综合土地利用动态变化时，该模型是适应的，因为从整体上来看，区域各土地利用类型之间的相互转换是一个双向但等量的过程。

二、空间分析模型

本研究认为在测算某类土地利用的动态变化速度时，应将其在监测期间的新增部分，即由其他非i类土地利用类型由其他空间区位上转变为该类土地利用类型的变化过程考虑进去，并据此在土地利用动态度模型的基础进行了修正，提出了下述土地利用动态变化的空间分析模型，旨在更为精细和准确地刻画和测算土地利用动态变化的空间过程和强烈程度。

$$TRL_i = (LA_{(i,t_1)} - ULA_i)/LA_{(i,t_1)}/(T_2 - T_1) \times 100\% \tag{4}$$

$$IRL_i = (LA_{(i,t_2)} - ULA_i)/LA_{(i,t_1)}/(T_2 - T_1) \times 100\% \tag{5}$$

$$CCL = \{(LA_{(i,t_2)} - ULA) + (LA_{(i,t_1)} - ULA_i)\}/LA_{(i,t_1)}/(T_2 - T_1) \times 100\%$$
$$= TRL_i + IRL_i \tag{6}$$

式中，TRL_i为第i种土地利用类型在监测时期t_1至t_2期间的转移速率；IRL_i为其新增速率；CCL_i为其变化速率；n为区域内土地利用类型的分类数，$i \in (1, n)$。区域综合土地利用变化率的算式与前述的动态度模型一致，在此不再复述。

比较算式(1)、(2)及(4)~(6)可以看出，本章所提出的空间分析模型与现有的数量分析模型和动态度模型的根本差别在于，它们对转移速率和新增速率之间关系的不同理解和处理。在数量分析模型中，由于只考虑各土地利用类型的数量的变化，所计算出来第i种土地利用类型的变化率(K_i)实际上是空间分析模型中的转移速率(TRL_i)与新增速率(IRL_i)之差的绝对值。在动态度模型中，则忽略了新增的变化过程而仅考虑转移的变化，其所计算的第i种土地利用类型的变化率(S_i)实际上也就是空间分析模型中的转移速率(TRL_i)。空间分析模型则

同时识别并考虑了转移与新增这一对方向相向的变化过程,其变化速率是将转移速率和新增速率的绝对值相加。即:

$$数量分析模型:K_i = |TRL_i - IRL_i|;$$
$$动态度模型:S_i = TR_i;$$
$$空间分析模型:CCL_i = (TRL_i + IRL_i)。$$

第三节 案例分析与结果比较——以北京城市边缘区为例

一、北京城市边缘区土地利用变化的空间类型

　　大城市边缘区是我国工业化和城市化发展最快的地域类型,也是城乡土地利用相互交错、最复杂、最富于变化的地区,从而是监测和研究土地利用变化的天然实验室[16]。彩图3—1以耕地为例,展示了1982~1992年间北京城市边缘区土地利用变化的空间类型。其中,未变化部分的面积为 2 420.5km², 占 1982 年区域耕地总面积的 69.6%; 转移部分的面积为 1 055.3km², 占1982 年区域耕地总面积的 30.4%;新增部分的面积为254.5km²,占 1982 年区域耕地总面积的 7.3%。转移部分的面积远大于新增部分的面积,区域耕地的净面积在急剧减少。另外,新增耕地的区位和质量均明显劣于其转移的部分。如图 3—2 所示,耕地的转移去向主要为城市用地、农村居民点、水域和园地,城乡建设用地增长和农业产业结构调整是耕地面积锐减的重要原因,占用的主要为分布在城市建成区周围的优质农田、菜地;而耕地的新增来源主要为对废弃农村居民点和园地、牧草地的整理改造,大多散布于较偏远的区域,质量较差。

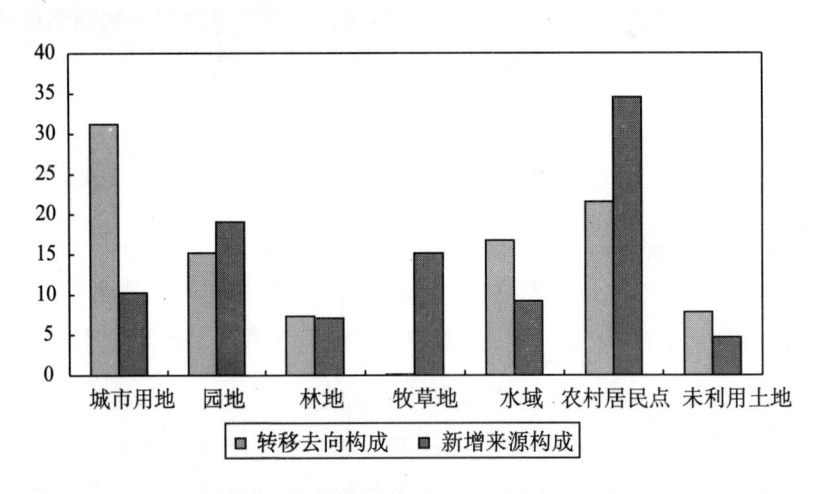

图3—2　北京城市边缘区耕地的转移去向和新增来源构成(1982~1992年)

二、空间分析模型的测算结果

　　表 3—1 为根据土地利用变化空间分析模型对北京城市边缘区在 1982~1992 年间的土地

利用变化程度的测算结果。

① 耕地的转移速度最快,转移的面积和份额最大,且转移速率远大于其同期的新增速率,属于高速衰减型。在这一监测时期,耕地的转移面积占区域所有土地利用类型转移总面积的将近一半,其转移速度明显快于其他类型,并且是其同期年均新增速度的4倍,显然是其他土地利用类型新增部分的主要来源。但由于耕地的初期面积很大,其变化速率,包括转移速率仍比较低。

② 城市用地的新增速度快,新增面积和份额大,且新增速率远大于其同期的转移速率,属高速扩展型。在这一监测时期,城市用地的新增面积占区域所有土地利用类型新增面积总和的20%,其新增面积和速度明显快于其他类型(1982~1992年间受人为因素影响较大的林地除外),并且其新增速度和速率常为其同期转移速度和速率的5倍多。

③ 区域内最"敏感"的土地利用类型是未利用土地,年均变化率分别高达40%和28%,远高于同期的其他类型。在这一监测期间,区域内未利用土地的数量从原来85.2km²的基础上新增了275.5km²,约3.2倍,年均新增速率为32.3%,而同期的转移速率却仅为7.8%。

④ 林地、水域、园地、农村居民点均属于扩展型,其新增速度与速率一般大于其同期的转移速度与速率,净面积在增长。其中林地和水域在这一监测期间的新增速率非常迅猛,高达25%,而其同期的转移速率仅为5%。

表3—1 北京城市边缘区土地利用动态变化率(1982~1992年) 单位:km², km²/年

土地利用类型	未变化面积	转移部分 面积	%	转移速度	转移速率	新增部分 面积	%	新增速度	新增速率	变化速度	变化速率
城市用地	376.7	90.4	4	9.0	1.9	473.9	20	47.4	10.1	56.4	12.1
耕地	2 420.5	1 055.3	45	105.5	3.0	254.5	11	25.4	0.7	131.0	3.8
园地	113.2	173.9	7	17.4	6.1	219.3	9	21.9	7.6	39.3	13.7
林地	150.2	103.5	4	10.3	4.1	615.1	26	61.5	24.2	71.9	28.3
牧草地	2.9	658.6	28	65.9	10.0	3.9	0	0.4	0.1	66.2	10.0
水域	50.6	41.3	2	4.1	4.5	232.6	10	23.3	25.3	27.4	29.8
农村居民点	267.4	162.5	7	16.3	3.8	277.7	12	27.8	6.5	44.0	10.2
未利用土地	18.3	66.8	3	6.7	7.8	275.5	12	27.5	32.3	34.2	40.2
区域总体	3 399.9	2 352.3	100	235.0	4.1	2 352.3	100	235.2	4.1	470.5	4.1

注:表中林地、牧草地的大幅度变化,主要是由于1992年土地详查与1982年土地概查时的分类标准及像片判释标准不一,部分属人为原因所致。

三、不同模型的测算结果比较

表3—2比较了不同模型对1982~1992年间北京城市边缘区土地利用变化的测算结果。

显然,对单一土地利用类型的变化速率的测算,不同模型的测算结果差异极为悬殊。其中,空间分析模型的测算结果数值总是最大的。不过,对区域总体土地利用变化速率的测算结果,空间模型与动态度模型是一样的。具体说来:

表3—2　不同模型所测算的北京城市边缘区各土地利用类型的变化速率(1982~1992年)

土地利用类型	数量分析模型	动态度模型	空间分析模型
城市用地	8.2	1.9	12.1
耕地	2.3	3.0	3.8
园地	1.6	6.1	13.7
林地	20.2	4.1	28.3
牧草地	9.9	10.0	10.0
水域	20.8	4.5	29.8
农村居民点	2.7	3.8	10.2
未利用土地	24.5	7.8	40.2
区域总体	—	4.1	4.1

① 当某种土地利用类型在监测期间没有或只有很少的新增部分时,如表3—1中的牧草地,其新增速率仅为0.1%而转移速率为10%,三种模型所测算的变化速率非常相近;

② 当某种土地利用类型的变化具有较强的可逆性时,如城市用地,动态度模型测算的值远低于其他两种模型的结果,严重低估了实际变化过程,数量分析模型的结果虽低于空间分析模型的值,但比较接近;

③ 当某种土地利用类型的空间转移与新增过程均比较活跃时,数量分析模型和动态度模型的测算结果均会严重失真,尤以数量分析模型为甚。

另外,值得注意的是,变化速率由于已经过无量纲的标准化处理,在比较不同区域的土地利用变化程度时极为适合,但监测初期的数量大小对它的影响很大(初值越少,变化速度越大),在比较同一区域不同土地利用类型变化的重要性或活跃程度或其在不同监测时期的动态变化趋势时,年均变化速度这一指标则更为合理和重要。

四、基本结论

土地利用的显著特点之一是其空间区位的固定性与独特性,因而只有对区域土地利用的空间布局进行定位化、定量化的空间分析,才能更为深入和准确地认识区域土地利用的动态演变过程。本章的基本结论如下:

① 传统的数量分析模型将土地利用变化的空间过程当做"黑箱"处理,只考虑监测期间的数量变化,显然无法真实地刻画土地利用的变化程度,尤以空间转移与新增过程均比较活跃的土地利用类型为甚;

② 动态度模型在计算区域总体土地利用变化速率时是适用和有效的,但由于该模型忽略了土地利用变化的新增过程,不适宜于用来测算单一土地利用类型的动态变化,特别是对于空

间扩展过程比较强烈的土地利用类型,如城市用地;

③ 土地利用变化的空间分析测算模型由于细分并同时考虑了各土地利用类型的空间转移及新增过程,能更为准确和精细地测算各土地利用类型的动态变化程度。

参 考 文 献

[1] 李秀彬:"全球环境变化研究的核心领域:土地利用/土地覆被变化的国际研究动向",《地理学报》,1996(5)。
[2] 陈百明:"试论中国土地利用和土地覆被变化及人类驱动力研究",《自然资源》,1997(2)。
[3] 陈述彭等主编:《遥感信息机理研究》,中国科学技术出版社,1998。
[4] 摆万奇、赵士洞:"土地利用和土地覆被变化研究模型综述",《自然资源学报》,1997(2)。
[5] 史培军、陈晋、潘耀忠:"深圳市土地利用变化机制分析",《地理学报》,2000(2)。
[6] 王良健、包浩、彭补拙:"基于遥感和GIS的区域土地利用变化的动态监测与预测研究",《经济地理》,2000(2)。
[7] Bruce P., Maurice Y. 1993. Rural/Urban Land Conversion I: Estimating the Direct and Indircet Impacts. *Urban Geography*. 14(4).
[8] 王秀兰、包玉海:"土地利用动态变化研究方法探讨",《地理科学进展》,1999(1)。
[9] 赵健、魏成阶、黄丽芳等:"土地利用动态变化的研究方法及其在海南岛的应用",《地理研究》,2001(6)。
[10] 杨桂山:"长江三角洲近50年耕地数量变化的过程与驱动机制研究",《地理学报》,2001(2)。
[11] 刘纪远主编:《中国资源环境遥感宏观调查与动态研究》,中国科学技术出版社,1996。
[12] 王思远、刘纪远等:"中国土地利用时空特征分析",《地理学报》,2001(6)。
[13] 刘盛和、吴传钧、沈洪泉:"基于GIS的北京城市用地扩展模式",《地理学报》,2000(4)。
[14] 何春阳、史培军、陈晋等:"北京地区土地利用/覆被变化研究",《地理研究》,2001(6)。
[15] 朱会义、李秀彬、何书金:"环渤海地区土地利用的时空变化分析",《地理学报》,2001(3)。
[16] 崔功豪、武进:"中国城市边缘区空间结构特征及其发展",《地理学报》,1990(4)。

第四章 城市土地利用扩展的动力机制

第一节 不同经济社会体制下城市土地利用扩展的动力机制

在不同的社会经济体制下,不仅影响城市土地利用扩展的动力因素各不相同,而且动力因素对城市土地利用扩展的作用方式,即城市土地利用扩展的动力机制,也有迥然的不同。

一、市场经济体制下的动力机制

在资本主义自由经济条件下,城市土地利用扩展是单一的个人和单独的城镇政府出于各自的利益而决策的结果,其内在的动力机制是对土地和区位在地产市场上的竞争,由市场机制(market mechanism)根据具有不同支付能力的土地使用者各自的竞标曲线(bid-rent curves)来决定土地区位的分配[1~8];政府政策追随市场力,起助长作用[4];城市规划则是次要的干预因素[5]。市场机制的突出优势是,充分运用市场价格的资源配置和供需平衡功能,促进城市土地与区位的最佳利用。但土地市场是一种高度有组织的垄断性市场,不加节制的市场机制将有可能导致严重的土地投机、社会分隔、外在效用,需要国家利用社会协调机制进行适当的公共干预,以确保市场机制的正常运转。

特别是 20 世纪 90 年代以来,随着环境问题的日趋严峻和可持续发展思想的日渐深入人心,包括农户、郊区居民、规划师、环境主义者等在内的社会各阶层以及城市政府越来越意识到:私有土地上也包含着公共价值,单独的市场力量不能充分保护农业、美化环境的绿化带和已建成的社区,并且世界上存在着比金钱更高的价值和比成本效益分析更好的衡量善恶的标准。因而各阶层都呼吁政府干预私有土地市场,倡导对城市土地利用扩展进行增长管理。因而,即便在崇尚自由经济的资本主义市场经济体制下,城市土地利用扩展的动力机制也已从崇尚土地市场的自由运作转向对其进行精细管理(smart management),保护美好宜人的开阔空间和主要农业土地免遭城市扩展的无情侵占。虽然他们对城市增长管理的热情更多出自于对环境和审美方面的关注而不是对食物短缺的忧虑。

二、社会主义计划经济体制下的动力机制

在改革开放以前的社会主义计划经济时期,我国的土地管理体制是以当时对马克思列宁

主义的简单理解和以前苏联模式为蓝本而形成的,城市土地利用扩展实行的是行政划拨机制,其基本重点是:行政配置土地、无偿无限期使用,禁止土地流转,城市土地利用配置是在基建投资计划过程中附带完成的,完全排斥地租规律、价值规律和市场机制[9,10]。这种僵化的城市土地配置机制导致形成许多双重矛盾。比如,一方面城市土地利用效率低下,浪费现象严重,其突出表现是各种行政机关大院、大中型工厂、军事设施等低价用途土地存在于城市中心区,且容积率低、闲置后备土地多;另一方面城市基础服务设施及城市开发熟地(serviced land)严重短缺。再如,一方面单块土地的用途限制过死,且难以改变或转移;另一方面城市土地的总体规模与布局却逐渐失去控制和趋于混乱[11,12]。

对于行政划拨制度的缺陷已有大量学者作过论述[13,14],大致可以总结为以下几点:

① 低效率的土地利用。由于在社会主义计划经济体制下工业通常被摆在比较重要的位置,因而工业用地常常在城市用地总量中占有较高的份额,且占据着城市区位较好的地段。统计表明,1990年全上海市13 220家工业企业中的5 639家(占42.6%)都位于老城区[15],而邬江估算后认为同期(1989年)北京中心城区只有1 898家工业企业[16]。

② 土地资源无节制的挥霍浪费。由于土地的供给是免费的,并且完全由国家进行划拨,因而向政府申请超出需要的土地留做将来应对土地短缺之用对土地使用者来说更划算[15,18]。

③ 城市基础设施建设资金严重短缺。地方上的市级政府投入到城市基础设施建设的财力和协调权都是非常有限的,因为城市土地开发资金的项目审批是由多个上级政府部门决定的,而在现行的行政管理体制下城市土地开发本身也不能创造任何实际税收。而在市场经济条件下,来源于城市土地供给和开发的税收却是国家税收的重要组成部分。据香港政府统计,1983~1993年间,房地产和城市建设行业给政府税收创造的贡献平均达到1/3左右[17]。建设资金的严重匮乏无可避免地会导致城市土地供应的不足和城市开发的滞缓。

第二节 我国的城市土地使用制度改革与"双轨制"的形成

随着中国经济体制向社会主义市场经济过渡,土地使用制度开始改革,推行土地有偿使用制度,主要是通过引入市场机制,培育和建立土地市场,形成城市土地使用权有偿出让和行政划拨两种制度并存的"双轨制"。

我国的土地使用制度改革是首先从沿海城市征收城市土地使用费(税)开始的。深圳1982年颁布了《深圳特区土地使用暂行规定》,正式开征土地使用费;北京是继国务院于1988年9月27日颁布《中华人民共和国城镇土地使用税暂行条例》之后,于1988年12月31日颁布了《北京市实施〈中华人民共和国城镇土地使用税暂行条例〉办法》才开征土地使用税的。从国有土地使用权出让、转让方面来看,1987年9月率先将5幅土地分别以协议、招标、拍卖的方式出让,从而标志着公开的城市土地使用权市场的建立和"双轨制"城市土地利用扩展机制的正式启动;同年,珠海、福州、广州、厦门、天津、上海、海口等城市相继开始城市土地的出让与转让;1988年4月七届全国人大一次会议对《宪法》进行修改,删去第十条中"不得出租"的规定,加上"土地的使用权或以依照法律的规定转让"的条款,随后,《中华人民共和国土地管理法》也作了相应的修改;北京市则是在1992年5月颁布《北京市实施〈城镇国有土地使用权出让和转让暂行条例〉办法》之后,才开始城市土地使用权的出让、转让工作[9,18]。

在城市土地使用权市场化改革的初期,由于出让转让城市土地使用权可获得超额利润,而国家由于缺乏经验尚未制定出相关的管理法规,北京市不少区县及乡镇等地方政府在利益机制的驱使下,争相实施"以地生财"、"筑巢引凤"战略,如图4—1所示,北京在1992年到1993年,同全国一样,出现了一股前所未有的城市土地利用扩展与房地产开发热潮,大量耕地被侵占和浪费,其突出表征是工业开发区设置过多过大,居住用地中、高档住宅、别墅用地过大。根据1994年对北京市30个区县级工业小区统计,已征用土地42km^2,还有规划待征用地64km^2,总共达106km^2。此外,据了解还有各区县批准的各种乡、镇级工业小区180多个,有些工业小区并没有建设项目。另外,1991~1994年,北京居住用地的总量猛增,尤其是远郊区县增长幅度更大。据统计,在这4年间,北京全市新增居住用地约24km^2,其中市区为9.7km^2,远郊为14.32km^2,远郊占地是市区的1.5倍。而实际上这4年住宅建设量绝大部分在市区,市区住宅竣工量约占全市住宅竣工总量的87%,远郊区县仅占13%。市区与远郊在居住用地及住宅建设量上出现这样强烈的反差,主要原因是远郊新增居住用地中,很大一部分是别墅用地。比如昌平县这4年内共新增居住用地2.66km^2,而别墅区就占2.19km^2。但北京别墅的市场销售极为低迷,项目滞销率高达50%以上,从而造成巨大的土地浪费与资金沉淀[19]。

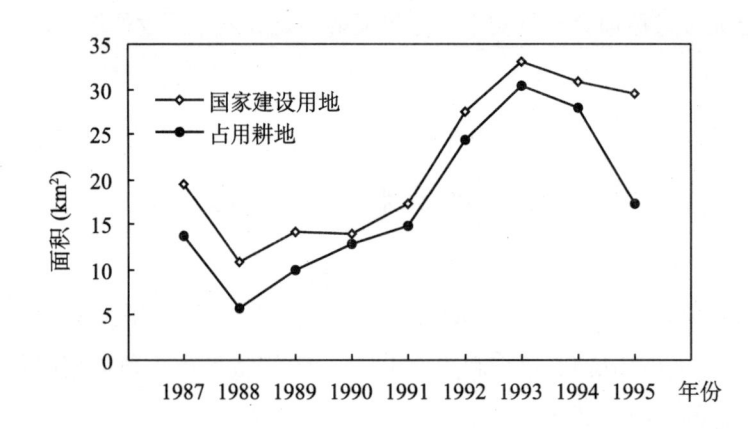

图4—1 北京市国家建设用地面积的年际变化(1987~1995年)

资料来源:北京市房屋土地管理局:《北京市土地统计资料汇编(1983~1995年)》,1996。

为此,国务院在1992年年底连续下发了"关于制止乱占滥用耕地的紧急通知"、"关于房地产业若干问题的通知"、"关于严禁开发区和城镇建设占用耕地撂荒的通知",从而使北京市的房地产开发热在1994年以后得到了有效的控制。另外,八届全国人大常委会于1994年审议并通过了《中华人民共和国城市房地产管理法》,为管理城市及城市规划区内房地产开发用地、房地产开发和交易及房地产市场提供了法律依据。该法规定除在规划范围内的划拨国有土地外"实行国有土地有偿、有限期使用制度",从而在立法上宣告我国已实行30多年的单一行政配置土地资源方式的终结和土地使用"双轨制"的开始。

我国城市土地使用制度的市场化改革,促进了土地资源的合理配置并提高了土地利用的效率,使土地产权得到了经济上的实现,初步建立、健全了土地市场体系,取得了初步成果。但目前的"双轨制"也存在着一些严重问题,如行政划拨用地的范围界定不严,市场调控的范围不大;协议出让的比重过大,招标、拍卖的数量较少,市场调控的力度不够;政府征地行为尚未纳入市场配置范畴等,这些问题均有待于在改革中进一步完善。

第三节 "双轨制"下我国城市土地利用扩展的动力机制

根据对北京市、长江三角洲地区、珠江三角洲地区城市土地利用扩展动力机制的典型案例调查与分析,归纳、总结出了一个解释"双轨制"下我国城市土地利用扩展动力机制的概念性框架图(图4—2)。

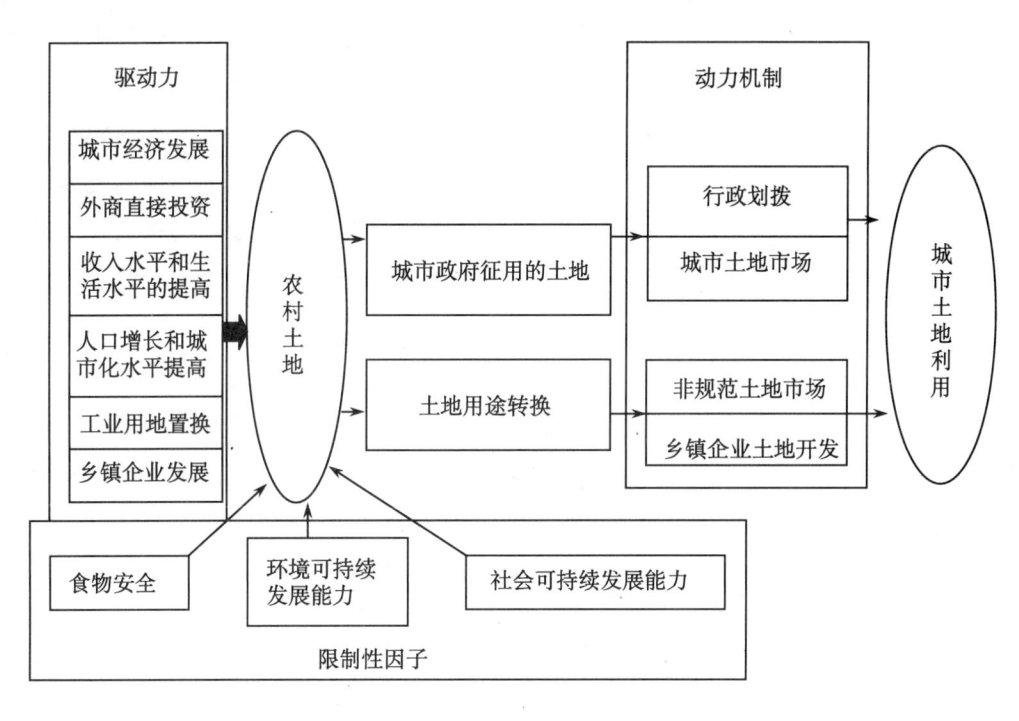

图4—2 中国城市用地增长动力机制的解释框架

一、驱动力及限制性因子

城市土地利用扩展受自然的、经济的、社会的、技术的、政治的等多种因素的影响[20~22]。但作为一种城市社会经济现象,由于人口与经济发展对城市土地利用需求的持续增长,显然是推动城市土地利用扩展最为根本的外在动力[23]。

在北京市、长江三角洲、珠江三角洲等地区的案例研究表明,促进城市增长的驱动力主要有六类:

① 城市经济发展对土地的开发;

② 固定资产投资(包括外资)的增长;

③ 城市地区收入的增加和生活水平的提高;

④ 人口增长和城市化水平的提高,特别是农村人口向城市地区的迁移;

⑤ 工业企业的搬迁;

⑥ 乡镇企业的发展。

前三类驱动力及其作用与西方发达国家的情况基本类似。城市经济、固定资产投资和收入与生活水平的快速提高会增加对城市土地的利用是普适规律。而后三类驱动力则颇具中国特色。

首先,尽管受到严格的人口迁移政策的限制,中国的农村人口仍然在快速地向城市地区迁移,并且这种趋势在将来的一段时期内仍将维持甚至继续加快。例如在北京,农村流向城市地区的人口或者被称为流动人口,从1982年的18万人增加到2004年时的350万人。从而,在20世纪80年代,在北京郊区陆续出现了一些规模较大的农村外来人口集居区,并根据其来源地分别被称为"浙江村"、"河南村"、"新疆村"等[24]。

其次,在城市土地市场上,受级差地租规律的影响,以前在行政划拨体制下在中心城区发展的一些工业企业逐渐向郊区和农村地区迁移,而其原来位于中心城区的用地则变为服务业用地。第三次"北京城市总体规划(1992~2010年)"提出"中心城区的那些占据大片土地而经济效益低下的工厂和仓库应该被转移至郊区,允许腾出来的土地用于发展服务业和开发房地产"[25]。北京的工业企业搬迁始于1983年。至20世纪90年代中期,大约一半的纺织企业及其生产线搬出了老城区[26]。

第三,乡镇企业进入高速发展期,成为郊区农村经济发展的支柱。与农村地区的乡镇企业相比,郊区的乡镇企业在技术、市场和劳动力技能的可进入性上优势明显,而在可用土地和劳动力的便宜程度、所有权和政府结构、制度安排上的优势又盖过了国有企业。在1982年,北京只有6 767家乡镇企业和402 000名乡镇企业职工,农村非农产业被当成是农业的副产品,不过仍然创造了农村产值的31%。随着经济改革的深入,农村非农产业迅速成长并成为郊区农村经济的主力军。到1993年,北京的乡镇企业增加到4.5万家和89万职工,到1997年则分别增加到11.5万家和125万职工。农村非农产业在全部农村经济中的比重增加到1993年的64%和1997年的84%[27]。

在中国,城市土地增长最突出的限制性因子毫无疑问是对农用地减少和食物安全的担心。许多研究者提出,我国20世纪80年代以来的快速工业化和城市化已经引起农业用地的急剧下降并正在削弱中国的食物生产能力和可持续发展能力[28,29]。食物是人类生存的最基本要素,土地是食物生产的源泉。在一定的国际政治经济背景下,保证一定的农业用地和基本的食物供给,直接关系着国家或集体的生存安全。因而,政府的农业和土地保护政策构成了土地利用变化的重要影响因素。自1998年我国粮食产量达到最高的5.12亿t以后,粮食产量逐年下降,2003年更是跌破了4.5亿t的大关,粮食问题已经得到了从中央到地方、从政府到专家学者在内的广泛关注。粮食产量的减少除了农民种粮积极性的下降等原因外,耕地面积减少的影响也不容忽视,于是中央对建设用地特别是开发区建设乱占耕地的行为紧急叫停。

《中华人民共和国土地管理法》在1998年修改时增加了如下关键性内容:①国家实行土地用途管制,"严格限制农用地转为建设用地,控制建设用地总量,对耕地实行严格保护"(第四条);②确保全国和省级行政区内耕地总量动态平衡,"省、自治区、直辖市人民政府应当严格执行土地利用总体规划和土地年度计划,采取措施,确保本行政区域内耕地总量不减少"(第三十三条);③农用地转为建设用地的审批权收至省级人民政府和国务院,"涉及农用地转为建设用地的,由省、自治区、直辖市人民政府批准"(第四十四条),"征用基本农田或基本农田以外的耕地超过 $35hm^2$ 的,由国务院批准"(第四十五条)。

第四,对环境和社会可持续发展能力的关注也对我国城市土地利用的扩展速度及空间模式具有一定的影响。

二、两种渠道、四种机制

如图4—2所示,在现有的"双轨制"的土地管理体制下,我国的农业用地在人口增长、城市化、工业化、全球化等多种因素的驱动下,通过多种机制或渠道转化成为非农业用地或城市用地。

具体说来,我国农业用地转变为非农业用地,只能以两种渠道、四种机制之一的方式进行。第一种渠道是集体所有的农村土地被城市政府征用并转变为国有的城市用地。其中,根据土地提供方式的不同,又可分为行政划拨和城市土地市场等两类截然不同的机制。第二种渠道是农村土地被开发作为城市用地而其本身仍然是集体所有的,它通常采用下列两种机制之一:非法的城市用地开发(非规范土地市场)或者用于建设乡镇企业的土地开发[3,11,12,30]。

第一种渠道是正式、合法的渠道,因为相关的土地的使用权和所有权都发生了改变。而第二种则是非正式的渠道,因为土地在实质上已被转变为城市用地,但其所有权在名义上仍属集体所有。其中的乡镇企业建设对农村集体土地的占用是合法的,而非规范土地市场则是非法的。《中华人民共和国土地管理法》第四十三条规定:"任何单位和个人进行建设,需要使用土地的,必须依法申请使用国有土地;但是,兴办乡镇企业和村民建设住宅经依法批准使用本集体经济组织农民集体所有的土地的,或者乡(镇)村公共设施和公益事业建设经依法批准使用农民集体所有的土地的除外。"

1. 行政划拨

在"双轨制"下,行政划拨的申办程序、土地价格和改革开放前的计划经济时代别无二致,但是主要行为人的行为方式则一直在变化,便宜的价格或者补偿费正越来越多地被引入市场机制。基于同样的经济学考虑,需求方(即土地使用者)试图通过行政划拨的手段尽其所能以获取更多便宜的土地,而供应方(即农民和乡村组织)也越来越不愿意提供土地。

在土地使用制度改革过渡期间,《中华人民共和国城镇国有土地使用权出让和转让暂行条例》并没有对行政划拨的实施范围进行清晰的界定,而是主要由地方政府(与国家重大建设项目分开,并且不能从中获利)来决定土地是否以及多少土地应该被征用并进行划拨。因此在最初的过渡期行政划拨就成为使用得最多的土地使用权出让方式。地方上的市政府支持城市扩张,并且趋向于充分利用手中的行政管理权大量地向自己所属的企业和公司出让土地使用权。这样,获取土地使用权所付的成本会被压到最低,而多余的土地则被用于房地产开发以从中获利。国家土地管理局的统计分析显示,城市用地增长量在1992年到1993年间达到最大,其中90%以上的新增开发用地是通过行政划拨的手段获得的。

为了规范行政划拨制度和促进城市土地市场的发展,《中华人民共和国城市房地产管理法》和《土地管理法修正案》分别于1995年和1998年颁布实施。两部法律具体规定了只有在下列情况下方可进行行政划拨:

① 国家机关用地和军事用地;

② 城市基础设施用地和公益事业用地;

③ 国家重点扶持的能源、交通、水利等项目用地;

④ 法律、行政法规规定的其他用地。

除了上述列出的土地使用者外,为中低收入的普通居民和政府部门工作人员开发的特殊住房项目的土地使用权也按照行政划拨的方式进行。因此这些政府住房项目的房屋价格要明显低于商品房价格,从而让城市中低收入家庭能够买得起。这些政府住房项目的范围和规模要进行详细的规划以有效抑制过热的房地产市场价格。1995年以后通过行政划拨转移的土地数量逐渐减少。图4—3显示,在北京,1988~1993年是国家征用土地数量迅速增长的时期,而在1995年以后开始下降。

对市级政府而言,行政划拨体制是控制城市增长和实施城市总体规划的最重要的工具。首先,城市增长的速度和空间模式通过行政划拨的形式很自然地得到规划和控制。其次,道路交通和城市基础设施的开发建设对城市土地市场的区位选择具有很明显的引导作用。例如,北京的蔓延式扩张就主要是其同心圆式的城市规划和其环状道路系统造成的[31]。进一步而言,北京东部和南部的快速增长的工业用地需求(两条增长轴)主要就是在行政划拨体制下形成的,因为在城市总体规划中,东部和南部用地主要用做工业发展之用,而西部和北部则主要用来发展居住、商业、体育和旅游。

2. 城市土地市场

随着土地有偿使用制度的广泛实施,中国开始出现城市土地市场。除了按法律规定要进行行政划拨之外,所有的城市开发都必须在城市土地市场上购买土地使用权后进行。正常的程序是:第一,根据城市总体规划和经济发展需要,市级政府对集体所有的农业用地进行征用并通过行政命令将其变为国有土地,受影响的农民和农村集体组织将得到和行政划拨补偿费差不多的经济补偿;第二,由市政府所属的公司将被征用地(生地)开发为熟地或半熟地;第三,土地使用权在市场上由市政府通过协商、招标和拍卖的方式出售给土地使用者。土地的市场价通常是补偿费的许多倍。土地使用权出让所获的收益由市政府和中央政府共同分配,中央所获收益的份额在1999年以前是30%,之后扩大为40%。

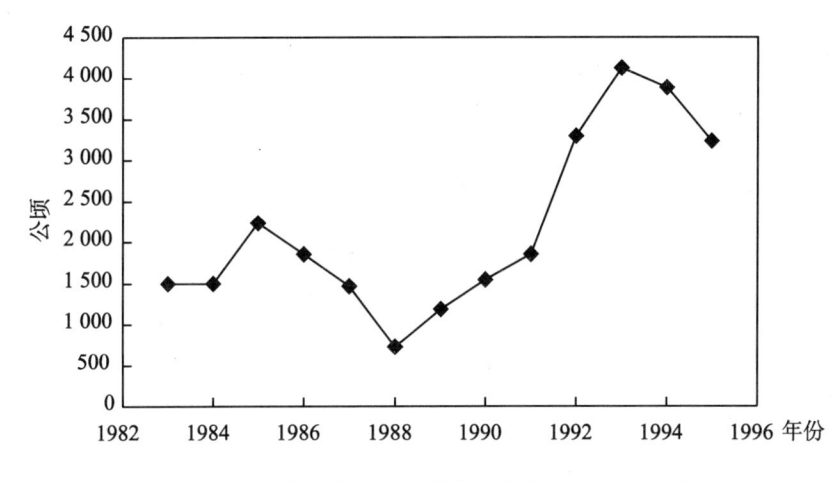

图4—3　北京市国家征用土地数量变化(1983～1995年)

资料来源:同图4—1。

土地市场上买者(城市土地使用者)的行为在中国和其他市场经济体间差别已不明显,唯一独特的是中国地方上的市级政府的角色。此时农民或农村集体组织作为在需要的时候向征用土地的政府提供土地的供应者和在行政划拨体制下的角色基本上相同。然而,现在征用土地的意图不仅仅是为公众利用服务的土地开发,还有为自己牟利的纯商业兜售行为。其结果是市级政府都趋向于向土地使用者索取比补偿费高得多的协商价。在这个过程中,地方上的市级政府的角色非常独特:开始是买者,中间是开发者,最后是卖者;同时它们还被认定为城市土地市场的监督者。

土地使用权的售卖可以通过协商、招标或拍卖的方式在城市土地市场上进行。一般而言,通过协商转移土地使用权是中国城市土地市场上使用得最多的一种方式,而拍卖用得最少,这主要是因为在第一种方式下,地方政府能最大限度地控制土地价格和开发活动。按照能够出让土地使用权的权力等级划分,中国基本上存在四类城市土地市场:国家级、省级、区县级和乡镇级。在这四类中,区、县级的土地市场所起的作用至关重要,因为在中国目前的地域经济系统中,区和县是最基本的、相当独立的行政管理单元。在每个县或区的土地市场上,地方政府由于垄断了当地的城市土地供应,因而在与土地使用者的博弈中占据着绝对的优势。不过在高一级的土地市场中如北京或上海(省级),不同区或县的政府则不得不相互竞争,因为土地使用者或者购买者的区位选择通常更具有弹性。

自改革开放以来,中国各地的政府都普遍采取了"通过廉价的土地促进经济和城市发展"

和"通过出售土地使用权获取收益"的策略。地方政府都希望本地经济快速增长,渴望能够吸引大量的投资[11],而通常情况下它们除了土地外没有其他的资源可用。土地有偿使用制度的改革赋予土地以价值,于是地方政府建立各种类型的经济和工业开发区(EIDZ),并以提供便宜的土地作为优惠条件来吸引投资特别是外资。1990年,中国有1 874个经济和工业开发区,随后仅1992年一年的时间就又新增了大约2 000个。规划的经济和工业开发区面积大约有20 000km^{2}之多,是1991年全部设市城市建成区面积的1.72倍[32]。

然而,相当比例的经济和工业开发区没有得到真正的开发而造成土地闲置。例如,到1994年底北京市共有17个县及县以上的经济和工业开发区,共占用了21km^{2}的土地。这些土地的基础设施建设投资已达19亿元,而固定资产投资总额只有15亿元。很明显,规划的经济开发区和工业开发区建设过多过滥造成了巨大的土地和资金的浪费以及为出售土地所有权而产生的恶性竞争。例如,通州的永乐经济开发区征用土地0.89km^2,基础设施建设投入已超过1亿元,而只有两家企业入驻并且只有1 000万元的固定资产投入。只有少数开发区的开发取得了较好的经济效益,例如北京新技术开发试验区昌平园区。经济和工业开发区的快速增加浪费了有价值的农业用地并因为土地覆被的变化而引起了生态环境问题[19]。

这些策略的广泛实施的结果是城市建设用地的迅猛增长和为出售土地使用权而展开的激烈竞争,并最终演变为80年代末至90年代初的全国范围内的工业开发区和房地产开发项目建设的泛滥。而且协商的过程通常是不很透明的,由市长或官员决定土地出售价格。因此,要求对地方政府的行为和城市土地市场进行规范的呼声越来越高。1995年《中华人民共和国城市房地产管理法》正式通过以指导土地使用权的出售和利益的分配。而1998年修订通过的《土地管理法》则剥夺或减少了地方政府出售土地使用权的权力。

3. 非规范土地市场

非规范土地市场或集体土地变相城市开发,是指用地单位不通过城市政府,不办理土地征用及用途变更的审批手续,私自与村、乡集体组织协商并直接占用集体土地从事城市土地开发,是随着房地产市场的发展而出现的一种非法城市土地利用扩展行为。因为《土地管理法》第六十三条规定:"农民集体所有的土地的使用权不得出让、转让或者出租用于非农业建设";《中华人民共和国城市房地产管理法》第八条也规定:"城市规划区内的集体所有的土地,经依法征用转为国有土地后,该幅国有土地的使用权方可有偿出让。"

非规范土地市场的形成原因,主要是由于城市土地市场中的出让地价与政府征用农村所支付的安置补偿费之间存在着巨额差价和超额利润,从而诱使用地单位和农村集体组织均试图绕过政府及其所垄断的土地市场而从事"地下"或非规范市场交易,以分享本应属于国家的土地开发利润。其成交的非规范市场价格是通过私下的协商并考虑到正常的市场价和冒法律惩罚之险的成本等因素后确定的,一般低于土地出让价,但高于土地征用的安置补偿费。

集体土地变相城市开发的问题在北京市极为严重,主要集中在朝阳、丰台、石景山、海淀四个近郊区和顺义、通县、大兴、昌平等中郊平原县,占用的绝大部分为耕地,并且数量巨大。北京市城市规划局于1997年对四个中距离郊县的调查结果表明,大约有30个已开发的大型房地产项目未取得合法的土地使用权,非法占用的土地面积超过520hm²[30]。2001年国土资源部对1998年新颁布的《中华人民共和国土地管理法修正案》的实施效果进行了一次检查,其调查的数据来自1999年10月至2000年10月间的卫星遥感解析图像,结果表明:在这一年的时间内,大约新增了501块建设用地,其中近一半(233块)被发现是非法的[①]。

集体土地的变相城市开发形式多样。

① 以联营为名,实际租用农村土地搞建设。城市单位因城区土地紧张而昂贵,为求发展,又不愿远离市区,常寻求与拥有"地利"而缺乏资金的近郊农村搞联合,以农村出地、城市出资的方式联营开办乡镇企业,实际租用农村土地搞建设,以逃避城市规划的限制和产业结构优化的约束。

② 借旧村改造之名,行房地产开发之实。旧村改造工程巨大,村庄本身常无力承担。惯常的做法是,以村庄的名义申请改造,待批文到手之后,或转手出卖,或以对半分成为条件转让给房地产开发公司,其结果常常不仅是原有的村落变成了一排排密集的高层商品楼,而且以建周转房的名义,趁机大幅度扩大村落面积,或采取"化整为零"的办法,分项叠加审批,如通州疃里新村,分项叠加审批用地多达40多hm²。

③ 直接或间接出租土地。城区周围农村集体单位利用较好的区位条件,建临时房屋出租,或干脆不建房屋,将空地出租给城市单位建露天堆场,收取高额租金,甚至有的乡村为了达到出租土地的目的,有意将耕地撂荒或填倒垃圾。例如,丰台区卢沟桥乡自80年代以来变相出租给城市单位的土地就达280hm²。

④ 农村集体自行开发商品房。农村集体以自有集体土地为优势,未办理任何手续,也不经任何管理部门审批,自行开发商品房。如昌平县平西府乡开发的"王府公寓"、"王府花园";昌平县计委以乡工业小区配套名义立项、规划的"欧风豪门"、"七趣乐园"项目。尽管政府三令五申制止,但由于开发商品房可以得到巨额的利润,农村集体的自行开发势头仍难于控制。

集体土地非法城市开发不仅造成国家土地收益的巨量流失,而且还严重干扰了正常的房地产开发秩序,破坏了城市总体规划,如通县疃里新村的部分楼房占压了规划铁路的预留地,霍乡的"都市花园"和"九台庄园"位于北京中轴延长线上,应尽快予以制止和纠正。

4. 乡镇企业的土地开发

改革开放以来中国的乡镇企业获得了飞速的发展。划拨土地给乡镇企业的手续非常简单、直接。由于乡镇企业能直接使用集体所有土地进行建设而无须进行土地征用,依据《土地管理法》的规定,乡镇、村政府有权将位于其行政范围内的土地使用权出让给他们的乡镇企业。乡镇企业的土地开发并不接受城市规划的指导和控制,因此,在最初阶段,乡镇企业向乡镇和村政府申请集体所有土地的所有权时可以自由交易。

---

① 资料来源:《北京晨报》,2001年8月30日。

从90年代初期开始,随着乡镇企业私有化进程的深入和土地有偿使用制度改革的实施,土地使用费也被引入中国。然而使用费通常都很低,因为当地的农村政府都希望能够吸引到外来的资金和企业以提高当地非农产业的比重。这些土地开发因素的综合作用就导致土地使用的低效和不经济以及土地开发的分散。

图4—4展示了北京市1978～1997年间乡镇企业的发展历程。北京的乡镇企业从1984年的14 274家和724 000名职工增加到1993年的115 536家和1 250 000名职工,之后开始逐渐减少。然而,从90年代开始新增乡镇企业用地开始快速增加,特别是1993年以后当乡镇企业的数量和利润总额都开始下降时也是如此。1982～1992年间新增乡镇企业用地每年的总面积都在400hm^{2}以下,而之后1993年、1994年、1995年则分别增加至662hm^2、750hm^2、2 056hm^2。

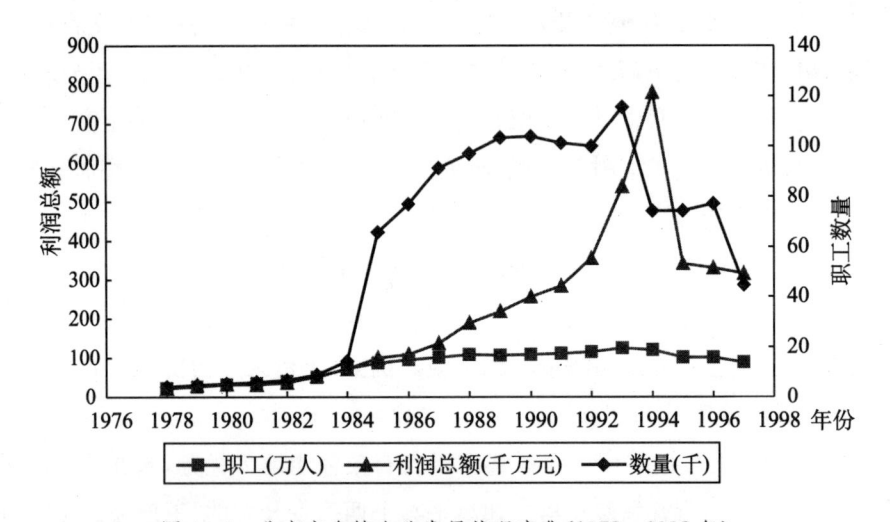

图4—4 北京市乡镇企业发展状况变化(1978～1998年)

图4—5突出反映了北京市农村经济结构的变化情况。农村非农产业(第二产业和第三产业)的重要性可以从其在农村全部产业总收入中所占的比重从1982年的64%继续快速增加到1997年的84%清楚地反映出来[30]。

乡镇企业发展快速,它们获取土地时的限制性因素也更少、价格更优惠,造成乡镇企业用地的迅速扩张。截止到1994年年底,北京共有175个镇和村级的工业开发区已建或待建。表4—1对全北京及其各区的乡镇企业用地在全部用地中所占的比重进行了比较。通过北京市土地管理局在1992年对全市土地利用状况进行了详细的调查,发现乡镇企业用地达244km^2,占全市工业用地总面积的44%。四个近郊区即朝阳、丰台、石景山、海淀所占的份额较小,大约为30%;远郊区如昌平、顺义、大兴、通州和怀柔所占份额较高,都超过了50%。

1995年以后,随着《中华人民共和国城市房地产管理法》的贯彻实施,通过行政划拨和城市土地市场两种正式方式进行的城市土地开发逐渐走向规范。然而,非正式的开发方式,包括非规范土地市场和乡镇企业用地开发也在迅速扩大,由集体所有土地转移引起的城市用地增长逐渐失控。受地方政府大力推动农村工业化和城市化的鼓舞,用于发展乡镇企业的土地开发没有受到《中华人民共和国城市房地产管理法》的多少影响而是继续快速扩张,并且成为目前工业用地快速增长的主要来源。考虑到乡镇企业占用的土地所占份额较大的缘故,作者认为,为了保持城市用地增长的有条不紊,必须对乡镇企业发展用地开发体制进行控制和规范。

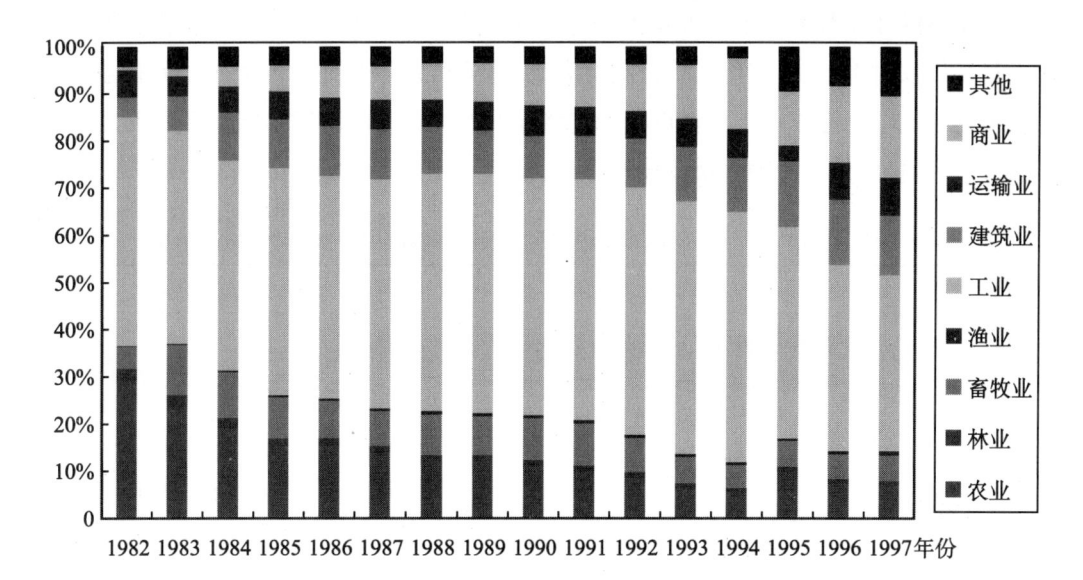

图4—5 北京市农村经济结构变化(1982~1997年)

表4—1 1992年北京各区乡镇企业用地开发面积

	乡镇企业用地(hm^2)	全部工业用地(hm^2)	乡镇企业用地在全部工业用地中所占份额(%)
朝阳	2 181	6 646	33
丰台	2 544	6 371	40
石景山	283	1 577	18
海淀	1 888	5 523	34
昌平	2 863	5 614	51
顺义	2 484	3 319	75
通州	2 640	3 958	67
大兴	1 804	3 346	54
怀柔	790	976	81
北京全市	24 448	56 004	44

资料来源:北京市土地管理局,1992。

三、存在问题

表4—2概述了"双轨制"下不同城市土地利用扩展动力机制中的参与者和成交价格。在行政划拨和城市土地市场中,农用地转为非农土地利用之后所产生的土地收益诱使许多地方政府不约而同地实施所谓的"以地生财"或"筑巢引凤"战略,以剥夺农民利益为代价来换取地区经济的快速发展。在非规范土地市场和乡镇企业发展的两类机制中,农民所获得的土地收

益相对较高,但其土地利用效率低、空间布局散乱,与城市规划的矛盾较多,常常是城市无序蔓延的罪魁祸首,所造成的环境破坏和社会成本极高。

因而,"双轨制"下城市土地利用扩展机制中最大的隐患,是对集管理者和市场参与者的双重身份于一体的政府行为缺乏公正有效的约束与监督。由于城市政府能够运用行政强制手段低价大量征用农村土地,再按市场价格高价出让,超额利润常诱使它们争先大量圈地办开发区或开发房地产,从而,造成城市土地市场严重供过于求,既浪费了宝贵的土地和资金,又严重侵害了农民的利益,致使土地隐性市场屡禁不止。

表4—2 "双轨制"下不同城市土地利用扩展动力机制中的参与者和成交价格

动力机制	参与者及其角色	成交价格
行政划拨	农民(卖方) 国有企业或政府部门(土地使用方) 市政府(管理者、开发者)	安置补偿费
城市土地市场	农民(卖方) 市政府(农村土地的征用方、土地出让方、管理者) 用地者(买方)	政府支付给农民的安置补偿费; 政府出让土地时获得的市场价(协议、招标、拍卖)
非规范土地市场	农民(卖方) 用地者(买方)	非规范市场价格
乡镇企业对土地的开发、占用	农民(土地提供方) 乡镇企业(土地使用方)	使用费

第四节 可持续性城市土地利用扩展的管理对策

我国在经历了30多年计划经济体制之后,推行土地有偿使用制度,以市场机制推动城市土地利用的开发,有效地解决了我国城市土地的低效率使用、供应短缺及扩展乏力等顽病痼疾。但是,市场机制并非包医百病的灵丹妙药:不受约束的市场力量不能充分保护农业、美化环境的绿化带和已建成的社区;不能有效地组织公共物品的生产和公共资源的利用。特别是我国城市土地利用开发的市场机制远未成熟,市场的自我调节能力仍极为脆弱,体制内的利益冲突导致了城市土地市场的剧烈振荡。1982~1997年间北京城市土地利用的时空扩展过程便是很好的证明。显然,听任不成熟的市场继续失去控制或者用强制的行政手段扼杀尚处于发育之中的市场机制,都不符合城市土地利用扩展的历史规律。

历史的经验向我们昭示:单一的行政配置机制会使城市土地利用扩展失去效率与公平,成为权力的附属品;任由市场机制所主宰的城市土地利用扩展,则会成为一部仅受私利所控制的增长机器(growth machine),恣意地踩踏宝贵的不可再生资源和宜人的生态环境。因而,唯一可行的选择必然是,在充分认识和遵循市场机制的同时,加强政府的宏观调控能力,用法规和政策对"自然的"城市土地利用扩展模式进行理性的增长管理，使之符合城市发展的长远目标和社会公众的利益，实现城市的可持续发展。

参 考 文 献

[1] Diamond, I. And Noonan, P. 1996. *Land Use in America*. Washington, D. C. :The Lincoln Institute.
[2] Hendersion, J. V. 1988. *Urban Development : Theory, Fact and Illusion*. New York: Oxford University Press.
[3] Gar-On Yeh and FuLong Wu 1996. The New Land Development Process and Urban Development in Chinese Cities. *International Journal of Urban and Regional Studies*, Vol. 20.
[4] 张庭伟："控制城市用地蔓延：一个全球的问题"，《城市规划》，1999(8)。
[5] 吴缚龙、叶嘉安："中国城市土地开发方式的转变与城市空间结构的重新构造"，《中国社会科学季刊(香港)》，1996(15)。
[6] W. H. Form 1954. The Place of Social Structure in the Determination of Land Use. *Social Forces*, Vol. 32.
[7] P. C. Stern, O. R. Young and D. Druckman 1992. *Global Environmental Change : Understanding the Human Dimension*. National Resear.
[8] E. W. Burgess 1972. The Growth of the City. In M. Stewart ed. , *The City : Problems of Planning*, Penguin Books.
[9] "当代中国丛书"，《当代中国土地管理(上)》，当代中国出版社，1998。
[10] 王先进：《中国土地管理与改革》，当代中国出版社，1994。
[11] Wing-Shing Tang 1994. Urban Land Development under Socialism: China between 1949 and 1977. *International Journal of Urban and Regional Studies*, Vol. 18.
[12] 董柯："国家干预下的市场经济——中国城市土地利用的可持续发展之路"，《城市规划》，2000(2)。
[13] World Bank 1993. *China : Urban Land Management : Options for an Emerging Economy*, World Bank, Washington, D. C. .
[14] Dowall, D. E. 1993. Establishing Urban Land Markets in the People's Republic of China. *Journal of the American Planning Association*. 59(2).
[15] Han, S. S. 2000. Shanghai Between State and Market in Urban Transformation. *Urban Studies*, Vol. 37, No. 11.
[16] 邬江："谈北京城区工业调整搬迁问题"，《北京规划建设》，1990(1)。
[17] Li, X. and Sun, L. 1997. Driving Forces of Arable Land Conversion in China, Interim Report IR-97-076/Sept, IIASA.
[18] 北京城市规划设计研究院等："北京土地使用制度改革和发展房地产业的研究"(内部报告)，1996。
[19] 柯焕章："关于北京城市开发用地和市区住宅开发用地情况的研究"，《北京规划建设》，1996(2)。
[20] 顾朝林：《中国大城市边缘区研究》，科学出版社，1995。
[21] Toshio Kikuchi, Gui-Min Zhang, Huan-Cheng Guo 1997. *Land Use Changes and Their Driving Force in the Beijing Metropolitan Area, China*. Geographical Reports of Tokyo Metropolitan University, No. 32.
[22] David E. Dowall 1978. Theories of Urban Forms and Land Use: A Review, Working Paper 295.
[23] D. Dipasquale & W. Wheaton 1996. *Urban Economics and Real Estate Markets*. Prentice-Hall, Inc.
[24] 邱有良、陈田："外来人口聚居区的土地利用特征及形成机制——以北京市为例"，《城市规划》，1999(4)。

[25] 北京市城市规划设计研究院:"北京城市规划介绍(1991~2010)",《北京规划建设(增刊)》,1993。

[26] Perotti, E. C. , Sun, L. , Zou, L. 1999. State-owned Versus Township and Village Enterprises in China. *Comparative Economic Studies*, 41(2-3).

[27] 北京市统计局:《北京统计年鉴》(1983年、1994年、1998年),中国统计出版社。

[28] Brown, L R. 1995. *Who Will Feed China*. W. W. Norton & Company.

[29] 李平、李秀彬、刘学军:"我国现阶段土地利用变化驱动力的宏观分析",《地理研究》,2001(2)。

[30] 魏成林、崔成柱、朱铁华:"北京市远郊农村利用集体土地进行房地产开发的情况调查",《北京规划建设》,1998(6)。

[31] 陈炳章:"北京城市建设的战略选择——摆脱同心圆模式的机会",《城市规划》,1999(12)。

[32] 石成球:"对中国城市土地利用的几点看法",《城市规划》,2000(2)。

第五章 城市居住区位选择机理与居住空间扩展模式

第一节 居住空间研究的主要流派

一、生态学派

城市居住空间的生态学研究可以追溯到20世纪20年代的芝加哥学派[1],其理论基础来源于人类生态学。该学派借用生态学的基本概念和原理,对城市居住空间演变进行了系统的研究。该学派最大特征是主要采用了阶层、生命周期和种族三个指标来描述社会群体在城市的空间分布,并借鉴"生态隔离"、"入侵和演替"、"竞争"和"优势"等生态学观点,来分析和解释特定类型的城市居民在特定地区、相邻地区的活动和分布,把城市居住空间的变化过程看成一种生态竞争过程,并把城市居住空间的演变规律概括为"同心圆模型"、"扇形模型"以及"多核心模型"[2,3]。

芝加哥学派代表人物之一的伯吉斯(E. W. Burgess)在对20世纪20年代美国急剧城市化背景下的芝加哥市进行实证研究后提出:城市地域的扩张和社区的演变主要是由于外来人口的不断侵入以及由此引发的一系列地域演替过程而导致的。在人口快速城市化的城市地域中,一方面,大量的外来人口涌入城市,成群结队地居住在求职及生活便利的市中心区;另一方面,市中心区的原住人口由于忍受不了外来人口入侵而住房拥挤和环境恶化等压力而纷纷向外迁移,市中心区的原有住宅逐渐被外来人口占据,并且形成不同种族的聚居区。在城市地域上就出现了一种类似新陈代谢人口迁移现象:新到的外来人口入侵城市,取代市中心区的原有人口;而他们又被更加后来的侵入人口所取代,原住居民和早期迁入的居民不断向外迁居。正是在这种不断发展的侵入—演替过程中,逐渐出现一些专门化的社区或隔离区,从而决定了城市居住空间的结构。伯吉斯把上述空间结果抽象为围绕市中心的几个同心圆地带,形成城市居住空间结构的同心圆模型。

霍默·霍伊特(Homer Hoyt)1939年提出了城市空间结构的扇形模型。通过对美国142个城市的实证研究,霍伊特发现城市地域的扩张并不像伯吉斯所描述的那样向各个方向均匀扩张,而是在城市地域的不同方向上有不同的土地利用方式及不同等级住宅的差异发展。住宅区沿城市交通干线延伸或分布在环境较好的地段,构成集中在城市地域某一侧的住宅扇面,并且越是高级住宅区越是向郊区伸展;相反,工业区则在居住区相对的扇面发展。因此,随着城市地域的不断扩展,就会形成由不同性质的扇面所组成的城市空间结构。

在上述理论和模型研究基础上,许多学者进一步发展了该学派。西蒙斯(Simmons)在1965年采用了社会阶层(social rank)、城市化和居住隔离(segregation)等指标进一步分析了三种模型[4]。他认为:就社会阶层来看,高收入居住区和低收入居住区呈扇形分布;从城市化角度来看,不同家庭构成的居住区呈同心圆分布;而从种族隔离来看居住区,则呈随机分布。进行类似的研究学者还有约翰斯顿(Johnston)、摩根(Morgan)等。但总的来看,基本是从不同的视角或者研究方法来验证三种模型的可行性,或者说明其存在的问题。

二、新古典经济学派

新古典经济学是相对于李嘉图古典经济学而建立一套经济学理论,在注重个人的偏好和需要的前提条件下,它的核心是如何最有效利用有限资源,以实现效用最大化。新古典经济学的理论对城市居住空间结构的研究产生了重要的影响。

城市经济学家阿朗索最早提出住宅区位结构模型[5]。他假设存在一个位于均质平原上的单一中心城市,城市所有就业机会都位于市中心,房价随着离市中心距离的增加而递减。在受到预算约束的限制下,居民选择住房时就要在交通成本和住房花费之间寻求平衡,以达到效用最大化。通常认为:穷人为了减少交通成本,选择靠近工作地的住宅区位。而富人因为其对空间需求高收入弹性,趋向选择城市边缘的住宅区位,所以,靠近市中心的住宅区位,穷人的投标地租较富人高。后来的研究进一步修正了投标函数,允许收入对空间需求和交通时间价值的弹性变化,显示的是因为富人比穷人的时间价值更高,富人选择靠近城市中心的住宅区位。富人的投标函数是凹曲线,与穷人的投标函数有两次相交,因此富人的住宅区位既有指向城市中心的,也有城市边缘区的。居住于城市中心的富人注重时间的价值,选择城市边缘区的富人则注重空间,这些喜好与高收入住户处于家庭生命周期的阶段有关,前者处于早期阶段(尚没有孩子),后者处于中期阶段(孩子出生、成长)。

新古典住宅区位模型在一定程度上解释了城市居住空间的形成,但有不少学者对其提出了批评。认为新古典经济学派的模型是建立在严格的前提假设条件基础上,与现实相差甚远;住房市场长期供需平衡的假设与住房的持久性和私有住房的高交易成本相矛盾;通勤成本可能不是住宅区位的首要决定因素。因此,后来不少学者对新古典模型提出了修正,如怀特[6] (M. White)、马登[7] (J. Madden)、温伯格等[8] (D. H. Weinberg et al.)等。随着计算机仿真技术的发展,新古典经济学模型扩展为远比上述各个模型所涉及变量更多的居住区位决策的动态模型,即总价格模型,在既定的住房市场状况下,住户的住宅区位由价格最小化决定。

三、家庭生命周期学派

不同类型的家庭对住宅有着不同的需求,即使是同一个家庭,如果处于不同的发展阶段对住宅的需求也不尽相同。随着家庭生命历程的变化,对住房需求也在不断变化,从而在城市地域上表现为一系列的迁居过程,改变着城市居住空间结构。这种认为由于家庭生命周期的变

化而引起住宅需求变化最终导致城市居住空间结构变化的观点,就是家庭生命周期学说。一般将家庭生命周期分为六个阶段:

第一阶段:伴随升学或就业而离开父母,或单身或与朋友合住,一般偏好工作与生活较为方便的市中心区,选择比较便宜的公寓居住;

第二阶段:结婚以后没有小孩的一段时期,妻子照常工作,该时期可看做单身的延长,在选择住宅时,仍以就业区位与生活服务设施的可达性为主要考虑因子,对住宅面积大小考虑不多,因此,依然住在市中心地区;

第三阶段:第一个孩子出生以后,对居住空间和居住环境的需求大大增加,可达性变为次要因素,但受家庭收入的约束,一般迁向市中心周围地区居住,属于住宅调整时期;

第四阶段:孩子上中学后,各种社会设施特别是学校的可达性成为择居最重要的条件,住宅面积大小也十分重要,这个阶段家庭收入大大增加,住宅区位趋向于服务设施齐全、周边环境良好的住宅区;

第五阶段:孩子离家,对居住空间的要求随之变小,但由于对近邻的眷恋和地域归属感等,许多家庭往往不进行迁居;

第六阶段:进入晚年,或与子女同住,或选择医疗设施方便的区位,重新迁回市区居住。

因此,从整体上看,处于不同生命周期阶段的家庭,按照不同的住房需求选择,在空间上表现为从市中心向外的三大同心圆地带:内带——年轻型家庭;中间地带——中年或老年型家庭;外带——年轻型后期或中年型早期的家庭。

四、马克思主义学派

20世纪70年代,西方学者应用马克思主义的历史唯物主义的观点分析研究城市住宅问题,认为住房是一种商品,是一定形态资本的利润来源之一;住房是工人必须消费品之一,是劳动力再生产的一个方面;住房供给与资本主义生产方式相联系。住房市场是社会阶级冲突的场所,居住空间的形成和分异是与阶级划分、消费方式和社会关系交织在一起的。马克思学派的代表是卡斯特尔斯(Castells)和哈维(Harvey)。

卡斯特尔斯[9]认为:城市系统是阶级实践和阶级冲突的场所,阶级关系是城市系统的结构矛盾在实践层面上的表现;住房是城市系统的主要消费元素,而住房的区位则是各种社会力量斗争的结果,需要分析社会政治关系,才能解释城市居住空间的形成原因。卡斯特尔斯以法国的敦刻尔克进行了实例研究。

哈维[10](Harvey)起初是应用马克思的地租理论来研究城市住宅区位的。哈维认为马克思提出的地租这一概念掩盖了资本主义社会阶级关系的内在矛盾,他自己提出了"阶级垄断地租"(class monopoly rent),阶级垄断地租的产生是因为存在一个资源拥有阶级。哈维将其地租分析方法和金融机构的地位结合在一起来分析现代资本主义城市社会居住空间分异。后来哈维又发展了这一观点,进一步提出了资本三级循环的研究框架:初级循环是生产资本;第二级循环是固定资本和消费基金;第三级用于科学技术和劳动力方面的投资。住房是固定资产投资和劳动力再生产的一个组成部分。哈维认为城市住房市场的形成演变过程,涉及第二、三级资本循环的节奏及其与初级循环的关系;住宅成为社会资源重新分配的一种重要工具,住户的居住空间分异成为社会阶层最为有效和最为普遍的形式。哈维以美国的巴尔的摩的住房市场与金融资本的关系作了实例研究。

以后的学者应用马克思主义理论,对资本主义社会的土地市场、住宅的占有形态及其居住空间分异、住房政策等问题进行了比较研究,认识到不同资本主义社会之间的变异性。迪肯斯(Dickens)等比较瑞典和英国住房建设的差异,鲍尔(M. Ball)等研究了欧洲国家和美国的住房市场[11,12]。

五、制度学派

制度学派的研究重点是城市住房供给和分配的制度结构,有两个不同的起源,分别为以研究美国城市为代表的区位冲突学派和以研究英国城市为代表的城市管理学派。

区位冲突学派关注权力、冲突和空间之间的关系,由北美的政治学者最先研究,也即区位政治学。区位政治学认为土地利用的变化不是在自由而无组织的土地市场中由无数个体决策的结果,而是由有着不同目标、不同权力及影响力程度的各个利益集团之间冲突的结果。空间不只是由政府/市场所分配的一种有价值的东西,而且具有权力资源的特征,空间资源的分配过程直接反映城市政治过程[13]。因此,区位与权力关系的分析是城市政治研究的主要内容,对城市住房市场的研究具有重要意义。从总体来说,城市居住空间结构是由不同利益集团、组织(发展商、地主、房地产机构、金融机构、邻里组织)和地方政府之间的冲突形成的。区位冲突学派的分析较好地反映了政府干预较少的美国城市现实,多应用于美国城市研究。

雷克斯(Rex)和穆尔[14](Moore)是城市管理学派的早期代表。在对伯明翰内城住房短缺的研究中,他们将伯吉斯同心圆模式的要素和韦伯社会分异理论相结合,提出了住房阶级(housing classes)的概念,划分出六个带有空间特征的住房阶级:①已还清抵押贷款的自有住房者;②尚未还清抵押贷款的自有住房者(新郊区);③租住公共住房者(内城);④租住私人住房者(内城);⑤短期贷款购房被迫向外出租房间者(老郊区);⑥租住个别房间者(内城)。这些住房阶级的划分主要依据住户获得住房的不同可能性,一方面由住户的收入、职业和种族地位决定,另一方面由住房市场的分配规则决定,核心是基于收入差异在住房市场上展开的竞争。雷克斯和穆尔提出的住房阶级概念,将住户特征和住房特征结合在一起,从一个全新的角度研究城市的居住空间分异。

帕尔[15](Pahl)在前人研究的基础上,对城市管理学派的研究成果做了全面的分析和总结,奠定了城市管理学说研究的基础。他认为:对不同类型住户获得住房的可能性的研究,核心是对各种社会和空间限制因素及其相互作用的分析;而分析这些限制性因素的关键是对住房资源的供给和分配者在决策过程中所遵循的规则、目标、行为方式的研究,正因为是这些人对住户所能获得的住房及其空间区位起着决定性的作用。帕尔将他们称为城市管理者(urban managers),主要包括:①土地市场,如私人土地所有者与租赁者;②建筑市场,如房地产开发商和建筑商;③资金市场,如住宅市场提供生产和消费贷款的金融机构;④交易市场,如房地产经纪人等;⑤地方政府机构,如公共住房的管理者和规划者。

城市管理学派以英国为例,充分研究了规划师、住房管理者、中央政府、地方政府等个人和机构对城市住房市场的供给和分配的影响,以及住房分配的规则和程序对不同类型住户的影响。

第二节　影响居住区位选择的主要因素[16]

在市场经济体制下,住房是一种特殊的商品,其显著特征是空间位置的固定性和独特性。房屋的价格不仅会因其面积、质量及其结构特点的不同而变化,而且也会因区位的差异而显著不同。由于土地、住房与区位是不可分的整体,在空间经济系统中,区位具有经济价值。对于消费者来说,居住区位和建筑物本身都会带来一定的居住效用,且两者对满足其总效用具有一定的替代性。在欧美和日本的众多研究和事实表明,住宅的区位特性产生的价格可以占据高达住房总体价格的一半多。因此,城市土地和住房的定价应遵循"差异补偿原则",即反映出其区位优势的经济价值。研究这些区位优势,以及消费者怎样评估它们,是理解城市土地或房屋价格的空间模式的关键。

土地和建筑物的结构资本是住房建设中两种最重要的生产要素。在"要素替代"经济规律的作用下,在土地价格昂贵的区位,城市居住用地的发展趋向于在每单位住房中使用较少的土地和相对较多的结构资本。同时,在住房市场经济体制下,不同类型住户的不同住房需求及其偏好,是城市居住用地发展的立足点和原动力。从而,不同类型住户的不同居住区位偏好,也会导致居住地域的空间分异。

在住房实物配给的体制下,住户一般没有选择居住区位的自由,区位间的级差收益也得不到体现。在住房商品化、社会化的新制度下,大多数城市住户将主要根据自己的支付能力、工作地和个人偏好等,在住房市场上自由地选购适合自身需要的市场价商品房或经济适用房。显然,居住区位的适宜与否,将是影响其住房选择的最重要的因素之一。随着我国住房供给体制由福利型实物分配向住房分配货币化转变,城镇居住用地的空间发展方式也必将发生根本性变化,需要重新认识和审视住宅区位对居民决策的影响。

一、居民收入类型及社会群体与居住区位选择

我国城镇住房配给制度的创新和发展机制的变革,迫切要求政府管理部门和房地产开发商迅速转变观念,遵循市场经济规律,以城市居民对住房的市场需求为导向,根据不同居民群体的住宅区位选择机理和购买空间偏好,选择适合居民需求的居住用地的空间发展模式。只有这样,才能避免供非所求、买非所需的现象,减少投资沉淀和商品房的滞销积压,促进房地产业健康持续发展和城市空间布局的优化。

1. 经济收入群体与住宅区位选择

据统计,北京二环以内的普通商品房每平方米售价在 7 500 元到 12 000 元左右,三环以内为 6 000 元至 7 500 元,四环以内为 4 500 元至 6 500 元,四环之外也需要 3 000 元以上,而北京市年平均家庭收入只有 25 000 元,购买房屋无疑成为普通收入家庭可望而不可即的目标。与此相对的是,商品房闲置现象日益严重,1998 年北京市房屋闲置已经达到 260 多万 m^2。

我国 70%~80% 的居民属于中低收入阶层,为了使这一收入类型的消费者能够买得起住房,必须要考虑他们的购买能力和预期收入。造成目前房屋闲置率居高不下的主要原因是房屋价格与居民收入之间存在着巨大的偏差,房地产开发商在建设之初没能充分考虑适合居民当前和预期收入水平条件下,房屋的市场空间和容量,以及不同经济收入群体对房地产市场的需求量。

对于开发商而言,在市区建设高档住宅,每平方米的收益要高于在郊区建设低档住宅。但目前我国没有形成足够的高收入群体,因此,高档住宅闲置率最高,相反在郊区一些经济实用住宅闲置率却很低。这一现象一定程度也反映了我国不同经济收入群体对住房需求的容量。在地价相对便宜的区位,大量开发适合于普通收入群体消费需求的住宅空间,是激活我国房地产市场的最佳途径。同时,通过城市土地空间职能置换,在一些区位优越的空间发展新兴第三产业,对促进城市经济整体发展意义重大。

在我国不同收入阶层对住宅区位选择的模式尚不同于西方发达国家,如上文所述,在西方发达国家一般高收入阶层多居住于环境质量优良的郊区,低收入家庭则多居住在环境条件较差的市区。我国由于公共交通设施尚不发达,个人拥有汽车量还很低,另外,郊区的综合社会服务水平较差,因此,市区仍然是高收入家庭的首选区位空间。相反,郊区由于地价低廉,房屋价格相对符合普通居民的收入水平,因此,郊区住宅则是我国普通收入家庭的主要选择区位空间。但随着交通条件和其他社会基础设施的改善以及私家车的普及,郊区住宅的居住主体也将会相应发生变化。为此,新的住宅区开发,既要避免盲目照搬西方模式,在郊区大规模开发高级别墅,也要同时看到住宅区位选择的一般性发展规律。

2. 社会群体与住宅区位选择

社会群体主要是指不同的职业(如文艺界、政府公务员、教师和工人等)、年龄阶层(如青年、中年和老年)、民族和宗教团体等。不同社会群体的居民倾向于选择特定住宅区位空间。一般相同职业的社会群体在住宅区位空间选择行为上具有类似性和趋同性。如北京回龙观接近于海淀区,将来有轻轨电车与中关村相连接,因此,40%购房居民为科技、文化和教育界的知识分子。相同民族或宗教团体的居民也倾向于在特定的区位空间居住。同一群体在特定的区位空间集中,一是便于日常生活和文化交流;二是有利于获得相关的知识和信息;三是彼此之间具有一定的认同性,从自身安全和心理要求出发,在购房时尽量选择相同社会群体的居住空间。

一般中老年型家庭考虑到子女的问题,多选择居住面积宽敞、价格便宜的郊区住宅区位;而青年夫妇家庭,由于日常社交和经济活动相对频繁,一般多选择市区出行方便、居住面积不一定太大的住宅区位。当然,这种区位选择模式所反映的是一般情况,比如一些中老年家庭为了子女有一个良好的就学环境,也可能选择市区具有高质量学校的社区居住。

不同利益的社会群体在同一住宅区位空间生活,如果彼此利益关系不能很好地协调,很容易出现社会群体间的相互碰撞和抵触。作为房地产开发商,在新的居住空间开发时,应当充分考虑即将开发的房地产区位的市场定位以及可能的主体居住群体和利益集团。按照不同的收入阶层和居住群体进行相应的房屋等级设计、辅助设施和居住环境的建设和规划。在设计和规划许可范围内,还应该尽量兼顾各种利益集团之间的平衡,避免各个集团在利用公共空间和设施等方面出现的不必要矛盾和冲突。

二、交通可通达性与居住区位选择

居住区与外部联系的便利程度,是影响居民购房的另一个重要因素。交通的可通达性主要是指上下班、外出活动和子女上学的方便程度。一般有直达市区主要交通中心或能与地铁相连接的线路的居住区位是居民的首选地。交通的可通达性主要从两个方面影响着居民住宅区位的选择,一个是通勤的时间,一个是通勤的费用。日本东京居民在选择居住空间时,一般以单程通勤(上班或上学)时间不超过1.5小时为界,也就是说,在通勤时间1.5小时的范围内均可成为居住区位的候选地;通勤的费用是指家庭所有成员一个月内用于交通费上的支出,如果生活在被选择的居住区,每月用于交通费的支出占收入的比例太大,那么,该居住区位就很容易被否决。但是,随着人们日常生活节奏的加快,对自由时间的加倍珍惜,一般通勤的时间比通勤的费用在住宅区位选择中所起的作用更大。

接近公交站点,特别是地铁站点的住宅区位对购房消费者来说是最佳区位选择。比如在日本东京靠近电车和地铁站点的住宅区一般价格相对较高,但由于出行方便,很容易出租或销售;如果需要中转利用公共汽车的住宅区,价格明显下降,单身或年轻夫妇家庭很少租借或购买[17]。北京回龙观文化居住区商品房销售较好,一是因为价格比较接近普通收入家庭,每平方米为2600元左右,另外主要是消费者看好该小区即将修通的轻轨列车,在此居住可以很容易到达市区各地,便于各种目的的出行活动。

交通条件的改善,可以改变居民对住宅区位的经济价值和综合社会功能的评价水平,一般交通可通达性较好的住宅区,消费者对其评价也高,否则就很低。交通可通达性的优劣与直线距离有一定的关系,但更主要是与时间距离有关。如位于以市中心为原点的同心圆上的不同住宅区,如果到市中心的时间距离越短,或者说相应的交通设施越完善,居民对其综合评价也就越高,区位的经济价值也就越高。实际上,交通条件的便利与否,是决定一个住宅商品能否顺利销售与出租的关键。

住宅区的开发,必须要同时考虑到居民出行的问题,在住宅开发的同时也要同时搞好住宅区对外联系的交通设施建设。特别是面向普通收入阶层的住宅区,必须要开通一般公交运输系统,而且,开通的公交线路尽量与市内主要交通干线相连接。

三、家庭收入与住宅区位选择

家庭收入对住宅区位的决定主要从以下两个因素来考虑:一是必需的居住面积,对于希望有宽敞的住宅面积的家庭,选择远离都心的地点可使每单位面积的土地费用节约额达到最大,因此,城市周围的住宅区对这类消费者而言,是最佳的住宅区位候选地;二是交通费用,它包括两个内容,即直接支付的费用和相对于时间的机会费用。当对住宅面积要求不变、通勤次数增加时,如果住宅向都心移动就可节约家庭支出。另外,如果一个家庭中通勤者的比率高,选择离都心近的地方较好,如果只是一个人通勤,选择离都心较远的地方较好。

随着家庭收入的增加对住宅面积的要求也增加,这时将选择离都心更远的地点,但通勤时间的价值上升时,将选择离市中心近的地点。两个因素哪个起决定作用,这要看对住宅面积大小的需求与收入增加间的关系。如果需求弹性大于 1 时,富裕的家庭将选择城市的周围地区,贫困的家庭则选择都心附近。相反,如果需求弹性小且接近 0 时,富裕的家庭选择在都心居住,贫困的家庭选择在城市周围地区居住。像美国等一些西方发达国家的需求弹性大,前一种住宅区位模型表现较明显,而发展中国家如我国一般住宅需求弹性小,因此,后一种住宅区位模型反映得更突出。

四、环境偏好与居住区位选择

社区环境包括生理环境、生活环境、生态环境和社会环境等。居民对社区环境的偏好直接影响着居民对居住区位空间的选择。

生理环境评价是居民对预期居住环境的最基本的评判。主要是通过直接或间接的信息收集,评价预期居住环境是否满足自己的最基本的生理要求,如通风状况、日照情况、各种噪音的可能影响程度等是否满足自己对居住区的要求。

生活环境同样是决定居民居住区位选择的一个重要的因素,它包括社区的购物环境、出行的交通环境、子女的上学环境等。能够满足居民的主要购物需求,特别是日常购物需求的居住空间是居民居住区位选择的一个基本条件。

生态环境主要是指居住区周围的自然环境与人文环境的和谐程度,包括住宅区的绿化程度,空气的清洁和污染程度,以及是否接近有利于人类健康和休闲活动的自然景观,如湖泊和自然河流等,是否接近社会公益设施,如公园和各种人工花园等。一个生态环境良好的住宅区是吸引居民购买和居住的重要条件,因此,在房地产开发时,不仅要选择好微观区位,同时也必须选择好宏观区位,如常年风向、与主要污染源的距离等。

社会环境主要是住宅区周围的社会治安程度、主要居住群体、日常社会交流的团体以及各种文化娱乐设施的配套情况等。

总之,居民住宅区位选择是多方面因素作用的结果,作为房地产开发商必须充分考虑到居民购房的总体要求和消费行为,只有这样才能使住宅开发与居民消费需求相吻合。

第三节 北京城市居民的居住空间偏好与选择机理[18,19]

一、居民居住空间偏好

北京城市内部居住空间分布现状和表现出的特征,除与北京市城市总体规划、地价、交通条件、居住环境等客观因素有关外,还与居民个人居住空间偏好具有密切的关系[16]。

1. 居住方位偏好

北京的北部一直被居民视为"风水宝地",因此,北部包括西北和东北部长期以来是北京居民居住区位选择的最佳方位。正北亚运村、东北的望京、西北中关村地区住宅区的快速发展无不说明北部居住区位的优势和潜力。作者就居民期望的居住方位进行的问卷调查也说明了这一事实。表5—1所示,选择正北、东北和西北方向住宅区的居民最多。

表5—1 居民居住区位和方位选择问卷调查统计

	西北	正北	东北	正东	东南	正南	西南	总计
二环内	4	9	8	6	3	1	1	32
二、三环间	22	63	40	26	10	9	6	176
三、四环间	67	155	114	63	25	19	9	452
四、五环间	37	92	65	28	12	12	1	247
五环外	10	20	10	2	1	1	1	45
总计	140	339	237	125	51	42	18	—

资料来源:实地问卷调查(2001年),有效问卷551份,选项有重复,故总计超出100%。

选择正北作为理想居住方位的居民占有效问卷的比例为61.5%,东北为43%、西北为25.4%、正东是22.7%、东南是9.3%,而正南、西南分别只有7.6%和3.3%。这主要与北部交通条件的改善有关,如四环和中关村大街的开通,北五环和北部城市轻轨的建设对改善和缓解泛北部住宅区的出行起到了积极的作用,为北部住宅区开发和销售创造了良好的条件。

2. 区位空间偏好

从问卷调查来看,选择三、四环之间作为自己居住空间的居民占多数,约占有效问卷调查的82.03%,其次是四、五环之间,大约占44.83%;另外,从问卷调查还可发现,选择中心城区和五环外作为居住空间的居民相对较少。中心城区的房价远远超出一般居民的购买承受能力,而五环外的住宅小区目前基础设施配套尚不完善,直接影响居民外出行为和日常生活行为活动,因此,中心城区和五环外不是目前北京居民居住空间偏好区位。三、四环之间既接近于中心城区,房价也相对较低,因此,选择三、四环之间的居民居于首位。四、五环之间特别是北部和东部区域由于交通条件、基础配套设施和居住环境得到了显著的改善,尤其在价格上具有优势,使该区域成为目前北京居民居住选择的主要区位。

另外,居民对区位空间的偏好决定于居民对整个城市居住环境信息的拥有量以及对现居住环境的认可度。一般居民在区位再决策的过程中,对原居住空间评价往往会放大,原居住区位的邻里关系、日常行为空间等强烈地作用于新的居住区位的决策。因此,居民在居住区位再选择时,通常会选择原住宅区周边或者比较熟悉的空间,新的居住区位的选择一般是以现居住区位为中心,在相对近距离内搜索。

表 5—2 居民居住区位选择统计

现居住空间	期望居住空间					
	二环内	二、三环间	三、四环间	四、五环间	五环外
二环内	6	14	18	5	3
二、三环间	2	36	71	33	3
三、四环间	8	35	62	16	1
四、五环间	3	19	87	39	2
五环外	10	20	65	73	27

资料来源:实地问卷调查(2001年),有效问卷551份,选项有重复。

从表5—2中我们也发现,尽管居民都把三、四环之间都作为未来的最佳居住空间,但现住空间也是居民选择的重要区位之一。如居住在二环内居民仍然选择二环的比例比其他环路内的居民选择二环的比例要高,同样,居住在二、三环之间或者三、四环之间的居民选择现居住空间的比例也比较高。

二、影响居民空间偏好的因子分析

从住宅区位行为理论的研究来看,住宅区位的再选择可分为两个问题,一个是空间认知,一个是空间偏好。一个消费者为了满足家庭居住的要求,首先要进行新的居住空间搜索行为活动,该行为活动受到居民对城市环境持有的空间印象的影响。居住空间信息量大的区位就会成为搜索行为的中心,在搜索空间中最后形成居民各自的空间偏好[20]。

居民居住选择一般是偏好于接近通勤地、学校和购物中心等日常行为活动或休闲空间的周边地区。影响居民居住区位选择的因素如表5—3所示,交通便捷程度、位置、住宅的价格是最为重要的三个因素,均占被调查居民的60%以上,另外,周边环境、基础配套设施、物业管理等也是左右居民居住区位选择的主要因素,选择这三项的居民都超出了45%。居住空间偏好的决策立足于居民反复的搜索和选择过程,除受到上述所列举的居住环境因素的客观影响外,还取决于居民个人的属性[20],如居民的家庭收入、职业类型、家庭状况等。

表 5—3 影响居民居住区位选择的因素

因　　素	样本选中数	百分比(%)
交通便捷程度	425	77.13
位置	366	66.42
价格因素	343	62.25
周边环境	255	46.27
基础配套设施	251	45.55
物业管理	248	45.01
教育环境	141	25.58
户型设计	124	22.50
小区规划与设计	74	13.43
居住群体	39	7.07
开发商品牌	16	2.90

资料来源：实地问卷调查(2001年)，有效问卷551份，选项可重复，故总计超出100%。

1. 居民收入与空间偏好

居住空间偏好首先取决于选择区位的住宅价格和居民家庭收入之间的关系。一个家庭可能购买或者租借的住宅是与其收入相适应的，一般都局限在一定的空间内，而居住空间的搜寻和决策也只能局限于在这样的空间内进行。

不同收入的居民对居住区位空间的选择偏好表现不同。高收入阶层与低收入阶层相比较，在总收入中，可支出的总量比较高，用于住房消费支出的比例也就比较大，因此，在居住区位选择时，受区位的约束要比低收入阶层小，居住区位选择的自由度相对比较大[21]。中低收入阶层受收入的约束，用于住房消费的支出相对低，在居住区位选择时，只能选择适合于自己购买能力的区位。图5—1和图5—2反映的是北京城市内部不同收入的居民在居住区位方向和空间上的偏好。低收入的家庭选择正北方向的比较多，如收入在3万元以下家庭居住区位选择主要集中在北部三、四环和四、五环之间；年收入在3～5万元之间家庭则主要选择北三、四环之间(图5—2)。随着收入的增加，区位方向选择偏好变得自由度加大，如收入在15万元以上的家庭选择正东方向的居多，其次是东北和正北方向；区位空间偏好也具有类似的特征，即空间区位选择自由度较大，但中心区和其周边如二、三环之间和三、四环之间则成为最佳区位。

2. 职业与空间偏好

职业直接影响居民居住区位选择的空间偏好。一般相同职业的社会群体在居住区位空间选择行为上具有类似性和趋同性。高级管理人员、演艺界、私营企业主、律师和会计等高收入职业群体多居住在区位条件较好的高级住宅区；教师、科研人员、机关的公务员、社会团体等事业单位的从业人员、一般企业的职工则多选择各类经济适用住宅集中区。同一群体在特定的区位空间集中,一是便于日常生活和文化交流;二是有利于获得相关的知识和信息;三是彼此之间具有一定的认同性,从自身安全和心理要求出发,在购房时尽量选择接近相同社会群体的居住区位。

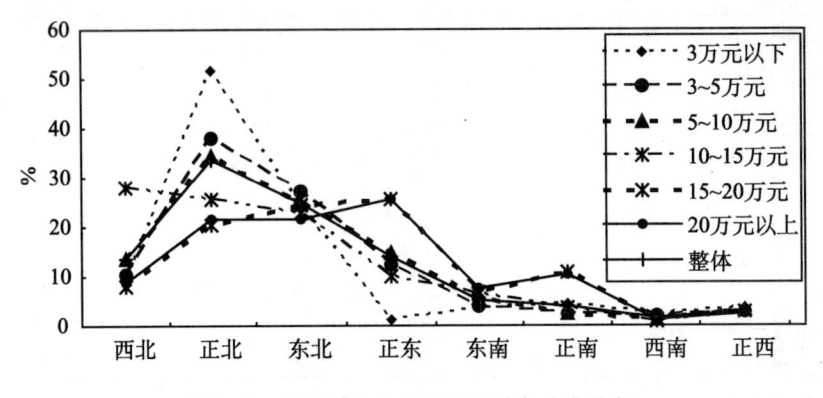

图 5—1 不同收入的居民住宅选择方位偏好

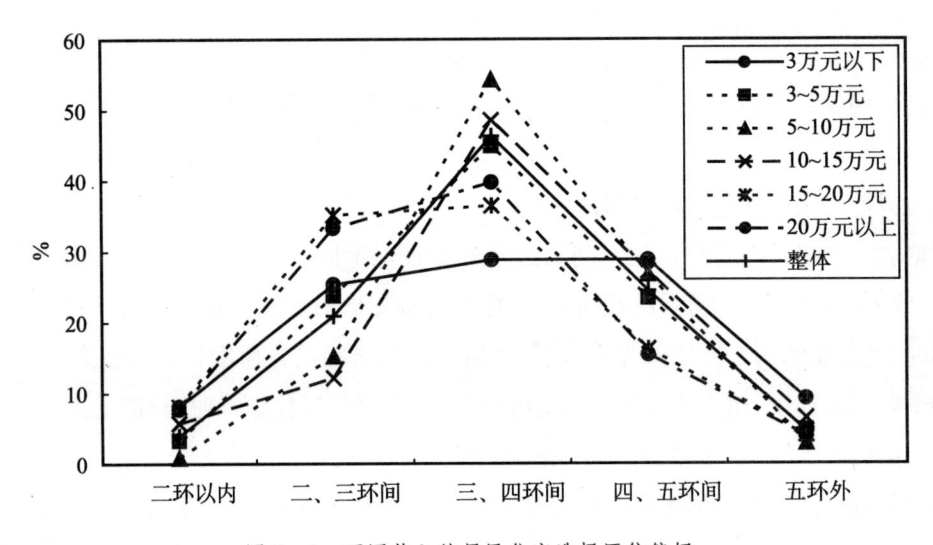

图 5—2 不同收入的居民住宅选择区位偏好

但是,从图 5—3 来看,职业对宏观居住区位选择影响不大,即不同职业的居民在大的空间偏好上趋于相似,除教师选择四、五环之间的居多外,其他职业的居民主要倾向于三、四环之间。职业对居住区位选择的影响更多地反映在微观居住区位的选择,如选择万泉新新家园的居民多为从事 IT 行业的管理者、企业总裁、文体名人等,而回龙观经济实用住宅小区的 40% 购房居民为科技、文化和教育工作者。

3. 年龄、家庭构成与空间偏好

居民年龄和家庭结构的变化过程构成居民的家庭生命周期,居民在不同的家庭生命周期有着不同的居住空间偏好。从年龄和家庭结构看:青年夫妇型家庭,由于日常社交和经济活动相对频繁,一般多选择市区出行方便、住宅面积不一定太大的住宅区位;中年户主型家庭经济实力相对雄厚,对住宅面积、住宅环境,特别是子女上学条件等要求相对较高,一般选择周边环境优越、配套设施完善的住宅区;老年型家庭由于子女成家立业,社会活动范围相对较小,对交通条件和住宅面积相对要求较低,趋向于选择贴近自然、价格便宜、邻里关系和睦与社区文化生活丰富的住宅区。

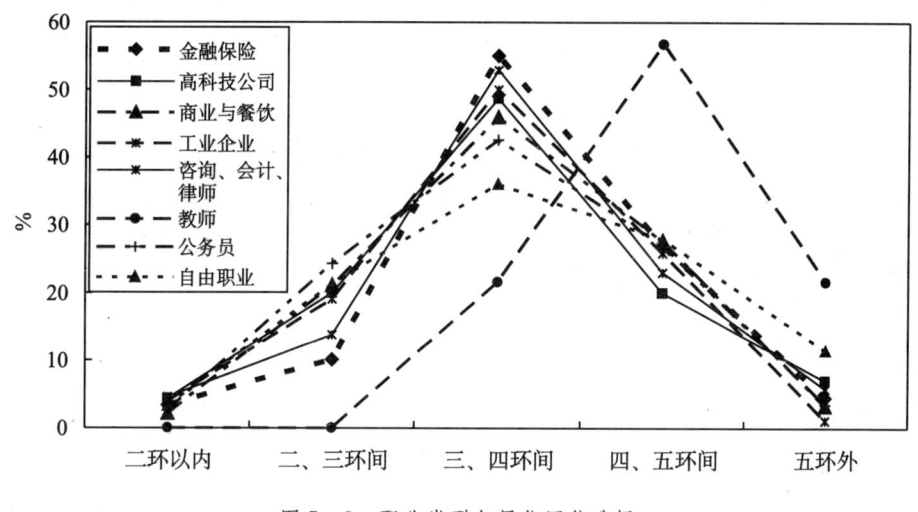

图 5—3 职业类型与居住区位选择

这种区位选择模式反映的是房地产市场发育比较成熟的情况下的一般模式,但是,作者通过对北京城市内部居民居住区位选择行为的调查发现,不同年龄阶段和家庭构成在居住区位偏好具有大致相同的特点,主要都集中在三、四环间的正北、西北、东北方向,而正南、西南、东南方向明显偏少。另外,通过对年龄、家庭构成与住房选择影响因素的相关分析发现①,年龄、家庭构成与区位、住房价格、交通条件和外部环境的相关系数较小,没有明显的相关性(表5—4)。

表5—4 年龄和家庭构成与影响居住区位选择行为的主要因素的皮尔逊相关系数

	区位	价格	交通条件	外部环境
年龄	−0.072 (0.158)	−0.040 (0.434)	−0.040 (0.434)	·0.037 (0.463)
家庭构成	−0.053 (0.297)	0.024 (0.642)	0.024 (0.642)	−0.012 (0.817)

产生这种现象的原因在于我国房地产市场发育不完善,房地产产品供给市场的细分化不够明显;另一方面住房货币化制度实施时间较短,消费者的个人社会属性特征差异在购房选择行为的作用远未得到充分体现,这样的结果在其他城市也有类似的反映[22]。

---

① 将影响不同年龄、家庭构成的居民住宅偏好的因素(区位、价格、交通条件、外部环境)按照影响程度分为五级,即很重要、重要、一般、不重要、很不重要。

4. 交通条件与居民住宅区位选择行为

交通条件的改善，可以改变居民对住宅区位的经济价值和综合社会功能的评价水平，一般交通通达性较好的住宅区，消费者对其评价也高，否则就很低。交通通达性的优劣与直线距离有一定的关系，但更主要是与时间距离有关。如位于以市中心为原点的同心圆上的不同住宅区，如果到市中心的时间距离越短，或者说相应的交通设施越完善，居民对其综合评价也就越高，区位的经济价值也就越高。实际上，交通条件的便利与否，是决定一个住宅商品能否顺利销售与出租的关键。

根据2001年对北京居民住宅区位问卷调查结果分析，居民选择现住宅区位考虑住宅区出入交通条件的占被调查者的28.3%，仅次于位置和价格因素，位居第三位。远高于第四因素，即住宅周边的环境条件（表5—5）。由此可见，交通条件对居民现实住宅区位选择起到重要的作用。

表5—5 影响居民选择现实住宅区位的因素

	交通	价格	位置	拆迁	教育环境	住宅群体	环境质量	社区设施
数量	156	193	208	68	41	30	107	54
比例	28.3%	35.0%	37.7%	12.34%	7.4%	5.4%	19.4%	9.8%

资料来源：实地问卷调查（2001年），有效问卷551分，选项有重复。

表5—5反映了影响居民未来住宅区位选择的因素。从此表可以发现，交通条件仍然是影响居民对意向住宅区位选择的重要因素，占被调查人数的85.6%，仅次于住宅的区位条件，高于住宅的价格因素。

表5—6 影响居民意向住宅区位选择的因素

	交通	区位	价格	周边环境	户型设计	物业管理	教育环境	开发商品牌
数量	477	490	400	296	153	285	165	25
比例	85.6%	88.9%	72.6%	53.7%	27.8%	51.7%	29.9%	4.5%

资料来源：实地问卷调查（2001年），有效问卷551分，选项有重复。

表5—6反映的是居民在住宅区位选择时，能够承受的最大通勤时间距离。居民在住宅区位选择时，通常以工作地或子女上学学校等为中心，以最大通勤时间距离为半径，考虑可选择空间内的住宅，因此，最大通勤时间距离是居民住宅区位选择的最大空间阈值。

表5—7 居民购房能够承受的最大通勤时间距离

	15min	15~30min	30~45min	45~60min	60min 以上
数量	12	95	225	159	48
比例	2.18%	17.24%	40.83%	28.86%	8.71%

资料来源：实地问卷调查（2001年），有效问卷551分，选项有重复。

根据问卷调查,居民一般最大通勤时间距离为 45~60 分钟,通勤时间距离超出 1 小时的空间作为住宅区位候选地被选择中的概率很低。

表5—5、表5—6和表5—7反映了城市居民在住宅区位选择上对交通条件的依赖性,一般出行条件好的住宅区易于销售,价格也相对较高,因此,住宅区的开发和建设必须要考虑交通条件,与交通快速通道或干线的建设相适应,换言之,在快速交通通道和主要交通干线两侧的优区位,开发和建设适应不同居民需求的住宅区将会具有巨大的市场前景。

第四节 北京市居住空间扩展模式[19,23]

居住空间结构作为城市内部不同居住区域类型的空间组合形态,在空间分布上与居住用地、人口密度、建筑容积率、商服中心、工业区位等因素有着千丝万缕的联系,本节拟通过分析这些因素空间分布的现状,寻求彼此之间的对应关系。

一、居住用地空间分布的现状

居住用地指的是在城市中包括居住及相当于居住小区及小区级以下的公共服务设施、道路和绿地等设施的建设用地。居住用地作为居住建筑的空间载体,其空间分布影响着居住空间结构。

统计资料显示,到 2000 年,北京市已建成居民小区 196 片,估计总占地面积 4 481hm^2。从居住区的空间分布上看,已建成的居民小区大部分在四环以内;而近年来集中开发的大规模小区,如望京、北苑等都在四环以外,回龙观更远。正在建设和待建的居民小区绝大部分也都在四环以外;从居住用地规模上看,已建成的居住区和小区分布在二环以内的占地 666.06hm^2,占 16%;二环到三环之间的占地 1 122.61hm^2,占 28%;三环到四环之间占地 1 179.06hm^2,占 29%;四环到五环之间,占地 869.38hm^2,占 21%;五环路以外的,占地 244.35hm^2,占 6%。

从居住用地布局上看,近期可以开发的居住用地主要有五部分:一是城市中心区的危旧房改造用地,二是城市中心区的工业调整用地,三是绿化隔离带地区的居住用地,四是边缘集团的居住用地,五是远郊城镇居住用地,其中城市中心区的危旧房改造用地和城市中心区的工业调整用地基本位于四环以内。

市中心区工业用地调整规划为居住用地的数量,尽管由于目前工业企业的调整尚未全部完成,暂时不好估计,但从 1995 年到 2001 年 4 月底,已有 75 家工厂的工业用地调整为居住用地。根据北京市政府做出的"有污染的工业企业迁出四环以外"的决定,最近几年,还将有很多工业用地调整为居住用地。在第一道绿化隔离地区内,规划居住用地面积为 2 180hm^2。10 个边缘集团规划居住用地总计 6 668hm^2。

根据 1993 年的《北京城市总体规划》,到 2010 年北京市的城市建设用地为 61 410hm^2,其中居住用地为 14 528hm^2,占 23.65%。其中城市中心地区规划居住用地面积为 10 129.55hm^2,

可居住578万人,占居住用地规划总量的38.5%。到2005年,城八区的危旧房改造用地2 410.53hm²将全部完成,占规划居住用地总量的9.2%,可建居住2 800万m²。其中东城区居住规划用地最多,为533.37hm²,西城区432.35hm²,崇文区378.11hm²,朝阳区69.9hm²,海淀区82.7hm²,石景山区117.8hm²。

20世纪90年代以来,10个边缘集团的开发力度逐渐加大,到2000年,边缘集团的实际规划建设用地已达256.4km²,建成区面积的总和超过129km²,这其中又有超过一半的用地是居住用地。

二、居住空间扩展模式与特征

1. 居住空间呈圈层式向外扩展

早在20世纪20年代中期,伯吉斯就提出了居住空间呈同心圆结构分布的理论,他认为,高收入阶层的居民趋向于在远离市中心的地方选择居住,而低收入阶层的居民多选择离城市中心较近的老居住区居住。也就是说随着城市规模的扩大,最富裕阶层的居民迁移到城市周围的新居住区,而他们曾居住的老居住区逐渐被低收入阶层所选择,离CBD最近的老居住区随着城市的进一步发展会转变为办公和商务活动用地。伯吉斯主要是从居民的社会阶层分化来研究城市居住空间结构,而对影响居住空间结构分化的自然环境、城市发展历史、地价、交通等因素考虑较少。

北京市的居住空间分异与其交通分布格局、地价变化、城市空间的整体发展趋势具有密切的关系。众所周知,北京市环路建设是城市交通发展的一个重要特征。二环路、三环路、四环路、五环路等每条环路都有一定的间距,而间距中间地带就是城区的建设用地。距离环线一定距离、交通条件比较便利的区位,则是居住聚集区或潜在的居住开发的最佳区位。

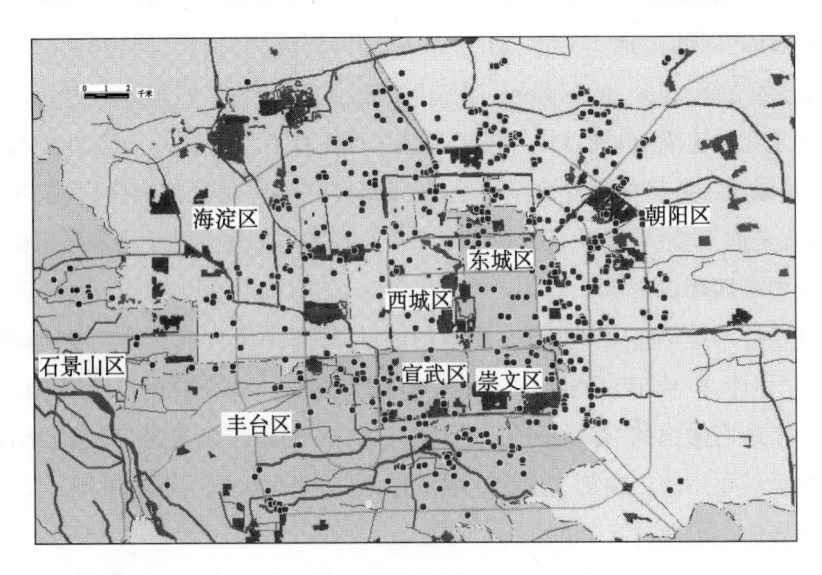

图5—4 北京城区与近郊区居住小区空间分布

北京市居住空间发展受环路的制约而大致表现出呈圈层扩展的格局。具有北京文化底蕴的老居住区主要集中于二环路之内。由于该区域地价相对高，加之北京市城市总体规划又限制发展高层建筑，另外，文物保护等对二环路以内开发要求也相当严格，开发商基本上是无利可图，因此，该圈层按照市场行为进行大规模开发的商品居住比较少。大多数居住小区存在着基础设施配套老化或不健全、危房和拆迁改造住房集中的问题。总之，二环路之内面临着改造、保护与发展的问题。二环路两侧到三环路之间主要是以90年代前开发的居住区为主，居住开发和建设主体以各机关和企事业单位为主，居住获取方式多属于福利分房或单位公房。由于待开发空间相对较少，商品房分布较少，但在东部如CBD、东北部、北部和西南部有大片的商品居住区。三环路两侧到四环路、五环路是90年代以来商品房开发的重点地带，尤其是在由三环和四环路形成的环状地带，是北京普通商品居住的主要集中地带。

从分布在不同圈层的商品居住的价格来看，2002年大致是二环路以内的普通商品房每平方米售价在7 500~12 000元左右；三环路以内为6 000~7 500元左右；四环路以内大约为4 500~6 500元左右，四环路以外大致是4 000元左右。上述价格反映的是不同圈层商品房的平均价格，事实上，在同一圈层的不同区位价格变化也很大。

从90年代以来，北京市居住的圈层式结构随着商品房的大规模开发空间形态变形加快，其特征主要表现在以下两个方面。一是三环路以外居住建设速度加快，而三环路以内的区域出现了减缓甚至停滞的现象。根据北京房地产网京城居住总汇统计，二环路以内开发的居住小区占其统计总数的4.3%，二环到三环路之间开发的居住小区占24%，三环到四环路之间开发的居住小区占31%，四环路以外的区域开发的居住小区高达40.7%，三环路以外的区域开发的居住小区达到了71.7%[①]。三环路以外随着四环快速公路的通车以及五环和六环、城市轻轨和放射状地铁的规划和建设，大的居住环境已经发生了明显的改善，该地带是北京现在和今后居住发展的主要空间。三环之内的城市中心区由于古都风貌保护的限制，土地供给潜力的制约，以及地价、开发商的收益等因素的作用，今后作为居住区开发的潜力相对很低。二是圈层空间结构整体向北和向东突出。北部和东部由于大环境较好，特别是亚运会的召开以及机场高速公路和京通快速等公共基础设施的建设，促进了北部和东部居住空间的圈层结构的完善化，不仅四环路之内居住开发条件相对成熟，而且四环到五环路甚至五环以外也是北京较好的居住开发区位。与此相对应的南部地区居住空间扩张相对较慢，南三环路之外居住开发和销售均比北部和东部差，长期以来，北京居住空间结构具有"同"字形的特点，即南部地区三环路之外不被开发商所考虑，居住开发基本没有形成规模。

2. 居住开发南北差异大，城北明显快于城南

北京常年盛行东北风，另外，北京的重要水源，如密云水库位于东北方，东北部被"老北京"视为"风水宝地"和"龙脉所在"，因此，这一带历来是北京人居家择业的最佳区位选择。沿机场

---

① 根据北京房地产网"京城居住总汇"整理而得。

高速公路开发的望京小区的热销就反映这一地区的优势。西北部也属上风位置,特别是西山秀色和玉泉美景营造了山水合一的自然景观,加之北大、清华等高校和中关村科技园的人文背景烘托,西北部对居住者具有极大的吸引力。正北部由于亚运会的成功召开,带动了该区域商业、服务业、娱乐和休闲业等第三产业的发展,亚运村商圈已经基本形成,再加上优越和安静的居住环境极大地刺激了该区域房地产的快速发展。

近年来,随着北部交通条件的改善,特别是西北四环和中关村大街的开通,北五环和北部城市轻轨的开工,正在改善和缓解东北望京、正北亚运村、西北中关村居住区的交通状况,为上述区域的居住发展创造了良好的条件。由于北部诸多的优势,造成北部商品房的销售价格明显高于同一环路内的其他区域。2002年如三环路以内平均每平方米的价格为7 000元左右,但是北三环、东三环、西三环的房价在8 000元以上;四环以内大约为5 000元左右,可是北四环超出6 500元;四环之外大约是3 500元以上,但亚运村和中关村一带大约在5 500元以上。特别是北京申奥成功后,开发商大力炒作奥运概念,进一步使北部居住区位的优势突现出来。

城南尽管交通条件也得到了极大的改善,如南三环、南四环路已经通车,京石、京津塘、京开高速公路的建设为南城对内和对外联系创造了条件,另外,污染企业的外迁以及上下水、电力和煤气等管道的铺设等也极大地改善了南部的居住环境,但北京人对城南一直具有"下风和下水"的传统认知,使得城南居住区位受消费者个人偏好影响较大。在同一环线内城南的房价大约比城北低2 000元左右,尤其是三环路以外的区域房价相差更大。

3. 沿主要交通干线呈放射状发展[24]

在20世纪30年代末,霍伊特提出的扇形结构模型认为,各类居住用地倾向于沿着主要交通线路和自然障碍物最少的方向由市中心向郊区呈扇形发展。城市居住空间沿主要交通干线发展,主要是为了便于居民出行,即在远离中心区的区域,利用快速交通通道可以最大限度地享受到城市主要社会公共设施的辐射,同时也可以使居民享受到市区周边安静和舒适的自然环境。

近年来,北京居住空间发展趋势之一是沿主要交通干线呈放射扇面向郊区发展。目前,相对成熟的居住扇面有以下几个:机场高速公路扇面、京昌高速公路扇面、立汤路扇面、京通快速路扇面、京开高速公路扇面等。

① 机场高速公路扇面。机场高速公路扇面是指沿机场高速公路向东北方向延伸的居住空间,主要包括三元桥、望京、酒仙桥、望京新兴产业区等居住区。目前该扇面居住发展已经相对成熟,各个居住区规模较大,居住区内部基础设施配套齐全,对外联系也相对便利,加之居住环境优美,因此,该扇面内的商品房一般具有品质高和房价高的特点,通常普通商品居住均价在4 500元/m² 左右,高于其他几个扇面。

② 京昌高速公路扇面。京昌高速公路扇面是指沿北京到昌平区的高速公路向西北方向延伸的居住空间。包括北沙滩、清河、小营、西三旗、西二旗、回龙观等居住区。该扇面居住开发也相对较早,道路等基础设施配套完善,总的来看,已经形成了一个相对连续的居住空间。

该扇面最大的特点之一是除分布着大量商品房,如富润家园、风林绿洲、绿波园、永泰小区、沁春家园、铭科苑、龙泽苑等,也有相当规模的面向中低收入阶层的经济适用房,如西二旗、西三旗高校居住区以及回龙观经济适用居住区。随着奥运会相应设施的建设,特别是城市轻轨和五环的开通,以及近年来昌平区的快速发展,今后几年该扇面的居住开发和销售预期较好。

③ 立汤路扇面。立汤路扇面是从亚运村北到小汤山向正北方向扩展的居住空间。包括亚北、北苑、立水桥、天通苑等地区。其中,北苑是属于1992年《北京城市总体规划》中重点发展的10个边缘集团之一,城市基础设施建设相对完善,另外周边预留了绿化隔离带,居住环境优越,加之紧邻奥运村,城市轻轨和5号地铁线又穿越该集团,因此,北苑房地产发展前景良好,是消费者购房的首选区位之一。除北苑集团外,天通苑作为北京市政府为改善居民居住环境重点建设的经济适用居住区,其建设规模和相应的配套设施得到了很大的改观。另外,该扇面均属于奥运概念的直接辐射区,今后居住空间的扩张速度将会进一步加快。目前,正在建设和已经成规模的居住区有新荣家园、北辰绿色家园、亚北新区、大羊坊小区、清水园、天通苑、太平家园、都市芳园等。

④ 京通快速路扇面。京通快速路扇面是指沿京通快速向正东方向延伸的居住空间。从四惠桥往东沿京通快速路沿线分布着通惠家园、远洋天地、都会华庭、兴隆家园、鑫兆家园、丽景馨居、阳光曼哈顿、天赐良园、新华联锦园、新华联家园、长安星园、运乔嘉园、武夷花园等近20多个居住小区,上述小区规模大部分超过30万 m^2。近年来,京通快速路扇面居住空间的迅速扩张与CBD后花园的概念以及地铁八通线的建设有着密切的关系。可以说便利的交通条件、接近工作地和CBD商圈是该扇面快速发展的主要原因。

⑤ 京开高速公路扇面。京开高速公路扇面是指从玉泉营桥开始,沿京开高速公路向南扩展的居住空间。近年来,该扇面居住空间的扩展与其低廉的地价、大量的后备居住用地以及交通条件的改善等有关。目前正在开发和已经建成的居住区有银地家园、九龙宏盛家园、九龙家园、金华家园、天地花园、郁兴家园、天兴家园、绿茵别墅家园。该扇面与其他扇面相比最大的特征是小区内部环境较好,即通过内部环境,如居住空间、房屋品质、小区的配套设施等来弥补外部大环境的缺陷是开发商开发的基本理念之一。

在上述五个扇面中,机场高速公路扇面、京通高速路扇面、京昌高速公路扇面发展相对较快。另外,沿石景山路、京石高速公路、京津塘高速公路、南苑路等方向扩展的居住空间也相对较快。总的来看,北京居住空间沿主要交通干线呈放射状扇面扩展,与其放射状交通线路有密切的关系。京昌、京开、京通、京津塘等11条放射状公路以最便捷的速度把城区与近郊区和远郊区相连接,为居住空间向周边地区扩展提供了基本保障。

4. 发展最快的四大居住区域

① CBD区域。北京的CBD位于东北二环至东北三环之间的地区,该区域是北京传统的外交区和外商跨入中国国门的主要聚居地。截至2000年年底,北京有2/3的外企及合资企业机构聚集在这一区域之内,因此,该区域的居住品质高、价位高是其基本特征。从20世纪90

年代早期售价在 2 000～3 000 美元的外销别墅、公寓,到现在售价 1 万美元左右的公寓都高居全市之首。CBD 区域居住发展的原因主要为:一是朝阳门商圈已形成,并带动了周边区域的高档物业需求的增加;二是交通条件具有先天的优势,环线地铁为其所在地商务机构及就业者提供了方便的出行手段;三是该区域商业、娱乐、文化、体育设施齐全,国际化交往的人文环境使得高级商务人士对该区域有特殊的偏好。另外,CBD 及其辐射区已成为北京涉外商务区和使馆区,完善的商务配套及酒店、娱乐设施吸引了更多的跨国公司在此办公和开展商务活动。虽然该地段的价格一直不菲,但是仍有很多人首选这里作为商务居住或投资区域。特别是随着中国加入 WTO 步伐的加快,CBD 区域的居住项目人气还会有一定提升。但该区域土地开发强度太高,容积率已经达到 5.29,并非是最佳的生活居住区,今后作为居住空间发展的潜力不大。

② 望京地区。望京地区环境较好,居于上风上水的位置,又是北京较早大规模集中开发的居住区,由于不涉及拆迁问题,所以开发成本低,开发周期缩短,已经形成了完善的社区。另外,有市政府的整体规划,相对来说配套齐全,交通也很便利,进出机场、燕莎商圈、CBD 商圈、亚运村商圈都很方便,这是该地区居住发展的最大优势。另外,北京电子城、空港工业区的规划和建设,吸纳了许多国内外高科技生产型和物流公司的进驻,这为该区域的就业提供了强大的支撑。

③ 亚运村地区。亚运村经过 10 多年的发展,居住、商务环境已经比较成熟,四环沿线只有亚运村地区内外商品住房差价最小。目前,亚运村在售项目以普通居住为主,平均售价 6 500 元/m²。亚运村拥有国际会议中心、五洲大酒店、汇宾大厦等商务、办公物业,但商务、办公气氛尚差于 CBD、中关村等区域。今后随着奥运会主要设施的建设,这一区域的人气将会进一步上升,有可能成为京城的居住中心区,即"CLD"。

④ 中关村地区。中关村地区由于得天独厚的科技和人文环境以及北京市政府给予的政策支持,其经济发展前景较好。高科技产业的发展也直接带动了办公、商务需求的增加。投资扩张以及随之而来的就业机会的增多,促进了对房地产业的多样性需求。另外,北京西部具有特殊的教育文化优势,这一区域是高校和科研院所的分布聚集地,再加上北京市教委的区域性招生制度,重视教育环境的消费者在居住区位选择时无疑会优先选择该区域。从事电子、高科技产业的消费者对该区域也有独特的偏好。特别是随着中关村高科技园区的建设,区内环境的改善以及年轻的高收入阶层的增加,该区域的高级居住区发展市场前景较好。如万柳地区的光大花园、万泉新新家园二期以及紫竹花园、中海紫金苑、美林花园的均价都超过 8 000 元,与 CBD 公寓价格相当,超过亚运村公寓价格。

5. 边缘城区居住小区建设较快

从各区县居住开发情况来看,中心城区即东城区、西城区、崇文区和宣武区可开发土地面积有限,因此近年来居住小区建设相对较少(表 5—8)。四个中心城区建设的居住小区占全市各类居住小区总数的比例不到 15%。

表5—8 北京市居住小区在各区(县)的分布情况　　　　　　　　单位:个、%

	普通居住		公寓		别墅		经济适用房	
东城区	8	1.75	12	5.85				
西城区	8	1.75	13	6.34				
崇文区	11	2.43	15	7.32				
宣武区	25	5.45	15	7.32				
朝阳区	129	28.29	70	34.15	8	25	11	42.31
海淀区	74	16.24	35	17.07	3	9.37	2	7.69
石景山区	17	3.74	2	0.97			2	7.69
丰台区	62	13.60	14	6.83				
郊区(县)	122	26.75	29	14.15	21	65.63	11	42.31
总计	456	100	205	100	32	100	26	100

资料来源:根据北京房地产网(http://www.bjhouse.com.cn)"京城居住总汇"整理。

与中心城区相比较,边缘城区居住小区建设较快,特别是朝阳和海淀两区,普通居住小区约占全市的44.54%,公寓约占全市的43.23%。由于宏观区位条件较差,石景山和丰台两区居住市场需求相对不足,无论是普通居住还是公寓开发都相对较少。近郊区凭借价格优势和不断改善的交通条件,吸引了大量的消费群体,特别是通州区商品房建设规模和速度均位居全市前列,该区已经成为北京居民购房的主要空间。

从居住小区的档次来看,在中心城区公寓开发相对较多;而边缘城区和郊区普通居住建设所占比例较大;别墅则主要集中在建设用地相对较多、地价便宜的远郊区和朝阳区,经济适用房也具有类似别墅的空间分布特征。

参 考 文 献

[1] Park RE. 1936. Human Ecology. *American of Sociology*,13.
[2] E. W. Burgess and Mckenize. *The Growth of the City in R. E. Park*. University of Chicago Press.
[3] Harries C D, Ullman E L. 1945. The Nature of Vities. *Annals of The American Academy of Political and Social Science*,242.
[4] J. W. Simmons 1968. Changing Residence in The City—A Review of Intraurban Mobility. *Geogrphical Review*,58.
[5] W. Alonso 1964. *Location and Land Use*. Harvard University Press,Cambridge Mass.
[6] M. White 1977. A model of Residential Location Choice and Commuting by Men and Women Workers. *Journal of Regional Science*,17(1).
[7] J. Madden 1980. Urban Land Use and the Growth in Two-earner Households. *American Economic Review*,70.
[8] D. H. Weinberg et al. ,J. Friedman and S. mayo 1977. Intra-urban Residential Mobility:The Role of Transaction Costs,Market Imperfections and Household Disequilibrium. *Journal of Urban Economics*,9(3).

[9] Castells. *The Urban Question：A Marxist Approach*. London：Edward Arnold.
[10] Harvey. Class Monopoly Rent, Finance Capital and the Urban Revolution. *Regional of Urban Economics*, 1.
[11] Dickens, Duncan S. , Goodwin M. 1975. *Housing, States and Localities and Localities*. London：Methuen.
[12] Ball M. Harloo M. and Martens M. 1988. *Housing and Social Change in Europe and The USA*. London：Routledge.
[13] Young K. 1975. *Urban Polities：An Overview. Essays on the Study of Urban Politics*, London：Macmillan.
[14] Rex J. and Moore R. Race 1967. *Community and Conflict*. Oxford Press.
[15] Pahl R. E. 1975. *Whose City*. Harmondsworth：Penguin.
[16] 张文忠："城市居民住宅区位选择的因子分析",《地理科学进展》,2001(3)。
[17] 高桥伸夫:《新城市地理学》(日),东京:东洋书林,1997。
[18] 张文忠、刘旺、李业锦："北京城市内部居住空间分布与居民居住区位偏好",《地理研究》,2003(6)。
[19] 刘旺:"北京市居住空间结构与居住住宅区位选择行为研究"(博士论文),中国科学院研究生院,2005。
[20] Frank W. Porell 1982. *Models of Intraurban Residential Relocation*. Kluer. Nijhoff Publishing (USA).
[21] 张文忠:《经济区位论》,科学出版社,2000。
[22] 王茂军、张学霞、张文忠："基于面源模型的城市居住环境评价空间分异研究",《地理研究》,2002(6)。
[23] 张文忠、刘旺:"北京住宅空间分异特征研究",《城市规划》,2002(12)。
[24] 张文忠、孟斌、吕昕等:"交通通道对住宅空间扩展和居民住宅区位选择的作用",《地理科学》,2004(1)。

第六章　城市外来人口聚居区的形成及其土地利用特征

第一节　全国流动人口的变化特征及背景

1. 区域人口流动总量的变化

改革开放以来,以农村剩余劳动力流动为主的区域人口流动,无论是数量规模、流动距离,还是其对流出地区或流入地区的社会经济发展所产生的深远影响,都是前所未有的。20世纪80年代初,全国参与外出打工的农村劳动力不足200万,而1993年抽样调查显示,参与外出打工的农村劳动力已占到全国农村劳动力总数的15%左右,1997年这一比例上升到20%,全国农村劳动力流动总量估计在6 000万~8 000万。中国第五次人口普查数据表明,2000年全国迁移流动人口已达12 107万,其中省际迁移流动人口4 242万,占全国迁移流动人口的35%。截至2004年,我国的城镇化水平已经达到41.76%,城镇化速度快速发展,与人口流动造成城市人口的机械增长密切相关。由此可见,改革开放以来,特别是市场经济体制的推动下,人口的流动和迁移的数量、强度和地域范围已经从细流逐步形成巨流大川,成为中国社会经济发展进程中不可忽视的重要方面。它反映了在经济、社会、文化、环境以及资源因素的互动影响下,庞大的中国劳动力人口转移、安置、吸纳乃至重新分布的演变态势。

我国的区域人口流动经历了四个阶段。根据流动人口数量增长特征划分,近20多年来全国流动人口数量变化过程可划分为四个时期:

1984年以前,由于受国家政策(户籍、就业及副食品供应等相关政策)以及农民自发流动意识淡薄等因素的影响,全国流动人口总量很小,并且主要集中在沿海省份中一些传统的经商、流动意识比较强的地区,如浙江的温州地区、广东的珠江三角洲地区、粤西的茂名、山东的恒台、安徽的无为等地区。

1985~1988年,随着城市体制改革步伐加快,尤其是适应城市第三产业发展的需要,全国参与流动的农村劳动力总量扩大,流动半径开始由近距离(农村流向附近城镇)转向长距离(跨省),表现为中西部省区向东部沿海地区,特别是向珠江三角洲地区流动。在沿海一些地市,来自外省区劳动力的比例一般达到20%左右,有的占到30%。

1989~1994年是全国流动人口总量增长速度最快的时期。年均增长速度超过10%,部分年份超过20%。其中跨省区流动和务工经商的比重明显增加。如江西省1991~1993年跨省区外出打工的农村劳动力由20万猛增到300万,安徽省则以年均100万人的规模扩大,总数超过500万。北京流动人口在5年间增加了200万,1994年达到322万。1993年全国参与省外流动的人数约占当年流动人口总量的33.6%。在河南、四川、安徽、江西等省劳动力输出的主要地市,农村外出劳动力已超过当地农村劳动力总数的20%。

1995年以来,全国流动人口总量增速趋缓。1996年、1997年全国流动人口的总量规模大体与1995年持平。但省区之间比较有升有降。安徽、河南、河北等省增幅趋缓,四川、湖南、湖北、山西、陕西、甘肃、贵州等省增幅明显。从流入地看,1997年北京流动人口总数较1994年减少40万[①],广州减少约10万人,天津、上海等市也有不同程度下降。2000年以来,全国流动人口总量基本稳定在1.2亿~1.4亿人。

分析近几年全国流动人口总量增幅趋缓的原因有三方面。一是城市经济及国有企业普遍不景气,城市职工下岗与城市失业率上升,客观上减少了城市对外来劳动力的需求。二是为拓展城市下岗职工再就业空间,各地普遍将清退外来人员作为实施再就业的主要手段之一,并出台相关的限制性就业政策。如北京1995年出台行业准入制度,1996~1998年,以落实"三证"为契机,加强了单位用工制度的管理,包括征收相关的用工管理费用。1998年广州在对外来劳动力进行分类管理后,用工"大户"——第三产业中的金融、寻呼、保险业务员、文秘等20多个行业基本上禁用了外来打工人员。这些措施提高了外来人口在城市就业的制度性障碍与经济成本。2003年以来,作为人口流入数量最多的广东省,开始出现"民工荒",这与广东各地工资待遇止步不增和较差的工作环境有关。三是国家对农业发展政策的调整,进一步加大了中西部地区农业开发的投资力度,扩大了农村、农业自身对剩余劳动力的消化能力,在一定程度上减缓了农村剩余劳动力流出的压力。

2. 人口流动的地域特征

我国的人口流动受国家宏观政策的影响很大,建国以后的前30年,生产力布局强烈地向内地和边疆倾斜,加上人口分布趋于均衡化,致使由东向西由平原向山区一直是中国人口再分布的基本方向。进入20世纪90年代后,人口流动方向出现了重大逆转。首先,在东、中、西三大地区之间(图6—1),东部地区,特别是东南沿海地区,人口比重明显上升;其次,在三大地形区之间,平原的比重上升,丘陵、山地的比重下降(表6—1)。早在20世纪80年代,全国就有几十个位于山区丘陵的县人口减少,1990~2000年间人口减少的县市大幅度增加到约500个,其人口和土地面积均约占全国的1/5。

[①] 北京市统计局:《北京市1997年外来人口普查公报》。

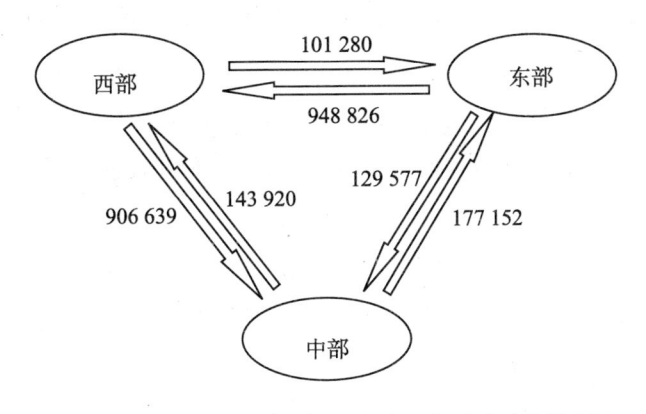

图 6—1　2000年我国东、中、西部人口相互流动态势（人）

表 6—1　中国不同地区占全国总人口的比重　　　　　　　　　　　单位：%

年份	三大地带			三大地形区		
	东部地区	中部地区	西部地区	平原	丘陵	山地
1953	39.41	32.8	27.79	44.44	29.30	26.26
1982	37.51	33.83	28.66	43.04	29.95	27.01
1990	37.67	33.85	28.48	43.16	30.51	26.33
2000	38.92	32.93	28.15	45.21	29.96	24.84

资料来源：国务院人口普查办公室：《转型期的中国人口》，中国统计出版社，2005。

与第四次全国人口普查相比，1995年以后全国人口流动在较大的总量规模上平稳运行，但流向开始呈现多元化特征。反映在六个方面：

第一，各省的流入和流出量分布不均衡，但集聚点更多更明显，流出涉及范围更广。1990年"四普"时只有广东省的迁入数量最明显，其他省份数量较小，差别不明显。2000年"五普"，按流入量和流出量分别占全国省际迁移流动人口总量百分比计，流入量最多的前六位省市为粤(35.5%)、浙(8.7%)、沪(7.4%)、苏(6.0%)、京(5.8%)和闽(5.1%)，合计已占全国省际迁移流动人口的68.5%。流出量最多的前六位省市为川(16.4%)、皖(10.2%)、湘(10.2%)、赣(8.7%)、豫(7.2%)和鄂(6.6%)，合计已占全国省际迁移流动人口的59.3%。同时，由于西部大开发和东北振兴等政策的实施，流动人口开始向新疆、西藏、东北地区及一些新兴的开发地区分流。虽然集中流向仍以东部沿海地区，特别是京津地区、长江三角洲、珠江三角洲及闽浙沿海地区为主，但一些新兴的开发热点地区，如新疆、西藏及京九沿线、东北重工业城市等地区也在成为新的分流地区。如四川省1997年流出总量虽有减少，但流向新疆的农村劳动力超过60万人以上，甘肃流向新疆植棉的劳动力也达到15万左右（图6—2）。

第二，临近省份之间的流动是主要的，人口大省多向流出。不论是人口流动活跃的省份或是不活跃的省份，其省际人口流动的第一或主要方向是邻近的。流入量最多的省份接纳的多数流动人口来自周边和邻近地区。据2000年的第五次人口普查资料，流入广东数量最多的流动人口来自湖南(333万),占流入广东总量的22.1%,再加上广西(221万)和江西(161万),广东周边三省的流入人口占广东总量的47.5%。同样,流入浙江数量第一位的省份的是安徽(78万),占流入浙江总量的21.1%;流入上海前三名的是安徽(103万)、江苏(75万)、浙江(31万),仅安徽就占32.9%,三省共占66.8%;流入江苏第一位的是安徽(112万),占总量的49.1%;流入北京占第一位的是河北(56万),占22.8%,第二是辽宁(55万),两地已占45.1%。另外,全国人口数量排名第三的人口大省,是全国流出人口数量最多的省份,其流出方向遍指各方。在全国31个省市自治区中,四川的流入量在其中22个省市自治区名列前茅。

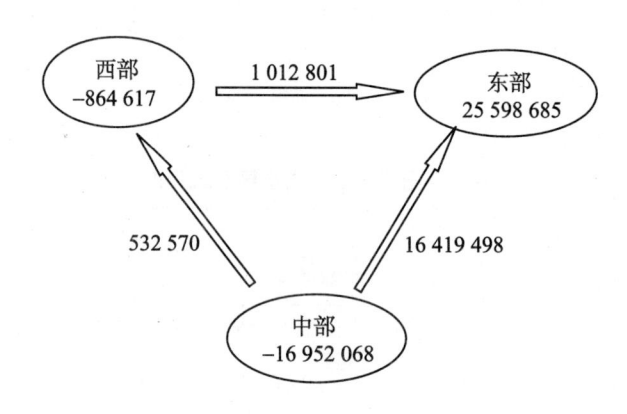

```
        西部                1 012 801           东部
      -864 617      ───────────────►      25 598 685
          ▲                                    ▲
          │                                    │
       532 570                             16 419 498
          │                                    │
          └──────────── 中部 ──────────────────┘
                    -16 952 068
```

图6—2　2000年我国东、中、西部人口净迁移流动流向态势(人)

第三,不发达地区与发达地区双向流动现象并存。也就是,改变了原来单纯的由不发达地区向发达地区流动的局面,形成不发达地区向发达地区流动与发达地区向不发达地区流动并存的现象[1]。不少地区在大量吸纳外来劳动力的同时,本地劳动力也在向外流动。如浙江温州市每年平均吸纳外省民工超过150万,同时本地劳动力流出总量也达到150万左右。安徽阜阳市1997年外出打工人员超过200万,但流入劳动力接近150万左右。城市职工向农村流动则是该现象的另一面(学术界将其称之为"结构倒流现象")。1995年以来,由于城市职工下岗、分流,就业压力增大等原因,东北地区和中、西部地区的一些城市,也包括京津等大城市,都出现了一定数量的职工进入郊县乡镇企业或回流农村开发或务农的现象。这种结构性倒流一定程度上阻碍了我国的城镇化进程。

第四,中、西部人口大省为主要输出省。从全国看,农村劳动力主要输出省份为河南、四川、安徽、湖南、湖北、江西、河北、山西;主要接纳省份为:广东、江苏、浙江、福建、山东沿海地区和北京、上海等大城市;新疆、西藏近年来也在成为新的流入地。与其他省区比较,东北三省城市职工流出量相对比较大。

第五,我国的流动人口的迁出地以农村为主,现已出现"回乡创业潮"。中国流动人口的迁移,以农村人口向城市和镇流动为主,约占70%。尤其在中部和西部地区,农村的迁移人口占80.7%和82.5%,超过全国78.0%的平均水平。中国城市和镇吸纳了74.5%的迁移人口,其中东部城市和镇吸纳最多,达75.8%,中、西部分别为68.8%和70.8%,流向大城市的占27%,流向中、小城市的占45%,停留在乡村的约占20%,换言之,70%以上的农村劳动力流入各类城市。近年来,由于家乡政府的鼓励,一些长期在外务工经商的人员开始出现返乡创业发展的势头。在安徽、河南、湖北等省的一些市县,"民工+乡镇企业+农业综合开发"已成为与"温州模式"、"苏南模式"等同具影响力的新的开发模式。仅1997年上半年四川回乡创业者总数超过40万;安徽阜南县回乡创业者约占个体私营企业的75%。湖北咸宁地区通城县每年输出劳动力8万多人,每年民工"创汇"3亿元。由回乡"打工仔"创办的企业超过30家,累计投资18亿元,年产值3.4亿元①。

第六,外来人口流入大城市谋生有长期化趋势。根据北京、广州等城市对外来人口的调查以及国家有关城市暂住人口的统计分析,务工经商人员约占75%以上;居住半年以上的占60%多,居住3年以上的超过15%。如北京市,1997年与1994年比较,务工经商人员比重提高了3.7个百分点;居住3年以上人员的比重提高近4个百分点。还有一部分人在京居住超过10年以上[1]。

第二节 大城市边缘区流动人口聚居现象及其特征

20世纪80年代以来,中国内地农村剩余劳动力溢出,并主要流向大、中城市。外来流动人口在大城市中的分布具有明显的集中型特征,主要聚居在近郊区和远郊区县。根据五普资料,在北京市外来流动人口中,有12.1%居住在城区,有61.3%居住在近郊区,有26.7%居住在远郊区县。在北京、上海、广州、武汉、郑州、长沙等大、中城市的边缘地带,先后出现了许多以亲缘、地缘和谋生手段趋同为特征的外来人口聚居区。如北京的"浙江村"、"河南村"、"安徽村"、"新疆村"等。其人口规模从千人至几万人不等,占地从几个自然村到5~6个行政村。由于户籍制度的割裂,这些人大部分游离于城市社会管理体制之外。大量的体制外人口在城市边缘地带集聚,构成了新时期大城市特有的社会空间。其特征是,人口构成复杂,流动频繁,以亲缘、地缘为纽带,集群而居,环城市边缘分布,从事非正规职业,居住环境恶劣。类似但又不同于20世纪60~70年代拉美、东南亚等国家出现的"棚户区"。

由于这个现象出现得比较晚,目前国内研究主要集中在宏观、中观层次上。地方政府侧重对策的研究。90年代中期以来,北京相继出台了不少相关的管理政策,但实施的总体效果并不理想,深层问题逐步显露。本章以北京北郊"洼里—豹房"一个快速形成、扩张并在政府行政干预下逐步消失的外来人口聚居区为研究对象。以实地调查、访谈及部分地参与入室普查等方法,通过对该聚居区空间扩张与衰退过程的透视,力图揭示以下三个问题:①外来人口聚居区形成的微观基础;②外来人口行为短期化的诱导因素;③相关管理政策的实施效果及存在问题。

---

① 1997年6月4日中央电视台7频道播出的《新闻调查》。

1. 研究样区概况

"洼里—豹房"外来人口聚居区位于北京北郊。以大屯路为轴线,以南沟泥河村为中心,南起北四环中路,北至五环路(拟建),东从北辰东路,西抵中国科学院地球物理所,涉及朝阳区洼里乡、大屯乡的5个行政村、4个居委会,面积约4.5km²。据1997年11月普查,共聚居外来人口5.3万人,约占朝阳区外来人口的1/10。其中来自河南的约占58.6%,河北、安徽次之,分别占16.5%和14.2%。其余为湖北、江苏、湖南及东北人较多。

研究样区所处的地理区位是典型的城乡结合地带。其东南1.5km为亚运村,东面有新建的慧忠里、卧龙花园、紫玉山庄、名人广场和华馨公寓等居住小区;西边为科学院的几个研究所及科学园居住区。自北四环中路以北,到洼里乡政府驻地,约4.5km²的范围内,大部分原为农田、自然村及少量的乡镇企业。除中科院917大楼外,基本上为平房或非永久性建筑。其中,五环路以南地区为北京城市总体规划"奥运村"预留待征用地。整个地区在2003年以后,全部为奥运工程拆迁。

2. 聚居区空间扩张与衰退过程透视

相对北京其他地区而言,"洼里—豹房"聚居区是一个形成较晚,但发展很快的外来人口聚居区。该聚居区在1995年之前还尚未有明显的规模聚集现象。自1991年第一户皖籍早点经营摊点进入,到1995年11月间开始大规模扩张,以外来人口为主的自发市场的形成与扩张,时进时退的空间轨迹,明显地反映出城市管理政策波动的影响。

该聚居区的形成、扩张与准社区化,大体上经历了五个阶段(图6—3~4)。

萌芽时期(1991~1993年)。1990年亚运会以前,本地区尚无独立门面的外地经商户。1991年3~7月间,来自安徽含山县一张姓夫妇,临街设摊经营油条、馄饨、肉包等面食早点。后陆续进入两家,同营早点。1993年全国"两会"期间靠近国际会议中心附近的一些临时建筑被全部清理。相比之,位于城南大红门地区的"浙江村"集聚外来人口已超过5万。

"拉锯"阶段(1993~1995年9月)。由于慧忠里、卧龙花园等住宅小区相继建设,以明珠商场(原团结湖商场)为中心,以本地居民和外来建筑民工为消费对象的自发市场和第一批简易出租摊位市场(主要经营蔬菜和自制副食品等)开始形成。但以皖籍为主的早点摊位仍滞留豹房路口,新增的临时饮食小店(多为活动铁皮棚门面)逐步沿路两侧向南延伸。1995年"世妇会"期间,这些临时建筑再次遭大规模清理,明珠商场以南及店前广场的临时摊位全部拆迁北移。

形成与快速扩张阶段(1995年11月~1996年)。由于申办奥运会(1994年)和举办"世妇会"(1995年9月)等大型活动的结束,城市管理部门对该地区的管理明显放松。1995年11月~1996年期间,乡、村两级政府积极参与马路市场建设,直接刺激了该地区临时性建筑、违章建筑的建设和非正规经济部门的发展。空间扩张也由大屯乡转向洼里乡,最终形成以南沟泥河村为中心的格局。

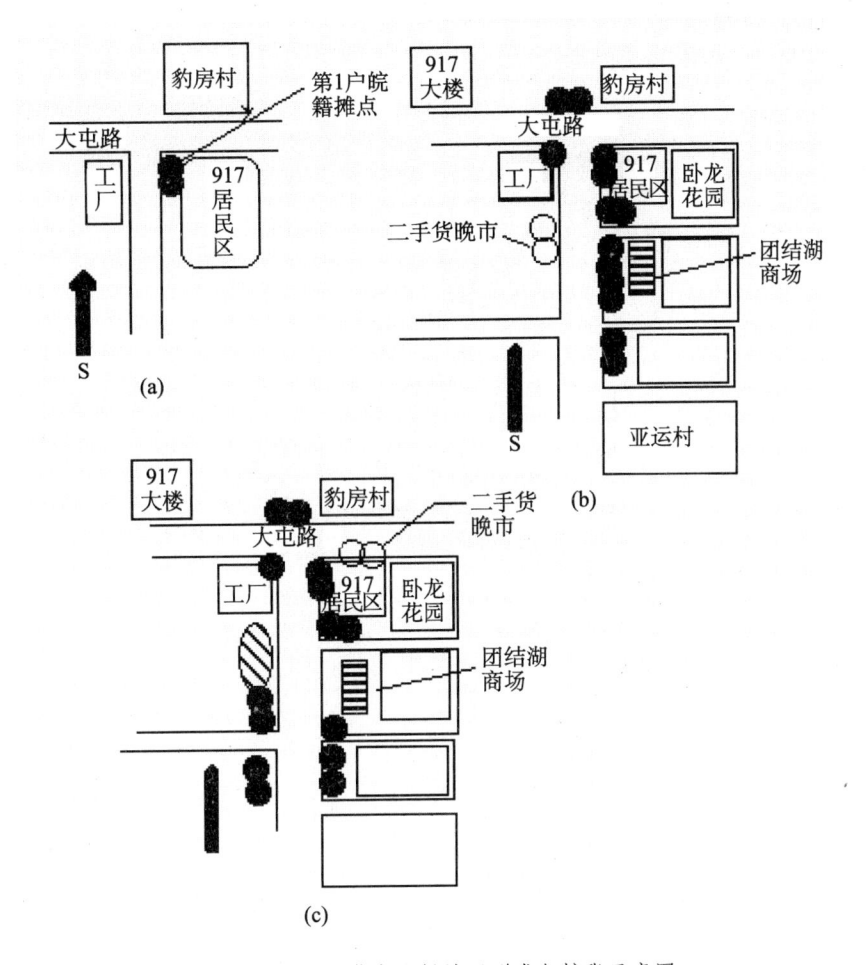

图 6—3 洼里—豹房聚居社区形成与扩张示意图

准社区功能初步形成时期(1997~2000年3月)。随着外来人口聚居规模扩大,一些满足自身日常消费需求的社区功能开始进入并形成自我服务体系。如洼边、龙王堂、南沟泥河等较大的"河南村"中,都已初步建立了包括个体诊所、公共浴室、理发、娱乐以及流动小学等自我服务的准社区功能。

社区开始逐步衰退阶段(2000年3月~2004年5月)。作为2008年奥运村的预选地,从2000年3月开始,北京先后对该地区又进行了两次大的清理。沿北辰东路、大屯路临街地段的大部分违章建筑被拆除,四个规模较大的废品收购场也被迁往更北的地区。外来人口规模虽较1999年有所减少,但根据2001年5月统计在册(已办理暂住证人口)外来人口仍有12 000多人,若包括未办证人员则有近25 000多人(根据村乡访问,未办证人员比例约占40%~50%)。

透过该社区的形成过程,可以看出以下特点。

① 与"浙江村"、"新疆村"等外来人口聚居区的成因不完全相同,该聚居区基本上是由外来人口的需求市场拉动形成的。初期以建筑民工为服务对象,临时餐饮点、二手货晚市(旧衣、

旧鞋、旧棉被等日用品)以及家居装饰建材、辅料市场等相继进入。此后自我滚动、扩张,最终形成以满足外来人口需求为主的准社区功能。

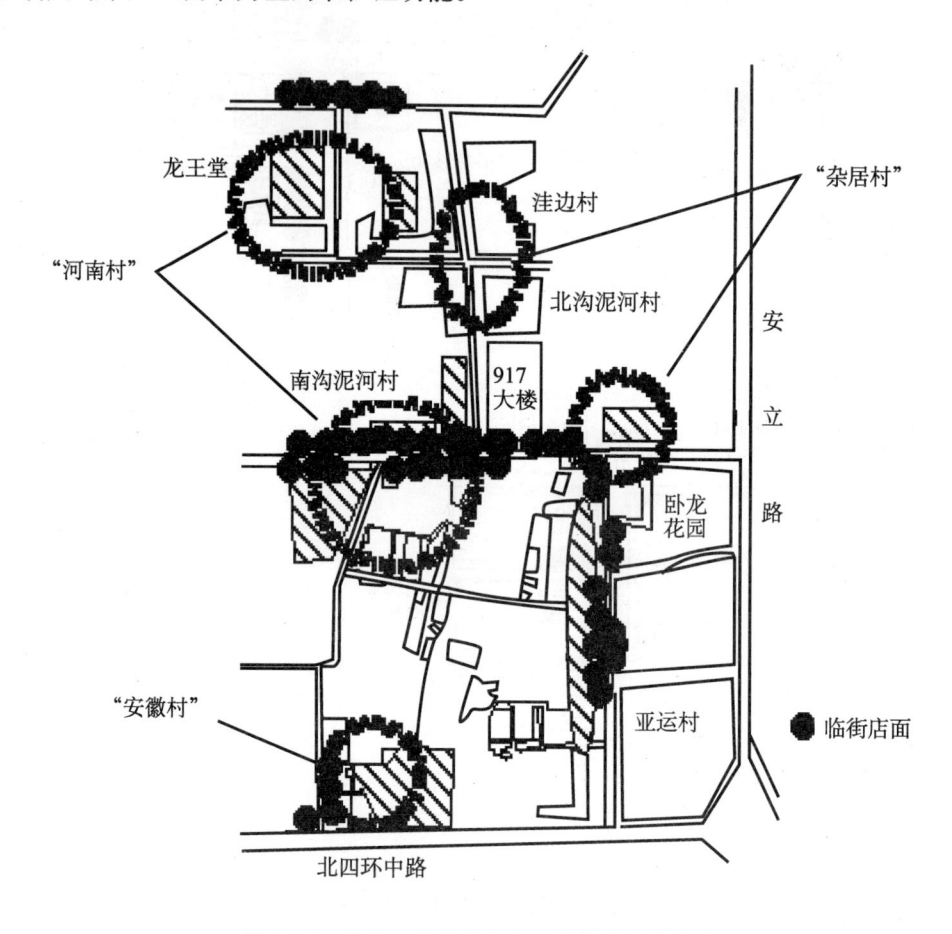

图 6—4　洼里—豹房外来人口聚居区空间分布

② 聚居区快速形成时期,恰与北京强化管理、大规模清理整顿违章租房、遣送"三无"(无暂住证、务工证、就业证)违规人员的时期重合。就整个北京而言,1995 年 11 月至 1996 年 9 月,全市 34 个外来人口聚居点共清理违章建筑 34 407 间,驱逐遣送 27 万余人。而"洼里—豹房"聚居区在此期间,用地规模却扩张了 3~4 倍。据我们当时的访问调查,其中不少人员是因他处清理而流迁过来的。这种现象在某种程度上反映出市、区政府与乡、村管理部门之间的管理目标脱节与错位。

③ 在经济利益的驱动下,暂住人口与户籍人口观念均发生很大变化。反映在外来人口的行为更加趋利化和短期化。这从市场中出售的自制品(如豆腐、早点等)质量、租房行为到自身消费等方面的变化都有明显的反映。本地居民行为的利益驱动的特征也在强化。除了附近农户外,街道居民区、机关单位、工厂等也都纷纷利用各种闲置空房、空地主动寻租。如中科院 917 生活区西围墙、917 大楼南院墙等都是在这一背景下打开的。

④ 功能转换。如非正规部门中的建材批发零售、小商品批发零售、临时性饮食摊点、垃圾收购站、简易发廊、二手货市场、马路晚市,以及照相业、汽车维护、中低档餐馆、娱乐宫、正规商

场等正规部门等都相继进入。据不完全统计,1997~1998年该地区约有各种餐饮店面60~70家,大小发廊34家,家居装饰材料商店17家;豹房二手货晚市地摊夏季规模达到100~130个,冬季也有80个左右。

第三节 城市外来人口聚居区的形成机理

一、聚居区形成与扩张的微观基础

城市建成区向近郊区快速扩张、渗透,直接产生三个结果:一是近郊的土地功能发生转换,部分农民因失去赖以谋生的耕地,转而寻求新的收入来源;二是相应的商业、服务业等发展滞后,为自发市场形成提供了比较有利的微观环境;三是区域的统筹管理相对滞后,为流动人口聚居与谋生提供了较大的回旋空间。

1. 市场拉动与住房闲置

客观上讲,大量的低廉出租房屋、体制交叉形成的管理真空以及机会较多的个体经商的市场空间,都为外来人口提供了生活成本相对低廉的谋生和聚居的微观环境。如前所述,该聚居区的初期发展,主要得益于附近大量的商住楼建设所提供的民工消费市场、装饰与建材市场的形成。其次,该地区宅基地和私房闲置量都比较大。如洼边村一户居民,父母和兄弟留给他的闲置房6间外加1个大院。其中5间连同院内加盖的6间小房,全部用于出租。这种情况在该村十分普遍。还有不少房主由于经济收入的增加或其他原因另择住处后,也纷纷将原住房改建、分割,用于出租。

出于经济利益的考虑,乡、村等地方管理部门也一度鼓励私建市场店面。于是,外来人口也在当地居民的默许下搭建一些临时性建筑(大多数属违章建筑)进行经营。比如1996年大发展时期,大屯乡、洼里乡的一些临街的门面房如属自建,3年内上缴管理费(每间年租金6 000~7 000元)仅相当于街道、乡村政府"公建"店面房租的60%。像洼里废品收购市场中的40%、蔬菜粮油市场中的60%、大屯慧忠里市场中的35%的店面都是在这样的情况下由租赁者自己出资建起来的。

2. 谋生手段及利益驱动的寻租行为

① 寻租成为重要的谋生手段。重要原因之一是,受比较利益的驱动,两乡的大部分农田被征用或挪用(非国家征用),致使相当一部分农民,特别是临街靠路的村、队的农民,失去赖以谋生的耕地。其中,除一部分进入城市企业或乡镇企业外(后来不少人又从乡镇企业中游离出来),而相当一部分村民(因体制原因而未能"农转非")由于自身素质较低,又不屑于那些脏苦累粗的低收入工作而长期游离在外,生活来源主要靠房屋租金来获得。

如洼里乡的南泥河沟村共有人口600多人,其中劳动力300多人。近年来耕地基本为乡、队挪作他用,村民仍为农业户口,并继续上缴农业税(以现金抵扣)。为解决村民就业问题,村委会将 300 个劳动力分成 10 个组,每组批给几块地皮,由一人负责承包经营。承包人支付上岗人员工资平均每月 600~700 元,对组内不上岗人员每月补贴 300 元左右的生活费。据反映该村有 50%的劳动力因此闲待家中,并利用宅基地建房寻租。一般家庭租金月收入 1 000~2 000 元,多则上万元不等(如临街门面房)。还有些人利用租金差,转租牟利,悄悄地干起了"房地产"生意。

② 短期利益驱动。表现在三个方面:一是受比较收益的驱动,土地功能的非法置换问题十分突出,包括农业用地转为非农用地,侵占道路红线内用地,擅自改变建筑功能和大规模违章建筑。其次,附近的企事业单位,包括科研单位、学校等,出于创收以弥补财政不足或分流富余人员的考虑,也纷纷利用闲置房屋和临街空地参与寻租。如科学院 917 大楼院内就容留暂住人员 250 多人。各所(包括三产)雇佣外来人口总数超过 400 人。第三是违规容留非法加工、经营活动以及无合法证件人员,致使外来人口聚居区成为犯罪和社会丑恶现象蔓延比较严重的地区。

3. 居住低成本区位指向

降低生活成本是大部分外来人口规避风险的普遍行为。其中,租房价格对外来人口的居住区位的选择又具有特殊的意义。我们比较了南沟泥河村、洼边村、豹房村等实际房屋租价差异,并多次就这一问题询问被访对象。一般来说,门面房受区位因素影响较大,而居住房租金差异相对较小。对多数暂住人员而言,可接受的住房价格是每人月均在 20~25 元/m² 左右,超过这一标准,许多人表示会另择住处。洼里乡各村住房出租价格也多在此价格线以下。在被调查人员中,一些从本市其他地区(如西五道口、城南大红门、大钟寺等地区)流迁本区原因依次是工作(生意)机会多、租房容易(便宜)、有老乡(亲戚或朋友)等。虽然不同收入人群对居住成本区位的敏感程度有一些差异,但由于低收入人群(如贩菜、废品回收、餐馆服务员等打零工的人)所占比重很大(超过 45%),因此,从管理调控角度来看,利用居住成本控制线来调控外来人口进入数量和地区分布,具有重要的意义。

表 6—2 外来人口聚落系统生态分析[2]

案例	收入水平	职业结构	房租	居住消费	基本设施	地缘
河南村	低	旧货	低	极其恶劣	极贫乏	一般
福建村	高	建材	高	恶劣	贫乏	一般
新疆村	高—低	餐饮	高	舒适/恶劣	贫乏	紧密
安徽村	平均	贩菜、小商品	中	平均	平均	松散
浙江村	高—低	服务、服装等	高—低	舒适/平均	丰富	紧密

4. 亲缘和友缘是聚落扩展的重要脉络

外来人口寻找工作机会或住房主要是依靠由乡土关系结成的社会网络展开的。在被调查对象中，约70%的人靠亲缘、友缘提供帮助(如向老板、房东推荐；提供招工信息等)。有些老板出于知根知底的安全考虑，还直接回家乡雇员。特别有趣的是，一些老房客往往成为求租房屋者的"预审员"，因为房东们不少脱离聚落而住，因此即便有空房，往往寻主不着而难以如愿；但若是同乡自然容易沟通，甚至会得到老房客的推荐[3]（图6—5）。

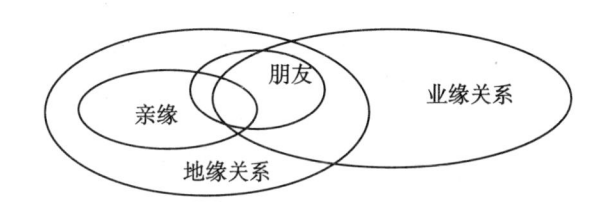

图6—5 外来人口人际认同关系示意图

5. 管理松弛助长违规操作

尽管北京市出台了一系列关于外来人口管理的相关法规，但由于边缘区管理体制调整滞后，多头管理的目标错位和行为的失范，导致政府政策法规的实际有效执行乏力。在调查中，我们明显地感到，不规范的经济经营活动空间是外来人口聚居区扩张的重要激发因素，也是给城市社区带来大量负面影响的重要根源。对本地居民土地违规置换、违章建筑和违规出租现象的放纵，对外来人口违法和违规的行为监管乏力甚或纵容，导致聚居区内违法经营、违规经营，以及卫生、治安等社会环境恶化。据调查，聚居区中无照经营的商户占30%以上，犯罪案件已占50%以上，平均暂住证办证率不足50%。

管理力度对外来人口居住行为也有明显的影响。对比洼里乡13队、14队住房出租状况，反映出这样一个现象，越靠近联防队，治安与管理相对越好，但住房出租价格和出租率反而越低。

二、短期化行为的诱导因素

根据对北郊"洼里—豹房"以及北京其他地区的"浙江村"、"新疆村"等外来人口社区的调查，外来人口在北京的谋生行为普遍表现短期化的特征。其中虽然有不少人已在北京谋生多年，但其许多行为都表现出短期化特征。从长远看，这也将给聚居区的规范化管理带来消极影响，特别是综合治理行动方面不易于配合。分析之，有以下几方面原因。

1. 经济吸纳与社会拒入并存

总体上看，外来人口始终处于"经济接纳"与"社会拒入"的被动地位。从"经济接纳"方面看,雇佣单位对进城农民持欢迎态度或愿意接纳他们的主要原因有两点(图6—6)。

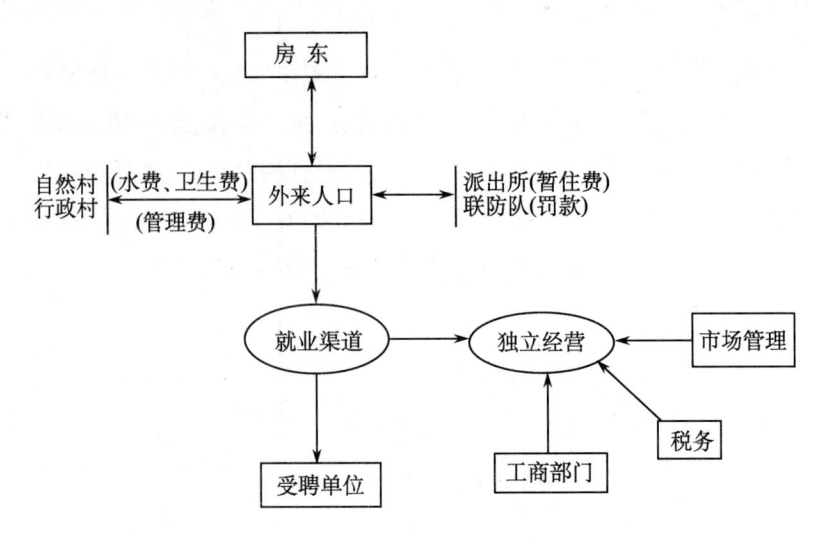

图6—6 外来人口与地方管理部门的关系示意图

一是雇佣成本低,不仅无养老、住房、医疗等问题,其实际支付工资亦低于城市职工(大部分人的工资低于500元/月)。笔者就工资支付问题,曾询问多位企业管理者,答复"若月工资支付超过800~900元时,可考虑接收城市职工"。

二是外来人口更能吃苦、听话。因此城市中的大量脏活、累活、危险活,如贩卖蔬菜、水果,餐饮业服务人员、建筑装修、搬家工等城市职工不愿意干的活,都只好雇佣外来人员承担。

但另一方面,受户籍制度的影响,"社会拒入"现象又在城市社会经济的各个方面都有反映。突出地表现在,外来人员不能和城市职工同工同酬,不能享受城市居民所享有的住房、医疗、子女就学及其他劳动福利待遇等;即使在用电、用水等方面,收费标准亦比本地居民高出一倍多(如1998年洼边村外来人口用电每度1.0元,水费每吨0.5元)。另一个对外来人口角色认同产生负面影响的是,广泛体现在执法与管理过程中的"区别对待"或"排外性"。大部分被调查对象对此都表现出不满和无奈情绪。此问题若长期化,一旦角色认同发生动摇,将会产生不良影响。

2. 户籍制度与原籍经济粘连

这是我国城市外来人口行为有别于拉美、东南亚等国的重要因素。目前户籍制度对外来人口在城市从事经济活动和一般生活,已不再成为制约因素,但由于户籍制度背景下形成的"社会拒入"现象的广泛存在,仍然是外来人员行为与主流社区整合的障碍,包括那些已在京生活、工作多年的人也一样。

对于大部分抱着赚钱目的来京谋生的外地农民,虽然其本人已不再从事或不再愿意从事农业活动,但户籍制度却使其得以保留如土地、宅基地等原籍地区给予的经济利益,这种与原籍地区经济利益粘连的特征,又进一步强化外来人口的原籍生活理念:外面挣钱,回家享受。

例如"河南村"中许多"开点"①老板宁愿住在垃圾场的"集体宿舍"里,也不愿斥资外居。城南"浙江村"的温州服装小老板,在原籍多盖有装饰很好的住宅,但在北京却宁愿多年栖身于简陋、狭小的工作间内(平均 20~25m²)。

3. 功能整合与认同整合困难

由于外来流动人口自身素质较低,从事脏、累、差的职业,使得城市居民对这些外来人口的认同感差,外来人口难以融入城市社会。造成功能整合与认同整合困难的原因,主要来自于三个方面。

首先是聚居区中的大部分"村民",大多来自于经济比较落后的农村地区,自身素质一般都比较低,如居住在洼里乡南沟泥河村外来人口中,初中未毕业的 38.3%,小学文化程度为 38.9%,文盲 6.1%。大部分人缺乏一技之长的谋生手段,其就业竞争主要以低廉的劳动报酬为手段。因此其谋生的长期竞争力较低,并直接造成其职业岗位的不稳定性。

其次,文化素质与认同差异,使其难以与主流社会融合。反映在生活理念、社会态度及其经济支付能力各个方面,都难以参与城市主流社会的各种交流活动。调查中发现相当一部分人来京多年,连故宫、颐和园甚或是天安门广场都未去过。大部分人的社会交友圈多局限于原籍的老乡范围。

违规行为强化主流社会的抵触情绪,加深割裂。近年来,鉴于外来人口聚居区治安、卫生环境等问题日益突出,主流社会对外来人员的抵触和无奈的回避情绪明显增长。包括一些既得利益的房屋出租业主在内,也出现回避或防范行为。在洼边、龙王堂等河南人聚居较多的、治安较差的"河南村",不仅很多本地的出租车司机回避,就连来自安徽、河北、四川等其他省份的外来人员亦很少前往。

4. 城市管理政策波动

管理措施规范与执行的不规范并存。主要表现在日常化管理松弛。1995 年以来,北京虽然强调管理,但多为临时性的应急措施,时紧时松,缺少长效手段,形成恶性循环。就连一些违规外来人员亦利用这一规律,在北京与原籍之间往返周旋。

以运动式管理代替日常化管理的另一个负面效应是,扩大了两级政府目标的脱节,加剧了本地人和外来人员的违规操作。事实上,每经过一次大的清理整顿以后,都形成了更大规模的集聚和扩张。

三、主要结论

① 外来人口聚居区扩大与地方利益拉动密切相关;低成本生存环境也是重要的区位因

---

① 早先开个点要 5 万~8 万元,如今已涨到 8 万~10 万元。洼边"河南村"一位"开点"老板,据其自称平均日流水 5 000 元,收入 300~500 元。夫妇及子女 4 人挤住场内 15m² 简易房内,其弟住房外临时棚内。

素。外来人口流入大城市谋生,并有长期化趋势。但暂住人口的短期行为,已成为规范化管理与社会整合的障碍。

② 诱使外来人口行为短期化的因素,既有来自于体制内的户籍政策原因,如主流社区的"社会拒入"和外来人口的原籍经济利益粘连行为等;也与城市管理政策波动和外来人口整体素质较低密切相关。但根本原因还在于本地居民行为与管理政策执行的不规范。

③ 管理期待规范化。关键还在于规范本市居民行为。具体体现在:①规范建设行为,重点是街道、乡镇两级政府的违章建设与土地功能违规置换的行为;②规范出租行为,包括控制违章出租,建立社区级民房出租管理市场;③规范雇佣行为和雇佣市场,依据行业准入目录,提出最低工资标准,收取单位增容费;④划分管理责任区,强化综合管理。

第四节 城市外来人口聚居区的土地利用特征及形成机制[4]

一、外来人口聚居区土地利用特征

1. 土地利用结构特征

依本研究划分的类型,"浙江村"的土地使用结构如表6—3所示。根据此表的数据,结合实地调查,分析外来人口聚集区土地利用结构特征。

表6—3 "浙江村"土地利用结构　　　　　　单位:m², %

类型	居住	商业	商住混合	道路交通	公共设施
面积	115 514	77 813	67 158	87 322	5 348
百分比	29.94	20.17	17.41	22.63	1.39
类型	仓储用地	工业用地	绿地	闲置地	农田
面积	1 998	4 477	1 018	17 685	7 460
百分比	0.52	1.16	0.26	4.58	1.93

① 以居住、商业用地为主,土地利用结构畸形。在"浙江村"内,居住、商业、商住混合和道路交通四种土地利用类型比例总和达到了90.15%,占绝对优势地位,而仓储、工业与绿地的比例都在1%左右。

② 土地混合使用的现象十分突出。聚集区内除了商住混合的类型外,还有住宅—加工的混合型、住宅—商业—加工混合型、住宅—商业—仓库混合型。商住混合型土地多沿交通道路分布,而住宅—加工—仓储混合型土地多在院落深处等交通运输条件相对较差的区位分布。

③ 基础设施的缺乏大大地限制了土地容量。"浙江村"内公共设施用地仅占总面积的1.39%。聚集区内建筑密度大而容积率小,多为平房与临时性简易住房。

④ 土地空间拥挤与空间利用效率低下并存。在交易市场中,几乎方米的摊位拥挤得摊主几乎容不下一双脚,交易市场外面车水马龙几乎找不出一个停车位。在住房方面,外来人口出于经济考虑,许多人合租一室,居住条件十分恶劣。而与此相对照的是,居住区中土地浪费的现象也十分普遍,最突出的是随处可见的垃圾堆,浪费了不少用地。外来人口实际上是见缝插针式地、最经济地分享和利用城市土地资源。

⑤ 土地负载人口集约度和就业岗位产出量高,技术集约度低但资金集约度高。"浙江村"除容纳了北京户籍人口之外,还为7万~8万外来人口提供了就业岗位。外来人口虽然技术文化水平低,然而每天的资金周转却不小。比如,一个2m长的摊位,摊主月纯收入能超万元。

2. 外来人口聚居区土地利用形态特征

土地利用形态特征是一个含义十分广泛的概念,包括自然、经济、文化各要素及它们之间的相互关系。这里应用类型学(Typology)的方法研究北京市典型外来人口聚集区土地利用形态特征,主要指土地功能分区布局的空间模式与外部形态。

① 布局形态:自由楔入、见缝插针。图6—3为"河南村"内外来人口聚集区中的一小片,比较典型地反映了外来人口聚集区的布局形态。"河南村"位于北京四环路北、北京中轴线的延长线上,东临亚运村,西距京昌高速公路不到1km。这里的外来人口多以垃圾分拣、蔬菜贩卖和旧货回收为主要谋生手段。

外来人口之所以称之为"外",就是因为他们所依附的土地不属于他们。他们对土地的利用完全建立在租赁与购买使用权的基础之上。他们无须通过单位或企业性经营主体,而是直接以个人、家庭或小团体与城市发生经济联系,在很大程度上决定了他们对土地利用的自发性。因此,聚集区既不可能像城市居民区那样经过严格规划,也不像农村聚落那样完全自主。由图6—3可以看出,外来人口居住地的布局与生长方式都是自由楔入、见缝插针式的。

② 外部空间:公共开放、利用充分。被建筑、街巷里弄占据后所剩下的空间,在建筑学与形态学中称为外部空间。图6—7在实地调查的基础上绘制。对比外来人口聚集区与典型城市居民区的外部空间,不难看出,前者是开放的、公共交通性的,而后者是私有的、封闭式的。

二、外来人口聚居区土地利用机制分析

1. 外来人口聚居区用地生长机制

城市如同有机体,其发展类似于一个生命的生长过程。"浙江村"形成于20世纪80年代初,最初只有10来户"浙江村"村民,1983~1984年间浙江人急剧增加,达到1 000人以上,1985年时粗具规模。此后"浙江村"快速膨胀,到1989年时已达3万人左右。1989年与1990年,由于外来人口对城市建设与管理带来的诸多问题,北京市政府曾对"浙江村"等外来人口聚集区进行过几次轰堵清理,"浙江村"几乎被清理一空[5]。1991年后,北京市政府对外来人口

开始实行以管理为主的政策，"浙江村"发展渐次稳定，现在已达到8万人左右的规模。根据实地调查与文献研究，绘出"浙江村"用地扩展时空演变次序图，如图6—7所示。图中标记为"浙江村"聚集区内主要生长点，其形成年代如表6—4所示。这些生长点，都是外来人口在"浙江村"务工经商的黄金宝地，他们以这些生长点为据点发展。生长点的生长过程一般都经历这样一个序列：手工作坊—摊位—小商店—大商场大规模集贸市场。外来人口从小本经营开始，积累资金，在经济利益驱动下，逐渐将小规模的经商场所改造成大规模的经营场所。这些生长点在土地利用类型上的变化，则表现为土地利用类型的快速置换。

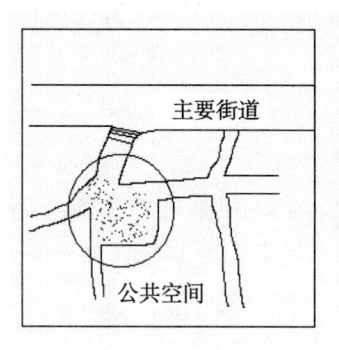

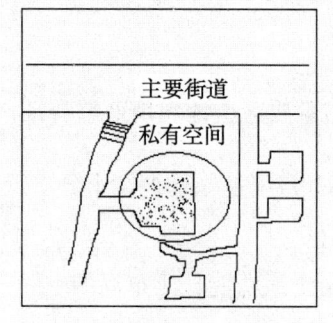

a."浙江村"内外来人口聚集区　　b."浙江村"内城市居民生活区

图6—7　"浙江村"用地扩展时空演变次序

表6—4　"浙江村"内主要生长点的形成

名　称	年份	占地面积(m^2)	建成前土地使用状况
木樨园商场*	1989	10 000	商场
海户屯长途汽车站	1989	2 000	停车场
木樨园轻工批发市场**	1992	14 500	居住地
大苗岭酒店	1992	5 000	空地
沙子口温州交易厅	1993	5 000	露天集市
海户屯工业品交易市场	1993	5 000	空地
恒发时装批发市场	1993	10 000	空地
京温大厦	1995	20 000	临时摊点
赵公口长途汽车站	1995	4 000	空地
大红门服装早市	1996	2 500	空地
大红门服装商贸城	1997	20 000	空地

* 1986年建成，1989年几乎全部被浙江人租赁。
** 在京温大厦建成后被拆除。

外来人口对城市土地的利用,一方面受到房源、房价以及政府对外来人口租房控制等因素的制约;另一方面也受到外来人口经济负担能力与务工经商需要的限制,所以在城区难以形成大规模的外来人口聚集区,而在近郊区,许多农民由于城市的扩张失去耕地,但另外他们却拥有远大于城市平均水平的宅基地和住房面积,向外来人口出租房屋成了他们的一项重要的收入来源。近郊区由于房价相对低廉,在区位上对内接近市场,对外联络方便,又有经营务工的广阔市场,再加上城市管理相对松弛,因此外来人口在此聚集而渐成规模。

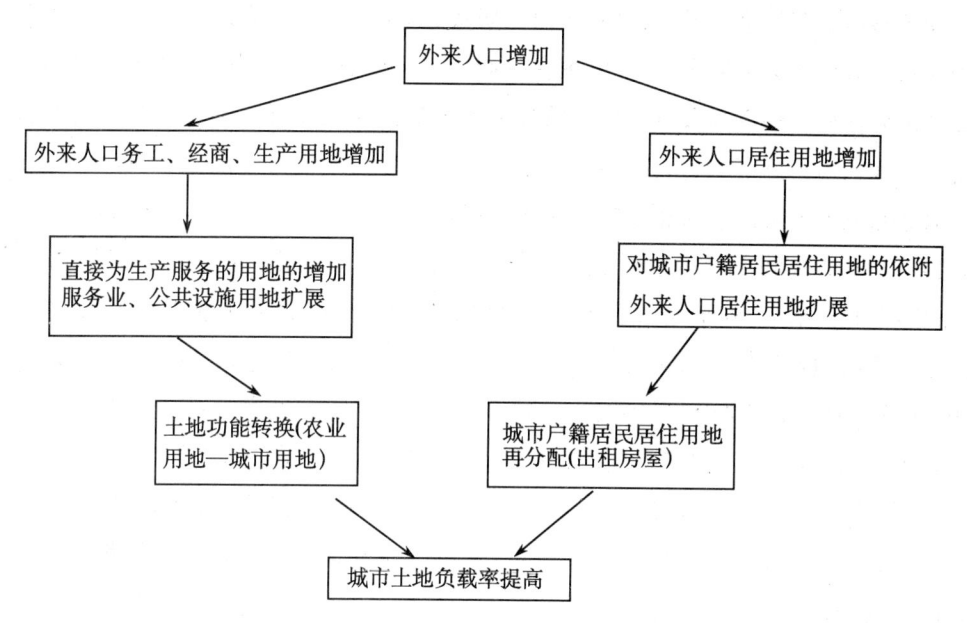

图 6—8 外来人口聚居区土地扩展过程

以上所述的外来人口聚集区土地利用生长机制可以表现为两个过程:①外来人口对居住用地的需求而导致城市户籍居民居住用地的再分配;②外来人口务工经商对土地的需求而导致土地利用类型的转换。这两个过程导致的直接结果是城市土地负载率的提高。图 6—8 表示这个机制的过程。

2. 外来人口聚居区土地利用影响因素分析

社会学理论认为:长久居住在同一地方的人群由于血缘、姻缘、地缘的联系总是普遍拥有共同的价值取向,即称为亚文化,并表现于其行为活动中。外来人口聚集区土地利用结构与形态特征的形成是与外来人口在城市中的经济活动方式以及文化心理活动特点分不开的。

① 外来人口经济活动方式对土地利用的影响。外来人口经济活动方式的独特之处表现于就业方式、生产经营、职业构成等方面。"浙江村"是一个以加工、销售服装为主要经济活动的外来人口聚集区,北京人把"浙江村"称做北京最大的服装基地,形象地说,它就是一个服装集团公司,既有制作加工厂,又有辅料、布料供应公司、推销公司、缝纫机修理公司、交通运输公司以及几个专营市场、商场,还有为公司提供生活、医疗、教育服务的"公司"。生产经营除了在

信息与销售渠道上对北京城市有比较大的依赖性之外,其他方面他们几乎可以不与北京市联系。有人把"浙江村"归纳为"低层次自我服务与外向型服装加工相结合的开放系统"。他们自发地把就业、居住、交通、销售等要素结合在一起,产生土地的混合使用。外来人口从业结构的单一,也决定了聚集区内土地利用功能的严重畸形结构。

② 外来人口文化心理特点对土地利用的影响。外来人口的文化心理特点是促进聚集区形成的重要因素。外来人口在居民身份、职业组成、生活习惯、文化水平与心理状态等方面都明显不同于城市主流社会。因此,外来人口一般按照地缘、亲缘关系聚集——即来自同一地区的外来人口在城市的某地区选择住房,聚在一起,生活、生意上互相帮助,传递信息,减少城市社会和体制对他们的约束与限制。通常给外来人口聚集区冠以"浙江村"、"新疆村"之名即来源于此。外来人口也是消费者,在聚集区,也需要为其提供生活方面的服务,这就导致了为外来人口服务行业的产生而吸引更多的外来人口聚集。

以经济目标为主的生活观念和"外来人"心理状态强化了聚集区内土地利用的空间结构形态。"重生产、轻生活"是外来人口生活方式的准确写照。他们的工作性质是短期、不稳定、无保障的。一方面他们依托于城市,谋求生存与致富;另一方面,他们却很难融合到城市主流社会当中去,没有形成很强的社区认同感与归属感。因此,他们与城市社会之间的关系整合以功能互赖型整合为主,而在认同整合上则非常薄弱。这些因素反映到土地利用上就是,他们除了基本的生存需求得到满足之外,绝大多数不再进行任何超前性的消费投资。这在很大程度上决定了聚集区内公共设施与绿地等非生产性用地的严重缺乏,环境恶劣、生态脆弱是外来人口聚集区的普遍特征。

参 考 文 献

[1] 《北京市2000年人口普查数据汇总》,2001。
[2] 刘海泳、顾朝林:"北京流动人口聚落的形态、结构与功能",《地理科学》,1999(6)。
[3] 王春光:《社会流动与社会重构——京城"浙江村"研究》,浙江人民出版社,1989。
[4] 邱友良、陈田:"外来人口聚集区土地利用特征与形成机制研究",《城市规划》,1999(4)。
[5] 项飚:"北京有个'浙江村'",《社会学与社会调查》,1993(3,4,5)。

第七章 北京城市土地利用扩展的时空模式与动力机制

第一节 北京城市土地资源及利用条件

一、土地资源总体特征

土地资源是各类土地的总称,既包括数量,又包括质量;既包括已利用土地,也包括未利用土地。自然环境与社会经济条件影响土地资源的形成、演化及其开发利用。北京市土地资源在本市独特的自然环境影响下,在长期的社会经济发展过程中,经过社会、经济与自然因素的综合作用,形成了目前具有大城市及城郊型特点的土地利用现状特征。

北京市土地资源的总体结构可以概括为"六山一水三分田",山地多、平原少。山区土地类型复杂多样,土地资源较丰富,中山地区山高坡陡,气候较凉湿,地广人稀,人为破坏较轻,适宜发展林业。同时,中山多呈北东方向,阻挡南北冷暖气流流动,形成两道天然屏障,有增温增雨作用,有利于平原区发展种植业和果树栽培。而且中山区又多是河流的发源地,宜发展林业,涵养水源,减少水土流失和水库淤积。低山区山场广阔,坡度较陡,水土流失严重,土层薄,水源缺乏,植被稀疏,但河谷地区土层较厚,水源条件较好,果树资源丰富,通过封山育草、育灌,阴坡以造林为主,河谷以粮果为主,也可改善生态环境。丘陵、冈台地及山前洪积扇地势起伏,坡度较小,土层较厚,适宜发展粮果生产,具备建立果品生产基地的良好条件。平原区地势平坦,土层深厚,土地质量较好,适宜性较广;水源比较丰富,热量充足,雨热同季,水、土、热配合较协调。其中高平原分布在平原北部,地势较高,排水条件较好,水热资源较丰富,土壤肥力偏低,局部地区土地偏黏易涝,砂姜潮土限制因素较大。以种植小麦、玉米为主,土地单产中等水平,粮食产量提高潜力较大。低平原位于平原东南部,地势低平,以潮土为主,土壤有机质在 0.9%~2.0%,伴有低洼、盐碱和沼泽地,地下水比较丰富,但近年来降水偏少,河流断水,加之连年超采,水位下降,特别是通州区已形成大范围漏斗区。本区以粮食生产为主,水利排灌系统完善,粮食生产水平较高,宜建立商品粮基地。

北京市是特大城市,人多地少,人均土地资源少、后备土地资源不足的特点十分突出。2004 年末全市户籍人口 1 162.9 万人,其中非农业人口 854.7 万人,占 73.50%。全市人口密度为 708.6 人/km², 人均土地 0.14hm², 远低于全国平均水平。农业人口人均耕地 0.077hm², 也低于全国农业人均耕地水平。北京市由于历史悠久,绝大部分土地已被人类开发利用,其面积约占全市总土地面积的 86.99%,而未利用土地面积仅占 13.01%,可供农业开发利用的后备土地资源少,主要分布在永定河沿岸及延庆盆地,质量不高,开发利用受到一定影响。

二、土地资源质量状况

北京市土地资源质量是根据土地自然属性与社会属性相结合、综合分析与主导因素相结合、经济与生态及社会效益相结合等原则,采用主导限制性因素强度确定等级的方法,对土地资源进行评定。通过综合分析比较,全市土地资源质量可分为八级。其中一等地面积177 320hm²,占全市土地面积的10.81%,该类土地主要分布在冲积平原和洪、冲积平原上,属土地质量好、熟化程度较高的旱涝保收、高产稳产基本农田和菜田。土地利用必须注意培肥地力,协调水肥关系,提高科技管理水平。二等地面积146 360hm²,占全市总土地面积的8.92%,该类土地主要分布在冲积和洪、冲积平原上,该类土地质量较好,但部分有旱、涝、砂、黏等限制性因素,土地适应性较广,生产潜力较大,应完善水利设施,防旱排涝,培肥地力,平整土地,建成高产稳产基本农田。

宜耕地:面积410 253hm²,占全市宜农地的81.7%。宜耕地主要分布在平原区,其面积约占全市宜耕地的72.2%;其次分布在海拔350m以下的丘陵和浅低山区的沟谷、盆地和山麓缓坡地带,其面积约占10%~15%。此外在海拔350m以上的沟谷及其两侧的缓坡地带上也有一定分布,其面积约占10%左右。

宜果地:面积91 773hm²,占全市宜农地的18.3%,包括果粮间作地和果园地以及宜果荒地,主要分布在山前洪积、冲积扇地带及丘陵缓坡地上,形成山前果树带,其面积约占全市宜果园地的76.9%,以昌平、怀柔、密云、平谷四县面积最大,约占宜果园地的57.7%。其次是延庆盆地和房山山前地带,面积约占17.1%。在平原区以大兴县面积较大,面积约占9.7%。山区宜果地一般分布在海拔250m以下,坡度不大,排水量好,土厚在50~60cm,土壤以沙壤质为主,通透性较好,土地背风向阳,热量条件较好。如板栗分布在北部花岗岩、片麻岩地区,核桃分布在西部石灰岩地区,柿子分布在黄土母质土地上,红果分布在海拔较高地区。

宜林地:全市有宜林地面积693 300hm²,占全市总土地面积的42.2%,包括现有林地和宜林荒地。其中已利用林地为543 120hm²,占78.34%,宜林荒地150 180hm²,占21.66%。宜林地主要分布在山区的怀柔、延庆、密云、门头沟、房山、昌平等县区,其面积约占宜林地的90.9%。在山区宜林地中,低山区占67%,中山区占32%,沟谷占1%,从宜林地土层厚度看,薄层土占47.3%,中层土地占42.8%,厚层土地占9.9%。

宜牧草地:全市有宜牧草地面积90 046hm²,占全市土地面积的5.5%,包括现有的宜牧草地和宜牧荒草地。其中已利用牧草地为2 042hm²,占2.26%,宜牧荒山、荒滩、荒地约88 004hm²,占97.74%,但不包括已划为宜林地的牧草地和林间草地,也不包括种植饲料的耕地。北京宜牧草地条件和质量均较差,可以说没有一等宜牧草地,只有二等、三等宜牧草地。

宜水产养殖地:全市有宜养水面约41 300hm²,占水域总面积的47.6%,可分为两类:一是坑塘宜渔地,面积约17 500hm²,主要分布在顺义、通县、朝阳、昌平、大兴五个县区,成鱼捕捞量约占全市总量的80%,是本市淡水鱼主要生产基地;二是湖泊、水库宜渔地,全市有大小湖泊 30 多个,水库 83 座,水面总面积 28 800hm², 占宜渔地的 57.6%。湖泊水库等大型水面目前以自然放养为主,产量较低。

三、土地利用的自然环境条件

土地资源的地形地貌、气候、水资源、土壤等自然环境条件,是土地利用的自然基础,对土地利用的方向与布局有较重要的影响。

1. 地形地貌条件

北京市位于华北平原的西北隅,西部、北部和东北部三面环山,南面与淮海平原连成一片。西部山地俗称西山,西南起拒马河,东北至南口附近的关沟,属太行山的余脉;北部、东北部山地统称军都山,属燕山山脉,其中镶嵌着若干大小不等的山间盆地;东南部是一片由西北缓缓向东南倾斜的平原。地貌条件对土地利用的影响主要表现在以下几个方面。

① 地貌形态直接影响到土地的农林牧业利用方向。本市地貌形态大致可以概括为平原、台地、丘陵、山地四大类。

平原　面积约 6 595.4km², 占土地总面积的 40.14%,集中分布在本市的中部和东南部。海拔一般小于 60m,最低仅为 8m,多为永定河、潮白河等冲积物堆积而成,坡度在 3～5 度以下。耕地集中连片,有利于农业现代化管理,种植业发达,是北京市主要粮食、蔬菜和油料生产基地。

台地　面积为 1 077.52km², 占土地总面积的 6.56%,面积不大,分布不广,主要集中分布在房山县南尚乐公社及坨里至长辛店一带以及平谷县韩庄公社一带。台地一般相对高度不大,地势缓和,台面覆盖着黄土和红土,适于开垦为农用地,但因水源缺乏,因此土地利用是以旱作为主,主要是种植旱粮和果树,实行果粮间作。

丘陵　面积为 279.76km², 占土地总面积的 1.7%。主要分布在台地和低山之间,相对高度在 200m 以下,但地面起伏较大,目前丘陵地大部分已开发利用,其中坡度较缓的辟为梯田,种植小麦、玉米等旱作物,也有的栽植果树。部位较高且土层较厚、水分条件较好的阴坡,可植树造林,发展林业,土薄干旱的则生长草丛,覆盖率低。

山地　面积约 7 993.47km², 占土地面积的 48.66%。主要分布在西部、北部。地形起伏较大,垂直差异明显,特殊的水热条件对农业的限制性很大,但为发展林业、牧业、副业,开展多种经营提供了有利条件。在北京西山和北山山地都分布有成片的用材林、经济林、灌丛以及丰富的野生动植物资源,此外还分布着面积广大的灌草丛草场,是发展畜牧业的良好基地。

② 地形高低起伏引起气候、土壤、植被的垂直变化,从而影响到土地利用的方式和布局的差异。以昌平为例,由南部冲积平原到北部的中山地带,海拔由 35m 上升到 800m 以上,土地利用与农业生产的变化十分显著。

③ 地面坡度和坡向直接影响水土流失的程度和农林牧用地的配置。北京市山区地面坡度较陡,水土流失较重,植被稀疏,土层薄,多为粗骨性的土壤,造成植被成活率和成材率低。

山前洪积、冲积平原地表组成物质较粗,不利耕作,但有一定坡度,排水条件良好,且土壤沙性大,通透性好,适宜于多种温带果树的生长,实行果粮间作,成为北京市主要水果产区。坡度与坡耕地的有效利用密切相关,一般来说,坡度愈大,坡耕地的利用率也愈低。

④ 坡向决定接受光热的多寡。阳坡温度较高,光热条件较阴坡好,但水分条件差,地表侵蚀严重,土层薄,森林覆盖率低;而阴坡一般水分条件较好,土层厚,有机质含量高,森林覆盖率高。因此,反映在土地利用方式上,阳坡多利于发展牧业,而阴坡利于发展林业。

2. 气候条件

首先,光能影响作物品种的选择和生物产量的高低。北京各县、区太阳总辐射量年平均为 112~136 千卡/cm²,其中山区延庆盆地以及怀柔县东北和密云县西北部较高,年平均总辐射量 135 千卡/cm²,平原区年平均总辐射量一般为 135 千卡/cm²。年日照时数为 2 600~2 800 小时,日照百分率平均为 60%~65%。太阳光能的多少和利用率的高低虽与植物产量关系很大,但目前由于受温度、水分等多种因素和条件的限制,在实际生产中太阳光能利用率很低。因此,积极改善水、肥条件,培育和推广良种,合理密植,改进种植制度,增加光合作用面积,延长光合作用时间和提高光合效率,是提高土地利用率和土地生产率的重要途径之一。

其次,热量对耕作制度和农作物的越冬条件有重要影响。由于地带性,特别是非地带性因素的影响,北京市热量条件的地区差异明显。平原区气候温暖湿润,年平均气温 11~12℃,≥10℃积温为 4 000~4 200℃,无霜期为 195~200 天,作物生长期为 185~190 天。平原和山地交界地带,由于山地的屏障作用,形成一个山前暖区,年均气温比平原区高 0.3~0.5℃,有利于温带水果生长和越冬,是北京鲜果集中产区。山区热量随海拔升高而降低,每升高 100m 平均气温下降 0.7℃。

另外,由于北京地区盛行西北风,地表及地下水因受地势的影响也从西北流向东南,从而影响了北京城市土地利用的空间布局[1]。北京的西北郊、北郊为上风上水区,是城镇用地、居住用地的集中分布区,在房地产业内有"北京龙脉"之称;而东部、南部地区为城市的下风下水区,传统上多规划为污染较重的大型化工、纺织、机械等工业布局区。

3. 水资源条件

首先,北京市的水资源极为紧缺。北京是少水区,其年平均产流量为 $1.5 \times 10^6 m^3/km^2$,仅为全国平均水平的 57%。北京位于暖温带半湿润季风气候区的北缘,由于西北山地的屏障影响,全年降水量比同纬度其他地区多,多年平均降水量为 600mm,降水地区不平衡,一般山区大于平原,山区年降水量为 650~700mm,占全市总降水量的 61%,而平原区的降水量在 600mm,仅占 39%,年际变化大。年际变化率为 27%,年内分布不均衡,主要集中在 6~8 月份,冬季干旱少雨。

地表水资源:全市有大小河流 40 多条,分为:永定河、潮白河、温榆河—北运河、错河—泃河、大石河—拒马河五大水系,全市多年平均径流总量将近 50 亿 m³,其中有 1/3 左右来自河北省,因地面高差较大,地表水利用率不足20%。

地下水资源:北京市地下水按径流量90%调节储量60%计算,全市开采储量31.624亿 m³/年,其中平原29.591亿 m³,地下水埋藏量较为丰富,而且水质良好,适于生产和生活的各种用水需要,但由于近年环境污染造成水质恶化的现象日趋严重,另外,近年来供水需要增加,地下水开采量加大,一些地区已出现过量开采和地下水位下降的趋势,形成城郊1 000km² 左右的地下漏斗。

其次,伴随着经济的快速发展和人口的大量集聚,北京的城乡用水量增长极快。水资源供需缺口的加剧,导致了地下水资源的长期超采和地下水位的连续下降。仅1980~1983年的4年间,全市地下水位累积下降了5.73m,局部已经出现"漏斗区"。水资源短缺已成为影响北京土地利用的重要限制因素。例如,丰台、南苑、堡头等地区虽有较广阔的土地可用于住宅开发,但由于主要供水厂位于市区北部,近期不可能由城市水厂供水,只能靠就地打井解决,而这些地区的地下水已严重超采,且据水文地质部门资料,部分地区的地下水已趋于枯竭,因而,在"南水北调"进京之前,不能再安排新的大型开发建设项目[2]。

4. 土壤条件

北京市地带性土壤为褐土,但由于本市兼有山地和平原的地貌特征,使得土壤类型复杂多样,适宜多种作物生长,有利于农林牧综合发展,土壤及其母质养分较丰富,土壤肥力在全国居于中等,土壤酸碱度适中,多为中性到微碱性,平原土壤质地以轻壤质为主,限制性小,便于耕作;山区以沙壤、轻壤、中壤为主,适于林木生长;平原区土壤潜水条件较好,可以补给土壤水分,缓减干旱。山区土壤除山地草甸土和山地棕壤条件较好以外,其他均存在干旱问题,特别是粗骨性褐土,分布广、土质差、侵蚀大,植被稀疏。

四、土地利用的社会经济条件

由表7—1可见,社会经济的飞速发展是北京市土地利用及其空间结构动态演变的根本动力。在1982~1997年的15年间,北京市的人口增长了30%,其中,农业人口因城市化进程而减少了5%,非农业人口增长了35%,流动人口增加了6倍多;国内生产总值增加了3.6倍,其中第三产业更是发展迅猛,增长6倍多;基本建设投资和社会消费品零售额增长了13倍,城市人均居住面积也从5.38m² 增加至9.49m²。但是,北京市人口增长和经济发展的空间分布极不均匀。据统计,在1980~1990年这10年间,北京市78%的新增常住人口、83%的新建各类房屋建筑面积均集中于仅占全市土地总面积6.19%的规划市区[3]。在1997年,城区的人口密度高达2.8万人/km²,朝阳、丰台、石景山、海淀等近郊区的平均人口密度约为0.3万人/km²,而远郊各区县的平均人口密度不到300人/km²,相互间差异悬殊[4]。人口和建设过分集中在市区,引起用地、住房、供应、交通、能源、供水和环境矛盾的全面紧张,亟须采取有力的措施,贯彻落实城市总体规划所确定的"两个战略"转移。

表 7—1 北京市的社会经济发展(1982～1997年)

	人口(万人)				经济发展(亿元)				社会发展(亿元,m², km)			
	总人口	农业人口	非农业人口	流动人口	国内生产总值	第一产业	第二产业	第三产业	基本建设投资	城市人均居住面积	社会消费品零售额	公路里程
1982年	935.8	384	534	18	140.3	10.9	97.8	43	2.6	5.38	73	7 543
1997年	1 216.7	363	723	131	642.7	15.4	370.7	306	37.4	9.49	1 052	12 306
增加额	280.9	−21	189	113	502.4	4.5	272.9	263	34.8	4.11	978	4 763
增长率	30	−5	35	629	358	41	279	609	1 338	76	1 335	63

注:涉及金额的数据均按可比价格计算。
资料来源:①北京市统计局编:《北京统计年鉴1998》,中国统计出版社,1998。
②北京市统计局编:《北京四十年》,中国统计出版社,1990。

第二节 北京城市土地利用的动态变化

一、资料来源及研究方法

1. 研究区域

大城市边缘区既是城市土地利用快速扩展、外延的主要地区,也是城乡土地利用相互交错、最复杂、最富变化的地区,因而是观察和研究城市土地利用变化的天然实验室[3,5]。因而本章选择北京城市边缘区作为研究对象,具体范围为 39°40′N～40°20′N、116°00′E～117°00′E,行政区域包括朝阳区、海淀区、丰台区、石景山区、顺义县的全部,昌平县、通州区、大兴县的大部分乡镇及怀柔县、密云县、平谷县、房山区、门头沟区的小部分区域。该区域的区位条件优越,与城市中心区之间有便捷的交通联系,距市区三环路的可通达性值大多在1.5 小时以内[6];地貌类型以平原为主,除西北角有少量山地之外,其西部和北部主要是西山山前冲积平原,东部和南部属广袤的华北平原[7]。得天独厚的区位和地形条件使得该地区成为北京城市土地利用扩展的主要目标区。在 1982～1992 年的 10 年间,北京全市城市土地利用扩展的总面积为 415.4km²,其中的 92%集中在该研究区内[8]。

2. 资料来源

本章所使用的土地利用数据分别来自于:北京土地利用概查成果 1∶10 万北京市土地利用图(1982年);北京市土地详查成果 1∶10 万土地利用图(1992年);北京土地利用变更调查成果 1∶10 万北京市土地利用图(1997年)。

这三个时期的土地利用图件所使用的土地利用分类系统并不一致[8,9]。为了便于比较分析城市土地利用的动态变化,统一调整归并为:耕地、园地、林地、牧草地、水域、城市土地利用、农村居民点、未利用土地八个一级类。其中城市土地利用又下分为：城镇用地、工矿用地、交通用地和特殊用地四个二级类。中心城区除少量面积较大的地类之外，主要被综合为城镇用地。

3. 研究方法

本章主要采用 Arcinfo、Arcview 等 GIS 软件包中的空间统计分析技术，如叠合(overlay)、查询(query)、聚类分析等功能，来处理空间数据。具体技术过程简述如下：首先是编制研究所需的各种北京大地坐标系统1：10万数字化地图，如1982年、1992年、1997年三个时期的北京市土地利用图及分乡镇行政区划图、主要道路分布图等；其次，通过对各时期的土地利用图进行叠合运算、提出(extract)或查询运算，获得1982~1992年及1992~1997年的两个时期的土地利用变化图和城市土地利用变化图，并生成相关的属性数据库；其三，对各属性数据库进行查询运算、分类汇总等多种空间统计操作，获取定量分析城市土地利用扩展速度历史变化所需的各项数据；其四，将两个变化时期的城市土地利用变化图分别与乡镇行政区划图（155个空间单元）进行复合运算，并对属性数据库进行分类汇总操作，生成各空间单元的各类扩展面积汇总表；其五，将各种分乡镇扩展面积汇总表分别连接(link)到乡镇行政区划图的属性数据库上，计算生成年均扩展强度指数数据列，并据此按自然断裂(natural break)法进行聚类分析，从而获得两个时期北京城市土地利用扩展的空间分异图。所谓自然断裂法是指通过自动识别数据集中的断裂点来进行聚类运算，以揭示出数值集内在的分布形式与类别[10]。

二、不同研究时期的土地利用特征

1. 1982年北京市土地利用特征

在1982年，研究区域的土地利用结构为：耕地面积为3 475.83km²，占区域土地总面积的60.43%；园地面积为287.11km²，占4.99%；林地面积为253.64km²，占4.41%；牧草地面积为661.45km²，占11.5%；城市土地利用面积为467.11km²，占8.12%；农村居民点面积为429.94km²，占7.47%；水域面积为91.97km²，占1.6%；未利用土地面积为85.15km²，占1.48%（彩图7—1）。

新中国成立后，在"变消费城市为生产城市"的政策指导下和"社会主义首都不仅应是我国的政治中心、文化中心、科技中心，还必须也是一个大工业中心"的意识形态的支配下，北京的城市土地利用在工业化和城市建设的强劲推动下出现了快速的空间扩展。至1982年，北京城市土地利用的总面积已达467km²，较1949年增长了328%。其中，西北郊重点发展了八大学院、中国科学院中关村研究区等许多大专院校和科研机构，城市土地利用的扩展速度最快，形成北京近郊城市化所特有的向西北蔓延的空间形态[11]；西向由于石景山钢铁厂发展成为首都钢铁公司、东郊由于规划建设了通惠河南、北岸两个大型工业区也获得了较快的发展。

由于自然、经济环境条件的差异较大，北京地区的农业土地利用呈现出较明显的从平原到山区的空间分异现象。广大平原地区海拔20~60m,地势平坦、土地肥沃,土地利用以耕地为主,其面积一般占总土地面积的70%以上,是全市粮食的高产区和主产区;另外,散点状分布着较稠密的农村居民点,但林牧业用地较少。西部和东北部的山区海拔多在300~800m之间,土层较薄,干旱严重。土地利用以林业、牧业用地为主。平原与山区之间为台地、丘陵地带,海拔在60~300m之间,土地利用以果粮间作为主,以盛产柿子、苹果、梨、海棠、红果等鲜果为主,是全市主要的鲜果生产基地[12]。这说明,在20世纪80年代初期,北京市农业土地利用布局基本上遵循着自然条件的空间分异规律。

2. 1992年北京市土地利用特征

在1992年,研究区域的土地利用结构为:耕地面积为2 674.98km^2,占区域土地总面积的46.50%;园地面积为332.54km^2,占5.78%;林地面积为765.2km^2,占13.3%;牧草地面积为6.71km^2,占0.12%;城市土地利用面积为850.62km^2,占14.79%;农村居民点面积为545.10km^2,占9.48%;水域面积为283.25km^2,占4.92%;未利用土地面积为293.81km^2,占5.15%(彩图7—2)。

首先,城市土地利用呈圈层式快速外向扩展,特别是西部山地与城市之间的大部分平原,甚至丘陵地区已转变为城市土地利用。其次,由于乡镇企业的迅速发展,众多小城镇的城市土地利用面积也有明显的扩展。1992年北京城市土地利用面积较1982年时增长了82%。

在农业土地利用中,耕地面积大幅度减少,园地、水域的面积增长较快。这主要是由于种植业的比较效益低下,而随着人均收入水平的快速提高,城镇居民对水果、水产等的需求持续增长,不少平原地区的农户在经济利益的诱导下,主动将耕地改造为果园或鱼塘。这说明至20世纪90年代初期,北京市的土地利用已具有较明显的市场经济的特点。至于林地面积的大量增加和牧草地面积的急剧减少,是因为详查与概查时土地利用类型的判释标准不一致所造成的。

3. 1997年北京市土地利用特征

在1997年,研究区域的土地利用结构为:耕地面积为2 389.89km^2,占区域土地总面积的41.55%;园地面积为395.45km^2,占6.87%;林地面积为822.96km^2,占14.31%;牧草地面积为5.38km^2,占0.09%;城市土地利用面积为999.84km^2,占17.38%;农村居民点面积为563.35km^2,占9.79%;水域面积为303.6km^2,占5.28%;未利用土地面积为271.74km^2,占4.72%(彩图7—3)。

城市土地利用沿北京—昌平、北京—怀柔、北京—天津、北京—深圳等主要对外交通要道外向扩展,形成了4条较明显的城市土地利用扩展轴。各远郊区县城关镇的城市土地利用面积已具有一定的规模。

农业土地利用继续按市场经济规律进行配置[13]。耕地面积仍然逐渐减少,园地、林地、水域的面积稳步增加。北京市的农村产业结构在市场机制的作用下,越来越呈现出鲜明的都市农业或城郊农业的特点。

三、土地利用动态变化的总量分析

1. 数量变化

1982～1997年间,北京市各种土地利用类型的面积数量变化如表7—2所示。①耕地面积持续减少,不过其减少的速度已趋于平缓。在1982～1992年间,耕地面积减少的平均速度约为80km²/年;至1992～1997年间,其减少的速度已下降至57km²/年,减缓了29%。这说明90年代中期以来国家的耕地保护措施和宏观经济调控政策在北京市得到了较好的贯彻落实,并取得了一定的效果。②园地、林地、水域的面积稳步增长。在1982～1992年间,水域面积增长了2倍多,这主要是由于城郊水产养殖业的迅猛发展,以适应城市居民因经济收入的大幅提高后对水产品需求的不断增长;林地和牧草地面积的急剧变化,主要是由于详查与概查时土地利用类型的判释标准不一致所造成的,也有一部分是因为随着环境保护意识的加强,不少草山草坡通过封山育林被改造为林地。③城乡建设用地持续扩展,特别是城市土地利用的扩展速度极为迅速。在1982～1992这10年间,北京市的城市土地利用增长了82.10%,扩展面积多达383.51km²,是同期农村居民点扩展面积的3.33倍。不过,在1992～1997年间,城市土地利用的扩展得到了有效控制,趋于回落;农村居民点因农村人口持续减少及"建房热潮"已过,增长数量极为有限。

表7—2 北京各土地利用类型的面积数量变化(1982～1997年)

变化数量		耕地	园地	林地	牧草地	水域	城市土地利用	农村居民点	未利用土地
1982～1992年	增减量(km²)	−800.85	45.43	511.56	−654.74	191.28	383.51	115.16	208.65
	增减率(%)	−23.04	15.82	201.69	−98.99	207.98	82.10	26.79	245.01
1992～1997年	增减量(km²)	−285.05	62.91	57.76	−1.33	20.35	149.22	18.25	−22.07
	增减率(%)	−10.66	18.92	7.55	−19.82	7.18	17.54	3.34	−7.51

2. 结构变化

如图7—1所示,1982～1997年间,耕地在北京市土地利用类型构成中所占的比重大幅下降,由1982年的60.43%下降至1997年的41.55%,年均下降1.26个百分点;除牧草地以外的其他各类用地在土地利用内部构成中均呈上升趋势,其中尤以城市土地利用增长较为突出,由1982年仅占区域土地总面积的8.12%提高至1997年的17.38%,年均上升0.62个百分点。

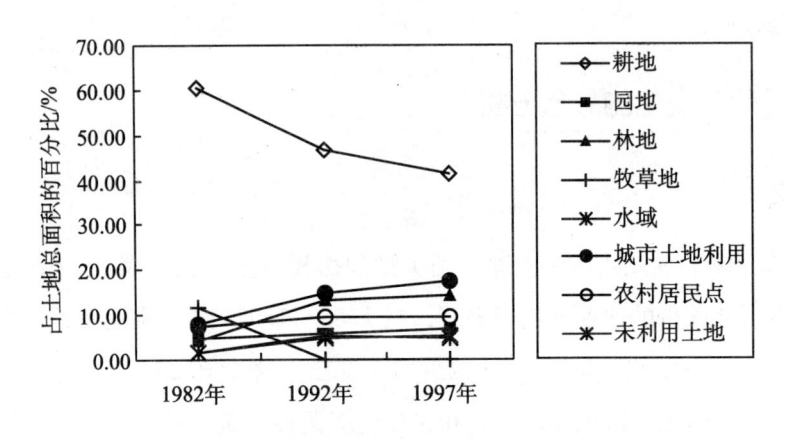

图 7—1 北京市土地利用结构的动态演变(1982～1997 年)

3. 空间景观特性变化

借助 Arcview 的空间统计分析功能,可以计算比较各时期各种土地利用类型的斑块数、平均斑块面积及标准偏差,从而了解区域土地利用空间景观特性的动态变化[14]。

由表 7—3 可看出其特点。①耕地斑块呈不断破碎化的特点。耕地在总面积大幅减少的同时,斑块数却大量增加,从而使耕地斑块的平均面积急剧减少,并且各斑块间的标准偏差也渐趋缩小,这反映出大面积的成片耕地因城市扩展和农业结构内部调整而不断地被分割、蚕食,呈不断破碎化的空间形态。②园地与水域的空间扩展呈散布式、小型化的特点。1982 年以前的园地与水域,大多属集体所有,斑块数较少,但平均规模较大;1982 年以后新开发的园地与水域,主要是由于在实行联产承包责任制以后,农户在市场经济规律的诱导下独户或联户进行生产的市场性行为,因而斑块数较多,但平均规模较小,且相互间面积差异不大。③随着植树造林活动的广泛开展和封山育林力度的加大,林地的扩展和牧草地的衰减均呈较显著的空间集中化特征。其表现为,林地不仅斑块数增加,斑块平均面积也在增大;牧草地的斑块数及斑块平均面积均持续减少。④城市土地利用的扩展呈破碎状的空间蔓延形态。城市土地利用的斑块数急剧增加,其年平均增加速度在 1982～1992 年间为 106 块/年,在 1992～1997 年间为 173 块/年;但斑块平均面积却在持续减少,这反映新增城市土地利用呈现出破碎化的空间景观特点。再结合 1992 年和 1997 年的北京市土地利用图(彩图 7—2、彩图 7—3)可以看出,这些破碎状的新增城市土地利用主要集中分布在城市建成区的近郊圈层及主要交通道路的沿线,表面上呈较显著的空间集中特征;但实质上,它们相互在空间上并不连续,在规划上缺乏统筹兼顾,呈典型的城市蔓延空间形态[15~17]。这种现象主要是由于乡镇企业布局的遍地开花、集体用地变相城市开发等非法、违法用地行为普遍且严重等问题所造成的[1,2,18],具有严重浪费土地及建设资金、加重城市基础设施的负担、破坏城乡生态环境和城市规划等十分恶劣的后果。⑤农村居民点的斑块数及斑块平均面积都呈较缓慢的自然扩展形态。

表 7—3　北京市土地利用空间景观特性的动态变化(1982～1997 年)

土地利用类型	斑块数			斑块平均面积(km²)			斑块标准偏差		
	1982 年	1992 年	1997 年	1982 年	1992 年	1997 年	1982 年	1992 年	1997 年
耕地	155	756	912	22.42	3.54	2.62	243.49	31.72	22.54
园地	590	1 200	1 386	0.49	0.28	0.29	1.78	0.77	0.83
林地	409	606	868	0.62	1.26	0.95	2.13	10.87	9.55
牧草地	149	9	8	4.44	0.74	0.23	22.15	1.41	0.2
水域	146	1 016	1 211	0.63	0.28	0.25	1.74	3.14	3.03
城市土地利用	648	1 709	2 574	0.72	0.5	0.39	5.96	4.09	4.28
农村居民点	1 880	2 148	2 159	0.23	0.25	0.26	0.19	0.26	0.27
未利用土地	213	647	710	0.4	0.45	0.38	1.04	2.03	1.7

四、土地利用动态变化的空间分析

以上对区域土地利用变化的数量、结构及景观特性等方面的分析，有助于从总体上把握区域土地利用动态演变的趋势与特点。但土地利用的显著特点之一是其空间区位的固定性与独特性，因而只有对区域土地利用的空间布局进行定位化、定量化的空间分析，才能更为深入和准确地认识区域土地利用的动态演变过程。比如，在同一变化时期内，同时发生了以下两种土地利用变化，其一是远郊区的一片原工业用地，如废弃的砖窑厂，被整理改造为耕地；其二是在近郊区新开发了一片工业区，占据了同等面积、同样形状的原耕地。类似这样的土地利用变化，在总量分析中被相互对冲掉了，反映不出来，只能通过定位化、定量化的空间分析才能予以揭示。GIS 空间分析技术又为开展区域土地利用变化的空间分析提供强有力的技术支持，其具体方法为通过对不同时期的区域土地利用图进行叠合运算及空间统计分析，建立区域不同土地利用类型间的马尔可夫转变矩阵，计算其土地利用变化率及变化速度。

1. 土地利用类型转变矩阵

由于区域土地总面积是恒定不变的，区域土地利用动态变化的实质就是区域内各种土地利用类型之间的相互转换，因而可以用土地利用转变矩阵来描述区域土地利用的动态演变过程[13,19,20]。土地利用类型转变矩阵是基于生态学中的马尔可夫模型，以描述某种具有"无后效性"的特殊随机过程，即该随机过程第 $t+1$ 状态 $X_{(t+1)}$ 的条件概率仅与 X_t 状态有关，而与其以前的状态无关。

运用 GIS 的空间统计分析技术，可以获得两个观察时期之间各种土地利用类型相互转换的数量关系的原始转变矩阵(O)，据此可以演算出两个时期间各土地利用类型的转移率矩阵(T，前一时期某种土地利用类型分别转向后一时期各种土地利用类型的比例)和来源率矩阵(F，后一时期某种土地利用类型分别来源于前一时期各种土地利用类型的比例)。

从表7—4和表7—5可以看出,北京市土地利用类型的转移方向和新增来源在两个变化时期具有较强的相似性和稳定性,其突出的特点是耕地呈大面积、多方向式衰减和城市土地利用的不可逆性快速扩展。具体为:①城市土地利用的扩展主要来源于耕地及农村居民点的转化,并且城市土地利用极少转化为其他土地利用类型,具有很强的不可逆性;②耕地转移为其他土地利用类型的面积最大,转移方向主要为城市土地利用、农村居民点,其次为水域和园地,显然,城乡建设用地的增长和农业产业结构调整是导致耕地面积减少的直接原因,其他土地利用类型转化为耕地的数量极少,新增耕地的主要来源为对废弃农村居民点和园地的整理改造,这说明北京市后备耕地资源极为缺乏,要实现耕地占补平衡的战略目标有很大的难度;③园地、水域的主要新增来源和转移方向均分别为耕地,这是市场经济规律作用于土地资源配置和农业结构调整的直接结果;④林地转移的主要方向为城市土地利用、未利用土地及耕地,新增来源主要为牧草地和耕地;⑤牧草地的主要转移方向为林地,新增来源在1982~1992年期间主要为林地和耕地,在1992~1997年间主要来自于对未利用土地的改造;⑥农村居民点新增来源主要为耕地,转移的主要方向为耕地和城市土地利用,1992年占农村居民点总面积的41.63%的土地资源由1982年的耕地转化而来,约为226.93km²,是仅次于城市土地利用的第二大耕地侵占户;⑦未利用土地的转移方向主要为林地和耕地,新增来源主要为牧草地和耕地。

表7—4 北京市土地利用类型转变矩阵(1982~1992年)　　　　　单位:km²,%

1992年＼1982年		城市土地利用	耕地	园地	林地	牧草地	水域	农村居民点	未利用土地	合计
城市土地利用	O	376.74	329.53	27.99	26.78	23.82	5.66	50.79	9.33	850.62
	T	80.65	9.48	9.75	10.56	3.60	6.16	11.81	10.96	
	F	44.29	38.74	3.29	3.15	2.80	0.67	5.97	1.10	100.00
耕地	O	26.13	2 420.50	48.41	17.99	38.61	23.51	87.87	11.97	2 674.98
	T	5.59	69.64	16.86	7.09	5.84	25.56	20.44	14.05	
	F	0.98	90.49	1.81	0.67	1.44	0.88	3.28	0.45	100.00
园地	O	7.84	160.66	113.24	12.58	20.79	2.07	8.82	6.53	332.54
	T	1.68	4.62	39.44	4.96	3.14	2.25	2.05	7.67	
	F	2.36	48.31	34.05	3.78	6.25	0.62	2.65	1.96	100.00
林地	O	17.74	77.06	56.70	150.15	428.57	4.58	3.89	26.51	765.20
	T	3.80	2.22	19.75	59.20	64.79	4.98	0.90	31.13	
	F	2.32	10.07	7.41	19.62	56.01	0.60	0.51	3.46	100.00
牧草地	O	0.08	1.45	0.06	2.11	2.85	0.07	0.00	0.09	6.71
	T	0.02	0.04	0.02	0.83	0.43	0.08	0.00	0.11	
	F	1.17	21.57	0.86	31.46	42.52	1.05	0.00	1.38	100.00

续表

1992年＼1982年		城市土地利用	耕地	园地	林地	牧草地	水域	农村居民点	未利用土地	合计
水域	O	8.47	176.76	7.07	15.14	6.61	50.64	8.17	10.40	283.25
	T	1.81	5.09	2.46	5.97	1.00	55.06	1.90	12.21	
	F	2.99	62.40	2.50	5.34	2.33	17.88	2.89	3.67	100.00
农村居民点	O	23.60	226.93	14.67	3.30	4.51	2.69	267.43	1.98	545.10
	T	5.05	6.53	5.11	1.30	0.68	2.93	62.20	2.33	
	F	4.33	41.63	2.69	0.60	0.83	0.49	49.06	0.36	100.00
未利用土地	O	6.52	82.96	18.97	25.59	135.70	2.75	2.97	18.34	293.80
	T	1.40	2.39	6.61	10.09	20.52	2.99	0.69	21.54	
	F	2.22	28.24	6.46	8.71	46.19	0.94	1.01	6.24	100.00
合计	O	467.11	3 475.83	287.11	253.64	661.45	91.97	429.94	85.15	5 752.21
	T	100.00	100.00	100.00	100.00	100.00	100.00	100.00	100.00	

表7—5　北京市土地利用类型转变矩阵(1992～1997年)　　　单位：km², %

1997年＼1992年		城市土地利用	耕地	园地	林地	牧草地	水域	农村居民点	未利用土地	合计
城市土地利用	O	773.39	159.06	12.25	12.23	0.10	10.21	27.31	5.29	999.84
	T	90.92	5.95	3.68	1.60	1.51	3.60	5.01	1.80	
	F	77.35	15.91	1.23	1.22	0.01	1.02	2.73	0.53	100.00
耕地	O	36.08	2 228.08	28.08	14.48	0.76	25.10	42.59	14.72	2 389.89
	T	4.24	83.29	8.44	1.89	11.35	8.86	7.81	5.01	
	F	1.51	93.23	1.17	0.61	0.03	1.05	1.78	0.62	100.00
园地	O	6.41	88.37	265.76	14.28	0.10	4.98	5.62	9.92	395.45
	T	0.75	3.30	79.92	1.87	1.56	1.76	1.03	3.38	
	F	1.62	22.35	67.20	3.61	0.03	1.26	1.42	2.51	100.00
林地	O	9.77	54.40	12.27	709.15	4.36	3.55	4.71	24.75	822.96
	T	1.15	2.03	3.69	92.68	64.96	1.25	0.86	8.42	
	F	1.19	6.61	1.49	86.17	0.53	0.43	0.57	3.01	100.00
牧草地	O	0.15	0.24	0.03	0.00	1.35	0.03	0.07	3.50	5.38
	T	0.02	0.01	0.01	0.00	20.19	0.01	0.01	1.19	
	F	2.78	4.46	0.48	0.00	25.18	0.60	1.33	65.16	100.00
水域	O	6.57	50.51	3.29	4.67	0.02	230.92	4.29	3.34	303.60
	T	0.77	1.89	0.99	0.61	0.37	81.53	0.79	1.14	
	F	2.16	16.64	1.08	1.54	0.01	76.06	1.41	1.10	100.00

113

续表

1997年 \ 1992年		城市土地利用	耕地	园地	林地	牧草地	水域	农村居民点	未利用土地	合计
农村居民点	O	14.73	74.49	6.96	3.99	0.00	5.13	455.61	2.43	563.35
	T	1.73	2.78	2.09	0.52	0.01	1.81	83.58	0.83	
	F	2.61	13.22	1.24	0.71	0.00	0.91	80.88	0.43	100.00
未利用土地	O	3.53	19.82	3.89	6.39	0.00	3.33	4.90	229.87	271.73
	T	0.41	0.74	1.17	0.84	0.06	1.18	0.90	78.24	
	F	1.30	7.29	1.43	2.35	0.00	1.23	1.80	84.59	100.00
合计	O	850.62	2 674.98	332.54	765.20	6.71	283.25	545.10	293.81	5 752.21
	T	100.00	100.00	100.00	100.00	100.00	100.00	100.00	100.00	

2. 区域土地利用变化速度与变化率

土地利用变化率是指在某两个观察期间区域内所有土地利用类型的变化面积与区域土地总面积的比率，它是区域土地利用动态变化活跃程度的定量化指标。土地利用类型转变矩阵明确地、定量化地揭示了区域内各土地利用类型间相互转化的来源和去向，从而可以用来计算区域土地利用变化率。

表7—6　北京市土地利用动态变化率(1982～1992年)　　　　单位：km^2，km^2/年

土地利用类型	未变化面积	转移面积 数量	%	年均转移速度	新增面积 数量	%	年均新增速度	变化面积 数量	%	年均变化速度	年均变化率(%)
城市土地利用	376.74	90.37	4	9.04	473.88	20	47.39	564.25	12	56.43	0.98
耕地	2 420.5	1 055.33	45	105.53	254.48	11	25.45	1 309.81	28	130.98	2.28
园地	113.24	173.87	7	17.39	219.30	9	21.93	393.17	8	39.32	0.68
林地	150.15	103.49	4	10.35	615.05	26	61.51	718.54	15	71.85	1.25
牧草地	2.85	658.6	28	65.86	3.86	0	0.39	662.46	14	66.25	1.15
水域	50.64	41.33	2	4.13	232.61	10	23.26	273.94	6	27.39	0.48
农村居民点	267.43	162.52	7	16.25	277.68	12	27.77	440.20	9	44.02	0.77
未利用土地	18.34	66.81	3	6.68	275.46	12	27.55	342.27	7	34.23	0.60
合计	3 399.89	2 352.32	100	235.23	2 352.32	100	235.23	4 704.64	100	470.46	8.18

注：表中林地、牧草地的大幅度变化，主要是由于1992年土地详查与1982年土地概查时的分类标准及影像判释标准不一，属人为原因所致。

如表7—6及表7—7所示,①从总体上来看,区域土地利用变化在前一时期明显快于后一时期,渐趋缓和与稳定。在1982～1992年间,区域土地利用的年均变化速度为470.46km²/年,年均变化率为8.18%;而在1992～1997年间,它们已分别减缓至343.23km²/年和5.97%,下降了27%。②耕地和城市土地利用是土地利用变化最为活跃和重要的两种类型。它们的年均变化速度和年均变化率都明显大于其他土地利用类型。其中,耕地属于高速衰减型,其转移面积常占区域所有土地利用类型转移总面积的45%～50%,年均转移速度明显快于其他类型,并且是其同期年均新增速度的3～4倍;而城市土地利用属于快速扩展型,其新增面积占区域所有土地利用类型新增总面积的20%～26%,年均新增速度明显快于其他类型,并且是其同期年均转移速度的3～5倍。③耕地与城市土地利用的动态变化趋于合理。1982～1992年间发展至1992～1997年间,耕地的年均转移速度由105.53km²/年减缓至89.38km²/年,同时,其年均新增速度由25.45km²/年增加至32.36km²/年,从而使耕地的年均净衰减速度由80.08km²/年减缓至57.02km²/年,下降了28.8%;城市土地利用的年均新增速度由47.39减至45.29,变化幅度不大,但由于政府加强了对工业开发区、过多过宽征地、征而不用等用地行为的从严管理,城市土地利用的年均转移速度明显提高,由9.04km²/年增加至15.45km²/年,从而使城市土地利用的年均净扩展速度由38.35km²/年减缓至29.84km²/年,下降了22.19%。这充分说明北京市政府自90年代中期以来,针对前一时期的"房地产热"和"开发区热"所实施的宏观调控措施和耕地保护政策取得了较好的效果。④园地、水域、林地及农村居民点均属于稳定扩展型。这些土地利用类型与耕地之间存在着较频繁的相互转化关系,其年均新增速度和年均转移速度都比较大,但新增总是快于转移,从而导致其土地利用面积稳步增长。不过,随市场条件及经营状况的不景气与萧条,园地与水域的空间布局变化较快。⑤未利用土地的年均转移速度渐趋加快,同时,其年均新增速度大幅减少,北京市的土地利用率正在逐步提高。

表7—7 北京市土地利用的动态变化率(1992～1997年)　　　单位:km², km²/年

土地利用类型	未变化面积	转移面积 数量	转移面积 %	年均转移速度	新增面积 数量	新增面积 %	年均新增速度	变化面积 数量	变化面积 %	年均变化速度	年均变化率(%)
城市土地利用	773.39	77.23	9	15.45	226.45	26	45.29	303.68	18	60.74	1.06
耕地	2 228.08	446.90	52	89.38	161.81	19	32.36	608.71	35	121.74	2.12
园地	265.76	66.78	8	13.36	129.69	15	25.94	196.47	11	39.29	0.68
林地	709.15	56.05	7	11.21	113.81	13	22.76	169.86	10	33.97	0.59
牧草地	1.35	5.36	1	1.07	4.03	0	0.81	9.39	1	1.88	0.03
水域	230.92	52.33	6	10.47	72.68	8	14.54	125.01	7	25.00	0.43
农村居民点	455.61	89.50	10	17.90	107.74	13	21.55	197.24	11	39.45	0.69
未利用土地	229.87	63.93	7	12.79	41.87	5	8.37	105.80	6	21.16	0.37
合计	4 894.13	858.08	100	171.62	858.08	100	171.62	1 716.16	100	343.23	5.97

五、小结

通过对北京市土地利用在 1982~1992 年及 1992~1997 年两个时期内动态演变的总量分析和空间分析,可以看出,耕地和城市土地利用是北京市土地利用动态变化中最为活跃和重要的两种类型。其中,耕地呈大面积、多方向式衰减,其面积和结构比重持续下降,它是其他土地利用类型空间扩展的主要来源,其转移去向按转移率大小依次为:城市土地利用、农村居民点、水域、园地等。城市土地利用呈不可逆性快速扩展,其新增来源主要为耕地和农村居民点。另外,本研究还发现,北京市政府自 20 世纪 90 年代中期以来所实施的城市扩展宏观调控措施和耕地保护政策取得了较好的效果,耕地快速衰减和城市土地利用"超常膨胀"的势头得到了有效的抑制,区域土地利用的动态变化已渐趋合理。

第三节 北京城市土地利用扩展的历史演变与空间分异[①]

一、北京城市土地利用扩展速度的历史变化

北京的城市发展已有 3 000 多年历史,作为帝王都城也有 800 多年[18]。但在漫长的封建社会,由于受传统儒家思想的影响和奉行"以农为本"的经济政策,城市的工商业活动受到严格的限制,北京的经济职能非常薄弱,城市土地利用的扩展速度十分缓慢[21]。至 1949 年解放时,北京城市土地利用的总面积约为 109 km^2,主要集中在由矩形城墙环绕的旧城区及从各城门口漫溢而出的少量居住用地,另外在西郊、西北郊和南郊零星散布着一些相对集中的工业用地、大学校园和交通用地(南苑机场、丰台铁路机务段及货场等)[22]。

新中国成立之后,北京市政府提出在发展生产的基础上,在必须和可能的条件下,根据为中央服务、为生产服务、为劳动人民服务的原则,区别轻重缓急,分清本末先后,进行城市建设的方针。随后又明确提出,必须确定总体规划,逐步做到统一规划、统一设计,按照社会主义的城市建设原则,把城市当做一个统一体,有计划地进行建设,尽可能坚持由内向外、由近及远,集中地、成片地发展的方针。北京的城市土地利用在工业化和城市建设的强劲推动下,以旧城为中心快速向四周扩展。在紧邻城区发展起六个不同性质的新建地区,它们分别为:以机关和事业单位为主的西郊地区,以高等院校、科研单位为主的西北郊地区,以科研和事业单位为主的北郊地区,以机械、纺织为主的东郊通惠河北工业区,以机械、化工为主的通惠河南工业区,以化工、皮革、木材为主的南郊工业区和仓库区。在市区边缘,在原有集镇的基础上逐步发展起十个新建地区,即在原钢铁厂的基础上发展起来的石景山工业区,以风景游览为主的西苑地区,以纺织、建材工业为主的清河工业区,以电子工业为主的酒仙桥工业区,以机关、事业单位

[①] 本节已发表在《地理学报》2000 年第 4 期。

为主的定福庄地区,以炼焦、化学工业为主的堡头工业区,以铁路设施为主的丰台地区,以机械、电机工业为主的衙门口工业区,还有南苑地区和卢沟桥地区等。为就近工作、就近居住、就近解决群众日常生活问题,并缓解交通,又在市区的各个新建地区相应建设起一批住宅区,如三里河、中关村、北太平庄、酒仙桥、国棉区等居住区[8,23]。从而,基本奠定北京城市土地利用的"分散集团式"空间格局。至1982年,北京城市土地利用的总面积已达467km²,较1949年增长了328%。其中,中心市区(大部分为城镇用地)以外工业用地的面积为127.29km²,占城市土地利用总面积的27.25%。

自改革开放以来,随着北京城乡经济的快速发展和城市建设投资渠道的不断拓展,北京的城市土地利用以惊人的速度外向扩展,与全国同步出现了世人瞩目的"开发区热"、"房地产开发热"。在1982～1992年的10年间,北京城市土地利用总面积增加了383.51km²,扩展了82.1%,或相当于新增了3.5个旧北京城(1949年),年均扩展速度为38.35km²/年。其中尤以工业用地的扩展引人注目。在这10年间,区域工业用地的年均扩展速度高达24.9km²/年,总面积增长了近2倍,对该时期城市土地利用扩展总面积的贡献率为64.91%;工业用地在城市用地中所占的比重也从1982年时的27.25%跃升至1992年时的44.23%,超过城镇用地而成为北京城市土地利用内部结构中的首位。显然,与前一时期(1953～1982年)一样,工业用地仍然是北京城市土地利用空间扩展的主力军。另外,在1982～1992年,以城市居住用地为主体的城镇用地也获得了较快的发展,年平均扩展速度为8.28km²/年,对城市土地利用扩展总面积的贡献率为21.59%,仅次于工业用地为第二主力军。但由于其相对速度远落后于工业用地,城镇用地在北京城市土地利用内部结构中所占的比重以每年1.26个百分点减少,至1992年时已从初期的49.47%下降为39.9%,退居第二位。其次,交通用地和特殊用地在这10年间的扩展速度均极为缓慢,它们对该时期城市土地利用扩展的总贡献率仅为13.5%。(表7—8～10)。

表7—8 北京城市土地利用面积扩展(1982～1997年)　　　　单位:km²,%

城市土地利用类型	1982年面积	1992年面积	1997年面积	1982～1992年 扩展面积	1982～1992年 扩展百分比	1992～1997年 扩展面积	1992～1997年 扩展百分比
城镇用地	231.07	313.88	330.89	82.81	35.84	17.01	5.42
工业用地	127.29	376.24	496.62	248.95	195.58	120.38	32.00
城市土地利用总计	467.11	850.62	999.84	383.51	82.10	149.22	17.54

表7—9 北京城市土地利用扩展速度的历史变化(1949～1997年)　　　　单位:km²/年,%

城市土地利用类型	1949～1951年均扩展速度	1951～1959年均扩展速度	1959～1982年均扩展速度	1982～1992 年均扩展速度	1982～1992 年均扩展速率	1992～1997 年均扩展速度	1992～1997 年均扩展速率
城镇用地	—	—	—	8.28	3.58	3.40	1.08

续表

城市土地利用类型	1949~1951年均扩展速度	1951~1959年均扩展速度	1959~1982年均扩展速度	1982~1992 年均扩展速度	1982~1992 年均扩展速率	1992~1997 年均扩展速度	1992~1997 年均扩展速率
工业用地	—	—	—	24.90	19.56	24.08	6.4
城市土地利用总计	1.43	13.62	6.26	38.35	8.20	29.84	3.51

注：1949~1983年间扩展速度系指规划市区。
资料来源：于学文："应用航空遥感技术对城市建设用地发展趋势的分析"，《城市规划》，1986(2)。

1992~1997年，北京城市土地利用的扩展速度从前期年均38.35km²/年的超常高速下调至29.84km²/年，减少了22.2%。但进一步分析便可发现，工业用地仍然保持着年均24.08km²/年的超常高速扩展势头，主要是城镇用地的扩展速度已从1982~1992年间的8.28km²/年减缓至3.4km²/年，下调了58.93%。从而，工业用地对城市土地利用扩展的贡献率得到进一步提高，跃升至80.67%，居于绝对主导地位；至1997年，工业用地已占据城市土地利用总面积的半壁河山。与此相对照，城镇用地的扩展贡献率则持续下滑，城镇用地在城市土地利用总面积中所占的比重也从1982年的49.47%下降至1997年的33.09%。

表7—10 北京各类城市土地利用的扩展贡献率(1982~1997年) 单位：%

城市土地利用类型	1982年比重	1992年比重	1997年比重	1982~1992 扩展贡献率	1982~1992 年均比重变化	1992~1997 扩展贡献率	1992~1997 年均比重变化
城镇用地	49.47	36.90	33.09	21.59	−1.26	11.40	−0.76
工业用地	27.25	44.23	49.67	64.91	1.70	80.67	1.09
城市土地利用总计	100	100	100	100	0	100	0

注：某类城市土地利用的扩展贡献率等于某时期该类城市土地利用的扩展面积占同期城市土地利用扩展总面积的百分比。

1982年以来北京工业用地的持续超高速扩展，主要是由于乡镇企业用地的迅速增长、工业开发区的大规模兴建及城区工业的调整搬迁。据详查资料(详见表7—11,1992年全市共有独立农村工业用地2.44万hm²，占全市独立工矿用地的43.65%。其中，朝阳、丰台、石景山、海淀等近郊区的比重相对较低，约为30%左右，而昌平、顺义、大兴、通县、怀柔等远郊区县的比重较高，均在50%以上。这主要是由于前一时期北京市乡镇企业的发展和布局具有很强的行政附属特性，大多就近占用其行政管属的村、乡集体所有的土地，审批随意，费用低廉，缺乏规划的指导和约束，节约用地的意识极差，普遍存在着布局分散、占地过大、利用效率低等严重的土地浪费现象。其次，据有关部门调查统计[8]，到1995年底，全北京市共有各级、各类经济开发区、工业区201个，预计占地总面积213.6km²。本研究区由于区位优越、地形平坦，集中了其中的绝大部分，共149个，具体为：朝阳区42个，石景山区1个，海淀区14个，丰台区1

个,大兴县30个,顺义县23个,通县12个,昌平县16个,房山区4个,怀柔县6个。其中,全市26个市、区级工业开发区有16个布局在本研究区(具体情况见表7—12),规划用地面积为59.04km²,至1994年底已实际征用20.74km²。远郊工业开发区的建设对促进农村经济发展和实现城市建设的重点逐步从市区向远郊地区转移的战略目标都具有重要的作用,但开发区设置和规划得过多过大,会造成严重的恶性竞争和大规模的土地闲置与浪费[24]。如表7—12所示,目前不少县区级工业开发区的圈地面积大,投入基础设施建设的资金沉淀多,但开发进展迟缓,入区项目很少,土地和资金的浪费极为惊人。另外,为了顺应城市土地利用区位经济规律的要求和城市产业结构转型的需要,1992年底完成的"北京城市总体规划(1991~2010年)"确定,"把在中心地区占地大、建筑稀、效益低和污染扰民的工厂、仓库和施式基地设施进行调整发行或迁往郊区,腾出用地发展第三产业或建设住宅"[18]。据统计,1989年规划市区中心地区尚有工业企业1 898个[25]。90年代初北京市轻工系统实行的"退二进三"(退出第二产业,改从第三产业)和"退四进二"(退到四环以外,在高起点上发展第二产业),对北京工业结构和布局产生了重要的积极影响。但目前有些搬迁企业为了尽可能靠近城市中心,私自与近郊区的社队进行接洽,搬进了规划非建设区或绿化隔离带内,引起新的用地矛盾,最后不得不二次或多次搬迁[26]。因此,应切实加强对搬迁企业新址选点的规划指导,并与远郊区县工业开发区的建设密切结合,实行归类集中,统一布局。

表7—11 北京市各区县农村工业用地的面积与比重(1992年)   单位:hm²

项目	全市	朝阳区	丰台区	石景山区	海淀区	昌平县	顺义县	通县	大兴县	怀柔县
工业用地面积	56 004	6 646	6 371	1 577	5 523	5 614	3 319	3 958	3 346	976
农村工业用地面积	24 448	2 181	2 544	283	1 888	2 863	2 484	2 640	1 804	790
农村工业用地所占比重(%)	43.65	32.81	39.94	17.95	34.18	50.99	74.84	66.72	53.92	81.04

资料来源:北京市房屋土地管理局:《北京市土地利用现状调查数据汇编》,1997。

表7—12 北京研究区内市、区级工业开发区的基本情况(1994年底)

开发区名称	规划用地总面积(km²)	已征用土地面积(km²)	入区企业(个数)	完成固定资产投资(万元)	基础设施已投入金额(亿元)
1. 通县张家湾工业开发区	3.4	0.64	17	3 763	0.64
2. 通县次渠工业小区	2.0	2.0	10		0.69
3. 通县永乐工业经济区	4.6	0.89	2	1 548	1.0
4. 大兴工业开发区	1.5	1.25	31	7 276	2.0
5. 垡坛工业区	2.0	2.0	17	—	0.05

续表

开发区名称	规划用地总面积(km^2)	已征用土地面积(km^2)	入区企业（个数）	完成固定资产投资（万元）	基础设施已投入金额（亿元）
6. 北京经济技术开发区	15.0	3.83	83	95 264	7.05
7. 良乡卫星城工业开发区	2.44	0.63	6	4 010	0.6
8. 新技术产业开发试验区昌平园区	2.3	1.74	279	6 406	2.10
9. 中国乡镇企业城	2.07	1.88	15	—	0.35
10. 农业经济开发区	2.10	1.56	25	1 000	0.05
11. 怀柔旅游房地产开发区	1.03	0.95	8	1 344	
12. 怀柔民营(通信)经济开发区	2.0	0.59	56	647	0.6
13. 林河工业开发区	5.1	0.7	9	9 875	1.20
14. 吉祥工业开发区	4.6	0.33	10	9 875	1.0
15. 天竺空港工业区	3.0	0.53	17	9 875	1.1
16. 温泉经济建设区	5.9	1.22	6	9 875	0.71
总计	59.04	20.74	591	150 883	18.6

资料来源：北京市房屋土地管理局：《北京土地资源》，1997。

1982～1997年以来北京城市土地利用扩展速度的历史变化向我们揭示如下特点。①80年代初至90年代初，北京的城市土地利用以史无前例的超常高速外向扩展，其扩展速度约为历史上高速扩展期(1952～1955年)的3倍，与全国同期一样出现了"开发区热"和"房地产热"。②工业用地始终是北京城市土地利用扩展的主体，且其贡献率在不断增加。这与西方国家城市以居住用地为主导的扩展方式极为不同[3]。从表面上来看，它秉承了1949年以来我国城市的工业扩展方式，但实质上其扩展动力已发生了根本性变化，已由单纯的自上而下式的国家工业化转变为自下而上的农村工业化(乡镇企业用地的迅速增长)、城市产业结构的转型(城区工业的调整搬迁)及城市工业的发展与升级(工业与经济技术开发区的大规模兴建)等因素综合作用，从而，其扩展的速度更为强劲，影响的范围更为宽远，空间布局也更为分散。特别是乡镇企业用地已在工业用地总面积占有极高的份额，但其使用效率比较低下、浪费较为严重。因此，要有效地控制北京城市土地利用的扩展，必须严格地控制工业用地的扩展；而要有效地控制工业用地的扩展，又必须加强对乡镇企业用地的规划与管理。③以居住用地为主的城镇用地的扩展具有较强的自我调节能力和政策敏感性，相反工业用地的扩展具有极强的刚性。自1993年以来，随着商品房空置率的不断升高和政府调控"房地产开发热"系列政策的逐步出台，北京城镇用地扩展速度显著减缓。这直接反映了自80年代中期以来持续升温的"房地产开发热"在市场供求规律和政府的宏观调控政策的综合作用下，已得到了有效的控制，并说明以居住用地开发为主体的城镇用地扩展已具有较高的市场化程度，因而能表现出较强的自我调节能力和政策敏感性。而北京市在工业用地的市场化改革进程中的步伐则相对迟缓，对市场信号的反应较为麻木;并且各区县政府的经济扩张热情持续不减,从而导致北京市工业用地逆势而动,呈现出极强的扩展刚性。

二、城市土地利用扩展的空间分异

1. 空间分异衡量指标的选择

在研究和描述城市扩展的空间分异时,目前最常用的方法是比较分析城市扩展速度在不同空间方位上的差异[22,27,28]。于学文以天安门为中心,从北中轴东侧起按顺时针方向将北京市规划市区范围划分为 16 个方向区,通过计算、比较各方向区在 1951~1959 年和 1959~1983 年两个时期内城市建设用地增长速度的差异发现,在 1951~1959 年间东郊、西郊和西北郊的增长速度较高,而在 1959~1983 年间只有西北郊(石景山方向)的增长速度较突出[22]。范作江等通过从遥感影像中提出城市实体边界,并对 1984 年和 1994 年的北京城市实体边界进行叠合分析后认为,这 10 年间城市实体扩展最快的是西北方向的中关村以东、清河以南的地方[27]。显然,这种方法具有直观明了的优点,能够在总体上辨析出城市扩展的空间形态。但由于各方向区空间单元的土地总面积并不相等,因而其扩展速度并不具有严格意义上的可比较性。例如,通过比较分析研究区内各乡镇按年均扩展速度和年均扩展强度指数进行聚类分析的结果表明(表 7—13),以扩展速度为指标的分类结果具有高估大面积单元等级、低估小面积单元等级的系统性偏差。并且,这种方法无法辨析出城市土地利用的扩展中心或方向区内城市扩展的空间差异。因而,本章采用计算和分析研究各乡镇空间单元(155 个)的年均扩展强度指数的方法,来研究城市土地利用的空间分异。

表 7—13 不同分类指标的聚类结果比较表

分类指标	级别	1982~1992 年	1992~1997 年
年均扩展速度	高速扩展区	门头沟区、四季青乡、朝阳城区、石景山区、卢沟桥、南苑乡	怀柔县
年均扩展强度指数	高速扩展区	昌平、清河镇、四季青乡、大屯乡、朝阳城区、朝阳农场 1、卢沟桥、双桥农场、南苑乡、老庄子乡、西红门	史各庄、燕丹、霍营、来广营乡、大屯乡、将台乡、西红门

扩展强度指数是指某空间单元在研究时期内的城市土地利用扩展面积占其土地总面积的百分比。为了便于比较不同研究时期城市土地利用扩展的强弱或快慢,可计算各空间单元的年平均扩展强度指数,它实质就是该空间单元的年均扩展速度相对于其土地面积的百分比。

$$\beta_{i,t-t+n} = (ULA_{i,t+n} - ULA_{i,t})/n/TLA_i \times 100$$

其中,$\beta_{i,t-t+n}$、$ULA_{i,t+n}$、$ULA_{i,t}$ 分别为空间单元 i 的年均扩展强度指数、在 $t+n$ 及 t 年时的城市土地利用面积;TLA_i 为其土地总面积。

2. 1982~1992年间城市土地利用扩展的空间分异

(1) 城镇用地扩展的空间分异

1982~1992年间，区域城镇用地扩展的总面积为82.82km²，占区域土地总面积的1.4%，总体年均扩展强度指数为0.14。但区域内155个空间单元之间的年均扩展强度指数差异悬殊，其中朝阳城区的最大，为3.28，即这10年间该单元已有32.8%的土地总面积被新开发为城镇用地；最小的为0，在这10年间有106个乡镇或占区域总面积约58%的空间单元没有土地被转化为城镇用地；平均值为0.15，标准方差为0.42。根据各乡镇城镇用地扩展的年均强度指数，采用自然断裂聚类法，可以将其分为高速扩展、快速扩展、中速扩展、低速扩展、缓慢扩展及无扩展6种类型(表7—14)。

表7—14 北京城镇用地扩展的空间分异类型(1982~1992年)

城镇用地扩展类型	年均扩展指数	乡镇个数	扩展面积 数量(hm²)	扩展面积 贡献率(%)	土地面积 数量(hm²)	土地面积 贡献率(%)
高速扩展	>2.2	1	1 849	22.33	5 644	0.98
快速扩展	1.09~2.2	6	2 624	29.29	16 232	2.82
中速扩展	0.5~1.09	5	1 471	17.76	22 156	3.85
低速扩展	0.21~0.5	13	1 143	13.80	36 869	6.41
缓慢扩展	0~0.21	24	1 393	16.82	163 286	28.39
无扩展	0	106	0	0.00	331 034	57.55
总计	0.14	155	8 282	100.00	575 221	100.00

如图7—2所示，城镇用地扩展的空间分异呈以下特点：①城镇用地扩展表现出很强的空间集中性，仅占区域土地总面积7.65%的11个空间单元(中速扩展及以上级别)集中了这一时期城镇用地扩展的69.38%，并且区域内约70%的空间单元没有出现城镇用地扩展，占区域土地总面积的57.55%；②城镇用地扩展的活跃中心主要位于紧邻中心城区、区位优势显著的近郊圈层，属于高速扩展类型的空间单元只有1个，即朝阳城区，它因承建亚运村及相关配套设施而获高速发展，属于快速扩展类型的也只有昌平、东升乡、酒仙桥农场2、南苑乡、亦庄、西红门6个空间单元，其中，昌平与亦庄虽然离中心城区的距离相对稍远，但因自1990年开始规划建设国家级新技术开发试验区昌平园区和北京经济技术开发区及其相关配套的住宅与基础设施而获得天独厚的发展机遇，其他4个乡镇都紧靠中心城区，距城市三环路的通达性距离均在0.5小时之内[6]，区位优势显著，对住宅建设和商品房开发具有很强的吸引力。

各城镇用地扩展类型的乡镇名称如下。

高速扩展型(1)：朝阳城区。

快速扩展型(6)：昌平、东升乡、酒仙桥农场2、南苑乡、亦庄、西红门。

中速扩展型(5)：顺义城关、石景山、玉渊潭、南磨房乡、黄村。

低速扩展型(13)：杨镇、沙河镇、张镇、东北旺乡、清河镇、大屯乡、将台乡、太阳宫乡、王四营乡、西集镇、旧宫镇、金星乡、青云店。

缓慢扩展型(24)：南口、怀柔县、木林镇、平谷县、北小营镇、高丽营镇、阳坊镇、平西府、李遂镇、回龙观、门头沟区、温泉、海淀、四季青乡、中心城区、通县城关镇、胡各庄乡、高碑店乡、卢沟桥、长辛店、王佐乡、花乡、马驹桥镇、北藏村。

无扩展型(106)：其他106个乡镇。

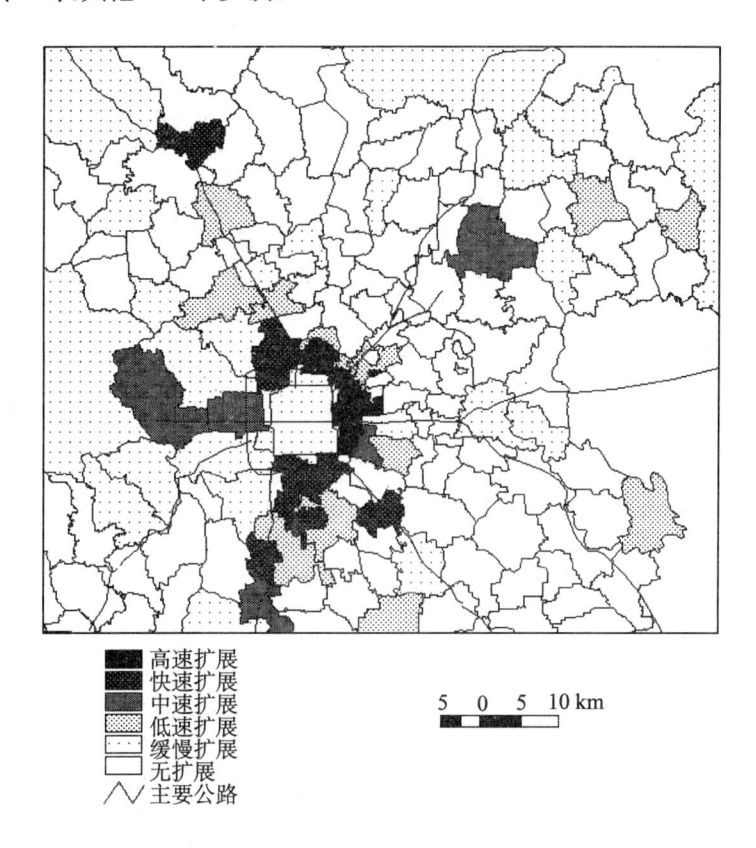

图7—2 北京城镇用地扩展的空间分异（1982～1992年）

(2) 工业用地扩展的空间分异

1982～1992年间，区域工业用地扩展的总面积为248.95km^2，是同期城镇用地扩展面积的3倍，占区域土地总面积的4.33%，总体年均扩展强度指数为0.43。但区域内155个空间单元之间的年均扩展强度指数差异较大，其中朝阳农场1的最大，为3.99，即这10年期间该单元已有39.9%的土地总面积被新开发为工业用地；中心城区、酒仙桥农场等6个在这10年间没有新增工业用地，年均扩展强度指数为0；其平均值为0.57，标准方差为0.65。根据各乡镇工业用地扩展的年均强度指数，采用自然断裂聚类法，可以将其分为高速扩展、快速扩展、中速扩展、低速扩展、缓慢扩展及无扩展6种类型（表7—15）。

表7—15　北京工业用地扩展的空间分异类型(1982～1992年)

工业用地扩展类型	年均扩展指数	乡镇个数	扩展面积 数量(hm²)	扩展面积 贡献率(%)	土地面积 数量(hm²)	土地面积 贡献率(%)
高速扩展	>2.402	3	1 962	7.88	6 304	1.10
快速扩展	1.193～2.402	17	5 207	20.92	34 597	6.01
中速扩展	0.609～1.193	36	9 381	37.68	107 349	18.66
低速扩展	0.249～0.609	34	5 131	20.61	140 892	24.49
缓慢扩展	0～0.249	59	3 214	12.91	267 201	46.46
无扩展	0	6	0	0.00	18 878	3.28
总计	0.43	155	24 895	100.00	575 221	100.00

如图7—3所示，工业用地扩展的空间分异与城镇用地的极为不同。①工业用地扩展的空间分布相对比较均匀。在区域155个空间单元中，有109个属于中速扩展、低速扩展及缓慢扩展等中间性类型，占区域土地总面积89.61%，占区域工业用地扩展总面积的71.2%；而属于高速扩展、快速扩展及无扩展等极端类型的空间单元，在个数及重要性方面都比较少。这主要是由于占区域工业用地总面积30%～80%不等的农村工业用地的空间分布比较分散。②工业用地扩展中心呈比较明显的轴向分布，且南部多于北部。沿京通公路延伸的高碑店—通县

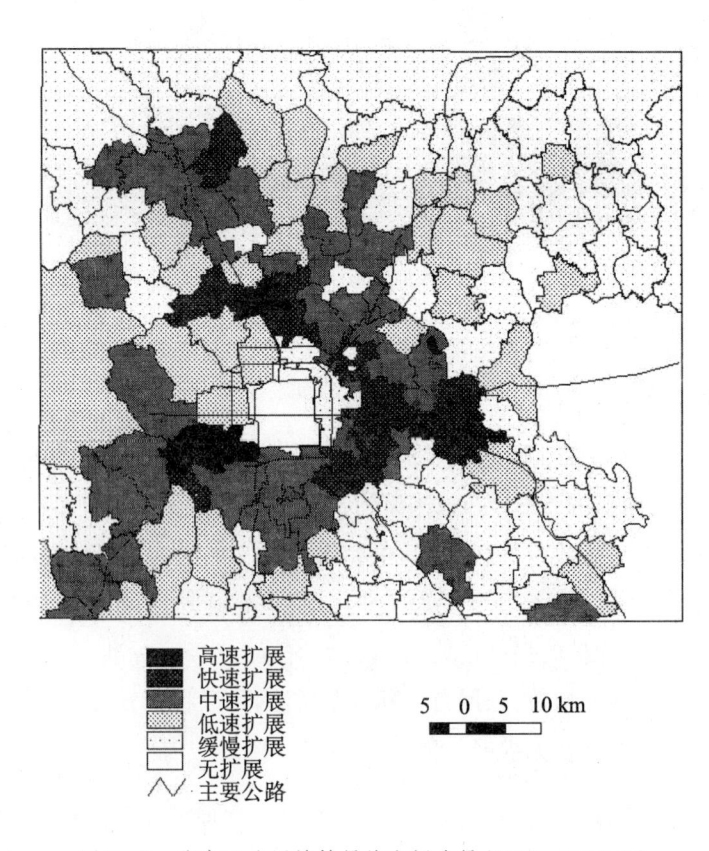

图7—3　北京工业用地扩展的空间分异(1982～1992年)

城关镇工业用地扩展轴,东西长约20km,年均扩展强度指数为1.62,是区域总体水平的3.8倍,属于快速扩展型。它为这一时期北京市工业用地发展最快、空间集聚最为显著的工业走廊[27];沿京深公路延伸卢沟桥—窦店工业用地扩展轴,西南向延展近33km,年均扩展强度指数为1.38,是区域总体水平的3.2倍,也属于快速扩展型;沿京昌公路展布的大屯—昌平扩展轴,西北向长约30km,年均扩展强度指数为1.04,是区域总体水平的2.4倍,属于中速扩展型。这一时期它的活跃扩展中心主要位于洼里—清河段。东北部是工业用地的弱扩展区。③与城镇用地扩展中心相比,工业用地扩展中心大多离中心城区较远。

各工业用地扩展类型的乡镇名称如下。

高速扩展型(3):朝阳农场1、卢沟桥、双桥农场。

快速扩展型(17):南邵、东北旺乡、东小口、清河镇、洼里乡、大屯乡、将台乡、东风乡、通县城关镇、平房乡、高碑店乡、管庄乡、王四营乡、梨园镇、十八里店乡、小红门乡、老庄子乡。

中速扩展型(36):昌平、土楼、马池口镇、百善、沙河镇、北七家、后沙峪、史各庄、燕丹、霍营、北安河、孙河乡、来广营乡、崔各庄乡、南皋乡、楼梓庄乡、东坝镇、石景山、太阳宫乡、朝阳农场2、东风农场、长营乡、三间房乡、南磨房乡、豆各庄乡、长辛店、南苑乡、王佐乡、花乡、旧宫镇、金星乡、大杜社乡、良乡、大紫草坞、小务、窦店。

低速扩展型(34):崔村、兴寿、板桥、小汤山镇、大东流、马坡乡、高丽营镇、后奉伯、上庄、南法信、顺义城关、平西府、聂各庄、永丰屯、北务、回龙观、门头沟区、李家桥、海淀、东升乡、金盏乡、四季青乡、宋庄镇、玉渊潭、张家湾镇、长阳镇、芦城、瀛海乡、觅子店乡、房山、葫芦垡、孙村乡、官道、魏善庄。

缓慢扩展型(59):南口、十三陵乡、长陵、下庄、怀柔县、密云县、上苑、木林镇、平谷县、龙湾屯乡、北石槽、牛栏山镇、北小营镇、赵全营乡、流村、李各庄乡、沙岭村、赵各庄、张喜庄乡、杨镇、南彩镇、阳坊镇、张镇、尹家府、小店乡、七里渠、苏家坨、大孙各庄、天竺、黄港乡、沿河村、温泉、徐辛庄、朝阳城区、胡各庄乡、甘棠乡、黑庄户乡、台湖乡、坨里、崇各庄、西集镇、次渠镇、郎府乡、亦庄、牛堡屯镇、郭县镇、鹿圈乡、马驹桥镇、西红门、草厂镇、太和乡、于家务、黄村、垡上、长子营、永乐店乡、北藏村、青云店、渠头。

无扩展型(6):高崖口、李遂镇、酒仙桥农场1、中心城区、酒仙桥农场2、采育乡。

(3) 城市土地利用扩展的空间分异

1982~1992年间,除2个特殊的空间单元之外(酒仙桥农场的一部分及只有极小部分涵括在研究区域之内的采育乡),绝大部分空间单元都发生了城市土地利用扩展。城市土地利用扩展的总面积为383.49km²,占区域土地总面积的6.67%。总体年均扩展强度指数为0.67。不过,区域内各空间单元之间的年均扩展强度指数并不一样,其中朝阳农场1的最大,为3.99,即这10年间朝阳农场约40%的总土地面积已被新开发为城市土地利用土地;最小的为0;平均值为0.78,标准方差为0.61。根据各乡镇城市土地利用扩展的年均强度指数,采用自然断裂聚类法,可以将其分为高速扩展、快速扩展、中速扩展、低速扩展、缓慢扩展及无扩展6种类型(表7—16)。

表 7—16 北京城市土地利用扩展的空间分异类型(1982~1992 年)

城市土地利用扩展类型	年均扩展指数	乡镇个数	扩展面积 数量(hm²)	扩展面积 贡献率(%)	土地面积 数量(hm²)	土地面积 贡献率(%)
高速扩展	>1.92	11	9 865	25.72	34 287	5.96
快速扩展	1.05~1.92	31	12 129	31.63	86 555	15.05
中速扩展	0.583~1.05	31	7 216	18.82	91 743	15.95
低速扩展	0.281~0.583	30	5 491	14.32	127 456	22.16
缓慢扩展	0~0.281	50	3 648	9.51	234 089	40.70
无扩展	0	2	0	0.00	1 091	0.18
总计	0.67	155	38 349	100.00	575 221	100.00

如图 7—4 所示，城市土地利用扩展的空间分异呈有以下特点。①城市土地利用扩展类型的空间分布明显的圈层式空间形态。由中心城区向外，城市土地利用扩展类型的等级随之下降，并且，由东升乡、朝阳城区、南苑、玉渊潭所组成的高速扩展型城近郊圈，大多以城镇用地扩展为主导，其他区域则普遍以工业用地扩展为主导。②城市土地利用扩展具有较强的空间集中性和中心邻近性。高达 57% 的城市土地利用扩展面积集中分布在仅占区域土地总面积的 21% 的 44 个高速或快速扩展型乡镇。而这些扩展活跃区又大多位于中心城区以外 0~20km 的近郊圈层，由北至清河、东小口，东至长营、管庄、双桥农场，南至金星乡、旧宫镇，西至石景山、长辛店等 44 个空间单元所构成，其土地面积为 111.24km²，占区域土地总面积的 19.34%。1982~1992 年间城市土地利用扩展面积为 194.16km²，占区域城市土地利用扩展总面积的 50.63%，其年均城市土地利用扩展强度指数为 1.75，是区域总体年均扩展强度指数的 2.6 倍。③扩展活跃中心相对集中分布，并形成了京通、京深、京昌、京怀四条城市扩展轴。其中，京通、京深、京昌城市扩展轴的年均扩展强度指数分别为 1.63、1.58 和 1.38，是总体扩展水平的 2.4、2.3 和 2.1 倍，均属于快速扩展型。而京怀城市扩展的年均扩展强度指数为 0.9，属于中速扩展型，它在这一时期的活跃扩展区主要集中在将台—孙河的近郊段，仅初步形成了城市扩展轴的雏形。④城市土地利用扩展中心以工业用地主导型的乡镇为主。根据城镇用地扩展、工业用地扩展在城市土地利用扩展中所占的份额，可以将 11 个高速扩展类型的乡镇划分为三种类型：城镇用地扩展所占份额超过 2/3 的为城镇用地主导型，它包括东升乡、朝阳城区及西红门乡 3 个乡镇；工业用地扩展的份额超过 2/3 的为工业用地主导型，它包括清河镇、卢沟桥乡、大屯乡、老庄子乡、朝阳农场 1、双桥农场 6 个乡镇；其他为综合型，昌平、南苑及四季青乡属于该类。

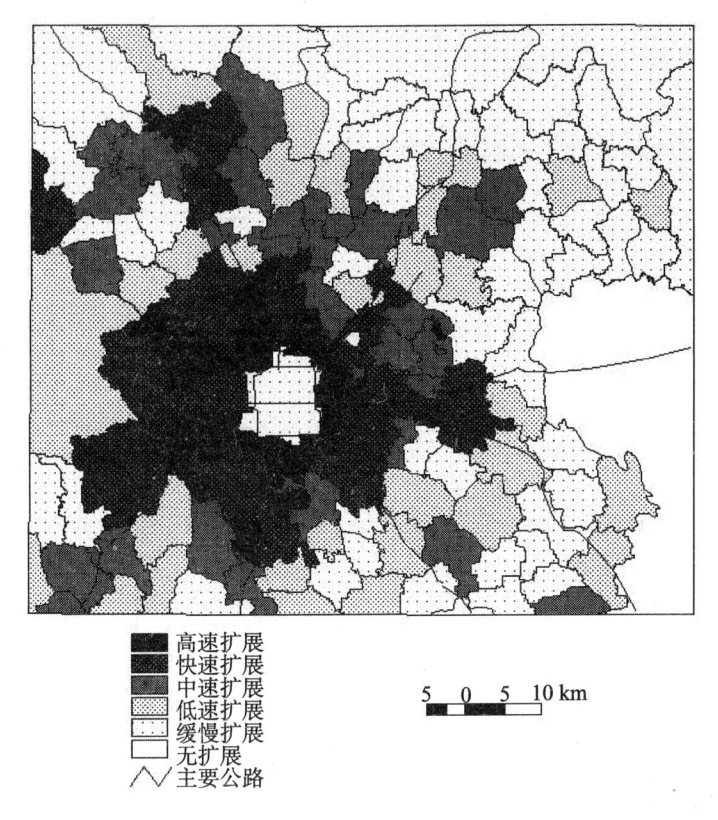

图 7—4　北京城市土地利用扩展的空间分异（1982～1992 年）

各城市土地利用扩展类型的乡镇名称如下。

高速扩展型(11)：昌平、清河镇、四季青乡、大屯乡、朝阳城区、朝阳农场1、卢沟桥、双桥农场、南苑乡、老庄子乡、西红门。

快速扩展型(31)：南邵、高崖口、沙河镇、东北旺乡、东小口、孙河乡、洼里乡、海淀、东升乡、南皋乡、将台乡、石景山、太阳宫乡、酒仙桥农场2、东风乡、通县城关镇、平房乡、玉渊潭、三间房乡、高碑店乡、管庄乡、南磨房乡、王四营乡、梨园镇、长辛店、王佐乡、十八里店乡、花乡、小红门乡、亦庄、金星乡。

中速扩展型(31)：崔村、土楼、马池口镇、百善、高丽营镇、后奉伯、阳坊镇、顺义城关、北七家、平西府、后沙峪、史各庄、燕丹、霍营、北安河、来广营乡、金盏乡、楼梓庄乡、东坝镇、朝阳农场2、东风农场、长营乡、豆各庄乡、旧宫镇、芦城、大杜社乡、良乡、大紫草坞、黄村、小务、窦店。

低速扩展型(30)：十三陵乡、兴寿、小汤山镇、大东流、马坡乡、杨镇、张镇、南法信、永丰屯、天竺、回龙观、门头沟区、李家桥、温泉、崔各庄乡、胡各庄乡、张家湾镇、西集镇、次渠镇、长阳镇、牛堡屯镇、马驹桥镇、瀛海乡、觅子店乡、房山、葫芦垡、孙村乡、官道、青云店、魏善庄。

缓慢扩展型(50)：南口、长陵、下庄、怀柔县、密云县、上苑、木林镇、平谷县、龙湾屯乡、北石槽、牛栏山镇、北小营镇、赵全营乡、板桥、流村、李各庄乡、沙岭村、赵各庄、张喜庄乡、南彩镇、上庄、尹家府、小店乡、七里渠、李遂镇、苏家坨、聂各庄、大孙各庄、北务、黄港乡、沿河村、徐辛庄、宋庄镇、中心城区、甘棠乡、黑庄户乡、台湖乡、坨里、崇各庄、郎府乡、郭县镇、鹿圈乡、草厂镇、太和乡、于家务、堡上、长子营、永乐店乡、北藏村、渠头。

无扩展型(2):酒仙桥农场1、采育乡。

3. 1992～1997年间城市土地利用扩展的空间分异

（1）城镇用地扩展的空间分异

1992～1997年间,区域城镇用地扩展的总面积为17.04 km²,占区域土地总面积的0.3%,总体年均扩展强度指数为0.06,仅为1982～1992年间的43%。但区域内155个空间单元之间的年均扩展强度指数差异悬殊,其中将台乡的最大,为1.78,即将台乡每年有1.78%的土地总面积被新开发为城镇用地;最小的为0,在这5年间有124个乡镇或占区域总面积74%的空间单元没有土地被转化为城镇用地;平均值为0.076,标准方差为0.27。根据各乡镇城镇用地扩展的年均强度指数,采用自然断裂聚类法,可以将其分为高速扩展、快速扩展、中速扩展、低速扩展、缓慢扩展及无扩展6种类型（表7—17）。

表7—17 北京城镇用地扩展的空间分异类型（1992～1997年）

城镇用地扩展类型	年均扩展指数	乡镇个数	扩展面积 数量(hm²)	扩展面积 贡献率(%)	土地面积 数量(hm²)	土地面积 贡献率(%)
高速扩展	≥1.24	2	420	24.65	4 772	0.83
快速扩展	0.67～1.24	4	475	27.88	8 735	1.52
中速扩展	0.28～0.67	4	225	13.20	10 214	1.78
低速扩展	0.12～0.28	7	420	24.65	40 647	7.07
缓慢扩展	0～0.12	14	164	9.62	84 767	14.73
无扩展	0	124	0	0.00	426 086	74.07
总计	0.06	155	1 704	100.00	575 221	100.00

如图7—5所示:①与前一时期一样,城镇用地扩展仍具有很强的空间集中性,仅占区域土地总面积2.35%的6个高速及快速扩展型乡镇,集中了这一时期城镇用地扩展面积的52.53%,而占区域土地总面积74%的124个乡镇却没有新增城镇用地;②扩展主中心位于由将台乡、来广营乡及大屯乡所组成的东北近郊区,它距中心城区的外边缘约4～8 km,年均扩展指数为1.59,是总体水平的26.5倍,土地总面积为5 617 hm²,约占8%,这5年间城镇用地扩展面积为443 hm²,占26%,次中心则呈散点状分布在北郊的高丽营镇、东郊的南磨房乡,南郊的西红门和良乡,扩展强度指数为0.67～1.24。

各城镇用地扩展类型的乡镇名称如下。

高速扩展型(2):来广营乡、将台乡。

快速扩展型(4):高丽营镇、南磨房乡、西红门、良乡。

中速扩展型(4):温泉、大屯乡、朝阳农场1、南苑乡。

低速扩展型(7):怀柔县、北小营镇、马池口镇、清河镇、崔各庄乡、三间房乡、金星乡。

缓慢扩展型(14):杨镇、沙河镇、永丰屯、天竺、门头沟区、东升乡、四季青乡、石景山、中心城区、高碑店乡、卢沟桥、十八里店乡、马驹桥镇、黄村。

无扩展型(124):其他124个乡镇。

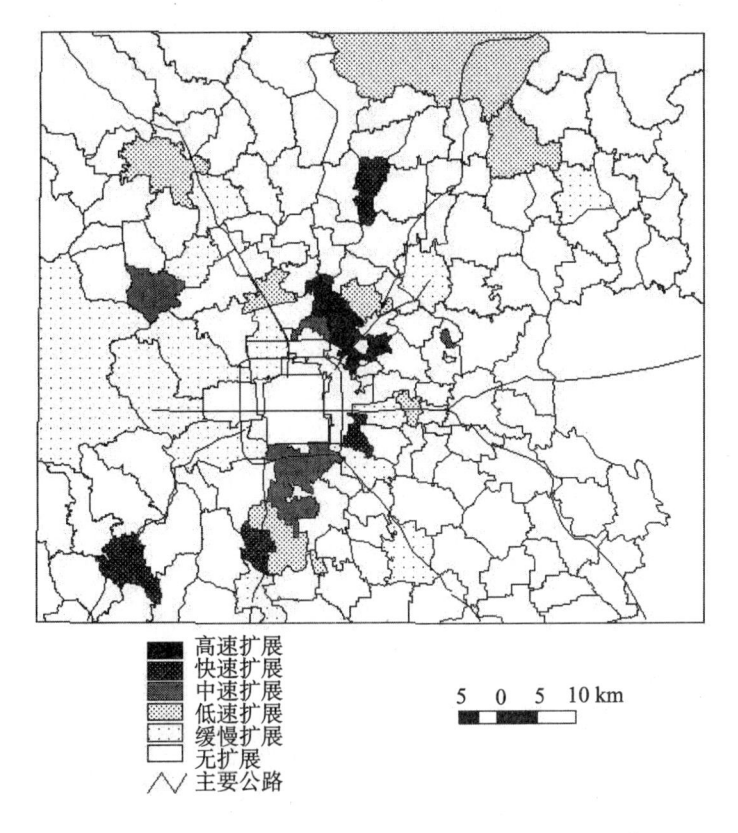

图7—5 北京城镇用地扩展的空间分异(1992～1997年)

(2) 工业用地扩展的空间分异

1992～1997年间,区域工业用地扩展的总面积为120.39km²,是同期城镇用地扩展面积的7倍,占区域土地总面积的2.09%,总体年均扩展强度指数为0.42,与1982～1992年间工业用地的扩展强度指数大体相当。区域内155个空间单元之间的年均扩展强度指数大小不一,其中西红门的最大,为3.01,即这5年间该乡已有15.05%的总土地面积被新开发为工业用地;中心城区、玉渊潭、酒仙桥农场等16个乡镇在这5年间没有新增工业用地,年均扩展强度指数为0;其平均值为0.5,标准方差为0.57。根据各乡镇工业用地扩展的年均强度指数,采用自然断裂聚类法,可以将其分为高速扩展、快速扩展、中速扩展、低速扩展、缓慢扩展及无扩展6种类型(表7—18)。

如图7—6所示:①与同期城镇用地扩展的高度空间集中性相比,工业用地扩展的空间分布比较均匀,大部分乡镇属于中速扩展、低速扩展及缓慢扩展等中间性类型,而属于高速扩展、快速扩展及无扩展等极端类型的乡镇个数、土地面积及其对工业用地扩展的贡献率均比较少;②与前一时期工业用地扩展的空间分布相比,这一时期的空间分异更趋明显,高速扩展类型的乡镇由前一时期的3个增加到了9个,其对扩展总面积的贡献率也由7.88%提高到了13.31%,

无扩展类型的空间单元由前一时期的 6 个增加到了 16 个;③北部的工业用地扩展中心呈明显的轴向分布,形成了京昌、京汤、京怀 3 条明显的工业用地扩展轴,它们的年均扩展强度指数分别为 1.09、1.42 和 1.06,均属于快速扩展型;④南部的工业用地扩展轴已趋于衰减,工业用地扩展的空间形态转变为轴间填充式,前一时期的京通、京深扩展轴在这一时期的扩展强度指数分别为 0.64 和 0.58,衰减了 60％和 58％,降为低速扩展型,基本上丧失了扩展轴的功能,扩展活跃中心均向南部轴间区域迁移,扩展方式转变为轴间填充式[5,11]。

表 7—18　北京工业用地扩展的空间分异类型(1992～1997 年)

工业用地扩展类型	年均扩展指数	乡镇个数	扩展面积 数量(hm²)	扩展面积 贡献率(％)	土地面积 数量(hm²)	土地面积 贡献率(％)
高速扩展	>1.5	9	1 602	13.31	14 889	2.59
快速扩展	1.0～1.5	14	3 218	26.73	53 521	9.30
中速扩展	0.62～1.0	25	3 042	25.26	72 766	12.65
低速扩展	0.25～0.62	32	2 710	22.51	133 921	23.28
缓慢扩展	0～0.25	59	1 467	12.19	256 199	44.54
无扩展	0	16	0	0.00	43 923	7.64
总计	0.42	155	12 039	100.00	575 221	100.00

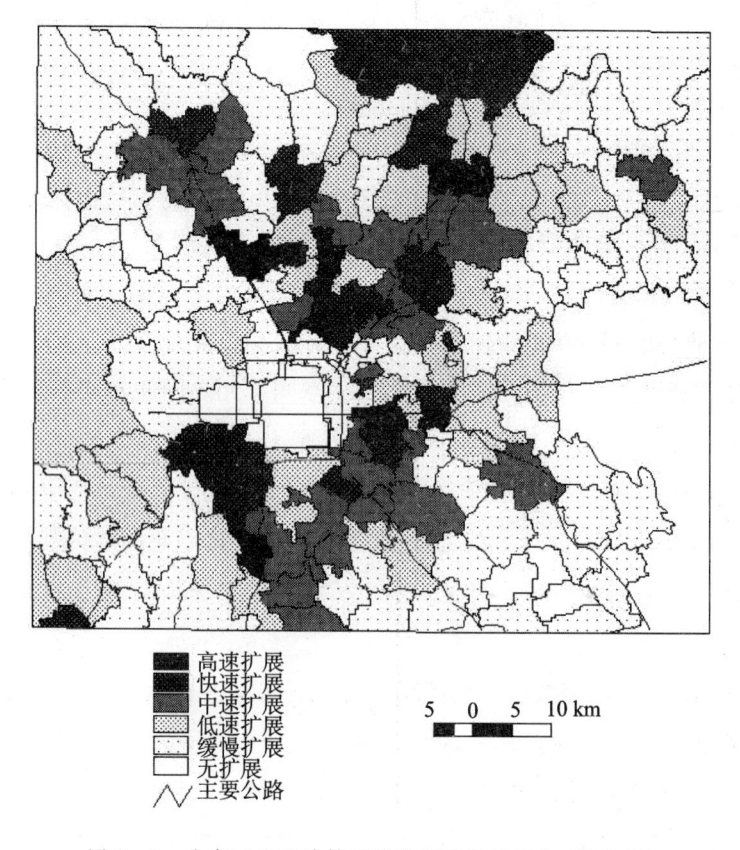

图 7—6　北京工业用地扩展的空间分异(1992～1997 年)

各工业用地扩展类型的乡镇名称如下。

高速扩展型(9)：马坡乡、史各庄、燕丹、霍营、回龙观、大屯乡、高碑店乡、管庄乡、西红门。

快速扩展型(14)：怀柔县、昌平、小汤山镇、天竺、来广营乡、崔各庄乡、朝阳农场1、东风农场、长营乡、卢沟桥、王四营乡、花乡、小红门乡、窦店。

中速扩展型(25)：南邵、赵全营乡、马池口镇、赵各庄、沙河镇、南法信、顺义城关镇、北七家、后沙峪、孙河乡、洼里乡、金盏乡、南皋乡、东风乡、南磨房乡、豆各庄乡、张家湾镇、十八里店乡、次渠镇、旧宫镇、亦庄、金星乡、瀛海乡、孙村乡、魏善庄。

低速扩展型(32)：上苑、牛栏山镇、北小营镇、板桥、流村、大东流、张喜庄乡、杨镇、南彩镇、后奉伯、张镇、平西府、黄港乡、门头沟区、东小口、李家桥、海淀、宋庄镇、楼梓庄乡、通县城关镇、平房乡、三间房乡、梨园镇、长辛店、南苑乡、王佐乡、芦城、鹿圈乡、马驹桥镇、房山、大紫草坞、黄村。

缓慢扩展型(59)：南口、十三陵乡、长陵、密云县、木林镇、崔村、平谷县、龙湾屯乡、北石槽、兴寿、土楼、李各庄乡、沙岭村、百善、高丽营镇、阳坊镇、尹家府、小店乡、七里渠、李遂镇、大孙各庄、永丰屯、北务、北安河、沿河村、东北旺乡、温泉、清河镇、徐辛庄、东升乡、四季青乡、朝阳城区、将台乡、东坝镇、石景山、太阳宫乡、甘棠乡、黑庄户乡、台湖乡、坨里、崇各庄、西集镇、老庄子乡、郎府乡、长阳镇、牛堡屯镇、郭县镇、大杜社乡、良乡、觅子店乡、太和乡、葫芦垡、堡上、长子营、北藏村、官道、青云店、渠头、小务。

无扩展型(16)：下庄、高崖口、上庄、苏家坨、聂各庄、酒仙桥农场1、朝阳农场2、中心城区、酒仙桥农场2、玉渊潭、胡各庄乡、双桥农场、草厂镇、于家务、永乐店乡、采育乡。

(3) 城市土地利用扩展的空间分异

1992~1997年间，城市土地利用扩展的总面积为149.28km²，占区域土地总面积的0.26%。总体年均扩展强度指数为0.52，比1982~1992年间下降了22%。在区域内155个空间单元中，年均扩展强度指数最大的是西红门，为3.85；最小的为0；平均值为0.63，标准方差为0.7。根据各乡镇城市土地利用扩展的年均强度指数，采用自然断裂聚类法，可以将其分为高速扩展、快速扩展、中速扩展、低速扩展、缓慢扩展及无扩展6种类型(表7—19)。

表7—19 北京城市土地利用扩展的空间分异类型(1992~1997年)

城市土地利用扩展类型	年均扩展指数	乡镇个数	扩展面积 数量(hm²)	贡献率(%)	土地面积 数量(hm²)	贡献率(%)
高速扩展	>2.05	7	1 682	11.27	11 840	2.06
快速扩展	1.067~2.05	22	5 099	34.16	71 429	12.42
中速扩展	0.55~1.067	33	4 058	27.18	95 671	16.63
低速扩展	0.218~0.55	38	2 983	19.98	160 541	27.91
缓慢扩展	0~0.218	42	1 106	7.41	204 123	35.49
无扩展	0	13	0	0.00	31 617	5.50
总计	0.519	155	14 928	100.00	575 221	100.00

如图7—7所示：①北部的近郊区是最活跃的城市用地扩展中心,7个高速扩展型乡镇有6个分布在北部的近郊区域。②中速及以上级别的扩展类型主要集中分布于北部的扇形区和南部的倒三角形区,东西方向多为弱扩展类型。北部扇形区由夹峙于京昌、京怀公路之间的40个乡镇构成,年均扩展强度指数为1.01,属中速扩展型;其土地总面积为1 339.93km²,占区域土地总面积的23.29%;城市土地利用扩展面积为68km²,占总扩展面积的45.55%。南部的倒三角形区由卢沟桥、高碑店、亦庄等25个乡镇组成,其年均扩展强度指数为1.02,属中速扩展型,土地面积为680.50km²,占区域总面积11.83%;城市土地利用扩展面积为34.80km²,占区域总扩展面积的23.31%。南北两区的扩展强度大致相当,但北部区的面积是南部区的2倍多。而占区域土地总面积64.88%的其他部分,主要是东、西部区域,仅占城市土地利用总扩展面积的31.14%,年均扩展强度指数为0.16,属于缓慢扩展型。③城市土地利用扩展的空间分异格局与工业用地的极为类似。因为在这一时期,工业用地对城市土地利用扩展的贡献率高达80.67%。从而,城市土地利用扩展的空间形态也在北部呈轴向式分布,在南部转为轴间填充。

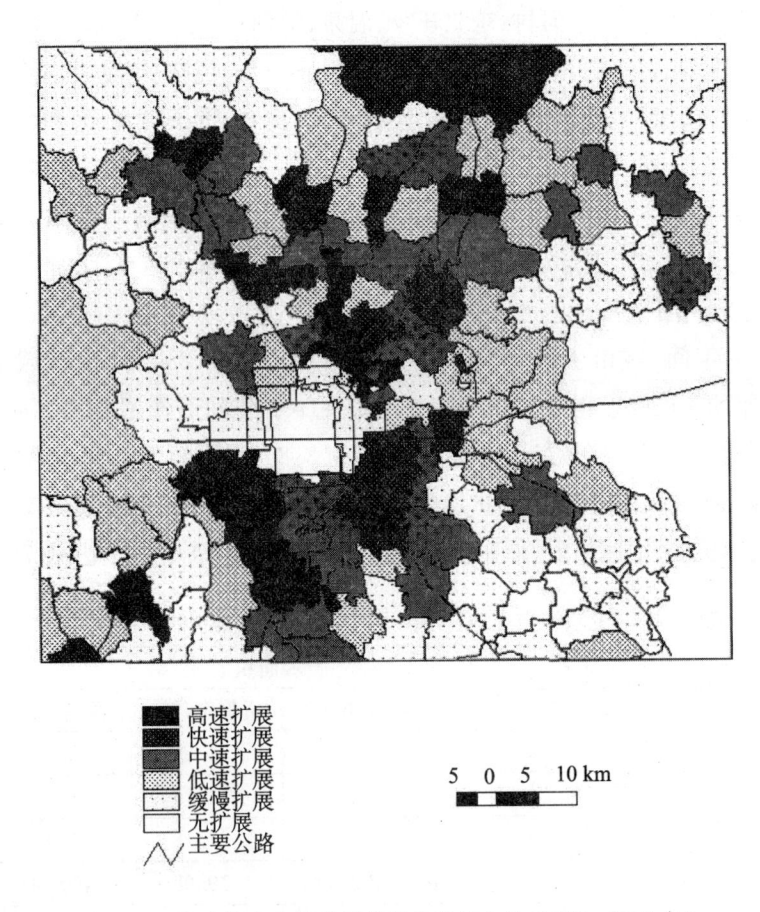

图7—7　北京城市土地利用扩展的空间分异(1992～1997年)

各城市土地利用扩展类型的乡镇名称如下。

高速扩展型(7)：史各庄、燕丹、霍营、来广营乡、大屯乡、将台乡、西红门。

快速扩展型(22)：怀柔县、昌平、小汤山镇、马坡乡、高丽营镇、天竺、回龙观、崔各庄乡、朝阳农场1、东风农场、长营乡、高碑店乡、管庄乡、南磨房乡、卢沟桥、王四营乡、花乡、小红门乡、亦庄、金星乡、良乡、窦店。

中速扩展型(33)：南邵、赵全营乡、板桥、李各庄乡、马池口镇、赵各庄、南彩镇、沙河镇、南法信、顺义城关、北七家、平西府、后沙峪、大孙各庄、孙河乡、洼里乡、海淀、金盏乡、南皋乡、酒仙桥农场1、东风乡、三间房乡、豆各庄乡、张家湾镇、南苑乡、十八里店乡、次渠镇、旧宫镇、马驹桥镇、瀛海乡、孙村乡、黄村、魏善庄。

低速扩展型(38)：上苑、木林镇、兴寿、牛栏山镇、北小营镇、流村、土楼、大东流、百善、张喜庄乡、杨镇、后奉伯、张镇、七里渠、黄港乡、门头沟区、东小口、李家桥、温泉、徐辛庄、东升乡、宋庄镇、楼梓庄乡、太阳宫乡、中心城区、通县城关镇、平房乡、梨园镇、长辛店、甘棠乡、王佐乡、老庄子乡、芦城、鹿圈乡、房山、大紫草坞、垡上、小务。

缓慢扩展型(42)：南口、十三陵乡、长陵、密云县、崔村、平谷县、龙湾屯乡、北石槽、沙岭村、阳坊镇、上庄、尹家府、小店乡、李遂镇、永丰屯、北务、北安河、沿河村、东北旺乡、清河镇、四季青乡、朝阳城区、东坝镇、石景山、玉渊潭、黑庄户乡、台湖乡、坨里、西集镇、郎府乡、长阳镇、牛堡屯镇、郭县镇、大杜社乡、觅子店乡、太和乡、葫芦垡、长子营、北藏村、官道、青云店、渠头。

无扩展型(13)：下庄、高崖口、苏家坨、聂各庄、朝阳农场2、酒仙桥农场2、胡各庄乡、双桥农场、崇各庄、草厂镇、于家务、永乐店乡、采育乡。

第四节　北京城市土地利用扩展的时空模式

一、城镇用地扩展的时空模式

概观北京城镇用地扩展的时空模式(彩图7—4)，具有以下特点。①北部的近郊区是城镇用地扩展的最活跃、最集中的区域，在1982～1992年间为东升乡与朝阳城区的邻接地区，在1992～1997年间则为来广营乡与将台乡的邻接地区。②城镇用地扩展中心从内向外渐进推移，如表7—20所示，从1982～1992年发展至1992～1997年，北京城镇用地的扩展中心也随之从紧靠中心城区的东升乡—朝阳城区—南苑乡一带迁移至紧邻其外的大屯—来广营—将台—南磨房。③城镇用地扩展的时空模式呈显著的圈层式结构。自中心城区往外，依次为1982年以前的城镇用地、1982～1992年的新增城镇用地及1992～1997年的新增城镇用地，具有明显的"年轮"现象[5]。与居住用地增长的静态预测模型极为类似，即随着时间的推进，城市发展成为一个递增过程，由就业中心向外呈连续的圈带，每一时期，一个开发圈带被附加在现有的城市边缘上，以容纳增加的人口[29]。④城镇用地的空间分布与扩展具有较强的集中性和向心性。

表 7—20　北京城镇用地扩展中心的空间迁移(1982～1997年)

扩展中心	空间范围	距城市中心的平均距离(km)	扩展类型 1982～1992年	扩展类型 1992～1997年
1982～1992年	东升—朝阳城区—南苑	7.5	快速扩展型(2.08)	低速扩展型(0.19)
1992～1997年	大屯—来广营—将台—南磨房	10.8	低速扩展型(0.28)	高速扩展型(1.48)

二、工业用地扩展的时空模式

北京工业用地的时空扩展模式如彩图7—5所示,它具有以下特点。①工业用地扩展同时兼具较明显的离散性和轴向集中性。与城镇用地扩展的高度集中性及向心性相比,工业用地扩展的空间分布比较离散和均匀,但又相对集中分布在京昌、京怀、京通、京深等几条主要交通干道上,呈较明显的轴向扩展形态。②工业用地扩展轴具有生长与衰弱的生命周期。在1951～1982年间,西郊石景山工业区和东郊工业区的重点发展,使东、西方向成为这一时期主要的工业用地扩展轴[22]。进入1982～1992年间,前期增长最为强劲的西向石景山扩展轴已趋衰弱,其扩展势能已南移至京深公路形成新的扩展轴;东向的京通扩展轴则成熟为这一时期最为强劲的扩展轴;另外,在西北方向开始形成京昌扩展轴的雏形。再推进至1992～1997年间,京深、京通扩展轴又都进入衰弱期;在北部,京昌扩展轴获得了快速发展,并且发育成长了京汤、京怀两条新的扩展轴。由此可见,工业用地扩展轴也如生物体一样,存在着孕育—生长—成熟—衰弱—消亡的生命周期。③工业用地的传统空间格局正在发生重大变化。东、西轴线及南部在1992年以前一直是北京市工业用地扩展和布局的主要方向,是传统的工业用地集中区;而北部位于城市的上风向和水源保护区,是工业用地扩展的传统弱势区。但随着工业用地扩展轴的兴衰更替及空间迁移(表7—21),北部区域自1993年以来工业用地扩展迅速,形成了京昌、京汤、京怀3条快速增长型工业用地扩展轴,从而导致工业用地的传统空间格局正在发生重大变化。

表 7—21　北京工业用地扩展轴的空间迁移(1982～1997年)

工业扩展轴	方向	长度(km)	扩展强度类型 1982～1992年	扩展强度类型 1992～1997年	变化情况
京通扩展轴	东	20	快速扩展型(1.62)	低速扩展型(0.64)	衰减
京深扩展轴	西南	33	快速扩展型(1.38)	低速扩展型(0.58)	衰减
京昌扩展轴	西北	30	中速扩展型(1.04)	快速扩展型(1.09)	稳定
京汤扩展轴	北	23	中速扩展型(0.78)	快速扩展型(1.42)	增长
京怀扩展轴	东北	45	低速扩展型(0.29)	快速扩展型(1.06)	增长

三、城市土地利用扩展的时空模式

北京城市土地利用扩展的时空模式如彩图 7—6 所示,具有以下特点。①城市土地利用扩展的空间形态以圈层式蔓延为主,从而使"大饼"越摊越大[30]。其中,在西南方向的蔓延厚度最大,达 10km,在西北方向最小,仅 3～4km,其他方向大致为 5～6km。至 1997 年,新增城市土地利用已侵占了大部分 1982 年时中心大团与边缘集团之间的农业用地,严重地破坏了城市规划所确定的"分散集团式"空间格局。其中,北部蔓延区以城镇用地扩展,特别是成片居住用地的开发为主,主要得益于其上风上水的优越区位和亚运村的大规模建设;而南部,特别是西南部,则多以工业用地扩展为主,主要是由于东、西传统工业走廊的扩展势能向南部辐射传递及工业布局的轴间填充。②北京城市土地利用扩展的活跃中心正在向北部及东北部迁移。比较分析图 7—7、图 7—10,我们便可发现:城市土地利用高速扩展型乡镇已由 1982～1992 年的圈层式均匀分布(11 个)逐步向北部和东北部集中(1992～1997 年间 7 个高速扩展型乡镇中的 6 个);北部的城市土地利用扩展轴正处于快速增长期,而南部与东部的扩展轴已步入衰减期。从而,夹峙于西北向的京昌公路和东北向的京怀公路之间的北部扇形区正在成为北京城市土地利用扩展的重点和活跃地区,虽然其土地总面积仅占区域总面积的 23.29%,但在 1992～1997 年间却集中了区域城市土地利用扩展总面积的 45.55%。③工业用地扩展在塑造城市土地利用空间格局中的作用日趋重要,而城镇用地、交通用地、特殊用地的发展缓慢,地位在日渐萎缩。自 1982 年以来,区域工业用地一直保持着年均 24～25km^2 的超高速度外向扩展,其年均扩展强度指数在 1982～1992 年间为城镇用地的 3 倍,发展至 1992～1997 年间,它们之间的差距已扩大至 7 倍;工业用地对城市土地利用扩展的贡献率也从前一时期的 64.91%增加至 80.67%,在塑造城市土地利用空间格局中的作用日趋重要。与此相反,城镇用地、交通用地、特殊用地的发展速度相对缓慢,对城市土地扩展的贡献率和在城市土地利用内部结构中所占的比重均日趋萎缩。特别是在北部及东北方向的怀柔县等城市上风上水地区,传统上是城镇用地、特殊用地的主导扩展区和工业用地扩展的弱势区,但自 1992 年以来,其工业用地的扩展势头颇为强劲,这种现象的继续发展,很有可能引发极为严重的土地利用冲突和尖锐的社会、生态问题,并影响北京作为"全国的政治中心、文化中心和现代化国际城市及世界闻名的国际旅游胜地"的城市性质[18],各有关方面应予以高度重视。

四、小结

采用 GIS 空间分析技术,对 1982～1997 年间北京城市土地利用扩展的时空模式进行了空间聚类分析和历史形态分析,基本结论如下。

① 工业用地高速外向扩展是北京城市土地利用规模"超常膨胀"的主要原因。自 1982 年以来,区域工业用地一直保持着年均 24～25km^2 的超高速度外向扩展,并且具有难以调控的扩展刚性。15 年间,研究区工业用地扩展的总面积为 369.33km^2,占区域城市土地利用扩展总面积的 69.32%,是导致城市土地利用规模"超常膨胀"的主要原因。因此,要想有效地调控

北京城市土地利用的空间扩展,必须紧紧抓住工业用地这个龙头,特别是要严格控制乡镇企业的随意占地和低效率用地,以及工业开发区规划建设得过多过大。

② 南部与东部的城市土地利用扩展轴已步入衰减期。由于北京的东部和南部平原地区具有明显的城市土地利用扩展空间、经济与交通联系等优势,因而1993年修订的北京城市总体规划将其确定为北京城市发展的主要地区,沿京津塘高速公路为今后城市主要发展轴[18]。但是,经分析发现,东部和南部地区的京通、京深城市用地扩展轴在1992~1997年间已开始步入衰减期,其年均扩展强度指数分别从1982~1992年间的1.63和1.58衰减至0.86和0.67,城市土地利用扩展的空间形态也从前期强劲的轴向拓展转变为轴间填充。这主要是由于该区是北京市的机械、纺织、化工等传统产业的集中分布区,环境污染较严重,基础设施建设滞后。因而,为了贯彻落实"北京城市总体规划"所确定的城市发展方向,必须采取有力的措施,如对传统产业进行升级改造、根治城市生产生活环境问题、加强城市基础设施建设等,促进东部和南部城市扩展轴的尽快复苏,或培育形成新的城市扩展中心和扩展轴。

③ 随着京昌、京汤、京怀工业用地扩展轴的快速发展,北部正在成为新的工业用地扩展活跃区。这对促进远郊区县农村经济的发展具有重大的积极意义。但是,根据"北京城市总体规划",北部是以城市居住用地和公共事业用地(体育、科研和事业单位等用地)为主的地区。因而,北部的工业发展宜以高新技术及占地少、污染少的环保型企业为主,严禁发展和迁入高污染性产业,以免产生严重的土地利用冲突和恶劣的社会环境问题。

④ 城市土地利用的空间扩展呈显著的圈层式蔓延。随着城市土地利用扩展中心由内向外渐进推移,新增城市土地利用具有明显的"年轮"现象,且不断地"蚕食"中心大团与各边缘集团间的绿化隔离带。目前,丰台、石景山、清河、西苑、酒仙桥等边缘集团与中心大团已基本连成了一片。这与北京市的人口与产业集聚速度过快、向心性极强、非法城市用地行为普遍、城市用地规划管理松弛等有密切的关系。城市土地利用的圈层式蔓延,严重地破坏了城市总体规划,恶化了城市生态环境,不利于城市的可持续发展。因而,必须充分利用城市产业结构升级换代和城市土地使用制度市场化改革的有利时机,贯彻落实北京城市建设的两个战略转移,即:城市建设重点逐步从市区向远郊区转移,市区建设要从外延扩展向调整改造转移。强化城市土地利用的法制化管理,坚决遏制、纠正各种非法、违法侵占城市绿化隔离带的用地行为,加快隔离带内现有企业、居民的搬迁安置、整理绿化的步伐,使规划图纸上的绿化隔离带尽快变为"真绿",有效地阻挡城市土地利用的圈层式蔓延。

第五节 北京城市土地利用扩展的驱动力分析

城市土地利用扩展受自然的、经济的、社会的、技术的、政治的等多种因素的影响[13,23,31]。但作为一种城市社会经济现象,由于人口与经济发展对城市土地利用需求的持续增长,显然是推动城市土地利用扩展最为根本的外在动力[32]。本章采用以空间单元替代时间序列的相关分析方法,旨在从众多影响城市土地利用扩展的社会经济指标中,遴选出影响力最为显著的动力因素。

一、分析方法及变量选择

时间序列相关分析是一种揭示或测度某一个或多个变量对另一个变量的影响程度的常用数理统计分析方法。为了剖析城市扩展的影响因素,目前最常用的方法也是对城市面积及所选取的一系列社会经济统计指标的时间序列数据进行相关分析或逐步回归分析,各指标与城市面积的相关系数的大小即代表其对城市扩展影响程度的显著性。如史培军等在研究深圳市土地利用变化的外在驱动力时,通过对深圳特区在1980年、1988年及1994年的建成区面积与相应时期的总人口、国民生产总值、基本建设投资、外资利用额、第一、第二、第三产业分别占国内生产总值的百分比这7个社会经济指标的时间序列数据进行逐步回归分析,认为通过显著性检验的人口增长、外资的投入和第三产业的发展3个指标即是特区内城镇用地急速扩大的主要动力[14];范作江等则根据从1984年、1988年、1992年及1994年的遥感影像判释出来的4个时期的北京城市实体面积,与所选择的19个社会经济因子相应时期的统计数据进行灰色关联分析,并把其关联度的大小直接解释为各因子对城市扩展影响程度的大小[27]。

但上述方法的一个显著缺陷是其时间序列太短,样本数过少,难以满足数理统计分析对样本数的基本要求。这主要是由于无论是通过土地利用制图等传统手段还是借助遥感判释等高新技术来获取城市土地利用数据都费时费钱,成本极高,从而,大多数研究所能利用的城市土地利用数据均仅为2~5个观察时期。而在数理统计分析中,时间序列分析对样本数有较大的要求,且其结果的可信度与样本数的多少有极为密切的关系。另外,该方法不能揭示或反映城市土地利用扩展动力因素的动态变化。因为时间序列相关分析所隐含的假设条件是各种自变量与因变量间具有一种系统的、始终如一的线性相关关系,而城市扩展作为一种社会经济现象,对国家与地方的人口、经济、土地等相关政策极为敏感。我国的政治经济体制自1949年以来就经历了社会主义计划经济、有计划的社会主义商品经济(俗称转型期的双轨制)、社会主义商品经济等多种形态。在不同的政治经济体制下,国家的投资、生产、经营、流通机制及土地、人口、经济等管理政策均极为不同,从而影响城市土地利用扩展的主导因素也存在着差异[33~35]。

为了弥补上述不足,一个可行的改进方法是用空间单元来替代时间序列,即不是分析同一空间单元在不同时期的城市土地利用面积与社会经济指标间的相关系数,而是对同一时期区域内不同空间单元的城市土地利用面积与社会经济指标进行相关分析。由于社会经济指标是以行政单元来进行统计的,因而城市土地利用数据也应以行政单元为基准,这可以通过GIS空间分析技术将区域的行政界线图与土地利用图进行叠合运算而获得。根据研究区的大小及研究目的,可以选取省、地区、县、乡甚至村级行政单元作为空间单元,但样本数一般不宜少于8个。对区域不同时期分别进行空间单元序列分析,并比较其结果,可以分析出影响城市土地利用扩展的显著动力因素的动态变化。值得指出的是，该方法所隐含的假设条件是，在研究区域内的不同空间单元中，城市土地利用面积与各社会经济指标间的函数关系是类似的。或者说，所选取的各项指标已经涵括了或内在化了所有影响城市土地利用扩展的主要动力因素，也就是要能满足多元回归分析的条件。

在前述研究中，我们的土地利用数据是以乡、镇为基本空间单元的，且具有155个空间单元的3个观察时期的数据。但由于在各种社会经济统计年鉴中，乡镇级的统计项目较少，许多重要变量难以获得系统的数据；区县级的统计项目较全，虽然其样本数较少。因而，为了比较全面和系统地剖析北京城市土地利用扩展的动力因素，本研究选择区县级行政单位作为基本空间单元，即朝阳区、丰台区、石景山区、海淀区、昌平县、顺义县、通州区、大兴县8个区县作为分析样本。由于1982年各区县的社会经济统计资料不全，以下的研究时期仅选择1992年和1997年。

至于统计变量的选择，参照城市土地利用理论及已有的实证研究[14,27]，选取城市土地利用面积(Y_c)及其中的居住用地面积(Y_r)、工业用地面积(Y_i)为因变量；各空间单元在同一观察时期的总人口(X_1)、非农业人口(X_2)、农业人口(X_3)、流动人口(X_4)、国内生产总值(X_5)、第一产业生产总值(X_6)、第二产业生产总值(X_7)、第三产业生产总值(X_8)、农村国内生产总值(X_9)、农业总产值(X_{10})、工业总产值(X_{11})、工业利税总额(X_{12})、固定资产投资额(X_{13})、基本建设投资额(X_{14})、实际利用外资(X_{15})、出口商品交货额(X_{16})、社会商品零售总额(X_{17})17个社会经济统计指标作为自变量。

二、1992年城市土地利用扩展的动力因素

1992年北京市朝阳、丰台等8个郊区县的城市土地利用面积及其社会经济指标如表7—22所示。

表7—22 北京市郊区县的城市土地利用面积及社会经济指标(1992年)

单位：km², 万人, 万元

区县名	城市土地利用	居住用地	工业用地	总人口	非农业人口	农业人口	流动人口	国内生产总值	第一产业生产总值	第二产业生产总值
朝阳区	138.15	65.10	66.84	149.6	107.7	24.0	17.9	192 090	27 004	78 805
丰台区	112.03	22.60	64.15	83.5	54.8	16.9	11.8	130 311	15 607	54 072
石景山区	38.20	13.90	17.60	33.3	27.7	2.2	3.4	31 740	2 287	10 609
海淀区	149.89	58.07	39.09	147.4	117.5	15.8	14.1	258 448	19 056	86 659
昌平县	105.52	16.31	57.08	43.6	14.0	27.1	2.5	176 055	32 398	88 122
顺义县	57.92	13.76	31.55	55.3	7.4	45.7	2.2	248 603.5	77 899.3	133 953.4
通州区	55.81	8.33	39.51	60.9	14.4	44.6	1.9	265 522.6	77 456	140 126.9
大兴县	39.18	18.38	17.46	52.0	10.9	38.8	2.3	160 000	60 000	74 000

续表

区县名	第三产业生产总值	农村国内生产总值	农业总产值	工业总产值	工业利税总额	固定资产投资额	基本建设投资额	实际利用外资	出口商品交货额	社会商品零售总额
朝阳区	86 281	317 232	49 708	228 658	14 282	37 704	18 264	649	15 886	372 229
丰台区	60 632	189 195	31 912	150 336	5 904	26 400	5 595	387	4 006	144 088
石景山区	18 843	27 865	5 394	9 785	1 064	4 732	2 833	25	3 342	70 699
海淀区	152 734	618 771	40 466	446 421	14 634	12 127	11 939	954	11 466	474 603
昌平县	55 535	540 455	63 612	449 496	11 808	5 328	1 532	249	21 807	89 583
顺义县	36 751	690 940	118 439	585 567	47 073	27 814	12 846	1 685	98 421	125 487
通州区	47 940	756 462	122 212	631 893	26 857	18 133	4 130	1 434	32 006	112 779
大兴县	26 000	383 362	113 066	305 625	14 345	3 783	2 325	489	19 919	77 448

资料来源：① 北京统计局编：《北京统计年鉴1998》，中国统计出版社，1998。
② 北京统计局编：《北京改革开放二十年(1978~1998)》，中国统计出版社，1998。

对8个观察样本的各项社会经济变量分别与城市土地利用面积及其中的居住用地面积、工业用地面积进行相关分析，在统计显著性为95%的水平上，分析结果如表7—23所示。

表7—23 社会经济变量的相关系数(1992年)

社会经济变量	与城市土地利用面积的相关系数	与居住用地面积的相关系数	与工业用地面积的相关系数
总人口	**0.85**	**0.95**	0.51
非农业人口	**0.85**	**0.95**	0.46
农业人口	−0.32	−0.33	−0.09
流动人口	**0.85**	**0.92**	**0.62**
国内生产总值	0.32	0.23	0.20
第一产业生产总值	−0.45	−0.41	−0.25
第二产业生产总值	0.01	−0.11	0.11
第三产业生产总值	**0.88**	**0.81**	0.42
农村国内生产总值	0.08	−0.06	0.01
农业总产值	−0.42	−0.38	−0.24
工业总产值	0.00	−0.16	0.00
工业利税总额	−0.21	−0.19	−0.14
固定资产投资额	0.42	0.43	**0.62**
基本建设投资额	0.57	**0.77**	0.38
实际利用外资	−0.06	−0.04	−0.08
出口商品交货额	−0.31	−0.30	−0.20
社会商品零售总额	**0.83**	**0.94**	0.37

从表7—23的相关分析结果可以看出,第三产业生产总值、总人口、非农业人口、流动人口、社会商品零售总额与城市土地利用面积的相关系数均大于0.8,具有极好的正相关关系,而其他各项社会经济指标的相关系数均不具有统计显著性。这说明区域非农业人口及流动人口的增长和第三产业的发展是北京城市土地利用扩展的主要驱动力。进一步分析还可以发现,这些动力因素与城市土地利用中的居住用地面积具有非常好的相关关系,是居住用地扩展的主要驱动力。除这些之外,基本建设投资额也具有较重要的影响。但是,工业用地面积与这些动力因素及其他社会经济变量的相关性均不显著,特别是与工业总产值、工业利税总额、第二产业生产总值、出口商品交货额等工业产出指标并没有明显的关系。这说明北京市工业用地面积的扩大并没有带来工业生产的同步发展,工业用地扩展具有很大的随意性和盲目性,土地低效使用和闲置浪费的现象极为严重。相比较而言,固定资产投资额和流动人口数量对工业用地扩展有较大的影响。

三、1997年城市土地利用扩展的动力因素

北京市朝阳、丰台等8个郊区县在1997年时的城市土地利用面积及各项社会经济指标如表7—24所示。

表7—24 北京各郊区县的城市土地利用面积及社会经济指标(1997年)

单位:km², 万人, 万元

区县名	城市土地利用	居住用地	工业用地	总人口	非农业人口	农业人口	流动人口	国内生产总值	第一产业生产总值	第二产业生产总值
朝阳区	159.09	72.98	80.15	170.6	122.5	20.2	27.9	625 746.8	30 660	162 729.8
丰台区	126.73	25.87	74.11	98.5	62.7	15.1	20.7	300 444	19 435	113 501.0
石景山区	38.55	14.79	16.97	39.1	30.2	1.6	7.3	84 407.2	1 928.2	17 158.9
海淀区	151.72	58.78	39.12	173.9	135.8	13.5	24.6	1 590 963	18 160.7	868 783.0
昌平县	131.01	15.25	84.24	45.6	16.4	25.6	3.6	402 583.8	44 816.4	148 306.6
顺义县	91.12	15.16	57.42	56.6	9.9	43.7	3.0	594 108.8	141 426.7	250 869.6
通州区	66.49	7.24	51.03	63.8	16.7	43.0	4.1	403 282.2	80 818	124 676.7
大兴县	53.28	19.53	29.27	56.6	13.7	37.7	5.2	344 224	106 072	100 525.0

区县名	第三产业生产总值	农村国内生产总值	农业总产值	工业总产值	工业利税总额	固定资产投资额	基本建设投资额	实际利用外资	出口商品交货额	社会商品零售总额
朝阳区	432 357	234 867	19 564	506 008	8 215	290 412	283 974	7 460	20 653	961 270
丰台区	167 508	161 119	15 362	214 989	3 374	71 212	71 212	599	2 722	426 135
石景山区	65 320	18 033	3 385	58 082	-2 019	49 089	13 901	778	5 591	241 451
海淀区	704 019	36 759	29 370	2 642 195	139 357	124 026	91 917	697	74 032	2 060 421
昌平县	209 461	218 558	58 059	345 655	2 005	74 147	62 600	2 052	26 219	149 757
顺义县	201 813	365 869	87 402	812 676	27 914	161 000	73 000	10 307	158 986	272 369
通州区	197 788	258 975	52 905	482 737	1 215	39 416	30 280	3 707	47 418	306 255
大兴县	137 627	57 590	73 660	452 221	-8 136	64 568	62 721	2 489	46 117	224 128

资料来源:① 北京统计局编:《北京统计年鉴1998》,中国统计出版社,1998。
② 北京统计局编:《北京改革开放二十年(1978~1998)》,中国统计出版社,1998。

对8个观察样本的各项社会经济变量分别与城市土地利用面积及其中的居住用地面积、

工业用地面积进行相关分析,在统计显著性为 95% 的水平上,分析结果如表 7—25 所示。

表 7—25　社会经济变量的相关系数(1997 年)

社会经济变量	与城市土地利用面积的相关系数	与居住用地面积的相关系数	与工业用地面积的相关系数
总人口	**0.78**	**0.95**	0.25
非农业人口	**0.75**	**0.95**	0.16
农业人口	−0.21	−0.38	0.16
流动人口	**0.74**	**0.91**	0.27
国内生产总值	0.61	0.63	0.00
第一产业生产总值	−0.34	−0.42	−0.02
第二产业生产总值	0.53	0.53	−0.10
第三产业生产总值	**0.74**	**0.81**	0.13
农村国内生产总值	0.20	−0.15	**0.65**
农业总产值	−0.21	−0.42	0.06
工业总产值	0.46	0.51	−0.17
工业利税总额	0.49	0.52	−0.16
固定资产投资额	0.63	**0.80**	0.45
基本建设投资额	0.68	**0.85**	0.52
实际利用外资	0.10	0.12	0.31
出口商品交货额	−0.03	−0.11	−0.08
社会商品零售总额	0.62	**0.79**	−0.06

由表 7—25 可以看出,总人口、非农业人口、流动人口、第三产业生产总值是城市土地利用扩展的主要动力。另外,基本建设投资额、固定资产投资额和社会商品零售总额对城市土地利用扩展也有较大的影响。其中,以上 7 个社会经济指标与城镇用地面积均具有极好的相关关系,是城镇用地扩展的主要动力因素;但以上各动力因素与工业用地面积间都不具有显著的相关关系,这说明工业用地扩展的随意性和低效用性问题仍普遍存在。不过工业用地面积的扩展与农村国内生产总值的增加已呈现出较好的正相关关系,这说明乡镇企业用地的利用率已有较大程度的提高。

四、北京城市土地利用扩展的驱动力及其动态变化

对比分析各社会经济因素与城市土地利用面积在 1992 年和 1997 年的相关系数(表 7—23 和表 7—25)可以看出,北京城市土地利用扩展的基本动力因素在 1992~1997 年间均为非农业人口及流动人口的增长、第三产业的发展,总体并没有发生明显的变化。这是因为在这 5 年

间,城市土地利用扩展的社会经济环境比较稳定,国家及地方政府的人口、经济、土地政策没有发生急剧性变革,社会主义商品经济体制正在稳步地健全和完善。

遗憾的是,由于时间和经费关系,本研究未能找全1982年社会经济指标的数据并进行系统分析。否则,有可能发现由社会主义计划经济体制转型至社会主义商品经济体制的过程中,北京城市土地利用扩展动力因素所发生的重要变化,这有待于今后进一步努力。

不过,总体来看,我们仍可发现:

① 非农业人口及流动人口的增长和第三产业的发展,是北京城市土地利用及其中的居住用地的扩展的主导动力因素;

② 工业用地扩展具有很大的随意性和盲目性,土地低效使用和闲置浪费的现象极为严重。因为工业用地面积的扩大并没有带来工业产出的同步增长;

③ 北京城市土地利用的动力因素正日趋多元化,对城市土地利用扩展产生显著影响的动力因素的数量在不断增加,而单个因素的影响力又趋于下降;

④ 投资因素(基本建设投资额和固定资产投资额)对城市土地利用和城镇用地扩展的影响力在不断加强,已由1992年时的重要因素跃升为主导因素;

⑤ 社会商品零售总额对城市土地利用扩展的影响力在逐步下降,已从1992年时的主导动力下调为重要因素。

第六节 促进北京城市可持续发展的土地利用管理对策

一、北京城市可持续发展的主要内容

继1987年联合国世界环境与发展委员会发表布伦特兰报告"我们共同的未来"和1992年"环境与发展"全球首脑会议(Earth Summit)通过《21世纪议程》以来,作为人类主要生境和经济增长区的城市的可持续发展,受到了普遍的关注和高度的重视。"可持续城市"已被列为许多国家的社会经济发展目标和众多组织的议事主题[36]。1995年瑞典皇家科学院从全世界不同研究人员和决策者的观点出发,把位于不同地理区域的4个中等城市的代表召集在一起(这4个城市是:中国的常州、越南的河内、拉脱维亚的里加、博茨瓦纳的哈博罗内),来确定"城市可持续发展"的意义[37]。1996年在土耳其伊斯坦布尔召开的第二次人类居住地大会(HABITAT Ⅱ),或称为世界城市高峰会议(City Summit),以"可持续的人类居住地"和"人人享有适当的住房"为主题,对支持城市可持续发展、把里约热内卢会议上的承诺转变为全球城市行动具有非常深远的意义[38,39]。《中国21世纪议程》强调了城市可持续发展研究,为城市现代化提供理论指导[40]。1998年6月在西班牙召开的由联合国和欧共体共同主持的第8次城市与区域研究会议,讨论了欧洲城市可持续发展所面临的挑战与机遇[41]。

但总体来看,国内外对城市可持续发展的研究尚处于起步阶段,不同的国家对"城市可持续发展"有不同的定义和理解,以反映其不同的自然环境、社会经济和政治条件。许多发展中国家极力主张把"可持续发展"的概念理解为"可持续经济增长"[38],大多数的城市发展计划中仍将经济增长作为压倒一切的目标。因为只有通过经济增长,才能成功地解决住房和环境问题。诚然,经济增长对城市的进一步发展和城市居民生活的提高是必要的。然而,如果城市的"发展"仅仅依靠经济增长,虽然这对生活在城市中的人们的短期影响可能不会那么快地表现出其有害性,或者可能不太明显;但从长远来看,仅把经济增长作为城市发展的唯一指标,其影响可能是灾难性的[42]。

如今的城市是由运转在广阔的生态系统之上的社会经济基础来维持的,需要有用的生态系统来生产人类生活必不可少的可更新资源,城市在生态系统中占用的面积比城市本身大许多倍。生态系统不仅是城市发展过程中的一个主要部分,而且是城市存在的立足之本,对城市发展的可持续性至关重要。如果要让城市发展可持续性的话,迫切需要认识到这些生态系统所提供的服务,并确保生态系统未来的发展。从而,从生态—经济学的观点来看,"可持续性城市"是指社会经济问题与影响整个环境的其他因素协调一致的城市[42]。

因此,北京城市可持续发展主要包括以下几个方面内容:①建立生态城市,既要保持城市内部生态系统的良性循环及人与自然的和谐共处,又要把城市增长控制在其支持生态系统的承载能力之内;②建立资源节约型的城市社会经济体系,北京是一个人均资源极为匮缺的城市,尤以淡水资源为甚,北京必须按照技术程度高、产品附加值高和能耗少、水耗少、排污少、运量少、占地少的"两高五少"的原则,调整经济结构,并倡导适度消费、勤俭节约的社会新风尚;③适合首都特点的经济的持续发展,经济持续发展是北京城市可持续发展的物质保证和动力源泉;④建立广泛的社会保障体系,城市功能结构的转变、外国资本与技术的引进及大量农村人口的涌入,正在加剧北京的社会极化[43],为了保证各不同社会经济阶层的平等参与机会,并消除它们之间的冲突与矛盾,应建立广泛的社会协调与保障机制。

二、北京城市土地利用扩展的不可持续性及其原因

1. 城市土地利用扩展的速度过快,大量侵占了宝贵的耕地资源

1982~1997年间,北京的城市土地利用面积增加了532.73km^2,增长了114%,年均增长速度高达35.5km^2/年,约为历史上高速扩展期(1952~1959年)的2.6倍,与全国同期一样出现了"开发区热"和"房地产热"。同时,由北京土地利用类型转变矩阵(表7—4和表7—5)可知,北京城市土地利用面积的扩展主要来源于对耕地的侵占,并且是导致耕地面积持续锐减的第一主力。1982~1997年间,北京城市土地利用扩展共侵占了488.59km^{2}的耕地,占同期北京耕地面积衰减的44.99%。其中,1982~1992年间,共侵占了329.53km^{2}耕地,占耕地面积衰减的41.15%;1982~1997年间,共侵占了159.06km^{2}耕地,占耕地面积衰减的55.79%,相对比重呈不断上升趋势。

2. 城市土地利用扩展的用地结构极不合理

由表7—26可知,工业用地是北京城市土地利用扩展的主体,在城市土地利用内部结构中所占的比重和对城市土地利用扩展的贡献率呈高速增长的趋势;而以居住用地为主的城镇用地、交通用地与特殊用地的扩展速度则相对缓慢,它们在城市土地利用内部结构中所占的比重和对城市土地利用扩展的贡献率则持续缩减。北京城市土地利用扩展中的各用地类型极不平衡,工业用地畸形增长,而居住用地、道路广场用地、公共设施用地、科教文卫用地的扩展速度却严重滞后,新增城市土地利用的用地结构极不合理。根据1993年所修订的"北京城市总体规划(1991~2010年)",北京的城市性质被确定为"我国伟大社会主义祖国的首都,全国的政治中心和文化中心、全方位对外开放的现代化国际城市"[18]。显然,工业用地的过度扩展,会大量消耗北京本来就极为短缺的水、土、能源等资源,会严重恶化本来就极为脆弱的城市生态环境,从而对北京的城市性质构成威胁和损害。

表7—26 北京城市土地利用内部结构的动态变化

城市土地利用类型	内部结构比重 1982年	内部结构比重 1997年	扩展贡献率 1982~1992年	扩展贡献率 1992~1997年	变化情况
城镇用地	49.47%	33.09%	21.59%	11.40%	缩减
工业用地	27.25%	49.67%	64.91%	80.67%	高速增长
交通用地和特殊用地	23.28%	17.21%	13.49%	7.93%	缩减

北京工业用地的持续超高速扩展,主要是由于乡镇企业用地的迅速增长、工业开发区的大规模兴建及城区工业的调整搬迁等因素的综合作用。这对促进远郊农村地区的经济发展和实现城市建设的重点逐步从市区向远郊地区转移的战略目标都具有重要的作用。但目前乡镇企业的分散布局和随意占地行为导致其土地利用率普遍低下;开发区设置和规划得过多过大,已造成了大规模的土地闲置与浪费及较严重的恶性竞争;外迁工业在郊区的分布分散而缺乏组织,占地较多,有时甚至出现二次搬迁和污染扩散[44]。

另外,在居住用地中,高档住宅、别墅用地过多,普通住宅建得过少。北京东北郊沿京汤路从亚运村到小汤山和北郊沿京昌公路两侧,集中分布着一、二层的独立式高级别墅群,正在形成一个富人区,出现了吴良镛院士所批评的"美国式郊区化现象"[2,43,45]。这种仅适合少数城市富裕阶层的高土地消耗居住方式,在人多地少且尚处于社会主义初级阶段的中国应该严加控制。

3. 城市土地利用扩展的圈层式蔓延,严重地损害了城市生态环境

有关研究表明,城市扩展形态是与可持续发展明显相关的。随着城市土地利用扩展中心由内向外渐进推移,新增城市土地利用具有明显的"年轮"现象,且不断地"蚕食"中心大团与各边缘集团间的绿化隔离带。1958年所确定的绿化隔离带面积为300多 km²,1982年减少到

260km², 1992年又进一步减少至240km², 其中, 城乡各项建设还占去了80多km²。北京的"分散集团式"布局结构几近名存实亡, 总体规划中为了保证向市中心区输送新鲜空气而保留的"楔形绿地"也大多已被切断, 城市的生态环境和自然特色受到了严重的损害[46,47]。

北京的城市蔓延是在非农业人口和流动人口急增、土地管理松懈的条件下, 单一的城市用地单位和农村经济组织出于各自利益而决策的结果, 是"双轨制"下"土地隐性市场"(black land market)高度繁荣的空间表现。从需求方面来看, 城乡结合部离城区最近, 区位及交通条件优越, 其农村集体所有土地的地价低廉, 规划管理薄弱, 极易通过土地隐性市场, 变相开发为城市利用, 因而成为那些因用地不足或结构调整而不得不外迁, 但又不愿远离市区的企业的首选之地; 同时北京近郊区也是外来人口的主要聚集区, 近年来已形成了一些群体来源地相同的大规模都市移民村落, 如"河南村"、"浙江村"等[48]。从供应方面来看, 受农业土地与城市土地间巨额价格与效益差异的吸引, 近郊的区、县、乡、村各级农村经济组织都希望将更多的农业用地转变为或变相转变为城市利用土地, 以吸引外来资金和新的开发项目[8]。供需双方均以追求自身经济利益的最大化为宗旨, 均少顾及无序的城市蔓延对耕地及绿化隔离带的侵蚀、对资源的过度消耗与浪费、对城市生态环境的损害等社会效益和生态效益的损失。

三、促进北京城市可持续发展的土地利用管理对策

"城市可以是持续经济增长和可持续发展的发动机。但是, 如果现有的城市问题得不到解决, 它们就会成为稳定、幸福和达到可持续发展的障碍"(联合国人居问题Ⅱ)[38]。一般来说, 要达到可持续的城市有两条途径: 一是进行各种各样的规划、建设和管理; 二是改变城市居民的态度和行为[37]。为了实现北京城市可持续发展, 具体的增长管理措施主要包括以下六个方面。

1. 适度控制北京的人口和经济发展速度, 维持生态系统的良性循环

在1982~1997年的15年间, 北京市的总人口增长了30%, 其中, 农业人口因城市化进程而减少了5%, 非农业人口增长了35%, 流动人口增加了629%。总人口, 特别是非农业人口和流动人口的迅猛增长, 一直是北京城市土地利用快速扩展的主要动力因素, 并引起了用地、住房、供应、交通、能源、供水和环境矛盾的全面紧张, 对生态系统的承载能力施加了巨大的压力。为了维持生态系统的良性循环, 必须采取有力措施, 适度控制北京的人口和经济发展速度。在计划经济时期行之有效的户籍管理措施已失去其效用且不合时宜, 在新时期应替之以通过转移、分流城市的部分经济职能以带动人口疏散的新机制。

2. 优先发展资源节约型和知识集约型产业, 调整城市经济结构

北京的土地、水资源、能源等资源量和环境容量极为有限, 是其劣势; 而北京的高等院校、科研机构集中, 集聚着全国第一流的人才, 拥有雄厚的科技力量和显著的智力基础, 是其优势。目前, 资源消耗量大、技术含量较低的传统工业的过量发展, 导致北京市出现了较严重的交通

堵塞、水源不足、住房拥挤、能源短缺、环境质量下降等一系列"大城市病"。因此,在知识经济蓬勃发展的 21 世纪,北京市应扬长避短,优先发展资源节约型和知识集约型产业,全面调整城市经济结构,使城市增长从主要依赖自然资源转向主要依赖智力资源,从主要消耗物资转向更多地消费知识,走依靠科学技术进步和城市居民素质的提高的可持续发展之路。

3. 严格控制工业用地和高档别墅、公寓用地的发展,搞好城市用地结构平衡

工业用地是北京城市土地利用扩展的绝对主力,但工业用地扩展具有很大的随意性和盲目性,土地低效使用和闲置浪费的现象极为严重。同时,乡镇企业的遍地开花和任意布局,还侵占了大量宝贵的耕地,并造成了大面积的环境污染。因此,必须严格控制全市工业用地和工业开发区的新增扩展,并制定适当的优惠政策,鼓励外迁工业企业和乡镇企业布局于现有的各级工业小区,以便于分类归并、集中治理,减少环境污染。其次,高档别墅、公寓用地的过量发展和大量滞销,极大地浪费了宝贵的社会资源,宜予以控制。另外,居住用地、交通用地、公共设施用地的发展滞后,严重地恶化了城市的生产生活环境,今后应重点发展,优化北京城市土地利用结构。

4. 大力发展快速公共交通系统,摆脱城市土地利用扩展的圈层式蔓延

对特大城市交通运输系统的选择是环境可持续性的关键因素[49]。北京当前外迁人口的主体是并不富裕的工薪阶层,通勤工具以自行车和公共电、汽车为主。由于公共交通发展滞后,外迁居民不可能也不愿意搬迁过远。近域迁移的结果容易导致城市建成区向四周蔓延,蚕食城市外围的绿化隔离带[44]。摆脱城市土地利用圈层式蔓延的关键举措,即是大力发展大容量的城市公共交通系统,如轻轨、地铁等,形成强劲有力的城市土地利用扩展轴。城市沿对外交通线路走廊式扩展,可在扩展轴间留出农田、森林等形成绿楔,有利于城市生态环境的改善和居民生活质量的提高。

5. 尽快绿化城市隔离地带,改善城市生态环境

作为北京城市建成区的"肺"、"氧气库"及"隔离带",绿化隔离地区的状况对北京的城市生态环境和空间格局具有非常关键的作用。但多年来,各种行政"防""堵"措施收效甚微,规划中的隔离地区在城、乡的两面夹击之下日渐萎缩。1994 年以来,北京市政府综合运用行政法规与市场机制的调控策略,提出了"以绿引资,引资开绿,开发建绿,以绿养绿"的方针,把房地产开发与旧村改造、环境绿化三者结合起来,收到了较好的成效。至 2000 年 4 月,已建成绿地 2 363hm^2,初步形成 8 种类型的绿色产业和 10 块面积在 333hm^2(5 000 亩)以上的大型绿色板块,极大地改善了城市生态环境[50]。这是一个成功的城市增长管理案例。

6. 加强可持续发展的普及教育,改变企业与居民的态度与行为

城市的诸多环境问题与所有单位及居民的日常行为和环境态度是息息相关的。例如,北

京市区绿化隔离带的萎缩,就是由于大量的单位和个人为了获取自身利益而非法、违法用地的综合结果。为了达到可持续性,必须加强可持续发展的普及教育,让社会大众广泛熟知其行为方式、生活方式对生态环境的影响,并认识到改变态度和行为方式的必要性。只有让所有社会公众自主、积极地参与进来,城市的可持续发展才会成为可能。

参 考 文 献

[1]　陈佑启:"城乡交错带土地利用——以北京市为例"(博士论文),中国科学院地理研究所,1995。
[2]　柯焕章:"关于北京市城市开发用地和市区住宅开发用地情况的研究",《北京规划建设》,1996(2)。
[3]　崔功豪、武进:"中国城市边缘区空间结构特征及其发展",《地理学报》,1990(4)。
[4]　北京市统计局编:《北京统计年鉴1998》,中国统计出版社,1998。
[5]　顾朝林、陈田:"中国大城市边缘区特性研究",《地理学报》,1993(4)。
[6]　丁成日、胡珏:"可达性分析与城乡地域分异——以北京人口、工业地域结构为例",《经济地理》,1990(3)。
[7]　北京市计划委员会国土环保处主编:《北京国土资源》,北京科学技术出版社,1998。
[8]　北京市房屋土地局:"北京土地资源",1997。
[9]　中国科学院地理研究所:"北京土地利用",1985。
[10]　ESRI, Introduction to ArcView GIS, 1996.
[11]　顾朝林、陈振光:"中国大都市空间增长形态",《城市规划》,1994(6)。
[12]　甘国辉:"北京地域结构体系研究"(博士论文),中国科学院地理研究所,1986。
[13]　T. Kikuchi, Gui-Min Zhang, Huan-Cheng Guo 1997. Land Use Changes and Their Driving Force in the Beijing Metropolitan Area, China. *Geographical Reports of Tokyo Metropolitan University*, No. 32.
[14]　史培军、陈晋、潘耀忠:"深圳市土地利用变化机制分析",《地理学报》,2000(2)。
[15]　张庭伟:"控制城市用地蔓延:一个全球的问题",《城市规划》,1999(8)。
[16]　Downs A. 1994. New Visions for Metropolitan America. *The Brookings Institution and Lincoln Institute of Land Policy*, Washington, D. C..
[17]　Ewing, R. 1997. Counterpoint: Is Los Angeles-Style Sprawl Desirable? *Journal of American Planning Association*, Vol. 63, No. 1.
[18]　北京市城市规划设计研究院:"北京城市总体规划介绍",《北京规划建设》,1993年增刊。
[19]　王良健、包浩生、彭补拙:"基于遥感和GIS的区域土地利用变化的动态检测与预测研究",《经济地理》,2000(2)。
[20]　刘惠平:"基于遥感和GIS的城市边缘带土地利用变化和城市扩展模式研究——以北京市朝阳区为例"(博士学位论文),北京师范大学,1999。
[21]　葛本中:"北京经济职能与经济结构的演变及其原因探讨(上)",《北京规划建设》,1996(3)。
[22]　于学文:"应用航空遥感技术对城市建设用地发展趋势的分析",《城市规划》,1986(2)。
[23]　顾朝林等:《中国大城市边缘区研究》,科学出版社,1995。
[24]　章兰芳、金飞鸿:"关于北京工业园区规划实施情况的调查",《北京规划建设》,1996(4)。
[25]　邬江:"谈北京城区工业调整搬迁问题",《北京规划建设》,1989(8)。
[26]　邬江:"北京工业离心扩散对城乡建设的影响",《北京规划建设》,1990(1)。
[27]　范作江、承继成、李琦:"遥感与地理信息系统相结合的城市扩展研究",《遥感信息》,1997(3)。
[28]　Zhong Yue-guang, etc. The Corridor Effect of Metropolitan Spatial Extension and Opitimization of Landscape Structure—the Case of Beijing, *The Journal of Chinese Geography*, Vol. 9, No. 4.
[29]　Anas A. 1978. Dynamics of Urban Residential Growth, *Journal of Urban Economics*, No. 5.
[30]　陈秉钊:"北京城市建设的战略选择——抓住机遇摆脱'摊大饼'",《城市规划》,1999(12)。

[31] David E. Dowall 1978. Theories of Urban Forms and Land Use：A Review,Working Paper295.
[32] D. Dipasquale & W. Wheaton 1996. *Urban Economics and Real Estate Markets*,Prentice-Hall,Inc.
[33] 吴传钧、郭焕成主编：《中国土地利用》,科学出版社,1994。
[34] Wu Chuanjun 1990. Land Utilization in China：Its Problems and Prospects,*Geo-journal*. Vol. 20,No. 4.
[35] 吴传钧主编："北京土地利用",中国科学院地理研究所内部资料,1985。
[36] 沈道齐："城市化进程与城市可持续发展",载于杨汝万、陆大道、沈建法编：《迈向21世纪的中国：城乡与区域发展》,香港中文大学亚太研究所,1999。
[37] L. Reutersward and E. Kessler："可持续城市",《人类环境杂志》,1996(2)。
[38] 组织委员会："可持续城市——献给人居",《人类环境杂志》,1996(2)。
[39] 吴良镛："走向持续发展的未来——从'重庆松林坡'到'伊斯坦布尔'",《城市规划》,1996(5)。
[40] 国家计划委员会：《中国21世纪议程》。
[41] S. Tsenkova 1999. Sustainble Development in Europe：Myth or Reality,*Urban Geography*,No. 3.
[42] E. Kessler："城市圈",《人类环境杂志》,1996(2)。
[43] 顾朝林、C. 克思特洛德："北京社会极化与空间分异研究",《地理学报》,1997(5)。
[44] 周一星："对郊区化要因势利导",《城市规划》,1999(4)。
[45] 金振蓉、龚雪辉："中科院院士吴良镛呼吁防止城市郊区化现象",《光明日报》,1998年5月21日。
[46] 张敬淦：《北京规划建设纵横谈》,北京燕山出版社,1997。
[47] 赵知敬："加快实施绿化隔离带地区绿化工作——关于实施北京市区隔离地区绿化工作的报告",《北京规划建设》,1996(4)。
[48] 邱友良、陈田："外来人口聚集区土地利用特征与形成",《城市规划》,1999(4)。
[49] 拉奎因："面向可持续发展的城市未来",《城市规划》,1996(4)。
[50] "绿化隔离地区建设提前完成任务",《北京日报》,2000年4月24日第1版。

第八章 上海城市土地利用的空间结构演变及其动力机制

第一节 上海城市土地利用现状

本章所使用的数据来自上海市第二轮航空遥感综合调查与研究课题,分两个部分。其中一部分是上海市中心城区土地利用空间数据,来自于该课题成果之一——上海城市扩展和城市化过程及规律的遥感动态研究。另一部分是上海全市土地资源调查数据,全部为属性数据,来自于该课题的成果——《上海市第二轮航空遥感综合调查与研究科研总报告》,由作者进行标准化和空间化处理。

中心城数据的时相分别为1958年、1984年和1996年,按照统一的空间范围、统一的制图比例尺、统一的分类系统三原则,解译出的原始图件比例尺均为1:2万。其中空间范围按照1988年上海中心城10区的范围取定,面积为280km^2。分类系统采用建设部1991年颁布的国家标准GBJ137-90《城市用地分类与规划建设用地标准》中的城市用地分类体系,共分10个大类,46个中类。工作中根据上海的实际情况改为11个大类和42个中类,在大类中增加了待建用地,意图反映20世纪90年代上海城市大规模的城市建设现状。本章所使用的数据是经过制图综合后的数据,比例尺缩小至1:5万,土地利用分类合并为8类,分别是居住用地、工业用地、公共用地(包括公共设施用地、市政公用设施用地、绿地等)、农业用地、村镇建设用地、待建用地、交通用地和水系。在本章中,我们给上述土地利用方式的属性代码分别是1到8。

全市土地利用数据分两个时相,前一个时相利用1989年11月摄制的彩红外航空像片(1:6万)解译而得,土地利用分类系统采用全国农业区划委员会颁布的《土地利用现状调查技术规程》为标准。目的主要是反映上海郊区6县土地利用的现状,包括宝山区、原上海县、原川沙县(浦东新区)、青浦县、原嘉定县和崇明县(其余4个远郊县仍采用统计资料汇编成图)。受数据来源限制,目前尚缺原嘉定县数据;后一个时相利用1994年底彩红外航空像片(1:6万)解译而得,覆盖全部郊区县,土地利用分类系统采用建设部标准(见上)。由于两个时相数据所采用的分类系统不一致,所以作者进行了归一化处理。这里不再赘述。

上海市行政设置为15区和5县,分别是通常所说的中心城10区——黄浦区、南市区、静安区、普陀区、长宁区、卢湾区、徐汇区、虹口区、闸北区和杨浦区;近郊4区——浦东新区、宝山区、嘉定区和闵行区;远郊5县1区——南汇县、奉贤县、松江县、青浦县和金山区。

上海市中心城多年土地利用面积分类统计如表8—1所示,其特点如下。

① 从1958年到1984年,工业用地增长170%,而同期居住用地仅增加28%,公共用地增加41%。工业职能的发展在城市发展中占据绝对主导的地位。到1996年,工业用地停止增长,代之以34.33%的居住用地增长,反映这一时期城市功能已经在发生转换。

② 城市扩展速度加快。从1958年到1984年,非城市用地类型减少占研究区280km² 的23%,而从1984年到1996年10余年间,非城市用地类型减少占研究区的14%。实际上1996年,城市已经扩展到本章的研究区以外了。

表8—1　上海市中心城多年土地利用面积分类统计

	居住用地	工业用地	公共用地	农业用地	村镇建设用地	待建用地	交通用地	水系
1958年	20.11%	6.71%	12.31%	39.72%	7.67%	0.07%	6.96%	6.45%
1984年	25.71%	18.11%	17.38%	19.45%	4.73%	1.22%	6.97%	6.44%
1996年	34.33%	18.50%	17.97%	6.80%	3.25%	5.62%	7.10%	6.44%

一、上海市中心城土地利用

1. 1958年中心城土地利用

第一个五年计划时期,国民经济建设重点并不倾向于上海城市建设,因此1958年的城市形态和结构基本保持与1949年前一致。但当时上海仍旧是中国第一大城市,建成区基本上在内环线以内,城市工业区沿袭1949年前格局,分布在杨浦区、普陀区、卢湾区南部,另外浦西沪杭铁路沿线也有部分工业分布。整个城市单中心紧凑的格局非常明显(彩图8—1)。

2. 1984年中心城土地利用

1984年土地利用格局集中反映了我国社会主义计划经济体制下城市建设的结果(彩图8—2)。上海从1949年前的全国经济、金融中心城市重新塑造成为国家的工业中心城市,城市建设受到抑制,工业建设得到重点发展,因此从图中最为直观的表现就是中心城新增大量工业用地。不仅如此,工业用地的分布格局表现为与其他城市用地交错分布,是当时短缺经济状态下工业建设"见缝插针"指导思想的结果。这一时期,城市的单中心结构仍旧体现得十分明显。

3. 1996年中心城土地利用

1996年土地利用图的最大特点是反映出中心城空间扩展的迅速态势,280km² 的范围内基本上已经成为连片建成区(彩图8—3)。工业用地在内环线以内略有减少,但不明显,这是因为城市产业结构的调整,城市土地的置换才刚刚开始,尚未表现出来。这一时期,居住用地在内环线以外的城乡结合部大量增加成为城市建设的一大主题。

中心城的空间扩展仍旧以"摊大饼"的模式进行,随着城市规模的快速增加,单一核心的城市结构将越来越适应城市发展的需要。换句话说,城市规模过大,如果没有良好的城市功能的空间组织,规模的不经济现象就会出现,例如交通拥挤、环境质量恶化、基础设施建设跟不上等等。因而这一时期,应该充分重视为城市下一阶段发展设计并营造良好的空间结构。

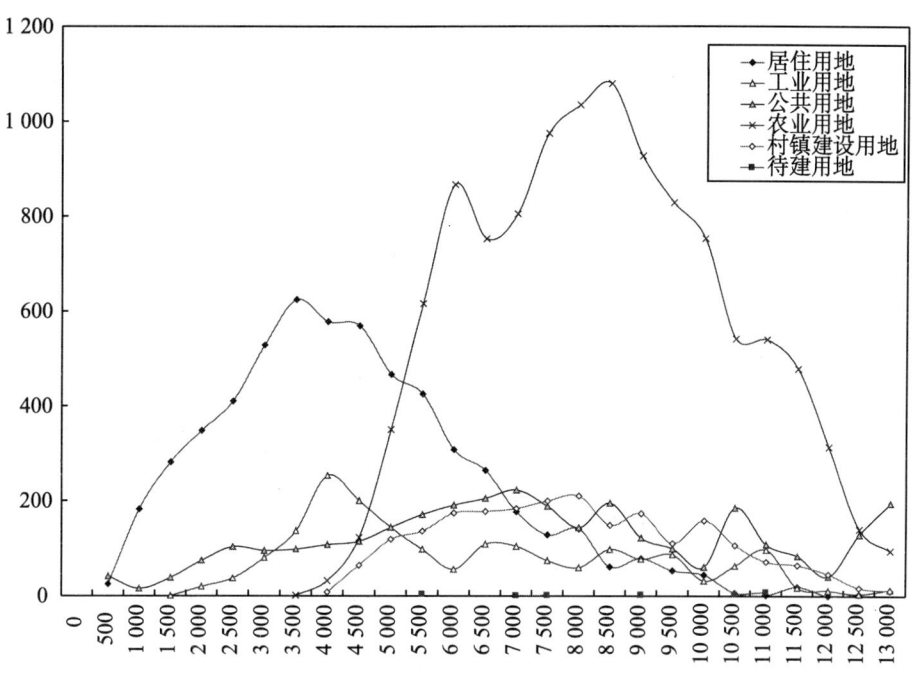

图8—1 1958年上海市中心城土地利用分类距离谱系

注:图中横坐标为距离(m),纵坐标为面积(hm^2),下同。

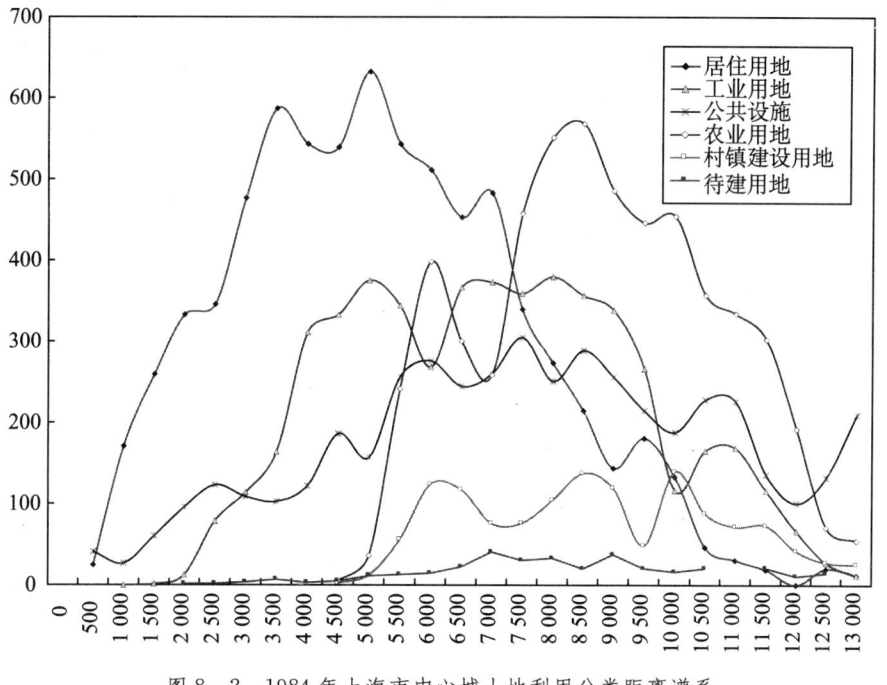

图8—2 1984年上海市中心城土地利用分类距离谱系

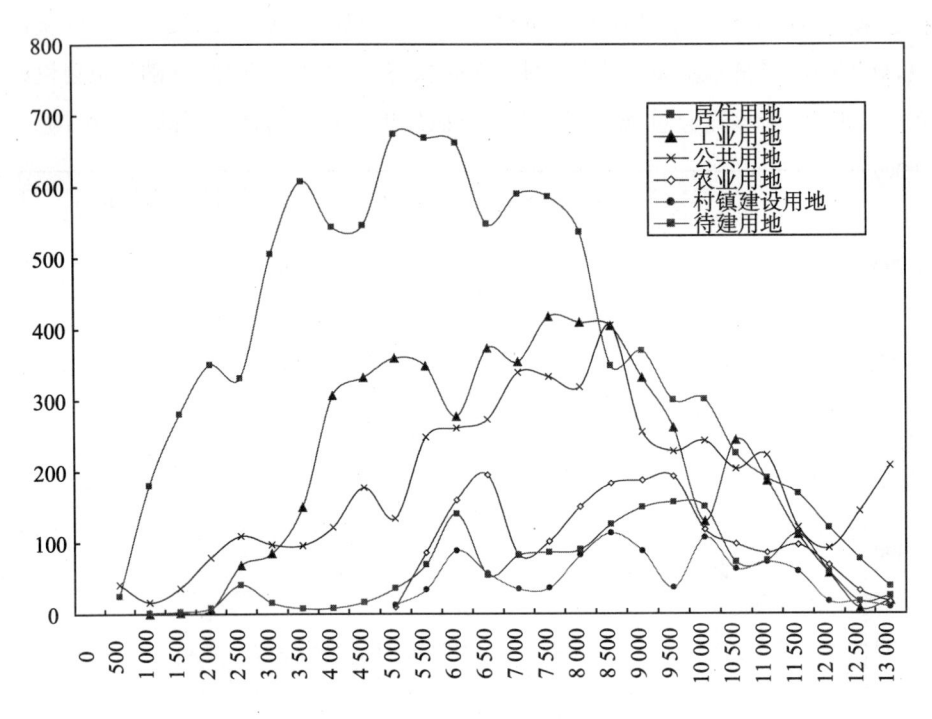

图 8—3　1996 年上海市中心城土地利用分类距离谱系

二、上海市中心城土地利用的距离分布谱系

通过土地利用的数量构成,只能间接反映城市空间结构。城市空间结构更主要地表现为城市要素的空间位置和分布关系,因此对土地利用要素进行距离和方位的分析是探求城市空间结构的必要手段。问题的关键是如何确定距离和方位的参考原点。按照常规做法,本章选择上海市的人民广场作为城市中心点和参考原点。

城市空间结构的变化是城市功能创新与扩散过程的结果,而功能创新总是从城市中心开始的。从本质上讲,这是事物的空间位置关系在发生作用。因为从城市中心向四周发散的平均交通代价是最低的,从而使城市总体的人流、物流乃至资金流、信息流的代价最低。于是,在城市发展的各个阶段,城市的核心功能都集中在城市的中心。古代城市,城市中心是象征王权的宫庙与必要商品集市;现代城市的早期,商业与商品交换场所形成城市的核心;工业化时期,城市围绕工业而布局;进入工业化后期,金融、保险、服务等高级第三产业职能逐步入主城市核心区,并在扩散过程中把第二产业替换出城市中心区域。

土地利用的距离和方位分析不仅应用于中心城土地利用总量的分析,反映出总体的分布格局,而且还将应用于土地利用的多年变化的分析,即寻找出这样的变化在距离和方位上的空间分布格局。

首先,生成以人民广场为中心的步长为 500m 的同心圆(coverage),半径最大 13km(共有 26 个环状多边形);然后与各年份土地利用数据进行叠加操作,最后按照不同距离的圆环进行土地利用分类统计,计算在各个距离带上分类土地利用的面积以及所占比例。

1. 城乡结合部

判断城乡结合部与郊区的依据，是从开始出现非城市用地的距离算起，到达非城市用地面积的峰值处，通常这里城市用地已呈显著下降态势，而且非城市用地面积已经大于城市用地面积之和，这一段可认为是城乡结合部；再向外推，非城市用地类型已占主导地位，伴随着城市用地类型的显著减少，从而进入近郊地域。

按照上述判别方法，1958年的城乡结合部出现在距离市中心4～6km处，6km以外基本上是十分典型的农村地域。

1984年的城乡结合部出现在距离市中心5km处，至8.5km处非城市用地面积达到峰值，代表城市主要职能之一的居住用地已呈迅速下降趋势，然而工业与公共用地仍有相当数量，直到11km以外才出现显著下降。这是因为20世纪60～80年代城市工业用地扩张，在近郊形成多处工业区，呈环状包围城市的结果。因此综合判断，1984年的城乡结合部出现在距离市中心5km至8.5km处，8.5km以外是近郊地域。

到1996年，距离谱系上已经无法观察到非城市用地的上述图形，我们采用考察城市用地显著下降的办法，粗略判断9.5km处作为城乡结合部的起点，而近郊区则远在13km以外了。

2. 用地类型在距离上的推进模式

随着城市规模的增加，空间范围向外推进，各种用地类型在距离上的分布与变化也表现出一定的特征。以下就以三种主要的城市用地类型来说明。

居住用地，毫无疑问是城市的一大用地类型，随着城市向外推移，居住用地的波峰随之外推，并且出现了单一波峰向多波峰转变的格局，说明在围绕城市的不同圈层都形成了适宜居住的区位。1958年，居住用地集中在内环线以内，与工业用地有着相似的分布格局；经过80年代到90年代，居住用地的高值区已经从内环线向外延伸了5km之多，说明城市扩展主要以居住用地为主。

工业用地与居住用地的距离分布及变化模式相似。但是也存在区别：一是工业用地的高值区幅宽更宽，分布距离比居住用地更远，其中不少是近郊工业区的贡献；二是工业用地向外迁移的趋势表现出来，到1996年，波峰明显位于新的城乡结合部附近（9km处）。

公共用地包括大量市政用地、绿地，因此主要集中在城市边缘附近，向外推移的规律不明显。

第二节 上海市土地城市化的时空扩散特征

一、研究方法

在判断一个地区的城市化水平时，通常采用人口城市化率指标，即该地区城市人口与总人口的比率。随着城市人口的增长，城市化率的提高，实际上还将伴随着城市用地在数量上的扩张和结构上的变化。这就隐含了一个概念,即土地利用也存在一个城市化的过程。那么,土地利用的城市化过程是否与人口城市化过程存在相同的特征?

首先借用人口城市化的度量指标,建立土地的城市化度量指标:

$$S_u = \frac{\sum_{i=1}^{n} S_{ui}}{S} \times 100\%$$

式中,S_u 为土地城市化率,S 为一定区域内土地总面积,S_{ui} 则是各分类土地利用的面积。就像人口城市化率一样,土地城市化率也是针对一定的空间范围来确定的,超越了这个范围,它就失去了存在的基础。

诺瑟姆(Northam)把城市化水平随时间变化的过程概括为 S 形曲线,并将其化分成 3 个阶段,即城市化初期阶段、人口向城市迅速集聚的中期加速阶段和进入高度城市化后城市人口比例的增长趋向缓和甚至停滞的后期阶段[1]。实际上,S 形曲线从概率分布来看,就是正态分布的频率累积曲线,即 logistic 曲线。它由瑞典学者海格斯蒂德(Hägerstrand)在研究事物的空间扩散时提出的。城市化的过程就可以看做"城市"这种地理创新在空间范围上的扩散过程。在创新的第一阶段,其应用集中于创新中心和其他大城市,沿城市体系等级序列扩散;第二阶段,传播方式也相应改变,近邻效应占主导地位,空间摩擦力使得大中城市的郊区转变为城市,而边远地区依然落后;到了第三阶段,创新的推广渐趋饱和,区域差异开始拉平。

因此,根据上面的理论,我们假设土地城市化的扩散过程同样遵循这一原则,然后通过对具体数据的分析来看是否能发现这样的规律。我们利用上海市现已进行的两轮航空遥感调查的土地利用数据,一次是 1989 年 11 月的数据,一次是 1994 年 10 月的数据。

按照上文公式计算各个乡镇的 S_u 值。图 8—4 为上海市郊区县 1989~1994 年土地城市化水平的散点分布图(图中三角形图案为 1989 年数据,数据值为零者乃缺失数据),统计单位到乡镇一级。图中纵坐标为土地城市化的百分比,横坐标为各区县。从图中可以看出,1989~1994 年的 5 年间,各区县土地城市化率均有大幅度的提高,尤其以浦东新区、闵行区和宝山区为明显,从侧面看出中心城发展的轴线以近似南北方向为主,黄浦江西岸强于东岸;浦东新区随着开发开放力度的加强,城市化进程也在逐渐加快。

二、土地城市化的距离衰减

多种文献都提到人口密度的距离衰减模式是基于负指数函数的形式[1,2],并用数据加以验证。距离衰减是考察事物空间扩散的一个重要的角度,它描述了距离"创新源"的距离如何影响创新扩散的进程。我们假设上海市郊区县土地城市化的进程受到中心城的辐射影响,中心城相当于创新源,距中心城的距离就是影响每一个乡镇的土地城市化率的变量。利用 Arc-View GIS 求出各乡镇多边形的几何中心,以中心城人民广场为城市中心,求算各个乡镇与中心城的距离;然后利用这个距离值来考察上海市郊区县土地城市化率与中心城的距离衰减关系。

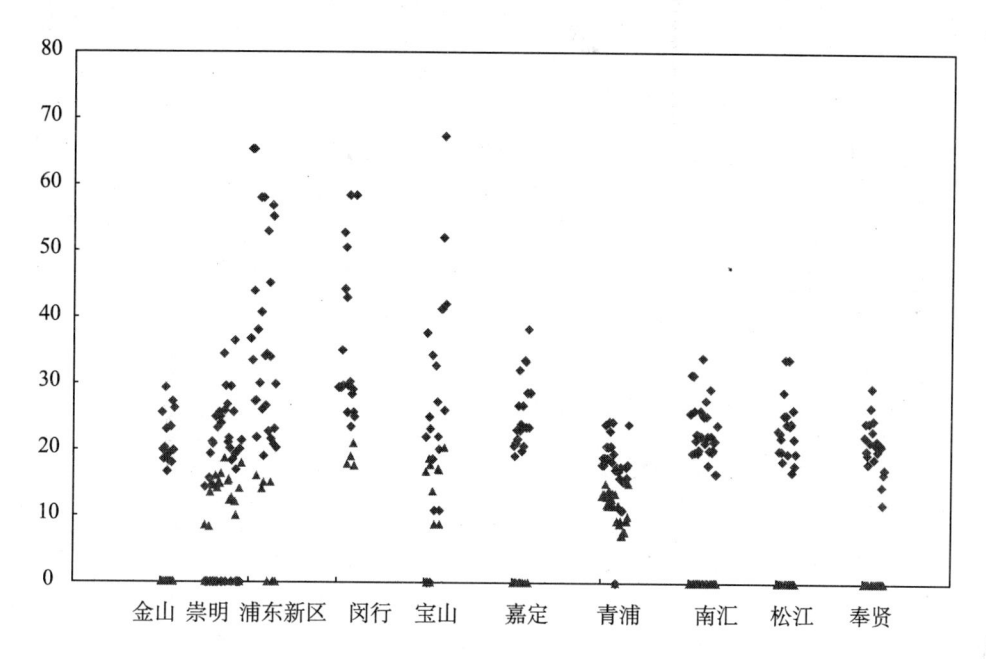

图 8—4　上海市郊区县土地城市化水平(1989～1994 年)

本章利用下列函数来进行距离衰减的拟合实验：

① 线性方程：$y=ax+b$；

② 负指数函数：$y=ae^{-bx}$；

③ 指数函数：$y=ae^{\frac{b}{x}}$；

④ 幂函数：$y=ax^b$；

⑤ 对数函数：$y=a+b\ln x$。

对1994年上海市郊区县土地城市化率的距离衰减拟合的结果是(图 8—5)：

① 线性方程：$y=-0.439\,371\,5x+40.328\,922\,44$；相关系数 0.599 776 773；

② 负指数函数：$y=39.8e^{-0.015x}$；相关系数 0.619 937 595；

③ 指数函数：$y=16.734e^{\frac{9.697}{x}}$；相关系数 0.690 080 987；

④ 幂函数：$y=114.897\,9x^{-0.457\,839\,154}$；相关系数 0.680 991 456；

⑤ 对数函数：$y=73.048\,9-13.927\ln x$；相关系数 0.680 524 081。

图中横坐标为距离(km)，纵坐标为土地城市化率(%)，小方块代表实际的土地城市化率S_u值。从上面的拟合结果来看，虽然效果都不是十分理想，主要是相关系数偏低。但是，一些函数从根本上讲并不适合用于模拟这种距离衰减关系，因此可以排除。如：对数函数(图中菱形)，在距离大于某个数值时，Y 值将小于零，所以虽然其相关系数较好，仍不能作为拟合函数；指数函数也有类似的情况，其在 X 逼近 0 和趋向无穷大时，Y 值分别趋向无穷大和固定值 16.734，并且在距离大于 30km 后，Y 值已衰减十分缓慢；线性函数则根本不适合距离衰减的模拟。

于是，在其余的负指数函数和幂函数中，后者在拟合图形上胜出一筹；而前者则在近距离

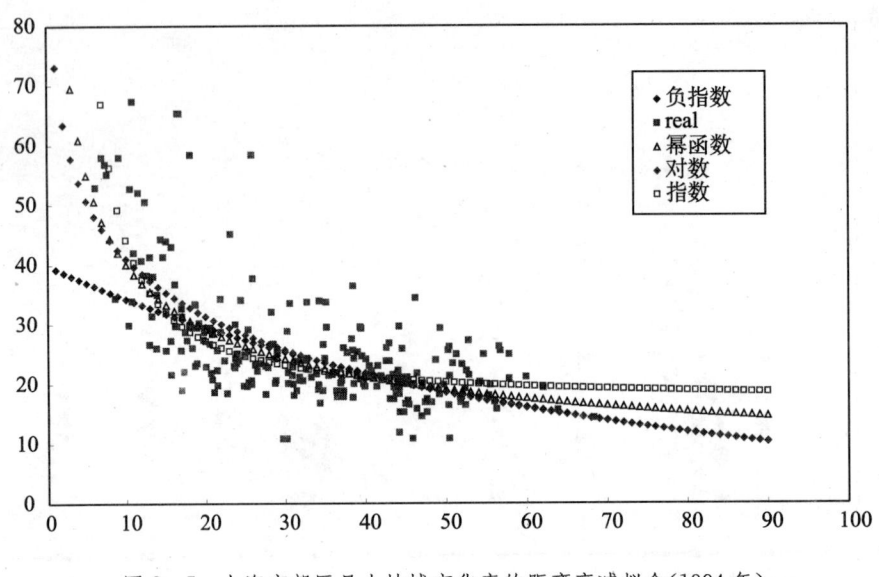

图 8—5　上海市郊区县土地城市化率的距离衰减拟合(1994年)

的拟合上明显不足,主要是因为无法表达近距离 S_u 值迅速上升为 100% 的这种趋势。因此,我们认为幂函数用于拟合上海市郊区县土地城市化的距离衰减是相对比较合适的(图中三角形符号代表的函数)。无论在近距离还是在远距离,均可以获得较为理想的模拟值。

距离衰减的函数拟合能够帮助我们理解并在一定程度上度量地理事物在空间扩散中形式,但它并不一定具有普适性,而更多是一种经验公式。就人口密度的负指数衰减模式而言,贝利(Berry)等人认为它只适用于西方城市,他们对印度加尔各答近 70 年城市人口变动的研究表明,在城市扩张的同时,城市的人口密度曲线没有大的改变,这体现在城市中心,人口密度仍旧保持很高的数值[3]。与西方城市发展所不同的是,城市富有阶层不仅没有在城市化进程中迁移出城市,反而集中在城市中心区位;而那些贫穷阶层却选择了城市周边区位。按道理说,城市中心区位所需的交通开销最小,应该是较为贫穷的阶层所选择的区位,但事实上却是不需要省出这部分开销的富有阶层选择住在那里。对于这样的问题,贝利等人似乎也没有给出答案;诺瑟姆认为这是文化的差异造成的。其实,即使是在半个世纪后,中国也存在同样的趋势。我们认为文化问题不一定是核心,人口众多、人均社会资源占有量过低才是导致这样的现象的一个重要原因。

三、上海土地城市化的时空扩散模式

对上海市郊区县 1989 年和 1994 年两个时相的土地城市化率数据进行频谱分析,可以得到图 8—6 和图 8—7。

图中纵坐标是出现在各个土地城市化率频段的频数,横坐标是土地城市化率分段,以 2 个百分点划分;图中曲线为上述频率分布的累积曲线。无论是 1989 年,还是 1994 年,都可以看出土地城市化率的累积曲线呈现出 S-形曲线的形状。

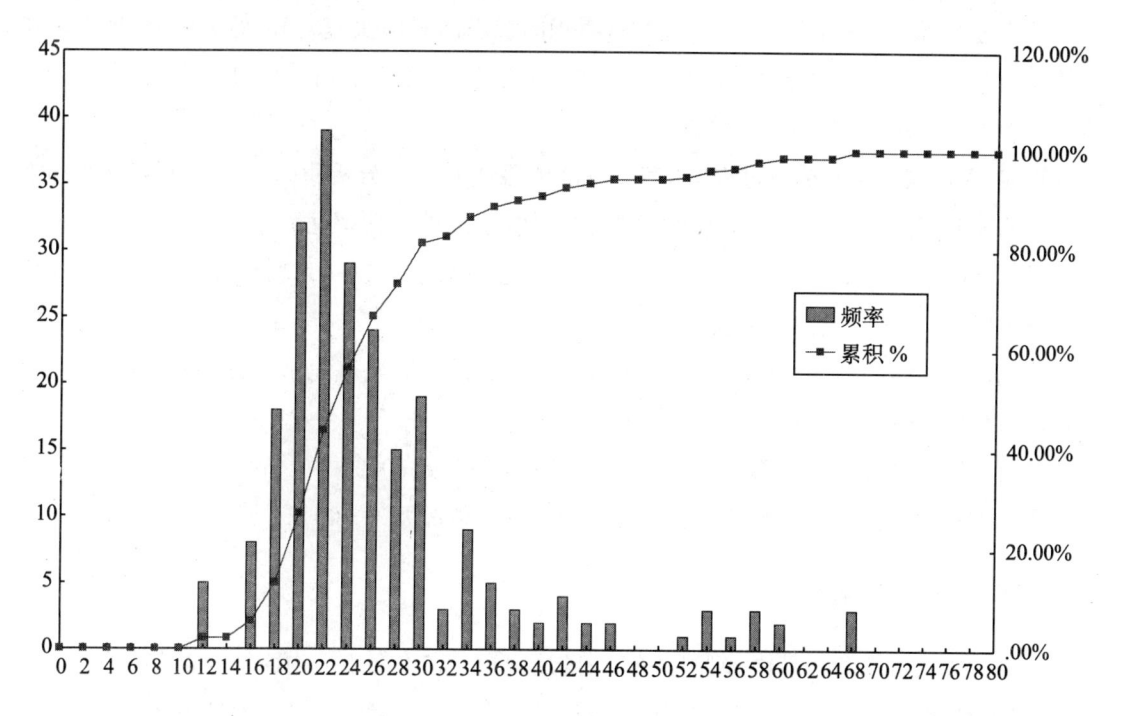

图 8—6　上海市郊区县土地城市化率的频谱分析（1994 年）

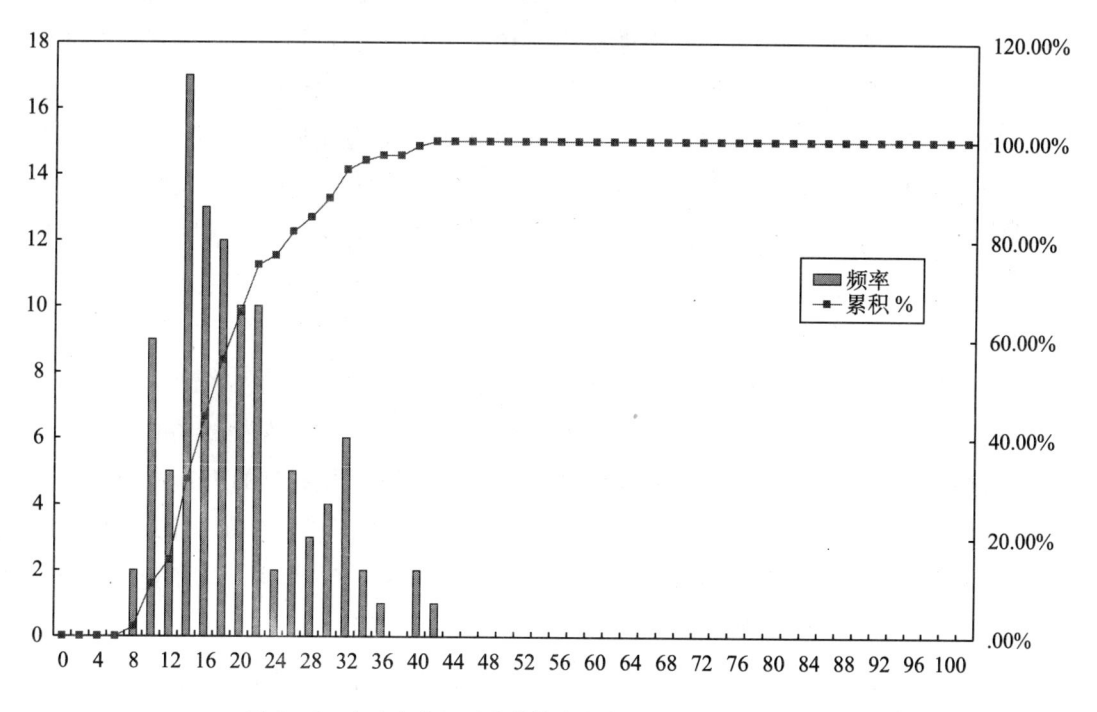

图 8—7　上海市郊区县土地城市化率的频谱分析（1989 年）

S-形曲线可以很好地解释扩散过程随着时间变化的规律。如果不考虑空间位置因素，扩散的接受者数量就取决于已接受扩散者的数量，因而在扩散的初期，这样的数量是很少的，这时，累积曲线增长平缓；但是扩散将进入加速时期，越来越多的接受者决定了更多的扩散转换，这时扩散过程将达到一个顶峰。这一阶段,累积曲线以高斜率快速上升;然而,一个区域内扩散的接受者毕竟是有限的,这就决定了它的数量是逐渐消耗掉的。因此,在扩散后期,累积曲线又趋于平缓,最终形成了S形形状。

目前,人口城市化的扩散过程已广为人们所接受。从上面分析我们看到,土地城市化也存在类似的随时间的扩散过程。以1994年数据为例,土地城市化率达到14%后会进入加速发展阶段,直到30%左右。所以,大多数样本都落入这个区间。其中,14%～22%为频率分布的上升波峰段,22%～30%为下降波峰段。

我们依据这样的频谱特点,将1994年上海市郊区县土地城市化水平分为6级,力图寻求土地城市化空间过程的模式。

①第一级:68%以上;②第二级:46%～68%;③第三级:30%～46%;
④第四级:22%～30%;⑤第五级:14%～22%;⑥第六级:0～14%。

四、对扩散形态的解释

上海地处长江三角洲前缘,河网密布,成陆历史短。在上海市境内西部分布有一条由数列贝壳沙堤组成的冈身,西北—东南走向,大致经过嘉定、南翔、诸翟、莘庄,南抵柘林一带。距考证,这是上海的古海岸线。春秋战国以后,人类活动增强,长江携带泥沙增多,并在上海岸线外淤积成陆。人们为防汛、围田等不断修建海塘,其中著名的有唐代的捍海塘、宋代修建的里护塘和1949年后的人民塘。海塘既起到了防汛固岸的作用,实际上还决定了新生大陆的形态,最重要的是海塘还决定了岸线内的地理结构。修建海塘时,就会在其内侧开挖一条河流,取其土夯筑塘基,我们姑且称其为塘基渠。为了解决塘内的防汛、排涝问题,人们又按照垂直的原理开挖大量河渠与塘基渠相连(即与岸线垂直),并在一些地点直接打通海塘与外海相通(如浦东的川杨河,南汇的大治河),这些河渠相互平行,又与岸线垂直,并在一定距离内打通纵向联系,故而形成现今水网交错、走向与岸线相应的格局。

长江泥沙在上海口外不断沉积形成新的陆地,因此海塘就得不断向外修建,旧海塘成为平原上坚固的垄,自然而然就成为人们修筑交通线的基础。因此我们不难看出,在冈身、捍海塘、里护塘及岸边人民塘上都形成了上海现今重要的交通线,诸如前文提到的川南奉公路、沪南公路、航南公路、七莘路、沪闵路等等。并且在这些交通线上形成了诸多市镇,上海著名的市镇,无论是嘉定、莘庄、金山卫,还是周浦、川沙、惠南,都在这样的位置上。从上海的遥感卫星影像中我们也能清楚地看到上述规律。

其实,上文中"发现"的城市化过程的空间扩散规律,从某种程度上讲,与上海市的自然地理格局不谋而合。自然与人文的结合本应协调如斯。割裂或者将这种关系置之不顾的行为都应该避免。

第三节　上海市中心城用地空间结构演变

土地利用是城市职能的载体。城市在物质空间上表现为由多种土地利用构成,它们分别承担着不同的城市职能,并且在空间上表现出较明显的组合和分异规律。这种组合和分异运动的结果导致在城市地域中出现均质化现象。以下我们采用土地利用均质度来衡量城市地域中均质化程度的差异、格局和变化规律,从而探讨城市空间结构的格局和演变规律。

一、研究方法与数据

城市空间结构的研究是一个空间思维过程,在实证研究中,遵循城市地域状态假设—几何图解/数学推导—模型归纳—模型检验的技术路线,与 GIS 空间分析方法相结合可以获得定量、准确和直观的模拟和再现。

1. 信息熵定义

根据信息熵的定义,可以表示为:

$$H(X) = -\sum_{i=1}^{n} P_i \log P_i$$

通常,可以把信息熵进行归一化处理:

$$H(X)' = H(X)/\log(n)$$

这样,信息熵取值范围就在 0 和 1 之间,从而便于比较。信息熵具有几个特点:①具有明确的物理意义,易于理解;②反映复杂系统非线性,对于少数异常值具有良好的抗干扰作用;③计算简单,对于整个数据集仅需要一次扫描。

2. 土地利用均质度的定义

根据熵的定义,均质度可定义为:

$$D = \lambda(1-H)$$

其中 H 是土地利用的熵。

在实际应用中,我们可以将上述均质度公式转化为:

$$D = \lambda \left(1 + \sum_{i=1}^{n} \frac{w_i}{\sum_{i=1}^{n} w_i} \cdot \log \frac{w_i}{\sum_{i=1}^{n} w_i}\right) \quad n = 1, 2, 3, \cdots$$

其中,w_i 表示一定地域内第 i 种土地利用的面积,$\sum_{i=1}^{n} w_i$ 则表示该地域的总面积。λ 是系数。均质度越高,说明城市土地职能的混合程度越低,均一性越好;均质度越低,则说明城市土地职能的混合程度越高。

3. 基于地图代数的均质度计算方法

在计算均质度时,采用了邻域(neighborhood)来确定计算均质度的空间范围,即每个格网单元都有其定义为圆形的邻域,在此邻域范围内计算出均质度,并将其值赋给该格网单元。这样可以获得整个城市空间上连续分布的均质度。因此,引入格网系统研究土地利用的空间格局可以解决行政界线问题。从技术上讲,由于有了基于栅格系统的 GIS 和地图代数分析手段:①对土地利用按照格网单元来进行的定量化计算变得十分高效,步骤也简单易学;②格网单元的精度可以任意调整,以满足实际分析所需。这点对于 GIS 来说只是计算量的问题。本章采用的格网单元精度是 50m,在分析土地利用熵值时采用的邻域是半径为 500m 的圆。圆在各个方向上的通达性一致并且代价相同,能够模拟城市职能在空间上相互关系(集聚与扩散);而采用 500m 半径,邻域面积在 $0.8km^2$ 左右,能够很好地反映城市街道或社区一级土地利用的结构和演变,属于相当微观的层次。

二、上海中心城多年土地利用均质度变化分析

1. 变化值域分析

利用不同年份的均质度数据,按照 cell-by-cell 的方式,求算其差值的绝对值,以此来获得均质度在不同年份的变化值域。该值反映了均质度在空间上的变化强度。其计算公式为:

$$\text{ABS}[x\text{ 年均质度} - y\text{ 年均质度}]$$

如彩图 8—4 所示,从值域变化来看,1958~1984 年间的对比无疑是十分强烈的,变化集中在内环线以外近域,表明到 80 年代城市扩张的基本范围和基本态势("摊大饼"),同时也揭示了城乡结合部的特点:与 1958 年比较,城乡结合部只向外推进了 1~2km,但是其宽幅已经远远大于 1958 年的了。如彩图 8—5 所示,1996 年与 1984 年对比,则相对较弱。受数据限制,由于城市已经扩张到图中空间范围以外,所以不能完全观察到类似彩图 8—4 的变化情况,但是仍然可以观察到几个方向上的趋势。其一是浦东陆家嘴,其二是沪东北—西南方向。该方向是上海近年来发展的轴向[4]。通过值域变化,除了可以反映同一地域变化强度以外,也能辨别哪些地域变化剧烈,哪些地域变化不大,并且可以与前文对均质度的空间分布特征相映证,来对城市土地利用的均质结构的变化和城市空间扩散的模式进行判断的。下面是计算两个年份均质度的差值,通过差值的大小和分布,也能辅助进行对均质结构的演变和城市空间结构的模式的研究。

2. 变化差值分析

利用不同年份的均质度数据,按照 cell-by-cell 的方式,求算其差值,以此来获得均质度在不同年份的变化向量,即正变化和负变化。该值反映了均质度在空间上的变化方式。正变化代表土地利用均质度的提高,负变化代表土地利用均质度在降低。以空间分布的方式显示,可

定量、定位反映土地利用均质度的变化。其计算公式为：
$$x\text{ 年均质度} - y\text{ 年均质度}$$

首先,从差值分析结果的统计特征来看,1958～1984 年土地利用均质度差值的最小值为 $-0.611\,423$,最大值为 $0.349\,203$,平均值为 $-0.084\,847$,标准差为 $0.138\,185$;1984～1996 年的最小值为 $-0.459\,796$,最大值为 $0.502\,264$,平均值为 $-0.004\,856$,标准差为 $0.104\,866$,收敛性较好。说明后一时期中心城整体上均质度有明显的提高,也印证了这样一个假设,即随着城市的集聚与扩散运动,用地职能的空间组织显示出较强的由无序到有序、从相对混合到相对均一的变化规律。

其次,均质度正负变化的空间分布如彩图 8—6 和彩图 8—7 揭示。到 1984 年,均质度的差值呈现环状格局,均质度降低是格局的主要趋势。增长集中体现在内环线沿线,这里曾是 1958 年的城乡结合部,均质度的提高并不一定代表这一区域土地利用均质度的绝对值高,而是说明土地利用的类型在纯化。换句话说,这一区域的土地利用方式在城市化。随着中心城向外扩张和内部调整(均以工业建设为纲),内环线内外均出现均质度大面积降低的情况。这一时期是上海城市发展最困难的时候,城市职能高度拥挤和混杂、居民住房非常紧张、城市基础设施严重不足、污染十分严重。所以均质度的差值结果反映了这些总体特征。

到 1996 年,均质度的差值呈现与 1984 年大体相同的环状格局,增长是格局中的主要趋势,集中体现在内环线以外近域,增长环的宽幅已经明显增加。均质度增长表明土地利用格局在趋同和趋稳,这一环恰恰是 20 世纪 80 年代以来新建的居住新区(新村),随着 10 多年的发展,逐步纯化。内环线以内,均质度的增长趋势已经开始显现,尤其是在黄浦、静安、长宁的南京东路、南京西路、延安西路以及愚园路一线,具体地段有人民广场、静安寺、中山公园等,都是上海高档物业和城市高级第三产业机构集中分布地段;此外,原南市区南部和徐家汇等商业繁华地区都在均质度增长之列。内环线以外均质度降低的分布已经远离城市核心区,推进到更远的近郊,城乡结合部也随之外推。

3. 结论

① 城市土地利用的均质性反映了城市用地职能在空间组织上的相互关系与相互作用,因此构成城市空间结构研究的一个重要方面。探索这种均质性在时间序列上的演变规律,能够为城市空间结构的解构提供依据。本章利用近半个世纪以来的上海市市区土地利用数据,从均质性角度再现了上海城市化过程中城市空间结构演变规律。

② 从城市化过程来看,城市作为区域经济的焦点,其经济实力的增强、经济结构的提升、职能的提升,都表现在城市内部用地结构的调整和城市空间规模扩张方面。在这个过程中,土地利用的均质度是一个自我组织和自我提高的过程。均质度在城市空间上的分布将趋向两高一低的形态,即成熟的城市中心区高,城乡结合部低,郊区高。

③ 均质度的附加效用是,可以作为判定城乡结合部的辅助指标之一,同时还可以有助于抽象城市扩张的空间模式。以上海为例,其模式是团块状辐射扩展,然后逐渐填充。其最终效

果仍旧是城市向外"摊大饼"式蔓延,除沿着重要交通线扩展外,主要还是结合城市近郊工业区建设而扩展。

第四节 上海市中心城内部用地变化分析

透彻掌握并分析城市内部用地变化是考察城市空间结构的基本内容之一。传统上,对这种变化的掌握主要还是通过统计分析而得,并且这种统计分析的单位多基于行政分区,缺乏更为精确的方位性。在 GIS 的帮助下,这样的分析可以获得更多的内涵。

① 数量与空间分析。回答土地利用值不同年份都发生了什么变化?这些变化都发生在哪里?它们的数量特征和结构特征如何?

② 土地供给和转化分析,反映土地利用演化中的供求关系。在城市内部,土地的数量是一定的,位置也是固定的,随着城市的发展、功能的创新和扩散,必然要求土地利用方式的转变给予支持。于是,具体到每一种土地利用方式的演变过程都体现出供与求的关系,并且这种关系不仅是数量上的关系,而且是空间上的关系。

供给分析反映了当前时相的土地利用都由前一个时相的哪些土地利用方式转化而来的;转化分析则描述了当前时相下的土地利用方式向下一个时相发展过程中哪些土地利用方式发生了转化。特别要注意的是,供求关系的分析必须与空间位置分析结合起来,才能发掘出这样的供求关系在城市的什么位置上发生,为进一步分析为什么发生在这些位置提供依据。

③ 土地供给和转化的空间分析。利用同心圆分析的手段,发现上述供求关系在空间距离上的分布格局;利用扇区分析的手段,发现上述供求关系在方位上的分布格局,以辅助定量地描述土地供求关系在空间上的分布。

一、1958～1984 年上海市中心城土地利用变化分析

1. 1958～1984 年上海市中心城新增各类用地的距离谱系

从图 8—8 中可以看出:

① 相对于1958年,1984年城市主要表现为强烈地向外扩张,扩张的空间范围集中在距市中心 4km 到 9km,波峰上升或下降的斜率都非常大。4km 以内,城市用地属性发生变化的数量很小,居于 50hm² 以下,与上述扩张密集空间范围带中每向外延伸 200m 都有 200hm² 以上的变化量形成鲜明对比,这说明内城的更新几乎还没有开展。目前城市处于爆发性的和补充性的扩张阶段。

② 居住用地增长峰值区间在 4km 到 7.2km 左右,构成城市扩张的重要内容。

③ 工业用地的增长谱系与城市用地变化谱系相似,数量上与居住用地平分秋色,峰值区间从 4km 到 9km,说明工业用地也构成了这一阶段城市扩张的主要内容,并且在城市外围和

近郊形成对城市的合围。与居住用地所不同的是,工业用地的峰值区间向外明显长于前者,主要是近郊工业区的建设所致。

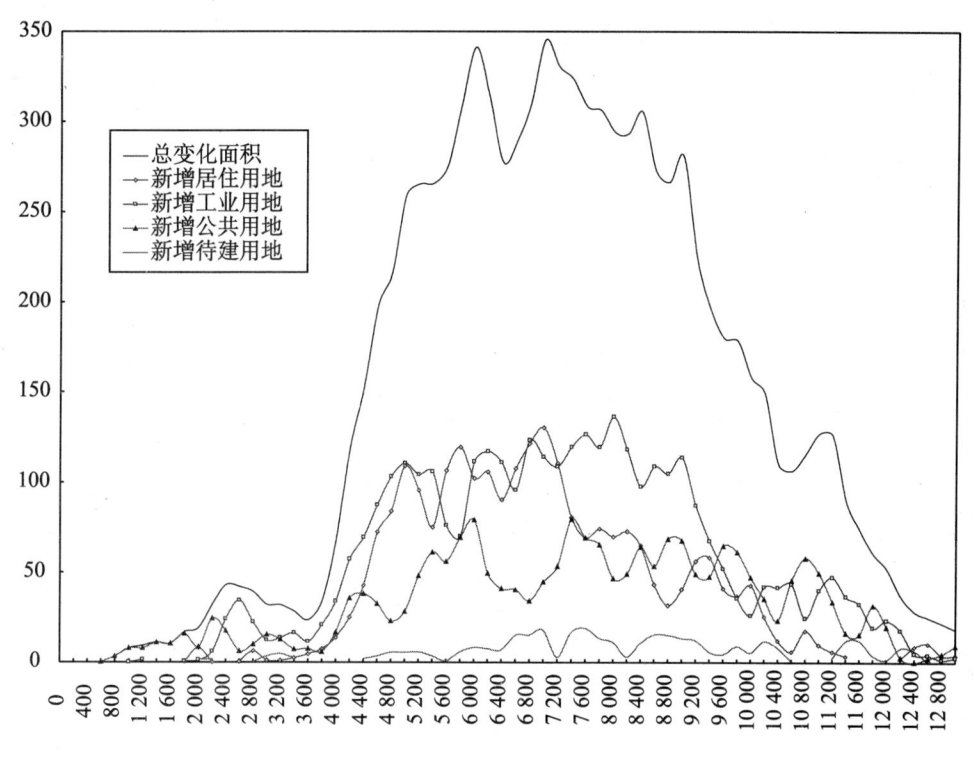

图8—8 上海中心城新增各类用地的距离谱系(1958~1984年)

④ 公共用地增加不足,尤其是在内城。但其增长的距离区间很长,估计多为工业用地的配套。

⑤ 综上所述,80年代中期上海市中心城土地利用的圈层结构很明显。

2. 1958~1984年上海市中心城各类用地转型的距离谱系

从图8—9中可以看出,农业用地、村镇建设用地转型为其他用地类型(城市用地)成为绝对的趋势。实际上这一部分农业用地正是前文各类新增用地的土地提供者,同时也反映了城市发展中,城市向近域推进和扩张所占用农业用地的强度和事实。

居住用地的转型显示出一定的数量,前文已述,内城工业发展在这一时期相当突出,工业用地见缝插针式的土地多数由居住用地供给。

其他各类用地的转换在这张图中尚不能十分清楚地表现出来。

从图8—8和图8—9中都可以看出,新增用地和转型用地的距离分布格局都呈单峰状,一般在城乡结合部达到极值。这种推进形态是"摊大饼"的写照。

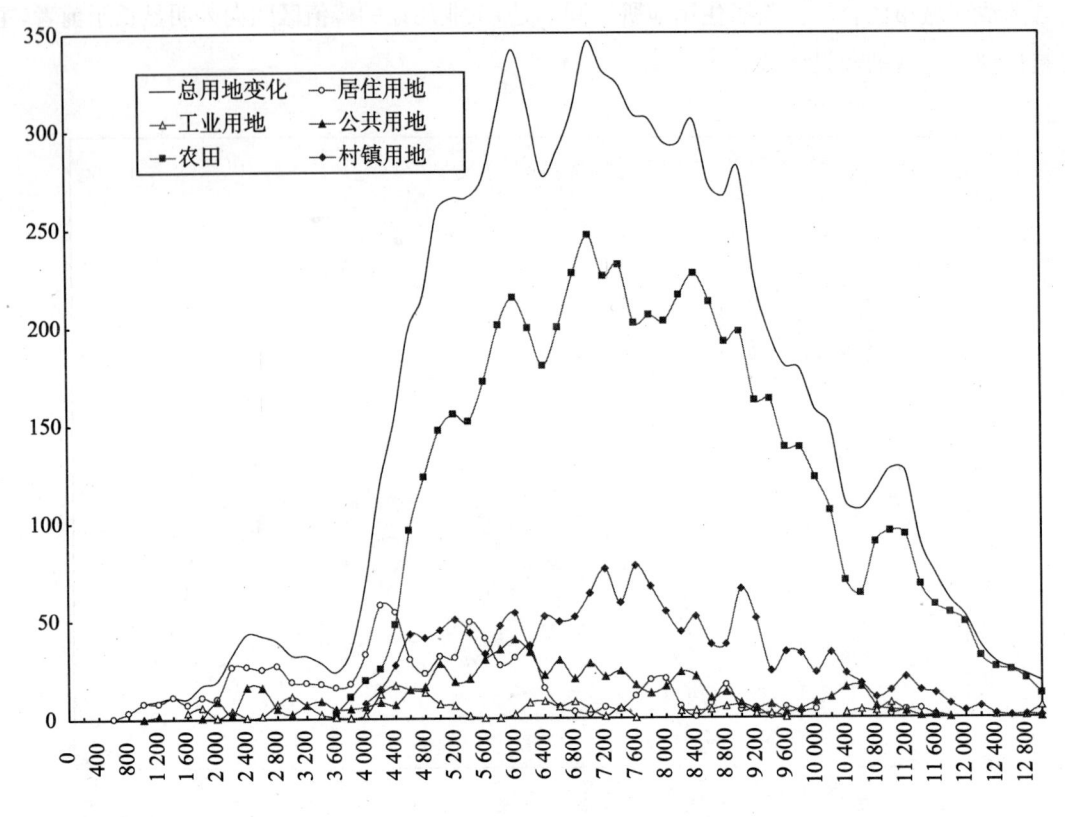

图 8—9　上海中心城土地利用变化的分类供给距离谱系(1958～1984 年)

二、1984～1996 年上海市中心城新增各类用地的距离谱系

从图 8—10 中可以看出：

① 相对于 1984 年，1996 年城市继续表现出强烈地向外扩张态势，扩张的空间范围在距市中心 5 km 到 12 km。波峰内起伏明显，至少出现 3 个起伏。5 km 以内，城市用地属性发生变化的数量很小，居于 50 hm² 以下，这说明内城土地性质的更新量比较小。与 1984 年相比，土地属性变化距离区间有相当大的一部分重叠，这就是为什么波峰中有起伏的原因，因为在某些地段已经经历过城市化的过程了。这一阶段，城市处于整体扩张、局部填充的阶段。

② 居住用地增长谱系与城市用地变化谱系相似，构成城市扩张的首要内容，居住的郊区化进程开始启动。

③ 工业用地的增长速度第一次低于居住用地的增长速度，上文已分析了原因。

④ 待建用地增长量很大，达到新增数量的第二位。

⑤ 综上所述，80 年代中期上海市中心城土地利用的圈层结构很明显。

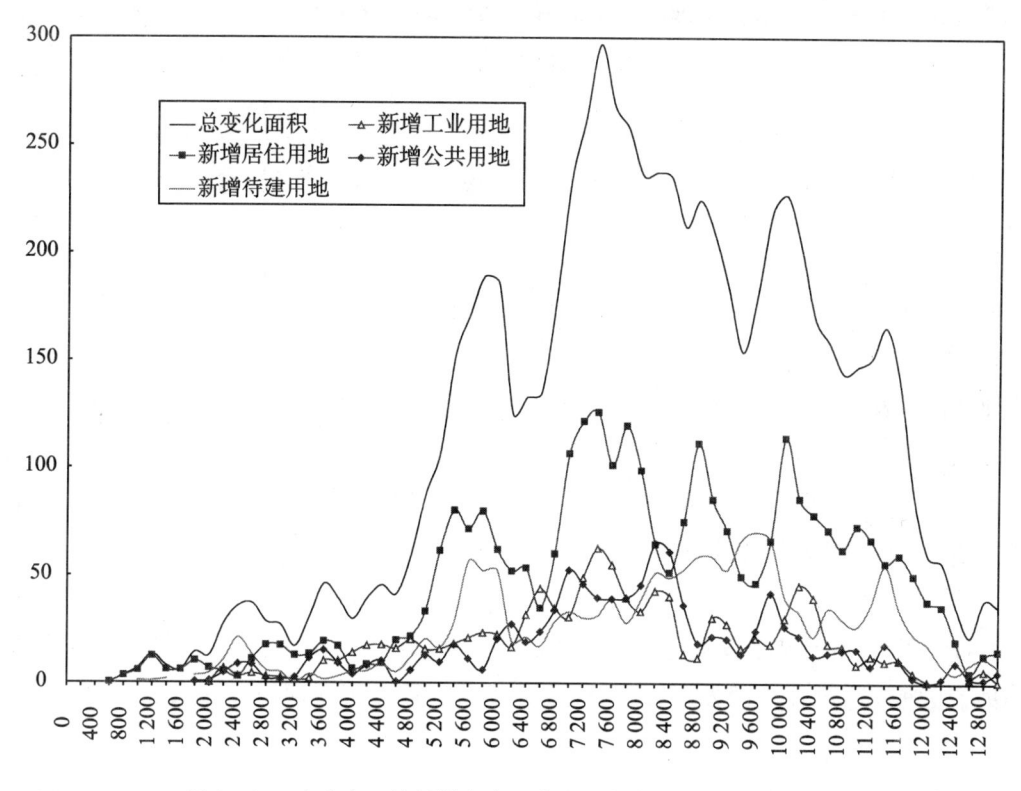

图 8—10　上海中心城新增各类用地的距离谱系(1984～1996 年)

三、1958～1996 年上海市中心城城市扩张分析

1. 1958～1984 年上海市中心城城市扩张

从非城市用地类型转变为城市用地类型的土地类型及其数量的统计,从总量上讲,要小于上两种变化;从距离分布上讲,一定是从城市边缘开始的。

如彩图 8—8 和彩图 8—9 所示,上海在 1958～1984 年间的城市扩张特点是,以工业用地扩张为主,各方向上均匀推进。

2. 1984～1996 年上海市中心城城市扩张

如图 8—10 和彩图 8—11 所示,上海市中心城城市扩张在 1984～1996 年间的特点是:从土地利用类型上讲,以居住用地扩张为主,待建用地在城市扩张中所占比例突出。从方位特点上讲,徐汇区扩张态势最为突出,这与事实是相符的。徐汇区地处上海西南,具有优越的区位条件,20 世纪 90 年代商业、居住、基础设施(如地铁、轻轨)发展相当快,形成城市副中心之势非常明显。值得一提的是,徐汇区历来是上海的高尚住宅区,是最适宜发展居住的区位之一。因而出现彩图 8—11 中西南方向上的形态。

另外,从距离分布特点来说,扩张曲线呈多峰形状,与前一时期(1958～1984 年)的近似单峰形状大不一样,并且峰值范围远远大于前者。然而,两者的峰值范围却有相当大的重叠,说明在1996年,峰谷地区已经经历过城市化过程,从而表明此时有扩张也有填充的模式。

第五节 上海城市空间结构演变的动力机制

进入20世纪90年代以来,上海城市化的空间过程可以概括地总结为外延扩张和内涵更新,两者齐头并进,互为补充。

外延扩张表现为城市发展在解除了桎梏后所出现的爆发性增长,导致这种增长的动力因素有:①政策因素:土地有偿使用制度的建立,促使土地批租、土地置换和企业外迁;城市住房制度改革,深化了住房商品化、货币化、市场化的改革,形成对房地产市场的有效需求;土地价值规律和区位规律驱动城市用地结构和功能结构的调整和演化。②经济因素:城市经济结构和产业结构的战略调整——"退二进三",第二产业向中心区外围扩散,第三产业向中心区集聚。③技术因素:城市基础设施建设水平的提高不断满足人民日益增长的物质文化需求,特别是促进了交通和通讯技术的发展。因此,城市基本上是以用地规模扩张来满足城市扩张的要求[5]。

内涵更新就是城市更新,或旧城更新,表现为中心城区的大规模改造,并随之为城市带来前所未有的繁荣景象,但本质上是城市结构上的重组。在动力因素上,内涵更新与外延扩张是一致的。城市经济结构转变要求城市功能结构发生相应的转变,从而使第三产业向城市中心区集聚,第二产业从中心区置换到外围郊区,而土地有偿使用制度有效地配合了这一过程;与此同时,城市大规模基础设施建设极大地改善了城市的居住与生活环境,城市不仅对其原有居民产生更大的吸引力,而且吸引了大量农业剩余劳动力进城务工、生活。因此,与西方国家城市化过程不同,我国城市用地规模在急剧扩张的同时在经历着中心区的繁荣。

外延扩张和内涵更新两位一体,属于同一个作用力的空间结果,两者互为因果。如果没有城市外延扩张,就无法满足内部城市更新以及结构重组对空间的大量需求;如果没有内涵更新,也即没有内部重组的推动,也就没有外延扩张的动力。

一、产业结构调整对上海城市发展的实质影响

上海经济增长大致经历了三个阶段:第一阶段,1952~1978年,上海的GDP年均增长率为8.8%,高于全国平均水平2.5个百分点;第二阶段,1979~1991年,上海的GDP年均增长率为7.5%,低于全国平均水平1.2个百分点;第三阶段,1992年起,上海经济进入高速发展阶段,GDP平均增长率超过13%(1992~1999年,下同),高于全国平均水平2个百分点以上,1995年GDP达到2 462.77亿元,人均GDP超过18 000元。上海经济开始起飞。到1999年,GDP达到4 034.96亿元,人均国内生产总值已突破30 000元。

改革开放以来,上海采取了一系列的产业结构调整措施,先后提出了产业高度化、发展工

业六大支柱产业、"三、二、一"等产业方针和产业发展要求等。到1999年,上海工业六大支柱产业产值已占全市独立核算工业总产值的50.3%,第三产业增加值占全市GDP比重达到49.6%,首次超过第二产业(48.4%)成为国民经济第一支柱产业。第三产业和工业六大支柱产业已成为产业发展的新的增长点,实现了产业结构从适应性调整向战略性调整的根本性转变。

战后西方工业发达国家的产业结构发生了重大变化,并开始进入后工业文明时期。20世纪60年代,西方大都市工业大规模郊区化;70年代,高新技术产业在大都市兴起,80年代以来,信息、通信技术的蓬勃发展促使城市产业、包括高技术产业(以城郊开发区的形式)进一步扩散[6]。其结果是大城市作为工业与生产中心的地位受到减弱。在西方大都市,尤其城市内核,是由于城市工业产值减少,就业机会减少,导致人口外流,因而经济出现萧条,财政也发生困难,导致了城市内核的衰退。

然而在上海,随着90年代以来的城市产业结构的大调整,并没有出现西方大都市发展中的上述问题。相反,城市经济取得巨大发展。随着产业结构的调整,工业地位虽在下降,但第三产业蓬勃发展,成为城市经济的主导部门,给城市注入新的活力。20世纪90年代,城市社会经济各项指标获得高速增长(表8—2),这表明城市经济实力大大增强,居民生活水平显著提高;城市不仅没有出现衰退迹象,反而更加繁荣,地方财政收入稳定增长,城市基础设施投入大大增加,城市建设步伐迅速加快,城市居民收入也快速增加,市场日益繁荣,没有出现西方大城市核心衰退的现象。

表8—2 20世纪90年代上海市社会经济发展变化

指 标	1990年	1999年	1990～1999年年均增长率
人均国内生产总值(元/人)	5 910	30 805	18.0%
固定资产投资总额(亿元)	227.08	1 856.72	23.4%
城市基础设施投资额(亿元)	47.22	501.39	26.6%
地方财政收入(亿元)	170.03	431.85	9.8%
职工年平均工资(元)	2 917	14 147	17.1%
城市居民家庭年可支配收入(元)	2 181.65	10 931.64	17.5%
社会消费品零售总额(亿元)	333.86	1 590.38	16.9%

资料来源:《上海市统计年鉴2000》。

上述分析表明,产业结构调整对上海城市发展的实质影响不是导致城市经济的萧条,而是导致城市职能的转化和城市核心经济内容的改变;城市的生产职能逐步弱化,商业、流通、决策、管理、服务、科研和信息处理等第三产业职能日益加强;城市由过去的生产中心朝着流通和管理中心转换。通过这种转换,上海获得了新的发展动力。因而这种产业结构的转换对上海城市发展具有重大作用。

二、上海城市更新的过程

城市土地的有偿使用为我国的城市建设汇集了大量的建设资金,从而使得长期困扰我国城市中心区更新的资金矛盾大为缓解,并且,城市政府在推进土地批租的过程中,十分紧密地与危、旧房屋的改造结合起来[7]。上海市的土地批租坚持"以改造棚户、简屋、危房和二级里弄为主",据统计,1988~1996年,上海市通过土地批租共获得土地出让金85.1亿美元和100.3亿元人民币。这些资金用于城市基础设施等方面的建设,直接或间接地促进了城市中心区的更新。这些资金中的相当一部分就是直接通过城市中心区的土地批租(即通过城市更新的方式)获得的,这构成了上海市中心区更新的良性循环。从1992年以后上海土地批租的情况来看,在地块数量上,旧区基本上占到市区土地批租总量的30%以上,1992~1994年超过了50%;在地块面积上旧区也占据很大的比重,1993年、1994年达到50%以上,1997年更是达到68.32%。

一个城市在扩展骨干基础设施的能力是有限的,如果不把用于建设郊区市政设施的投资重新引向市区,就难以对城市中心区进行再开发。90年代以来,上海市中心城所进行的大规模基础设施改造在旧城更新中扮演了十分重要的角色,内环高架路、南北高架路、延安路高架桥、延安东路隧道、杨浦大桥、南浦大桥、地铁1、2号线,特别是地铁1号线直接推动了淮海路的改造,地铁2号线则将影响南京路的改建;南北高桥路和延安路高架桥分别从南北、东西方向上横跨市区,十字相交,通过街道拓宽直接带动两侧及周边地区的改造。因此,基础设施改造成为上海城市中心城改造的一种重要方式。

三、上海城市更新对城市空间结构的影响

20世纪50~70年代,受CIAM(国际现代建筑会议)城市规划的"功能主义"思想影响,西方国家城市普遍进行了旧城"新城化"改造,即通过预先规划和大规模拆除,将旧城混杂的功能结构布局改造成为结构清晰、分区明确、交通便捷的"新城"。虽然这种城市更新的实践过程后来被认为带来了诸多弊端[8],但它实际上是战后"新城运动"不可缺少的组成成分,而"新城运动"最突出的贡献是推动了城市多中心空间结构的出现。英、法、日等国的大城市,甚至中国香港都实现由单一中心结构向多中心结构的转变[9]。

我国上海、北京等大城市曾借鉴国外大城市的发展经验,从50年代起,有计划地发展郊区工业区、卫星城镇,疏散大城市的人口和工业,借以控制大城市的规模,形成多中心的组合城市。如上海从50年代起,在其后20多年中陆续建立起近郊10个工业区和远郊7个卫星城镇,但事实上由于很多原因[9]并没有真正建立起类似西方国家的多中心组合大城市结构。

20世纪90年代上海的城市更新规模巨大,但这一空间过程并没有导致形成实质性的多中心城市结构。这是因为城市更新所替换出人口和产业活动并没有向城市边缘集团(中心)迁移,而是以一种爆发性的用地扩张形式在堆积城市周围,形成所谓"摊大饼"式的发展态势。原因有很多,比如有规划的原因,也有社会心理和文化心理的原因等等,但归根到底还是城市经

济发展水平欠发达的原因。无论是经济体制、社会体制,还是人们的物质生活与精神生活的现状和追求实际上都不支持这样的结构,而靠行政手段、计划手段强制性实现只是带来了有形无实的结果。

20世纪90年代上海的城市更新对城市内部的空间结构带来什么变化呢?以静安区为例,该区20世纪90年代开发改造的地块实际已占改革开放后全区可拆迁改造的土地总量的2/3。从城市功能变迁来看,工业建筑面积已从1992年的199万m^2下降到1998年的89万m^2,并且剩下的面积中超过50%已闲置或改作他用(如办公和商业)。原来静安区北部作为沪西工业区重要组成部分,如今其功能已基本上消亡。在以工业用地的置换和危棚简屋的拆除为代表的旧城更新过程中,新的机体主要为四类物业:商务办公、商业服务、中高档住宅(居住)、公共设施。在静安区820万m^2建筑总量中,它们所占比例依次为30%、15%、6%和49%。静安区处于上海市CBD之外,作为内城区,它的变化代表着城市功能结构演化的方向,即居住与第三产业功能在城市内圈的纯化。

四、上海市郊区城市化对城市空间结构的影响

制约上海市郊区小城镇发展的因素有很多,自下而上地分析,包括经济社会发展、观念转变、政策导向、体制改革等诸多方面。其中最突出的因素还是行政区经济的制约,在现行的行政和财政体制下,各乡镇为发展本地经济,难免都将工业项目安排在自己的行政范围内,从而造成分散的格局;另外农地流转制度,就业、养老、医疗等社会保障制度以及户籍制度等的改革进程都是影响城镇发展的因素。

然而,自上而下地分析,上海市中心城与郊区城镇的不协调发展客观上也反映了另一个现实,即来自中心城内部的扩散力(推力)不够。我们在前文已经分析了其原因,尽管中心城的规模已经很大,但是作为一个国际性的中心城市,仍旧是远远不够的。可以预计,中心城的扩张态势仍将持续下去。

毕竟小城镇的发展还是需要来自中心城的扩散,这就能够解释上海市郊区小城镇发展多年来背后的问题。或许大家都只注意到自下而上的原因,而忽略了自上而下的原因。从另一些认为我国城市早已进入郊区化发展阶段的观点来看,既然城市扩散已成定局,郊区城镇发展滞后,就只能归咎于自下而上的原因了。

就上海而言,前文提出上海已经在20世纪90年代末期开始进入郊区化发展阶段,随着经济的加速发展,城市化步伐加快,上海城市发展将在今后几年快速接近空间结构调整的时机和阶段。一方面,城市现有的空间结构将越来越不适应日益膨胀的城市体量、经济规模和社会重组,因而来自城市内部的压力、推力和城市对外界的凝聚力制衡关系将接近临界状态;另一方面,郊区小城镇的发展又不能一味坐等时机的到来。上海市新一轮城市规划将上海城镇体系规划为中心城—郊区新城—中心镇—一般乡镇四个等级,即已预见到这种情况将要发生,但是几年过去了,上海郊区城镇的发展并不如意。

现在的情况有所不同。郊区小城镇的发展如不做好准备,将制约整个城市化的健康发展。

这一阶段,随着上海社会经济的发展,发展小城镇,正是塑造反磁力点体系的最佳时机,从而在城乡一体的更大空间中推动和拉动城市空间结构的改良。

具体说来,上海市郊区城市化的发展战略应该由"均衡发展"向"重点建设"转变,核心是加快新城建设,可依托目前郊区9个区、县城乡镇以及浦东航空港、深水港建设,发展20万~30万人的现代化中等城市;此外,重点建设中心镇,使其成为5万~10万人的现代化小城市,如南翔、周浦、朱家角、枫泾镇等,同时,目前"一镇一点"的工业园区也应逐步向"一片一点"的工业园区过渡;最后,合理规划建设一般建制镇,控制中心村建设。

在《上海市城市总体规划(2000~2020)》中,提出上海市的城镇体系分为四级:1个800万人口的中心城,11个20万~40万人口的郊区新城,22个5万人口的中心镇和88个2万~3万人口的一般集镇。在把上海建设成为国际大都市和中国的"经济、贸易、金融、航运"中心的同时,整体上"中心城要体现繁荣繁华,郊区要体现实力水平"。阐明了上海市郊区城市化的主要思路,其主要内容是从"十五"期间开始,上海市的城市建设重点应当从市中心城区逐步转向郊区,加快郊区工业化、城市化和现代化,按照现代国际大都市的功能、结构、形态进行建设;同时,郊区化建设不能全面开花,要有选择地重点发展;再者,在郊区优先发展和重点建设快速干道网络等基础设施。重点发展"一城九镇",即松江新城、嘉定安亭、宝山罗店、青浦朱家角、金山枫泾、闵行浦江、浦东高桥、南汇周浦、奉贤奉城和崇明堡镇。其中,松江新城是从宝山、嘉定、松江、闵行四区中综合挑选出来的,它具有非常的战略意义:松江新城位于上海市远郊,区位优势明显,是真正形成多中心、组团结构的战略要地,示范性和典型性突出。

从新的城市发展思路来看,建设重点的转移恰逢时机,主要体现在中心城扩散的动力业已形成,随着人们生活水平的富裕、生活方式的多样性和基础设施的改善,松江优越的居住环境和生活质量可以很快抵消它在时空距离上带来的不便,成为接纳中心城人口和经济有机疏散的重要据点;同时,它还负担郊区城市化的重任,大力营造综合的交通、文化、教育和产业优势,使规划了多年的郊区反磁力吸引点真正变为现实,不让人口和经济活动从远郊区再向中心城近郊边缘区聚集。从规划和建设手段上讲,发展松江新城能够有效地抑制上海城市空间发展上的"摊大饼"态势,防止城市空间进一步无序蔓延。这是因为松江与中心城主要通过快速交通干线连接,快速交通干线所导致的空间结果是极化沿线两端发展,而对沿线中间作用不大。因此,从技术手段上为中心城与新城中间营造绿化隔离带铺垫了道路。两个事例可以说明这一点的重要性:一是以慢速交通线相连的宝山镇与中心城之间,逸仙路—同济路沿线80%以上地区已经成为城市化地区[10];二是90年代规划的外环线500m宽绿化带,在浦西、浦西南快速发展地区已经被蚕食得有形无实了。

总的说来,只有充分认识到上海城市化、郊区化已经同步进行,而且更重要的是,工业化进程还要在很大程度上,在更广泛的郊区县地域中同步推进,方能把握住城市发展的态势,因势利导地推进上海大都市的城市空间结构的调整。

参 考 文 献

[1] 谢文蕙、邓卫:《城市经济学》,清华大学出版社,1996。
[2] 顾朝林:《中国大城市边缘区研究》,科学出版社,1995。
[3] Berry B. J. L. et al., Urban Population Density: Structure and Change. *Geographical Review*, 1963, 19.
[4] 阳建强:"上海城市更新的现状、特征及趋向",《城市规划》,2000(4)。
[5] 耿宏兵:"90年代上海大城市旧城更新若干特征浅析",《城市规划》,1999(7)。
[6] 闫小培、简陆芽:"产业结构调整对广州城市发展的实质影响",《经济地理》,1993(3)。
[7] 耿慧志:"论我国城市中心区更新的动力机制",《城市规划汇刊》,1999(3)。
[8] 方可:"西方城市更新的发展历程及其启示",《城市规划汇刊》,1998(1)。
[9] 石忆邵:"从单中心城市到多中心城市——上海特大城市发展的空间组织模式",《城市规划汇刊》,1999(3)。
[10] 潘海啸:"上海快速干道和城镇发展的关系研究",《城市规划汇刊》,2001(5)。

第九章 绍兴地区土地利用的时空演变过程及其影响因素

第一节 绍兴地区土地利用变化分析

对土地利用变化的描述,严格来讲应该既包括过去到现在的变化,也包括从现在到将来的可能变化,后者属于预测的范围。但实际上由于资料获取困难等原因导致对区域土地利用变化的描述一般都依照所掌握资料的情况并随作者分析目的的不同而异。一般来说,获取表征土地利用状况的数据有三种途径:①从历史资料中获取土地利用的历史状况(通常指300年以前),如考古发现、历史地理研究、方志等;②通过各种土地利用专业图件或其他简介方式获取近期(通常指300年之内至今)的土地利用状况;③利用遥感等先进科技手段获得近期至现状(通常指最近30年)的土地利用状况,遥感手段被公认为目前最先进的获取土地利用信息的手段,它具有适时、客观、覆盖面广等优点[1]。而且随着遥感技术手段的进一步发展,遥感将成为研究土地利用的主要手段。本章正是利用遥感数据获得绍兴地区土地利用状况的基本情况,但鉴于数据获取来源的限制且不作预测,故在此仅选择1990年和2000年两个时段的遥感数据,采用定性与定量相结合的方法,对绍兴市的土地利用变化进行比较全面的分析。

应该注意的是,这里的绍兴地区仅包括越城区和绍兴县的行政辖域;绍兴市包括目前地级绍兴市的全部行政辖域;绍兴县和越城区则分别与目前的县(区)级行政单位辖域相对应。

一、土地利用总体结构分析

1. 1990年绍兴地区土地利用状况

1990年绍兴地区土地利用状况见图9—1。其中耕地面积为59 287.7hm²,占土地总面积的39.6%;林地面积27 580.9hm²,占18.4%;草地面积44 027.8hm²,占29.4%;水域面积8 404.6hm²,占5.6%;城市用地面积3 844.2hm²,占2.6%;农村居民点用地面积6 701.1hm²,占4.5%。在此时期,耕地和草地是主要的土地利用方式,林地所占比例也较高。用地方式在空间上大体上呈现出三种类型,北部为耕地—水域—建设用地混合区;南部为草地区,并有一定量相对集中分布的耕地;西部和东南部则为林地区,也有少量相对集中分布的耕地。

2. 2000年绍兴地区土地利用状况

2000年绍兴地区土地利用状况见图9—2。与1990年相比,土地利用状况发生了较大的变化,其中,耕地面积56 939.2hm²,占38.0%;林地面积70 982.4hm²,占47.4%;草地面积744.2hm²,占0.5%;水域面积8 146.5hm²,占5.4%;城市用地面积5 401.7hm²,占3.6%;农村居民点用地面积7 636.3hm²,占5.1%。与1990年相比,2000年绍兴的土地利用呈现出明显的北繁南简的特征,即北部的土地利用方式更加多样化且交错分布状况更加突出,南部则以单一的林业用地为主,在河流谷地则分布有耕地和建设用地。

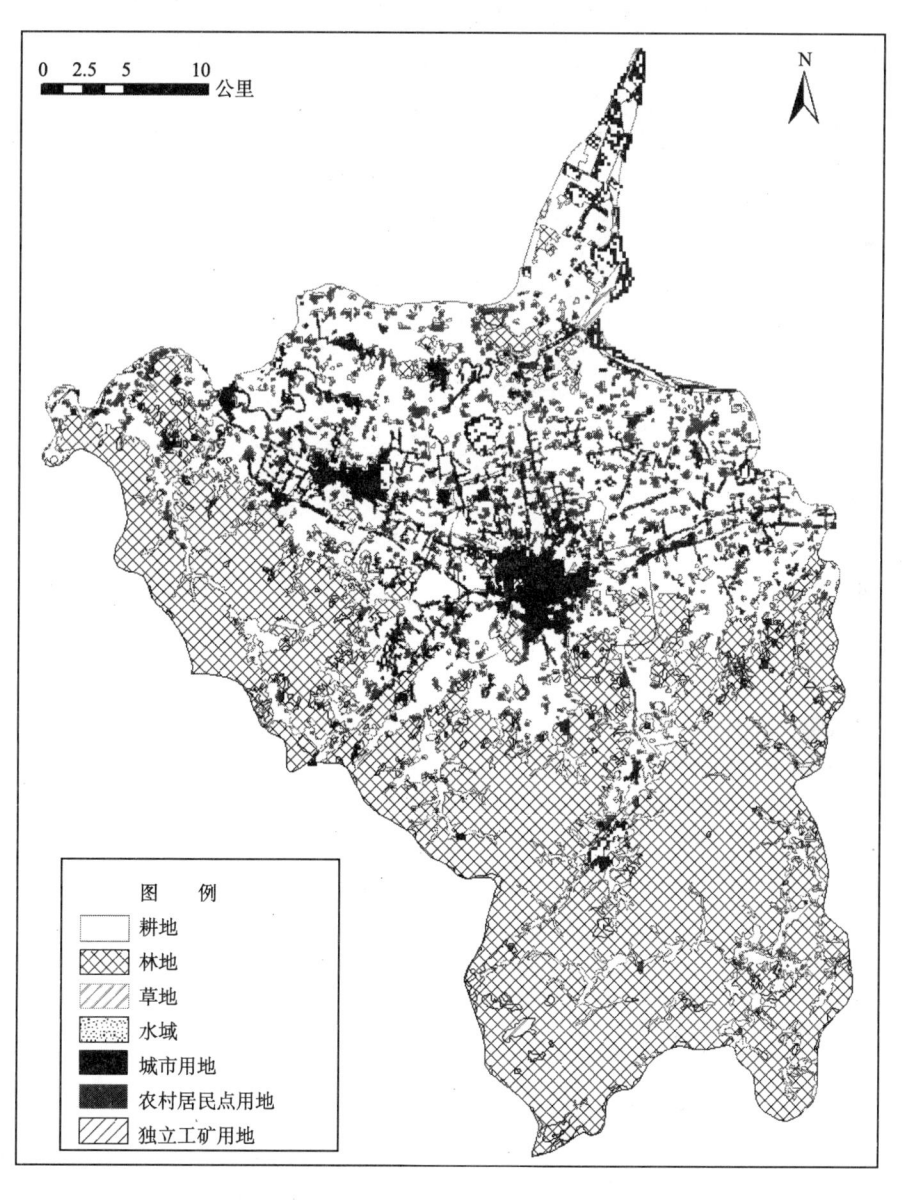

图9—1 绍兴地区土地利用状况(1990年)

资料来源:根据1990年TM遥感影像数据。

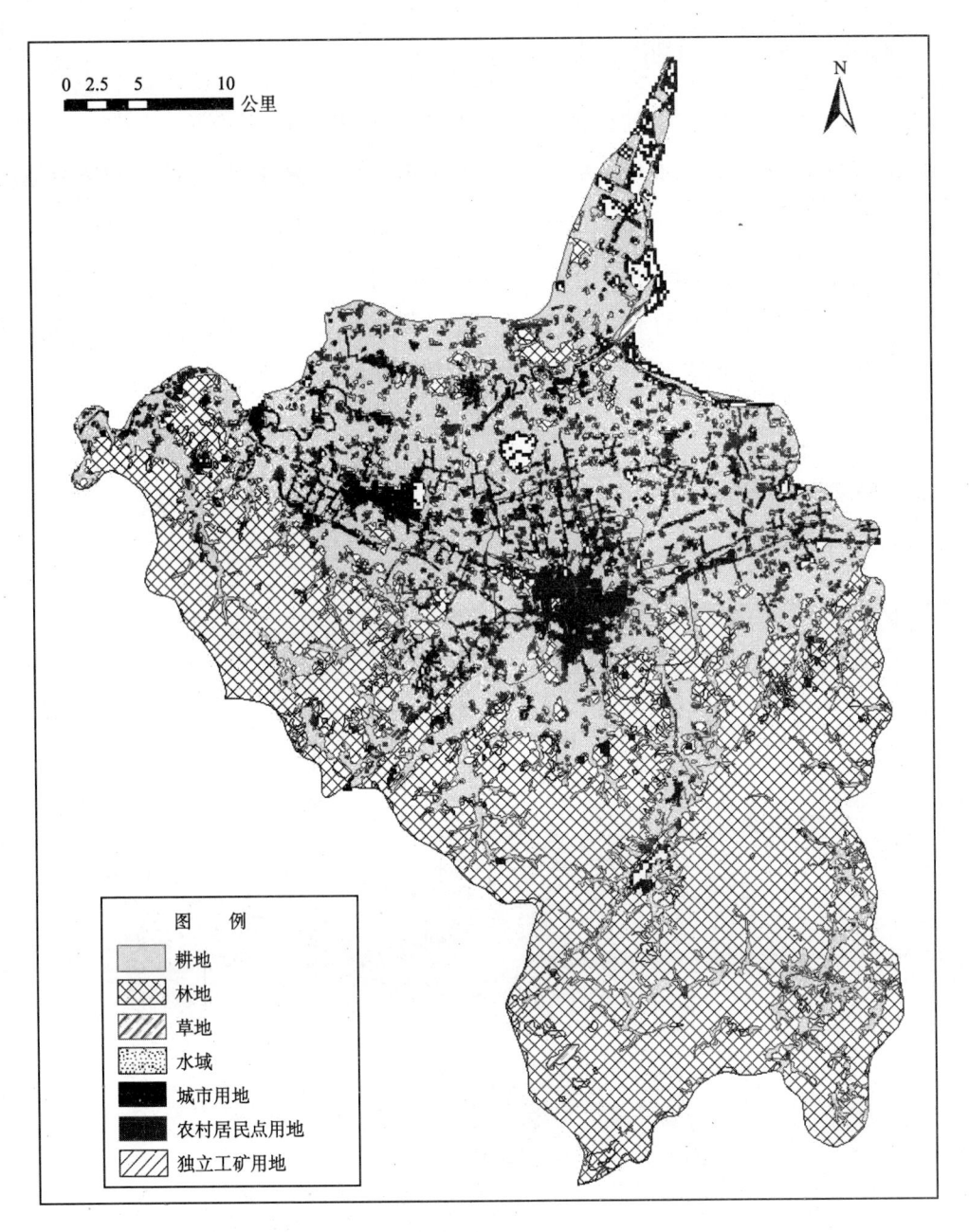

图 9—2　绍兴地区土地利用状况（2000 年）

资料来源：根据 2000 年 TM 遥感影像数据。

二、土地资源的变化分析

1. 数量变化的一般分析

绍兴地区土地利用 10 年的变化有如下几个特点（表 9—1 和图 9—3）：①在较短的时间内发生了巨大的变化，其中林地、草地的变动最为剧烈，虽然遥感解译方面存在一定的误差，但仍然能反映林地、草地利用方式所发生的巨大变化；②同林地、草地相比，城市用地和农村居民点用地的绝对数量变化要小，分别只有1 557.5hm²和935.2hm²，但同基期相比，其相对变化量还是很大，年均变化率可达3.5%和1.3%，城市用地的扩展速度几乎是农村居民点用地的3倍，导致城市用地和农村居民点用地在面积上的差距由原来的2 856.9hm²缩小到2 234.6hm²；③耕地绝对量变化较大而相对变化量较小，10年间耕地总共减少2 348.5hm²，年均变化率为－0.4%；④水域变化的突出特点是"双低"，即相对量和绝对量都不大，可以说绍兴地区作为水乡泽国的基本风貌依旧。总之，经过10年的变化，林地一跃而成为绍兴地区最大的土地利用方式，耕地则退居第二的位置，城市用地、农村居民点用地和水域用地规模处在同一档次，草地则很少了，绍兴地区的土地利用变化已经深受人类活动影响。

表9—1　绍兴地区土地利用数量变化（1990～2000年）　　　　　　单位：hm²

	耕地	林地	草地	水域	城市用地	农村用地
1990年总量	59 287.7	27 580.9	44 027.8	8 408.6	3 844.2	6 701.1
2000年总量	56 939.2	70 982.4	744.2	8 146.5	5 401.7	7 636.3
总变化量	－2 348.5	43 401.5	－43 283.6	－262.1	1 557.5	935.2
总变化率(%)	－4.0	157.4	－98.3	－3.1	40.5	14.0
年均变化量	－234.9	4 340.2	－4 328.4	－26.2	155.8	93.5
年均变化率(%)	－0.4	9.9	－33.5	－0.3	3.5	1.3

资料来源：根据1990年和2000年TM遥感影像数据。

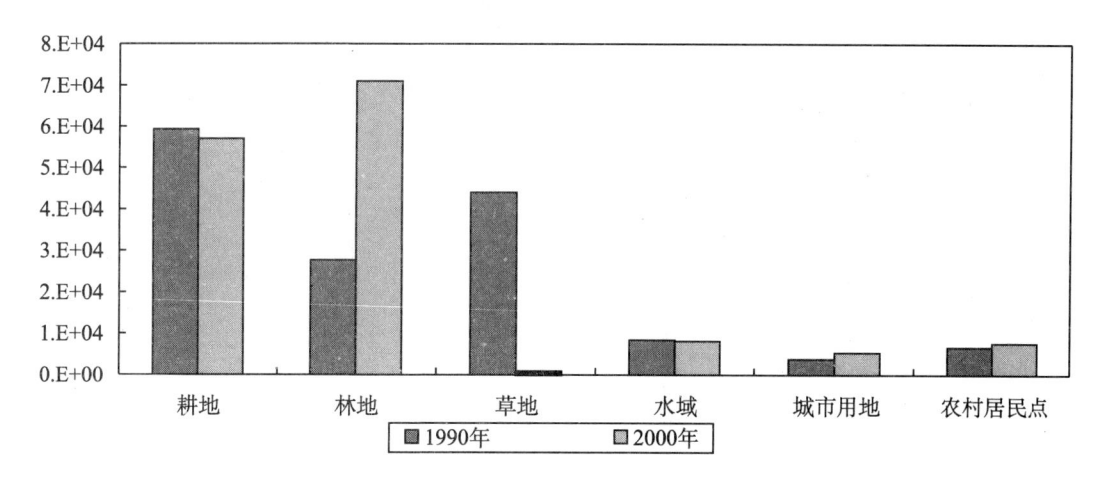

图9—3　绍兴地区土地利用状况对比（1990～2000年）

资料来源：同上。

2. 土地利用程度变化

土地作为一种资源，人们不仅关注其面积变化，还会关注其利用程度的现状及其变化。就区域土地利用程度与变化分析而言，用得较多的是土地利用程度综合指数，该指数的变化值可以定量地表达该地区土地利用的综合水平和变化趋势。利用综合指数及土地利用程度变化值

可分别表达为:

$$I = 100 \times \sum_{i=1}^{n} A_i \times C_i, I \in [100, 400]$$

$$\Delta I_{b-a} = I_b - I_a = \left\{ \left(\sum_{i=1}^{n} A_i \times C_{ib} \right) - \left(\sum_{i=1}^{n} A_i \times C_{ia} \right) \right\} \times 100$$

式中,I为某区域土地利用程度综合指数;A_i为区域内第i级土地利用程度分级指数;C_i为区域内第i级土地利用程度分级面积百分比;a,b为时间点;n为土地利用类型的分级数(表9—2)[2]。此指数的意义在于它能反映区域土地利用的集约程度,通过对研究期内该指数的变化反映区域土地利用程度的变化,最终给出该区域土地利用处于发展期(ΔI_{b-a}为正值)还是衰退期(ΔI_{b-a}为负值)的结论。

根据上述公式计算得到的绍兴地区所属各镇、街道的土地利用集约程度的变化情况见表9—3。可以看出,除了少数几个镇以外,绝大部分镇、街的土地综合利用程度值都是上升的,并且有一半的镇、街上升值超过2,反映了绍兴地区的土地利用综合程度全面提高的趋势。从空间上看,主要上升地区都集中在北部平原水网地区,而且主要分布在杭甬铁路、杭甬高速公路、104国道周围,可见地形、交通等因素对绍兴土地综合利用程度产生着深刻的影响。另一方面,土地综合利用程度值提高的地区主要围绕越城中心区和柯桥街道向周边主要是向东西向和向北展开分布,但并不仅仅集中于少数地区,而是这几个方向的几乎所有城镇街道都有较大程度的提高,说明绍兴地区土地利用在体现一般的城市化以城市和经济中心向外扩展的典型特征外,也反映了土地利用在空间上的分散特征。

表9—2 土地利用类型分级

分类级别	未利用土地级	林草水用地级	农业用地级	城镇聚落用地级
整合利用类型	未利用地	林地、草地、水域	耕地	城市用地、农村居民点用地
分级指数	1	2	3	4

表9—3 绍兴地区分镇街土地综合利用集约程度值变化情况(1990～2000年)

镇街名	ΔI_{b-a}	镇街名	ΔI_{b-a}	镇街名	ΔI_{b-a}
塔山街道	28.6	陶堰镇	3.2	夏履街道	0.6
柯桥街道	23.6	灵芝镇	2.6	东湖镇(南)	0.3
北海街道	17.3	孙端镇	2.5	漓渚镇	0.3
府山街道	12.1	斗门镇	2.3	稽山街道	0.3
东湖镇(北)	9.1	东浦镇	2.3	王坛镇	0.3
安昌镇	7.0	开发区	2.1	平水镇	0.2
华舍街道	6.8	马鞍镇	1.8	稽东镇	0.0
杨汛桥镇	5.6	福全镇	0.9	兰亭镇	−0.1
马山镇	4.4	城南街道	0.8	鉴湖镇	−0.7
钱清镇	4.2	湖塘街道	0.7	齐贤镇	−0.8
戴山街道	3.7	皋埠镇	0.7	富盛镇	−0.9
柯岩街道	3.2				

资料来源:同上。

三、土地利用变化的方向分析

1. 地类间的转移分析

土地利用转变矩阵可以很好地用来定量反映两个时期土地利用类型之间的相互转化过程,因此常常用于描述土地利用空间变化的空间演化过程。本章在GIS技术的支持下,通过对两个时期的空间数据的叠加分析,分别得到1990年、2000年两年之间的各种土地利用类型相互转换的数量关系的原始转变矩阵(O,1990年的某一土地利用类型转向2000年某一土地利用类型的面积的绝对数量),并推算出两个时期各土地利用类型的转移率矩阵(T,1990年某种土地利用类型分别转向2000年各种土地利用类型的比例)和来源率矩阵(F,2000年某种土地利用类型分别来源于1990年各种土地利用类型的比例)[3,4]。

表9—4 绍兴地区土地利用变化矩阵(1990~2000年)

2000年 \ 1990年		耕地	林地	草地	水域	城市用地	农村居民点	未利用地	合计
耕地	O	56 022.6	52.9	50.8	798.7	14.1	0.0	0.0	56 939.1
	T	94.5	0.2	0.1	9.5	0.7	0.0	0.0	
	F	98.4	0.1	0.1	1.4	0.1	0.0	0.0	100.0
林地	O	119.2	27 349.0	43 422.1	0.0	92.1	0.0	0.0	70 982.4
	T	0.2	99.2	98.6	0.0	4.7	0.0	0.0	
	F	0.2	38.5	61.1	0.0	0.3	0.0	0.0	100.0
草地	O	0.0	30.8	543.7	169.7	0.0	0.0	0.0	744.2
	T	0.0	0.1	1.2	2.0	0.0	0.0	0.0	
	F	0.0	4.1	73.1	22.8	0.0	0.0	0.0	100.00
水域	O	680.2	30.9	0.0	7 435.4	0.0	0.0	0.0	8 146.5
	T	1.2	0.1	0.0	88.4	0.0	0.0	0.0	
	F	8.4	0.4	0.0	91.3	0.0	0.0	0.0	100.0
城市用地	O	1 555.6	99.8	3.6	4.8	3 737.9	0.0	0.0	5 401.7
	T	2.6	0.4	0.0	0.1	94.6	0.0	0.0	
	F	28.8	1.9	0.1	0.0	69.2	0.0	0.0	100.0
农村居民点	O	910.2	17.5	7.6	0.0	0.0	6 701.1	0.0	7 636.3
	T	1.5	0.1	0.1	0.0	0.0	100.0	0.0	
	F	11.9	0.2	0.1	0.0	0.0	87.8	0.0	100.0
未利用地	O	0.0	0.0	0.0	0.0	0.0	0.0	0.0	0.0
	T	0.0	0.0	0.0	0.0	0.0	0.0	0.0	
	F	0.0	0.0	0.0	0.0	0.0	0.0	0.0	
合计	O	59 287.7	27 580.9	44 027.8	8 408.57	3 844.14	6 701.06	0.0	149 850.12

注:O 的单位为 hm²,T、F 的单位为%。

资料来源:同上。

矩阵表中的列表示 k 时期的 i 种土地利用类型, 行则表示 $k+1$ 时期的 j 种土地利用类型; O_{ij} 表示 k 时期的土地利用类型转变为 $k+1$ 时期各种类型的面积, 即原始土地利用变化转移矩阵, 而 T、F 用计算公式可表达为:

$$T_{ij} = O_{ij} \times 100 / \sum_{i=1}^{7} O_{ij}$$

表示 k 时期 i 种用地类型转变为 $k+1$ 时期 j 种用地类型的比例;

$$F_{ij} = O_{ij} \times 100 / \sum_{j=1}^{7} O_{ij}$$

表示 $k+1$ 时期的 j 种用地类型由 k 时期的 i 种用地类型转化而来的比; 行、列的合计分别表示 $k+1$ 时期和 k 时期各用地类型的面积及其占土地总面积的份额。

从表 9—4 可看出绍兴地区土地利用变化方向的差异。①耕地向其他类型流失部分的面积大于新增耕地面积, 流失的主要方向是城市用地、农村居民点用地和水域, 占 1990 年该类型土地总面积的份额均在 1.0% 以上。②林地转移数量不多, 向未利用地以外的所有类型都有转移, 转移面积在这些利用类型间也比较分散, 不过以城市用地略多。③草地的流转主要方向是林地, 占其 1990 年面积的 98.6%。④水域的转移方向主要是耕地(占 9.5%)和草地(占 2.0%), 其他的很少。⑤林地和耕地是城市用地流转的两个方向, 分别占到 1990 年城市用地面积的 4.7% 和 0.7%, 表明不适宜作为城市用地的部分得到了部分恢复。⑥农村居民点用地和未利用地则都无流转。总之, 绍兴市土地利用的流转在 10 年之间转换频繁, 各种用地方式间不断进行结构的调整, 至于这种调整的结果是否是朝着优化的方向进行, 后面将会分析。

2. 单一地类变化的方向分析

单一地类变化的方向分析, 目的是通过分析特定利用类型的流出方向来揭示区域土地利用类型变化的动因。此方法涉及的指数是各流出类型面积占该分析类型面积的百分比(流向百分比), 在此基础上通过对某一类型土地利用类型流向百分比的大小进行排序分析, 区分出驱使该地类变化的主导类型和次要类型, 进而以此为突破口分析揭示类型变化的原因[5]。

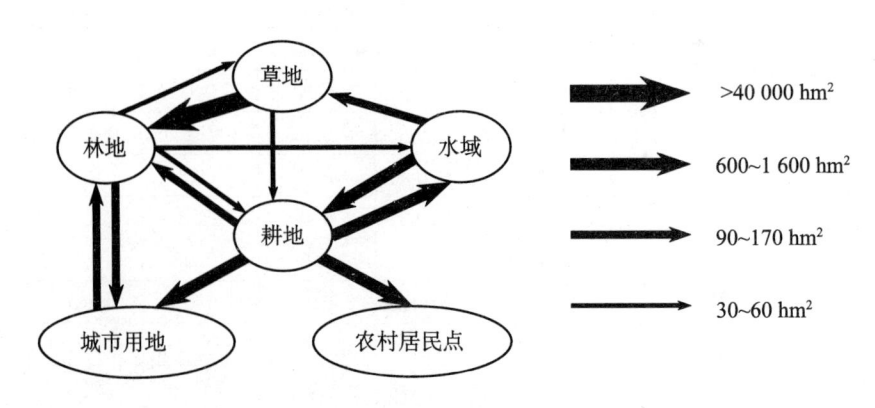

图 9—4 绍兴地区土地利用变化方向

表9—5 绍兴地区各地类变化的方向按数量的排序

地类流转来源	地类流转方向(从大到小排序)
耕地	耕地＞城市用地＞农村居民点＞水域＞林地＞草地
林地	林地＞城市用地＞耕地＞水域＞草地＞农村居民点
草地	林地＞草地＞耕地＞农村居民点＞城市用地＞水域
水域	水域＞耕地＞草地＞城市用地＞农村居民点,林地
城市用地	城市用地＞林地＞耕地＞农村居民点,草地,水域
农村居民点	农村居民点＞城市用地,林地,耕地,草地,水域

注:用逗号分隔的是数量相同的用地类型。
资料来源:同上。

四、土地利用变化的空间形式分析

1. 土地利用变化速率分析

根据土地利用动态变化分析测算模型[6],得到的绍兴地区土地利用变化速率情况见表9—6,其中草地是本地区土地利用转化最主要的类型,其年平均转移速率高达9.9%,水域、耕地和城市用地的转移速度也比较高,分别为1.2%、0.6%和0.3%,而林地的转移速率则相对比较平稳,农村居民点和未利用地则无转移。从土地利用变化的新增速度来看,林地最大,达15.8%,城市用地、农村居民点用地、水域的新增速度也比较高,在0.8%～4.5%之间,耕地和草地的增长则较平稳。综合分析转移和新增两个部分,无疑林地和草地是高速变化的利用类型,水域、城市用地、农村居民点为变速中等,而耕地变速较低。

表9—6 绍兴地区土地利用变化速率(1990～2000年)

土地利用类型		耕地	林地	草地	水域	城市用地	农村居民点	未利用地
未变化面积	hm²	56 022.6	27 349.0	543.7	7 435.4	3 737.9	6 701.1	0.0
总转移面积	hm²	3 265.1	231.9	43 484.1	973.1	106.2	0.0	0.0
	%	5.5	0.8	98.8	11.6	2.8	0.0	0.0
年均转移速率	%	0.6	0.1	9.9	1.2	0.28	0.0	0.0
总增加面积	hm²	916.5	43 633.3	200.5	711.0	1 663.8	935.2	0.0
	%	1.6	158.2	0.5	8.5	43.3	14.0	0.0
年均增加速率	%	0.2	15.8	0.1	0.9	4.3	1.4	0.0
总变化面积	hm²	4 181.6	43 865.2	43 684.6	1 684.2	1 770.0	935.2	0.0
	%	7.1	159.0	99.2	20.0	46.0	14.0	0.0
年均变化面积	hm²	418.2	4 386.5	4 368.5	168.4	177.0	93.5	0.0
年均变化速率	%	0.7	15.9	9.9	2.0	4.6	1.4	0.0

资料来源:同上。

2. 土地利用变化类型的空间频次和主导类型分析

变化类型是指土地利用类型转移的方式,如耕地转变为林地、耕地转变为城市用地等。变化类型的多寡与土地利用分类有关,如果土地利用类型有 n 类,理论上变化类型应该有 $n(n-1)$ 种。为定量描述各变化类型的空间分布频次,朱会义等[7]提出多度的方法,以反映土地利用变化类型在区域内的分布状况,其计算方法如下:

$$D = (N_i/N) \times 100\%$$

式中,D 为某种土地利用变化类型的多度,N_i 为该种土地利用变化类型的个体数,N 为该区全部土地利用类型的个体数。多度越大,表示该种变化类型在空间上分布越广泛,是一种常见类型;反之,多度越小,空间分布上越稀少,偶发性越强。

但多度数值的高低反映的只是空间变化的频次,而不一定就是该地区空间变化的主导类型。要判断空间变化的主导类型既要考虑变化类型发生的频次,还要考虑变化类型的面积,重要度指数就是用于反映主导类型的指标。土地利用变化的区域方向重要值则可以定量地表示土地利用变化类型对区域的重要程度,是确定土地利用变化方向的重要依据。重要值为多度与面积比的综合表示,用公式可简单地描述为:

$$IV = D + B$$

式中,IV 为某种土地变化类型的重要值;D 为该种土地利用变化类型的多度;B 为该种土地利用变化类型的面积比[7]。

据此得到绍兴地区土地利用空间变化的多度和主导类型(表 9—7)。从中看出,耕地是本地区转移频次最高和最主要的类型,其重要度和多度都远高于其他用地类型;水域的空间变化频次仅次于耕地而居第二位,重要度则列第四;同耕地一样,草地的变化频次和重要程度保持一致,均为第三位;林地和城市用地同水域的情况则恰好相反,变化的频率不是很高,但是由于变化量大而居于比较重要的地位。总之,从变化频次看,耕地最高,水域和草地其次,林地和城市用地也达一定比例,农村居民点和未利用地无变化;从重要度看,耕地无疑是本地区最主要的转移方式,草地、林地、水域和城市用地居其次,且重要程度相差无几。

表 9—7 绍兴地区土地利用空间变化的多度和主导类型

	耕地	林地	草地	水域	城市用地	农村居民点	未利用地
面积(hm^2)	3 265.1	231.9	605.7	973.1	106.2	0.0	0.0
斑块数(个)	188.0	26.0	31.0	22.0	18.0	0.0	0.0
多度(%)	63.0	4.5	11.7	18.8	2.1	0.0	0.0
重要度(%)	129.0	13.6	22.6	26.5	8.4	0.0	0.0

资料来源:同上。

3. 土地利用的空间景观变化分析

前面的分析还不能完全反映土地利用形态方面的情况,故这里采用景观集聚度和景观破

碎度两个指标,前者表示景观在空间上的集聚程度,后者表示景观中不同斑块的空间分离程度[8],计算公式分别表示为:

$$J_i = A_i/N_i$$

$$D_i = \frac{1}{2}\sqrt{n/A}$$

$$S_i = A_i/A$$

$$F_i = D_i/S_i$$

式中,J_i 为第 i 类景观类型的集聚度,A_i 为第 i 类景观类型的面积,N_i 为第 i 类景观类型的斑块数,F_i 为第 i 类土地利用类型的分离度,D_i 为第 i 类景观类型的距离指数,S_i 为第 i 类景观类型的面积指数,n 为第 i 类景观类型斑块个数,i 为第 i 类景观类型。

从表 9—8 可看出绍兴地区空间景观发生的变化。斑块数量的变化方面,1990 年平均每个镇、街有城镇用地、农村居民点用地分别为 1.6 个和 18.7 个,到 2000 年则分别为 2.9 个和 21.9 个,很显然单从每个镇、街拥有的斑块数快速增加表明其土地利用分散布局的状况依旧。指数变化方面,尽管变化程度不同,草地、其他建设用地、水域三类用地发生了同样的变化,即斑块平均面积下降和破碎度提高,说明它们在空间上的分布更加零散,对草地而言这反映了绍兴在消灭荒山和荒废耕地工作上收到成效,而对水域和其他建设用地来说其后果还很难评估;相反,耕地和林地斑块平均面积上升、破碎度下降,说明当地农业集约经营程度的提高,尤其是林地,其变化幅度在五成以上。作为当地主要建设用地类型的城镇用地和农村居民点的变化方向也保持同步,但是它们的集聚度和破碎度与前几种地类的表现不同,城镇和农村居民点用地的集聚度和破碎度也都下降了,这只能说明绍兴的建设用地虽然从统计意义上来看,单个地块的聚集程度下降了,但是从区域整体来看地块之间的聚集程度有所提高,实际上,飞地式扩展和蔓延填充式扩展两类都存在而以后者为主,就说明了这一情况。

表 9—8　绍兴地区土地利用空间景观变化(1990~2000 年)　　　　　　　　　单位:hm²

年份	指标	耕地	林地	草地	水域	城镇	农村居民点	其他建设
1990	面积	59 287.7	27 580.9	44 027.8	8 408.6	3 486.4	6 701.1	357.8
2000	面积	56 939.2	70 982.4	744.2	8 146.5	5 042.5	7 636.3	359.2
1990	斑块数	489	298	59	304	53	618	62
2000	斑块数	336	312	35	312	95	724	69
1990	集聚度	121.2	92.6	746.2	27.7	65.8	10.8	5.8
2000	集聚度	169.5	227.5	21.3	26.1	53.1	10.5	5.2
1990	破碎度	0.072	0.121	0.034	0.401	0.404	0.718	4.260
2000	破碎度	0.062	0.048	1.539	0.420	0.374	0.682	4.476

资料来源:同上。

第二节 绍兴地区城乡建设用地的时空演变

一、绍兴市城乡建设用地扩展的历史演变

绍兴市历史悠久,源远流长,城镇的发展,从春秋吴越时期到唐朝初年,其城市规模一直为全省之冠,宋朝以后,杭州、宁波、温州等城市的兴起才超过了绍兴市[9],但此时绍兴境内的市镇开始兴起,社会经济的快速发展有力地推动了市镇的发展。据学者考证,到南宋中期,全地区见于史籍的市镇有53处[10],不过此时的市镇大多数属于小规模的村头草市,处于废置不定的状态,人类改造利用的土地以耕地为主,市镇用地所占比例极低。到了明代以后,随着水利事业的发展和耕作技术的进步,粮食生产量的稳步上升,促进了手工业和商业的发展并导致私营手工作坊的出现,推动了市镇进一步发展成为较固定的经常市。到明代万历十四年(1587年),全绍兴府共有市53处、镇6处,其中山阴县(今绍兴县)有9市1镇,会稽县(今越城区及绍兴县部分)有3镇①。这些市镇开始摆脱初期的不成熟形态,并在此基础上形成部分专业市镇;同时市镇的分布密度也得到了提高,如山阴县和会稽县在万历十四年分别达到0.9个/千km²和0.8个/千km²[11]。因而加快了本地区土地利用方式随之发生深刻的变化,并奠定了现代城镇土地利用空间格局的基础。到了清朝时期,在明代市的基础上发展起来不少的镇,从而导致镇的数量增加,城市土地利用的规模和范围进一步扩展。但是总体而言,近代以前绍兴市土地利用方式中城镇用地呈现的主要特征是低面积、低密度。

同一时期农村居民点的发展也有自己的特点。公元前六世纪,越部落居民随陵陆而耕种,或逐禽鹿而给食,在会稽山地,形成最早的村聚落②。后随生产发展及部落人口增加,村聚落逐渐向会稽山北的丘陵山麓冲积扇地段迁移,形成了会稽山北的第一批越部族村落。后汉初期,鉴湖围城后,特别是宋代,北人大规模南迁,平原村落首先在沿海地区迅速发展,海塘竣工后,沿海地带的居民数量也剧增[9]。农村聚落的发展呈现出从南向北逐渐推进的特点。

1949年,绍兴市工业虽有一定的发展,但因现代工业基础薄弱,故工业落后的面貌并未得到根本改观。由于工业是土地利用方式转变的重要推动力,工业发展滞后直接导致这一时期土地利用方式没有什么变化。80年代初,绍兴市主要依靠集体积累,大力发展乡村集体工业,形成了以集体工业为主导的经济格局[12]。这种格局对土地利用产生了深刻影响。随着经济的大发展,城镇建设也获得飞快发展。绍兴市城镇是随着开发利用本地资源、发展加工工业及商品集散等基础上发展起来的,总体上属于农业区域城镇体系。按照城镇经济发展的特点与地理位置,绍兴市的城镇分四类。第一类是铁路交通主线两侧"工商推动型"城镇,这类城镇的发展主要依托交通干线,利用便捷的交通运输大力发展经济,例如越城区、柯桥、钱清等。第二

---

① 参见《万历绍兴府志》中的描述。
② 参见《山海经》中的记载。

类是北部平原地区农业城镇,它们是以粮棉生产为主体的平原农业经济中心,其中有的以传统丝绸纺织业为主,农业及农产品加工业的大发展推动了经济的发展,相应带动城镇建设的发展,如华舍、齐贤、东浦等;有的则为农副产品集散中心的农村集市型城镇,如安昌、孙端、斗门镇等,市场的发展推动了第三产业用地需求的增加而带动城市用地的扩展;还有的则是海涂资源开发型城镇,主要是指马鞍镇,由于处在濒海新围垦区,通过农、工共同开发带动城镇用地的扩展。第三类是南部山区、半山区及丘陵地带的交通型城镇,主要是交通发展带动商业发展而推动城镇用地的扩展,例如夏履镇。第四类是矿产资源开发带动型城镇,如漓渚镇和平水镇。农村居民点的发展和分布都强烈地受到城镇的辐射影响,平原、盆地分布的农村居民点数量多、面积大、密度高、较集中,而山区丘陵地带分布的农村居民点数量少、面积小、密度低、较分散。1949年以后这种局面一直没有很大改观。直至改革开放以后,农村居民点的发展才开始出现分化,乡镇企业发达的地区农村居民点扩展快,农村居民点用地扩张迅速,而乡镇企业发展慢的地区则扩展迟缓,导致北部平原水网地区农村居民点用地继续扩大而南部发展迟缓[9]。

二、绍兴地区城乡建设用地扩展的空间变化

这里运用年均扩展强度指数的方法分析了近期绍兴地区34个镇、街的建设用地扩展空间分异情况。扩展强度指数是指某空间单元在研究期内的城市土地利用扩展面积占其土地利用总面积的份额。为便于比较不同研究时期城市土地利用扩展的强弱或快慢,可计算各空间单元的年平均扩展强度指数[3],其公式为:

$$\beta_{i,t \sim t+n} = (ULA_{i,t+n} - ULA_{i,t})/n/TLA_i \times 100$$

其中,$\beta_{i,t \sim t+n}$,$ULA_{i,t+n}$,$ULA_{i,t}$分别为空间单元i的年均扩展强度指数、在$t+n$及t时期的城市土地利用面积;TLA_i为其土地总面积。

1. 城市用地扩展的空间分异

利用扩展强度指数分析本区城市用地的扩展强度得到如表9—9和图9—5所示的结果。表中的7种扩展类型由SPSS软件的聚类分析计算得到,后面的类型分析采用的方法也相同。

表9—9 绍兴地区城市用地扩展强度(1990~2000年)

扩展类型	年平均扩展指数	镇街个数	扩展面积 数量(hm²)	扩展面积 贡献率(%)	土地总面积 数量(hm²)	土地总面积 贡献率(%)
高速扩展	1.526~2.288	1	377.0	24.2	1 648.1	1.1
快速扩展	0.807~1.526	3	323.2	20.8	2 493.4	1.7
中速扩展	0.207~0.807	5	502.9	32.3	10 738.9	7.2
低速扩展	0.079~0.207	6	292.1	18.8	19 355.4	12.9

续表

扩展类型	年平均扩展指数	镇街个数	扩展面积 数量(hm²)	扩展面积 贡献率(%)	土地总面积 数量(hm²)	土地总面积 贡献率(%)
缓慢扩展	0.000~0.079	11	115.7	7.4	60 050.2	40.1
停滞扩展	0	4	0.0	0.0	31 612.6	21.1
萎缩扩展	−0.038~0	4	−53.6	−3.4	23 953.1	16.0
总计	0.104	34	1 557.4	100.0	149 851.6	100.0

各扩展类型的镇街名称：

高速扩展型：柯桥街道；

快速扩展型：北海街道、塔山街道、府山街道；

中速扩展型：东湖镇(北)、安昌镇、华舍街道、戴山街道、柯岩街道；

低速扩展型：开发区、灵芝镇、钱清镇、陶堰镇、斗门镇、齐贤镇；

缓慢扩展型：马山镇、东湖镇(南)、城南街道、皋埠镇、稽山街道、杨汛桥镇、鉴湖镇、湖塘街道、夏履街道、马鞍镇、平水镇；

停滞扩展型：稽东镇、王坛镇、孙端镇、东浦镇；

萎缩扩展型：福全镇、漓渚镇、兰亭镇、富盛镇。

资料来源：同上。

在20世纪90年代，绍兴地区的城市用地扩展面积达1 557.4hm²，占全部用地面积的1.0%，年平均扩展强度达0.104，但内部差异巨大，最大的柯桥街道可达2.287，而最小的富盛镇则不增反减。总体而言，绍兴地区城市用地扩展强度存在如下的特点：

① 城市用地扩展主要集中于少数几个镇、街，前9个镇、街的扩展面积就达1 203.0hm²，占全部城市用地扩展面积的77.3%；

② 城市用地主要围绕北部水网平原地区的市区和县城向交通干线扩展，县城一带主要是向北展开，其次是向西扩展，市区主要是向北扩展，其次是向东扩展；

③ 在部分地区以较快的速度扩展的同时，也有不少地区不但没有扩展、反而有所下降，说明本区域的城市用地扩展具有比较强的人为因素的影响；

④ 总体上看，扩展速度与区域的土地面积呈现出相反的趋势。扩展速度在前9位的镇、街的平均土地总面积仅为1 653.4hm²，而后8位的镇、街则为6 945.7hm²，前者仅为后者的23.8%，这就造成局部地区用地的矛盾加剧。

2. 农村居民点用地扩展的空间分异

绍兴地区农村居民点用地扩展强度的结果如表9—10和图9—6所示。同样，农村居民点用地的扩展也表现了一些特征。

① 绍兴地区农村居民点用地的扩展比较平稳，既没有高速扩展型，也没有萎缩扩展型，扩

展的主要类型和方式是缓慢扩展型和停滞扩展型,占全部镇街数量的76.5%;从面积上看,除了极少数地区扩展数量较大外(例如,杨汛桥镇就占全部扩展面积的22.6%),农村居民点用地扩展呈现出局部快速、大部缓和的特点。

② 从空间上看,西北角的杨汛桥镇、钱清镇、华舍街道以及中北部的东浦镇、北海街道为主要的扩展地区,前者处在绍兴和杭州萧山区的接合部,后者则位于绍兴县城和越城市区之间。

表9—10 绍兴地区农村居民点用地扩展强度分析(1990~2000年)

扩展类型	年平均扩展指数	镇街个数	扩展面积 数量(hm²)	扩展面积 贡献率(%)	土地总面积 数量(hm²)	土地总面积 贡献率(%)
快速扩展	0.246~0.523	1	211.6	34.4	4 048.7	2.7
中速扩展	0.114~0.246	4	263.2	42.9	11 128.7	7.4
低速扩展	0.086~0.114	3	91.9	15.0	8 362.1	5.6
缓慢扩展	0~0.086	19	47.6	7.75	102 749.5	68.6
停滞扩展	0	7	0.0	0.0	23 562.5	15.7
合计	0.062	34	614.2	100	149 851.6	100.0

快速扩展型:杨汛桥镇;
中速扩展型:钱清镇、华舍街道、东浦镇、北海街道;
低速扩展型:孙端镇、福全镇、东湖镇(北);
缓慢扩展型:灵芝镇、陶堰镇、斗门镇、马鞍镇、湖塘街道、府山街道、漓渚镇、夏履街道、鉴湖镇、皋埠镇、齐贤镇、安昌镇、柯岩街道、兰亭镇、平水镇、东湖镇(南)、王坛镇等;
停滞扩展型:稽东镇、富盛镇、稽山街道、开发区、城南街道、塔山街道、戢山街道。
资料来源:同上。

3. 建设用地扩展的空间分异

首先分析扩展的绝对面积在空间分布上的特点。从表9—11中可以看出,建设用地的扩展集中地表现为柯桥、杨汛桥、钱清、华舍、安昌、柯岩等绍兴县西北部6镇、街和府山、北海、东湖等越城区西部和北部3镇、街的扩展,绍兴市西北部的9个镇、街的扩展面积全部超过1km²,占建设用地总扩展面积的68.0%。而扩展面积在50hm²到100hm²的镇除了东部的陶堰镇外也全部集中在以越城区为中心的北部地区,占全部扩展面积的15.8%(不包括陶堰镇)。其他镇、街的扩展面积都比较小,空间上的分布也比较零散,值得注意的是富盛镇是唯一扩展面积为负的镇。

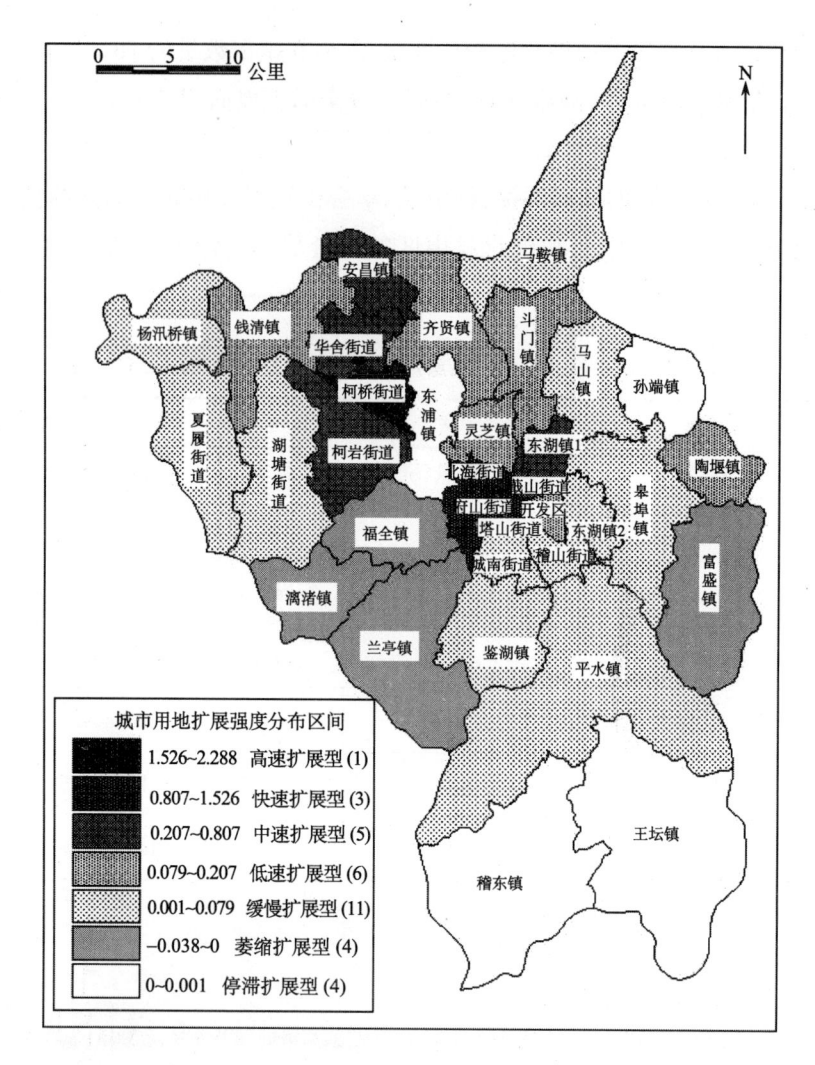

图 9—5　绍兴地区城市用地扩展强度分布

资料来源：同上。

表 9—11　绍兴地区各乡镇城镇用地扩展面积　　　　　　　　　　　　　　单位：hm²

镇街名	扩展面积	镇街名	扩展面积	镇街名	扩展面积
柯桥街道	388.8	东浦镇	69.1	夏履街道	32.8
杨汛桥镇	223.3	马山镇	60.2	鉴湖镇	30.8
钱清镇	209.0	陶堰镇	58.3	戢山街道	20.0
府山街道	172.7	塔山街道	51.4	漓渚镇	14.4
华舍街道	157.7	灵芝镇	50.2	开发区	13.7
安昌镇	154.6	湖塘街道	44.3	城南街道	6.2
柯岩街道	148.6	马鞍镇	43.9	稽山街道	4.0
北海街道	120.4	皋埠镇	43.8	兰亭镇	3.0

续表

镇街名	扩展面积	镇街名	扩展面积	镇街名	扩展面积
东湖镇	120.2	福全镇	40.4	王坛镇	1.9
斗门镇	84.8	平水镇	37.4	稽东镇	0.0
齐贤镇	78.9	孙端镇	36.5	富盛镇	−28.6

资料来源：同上。

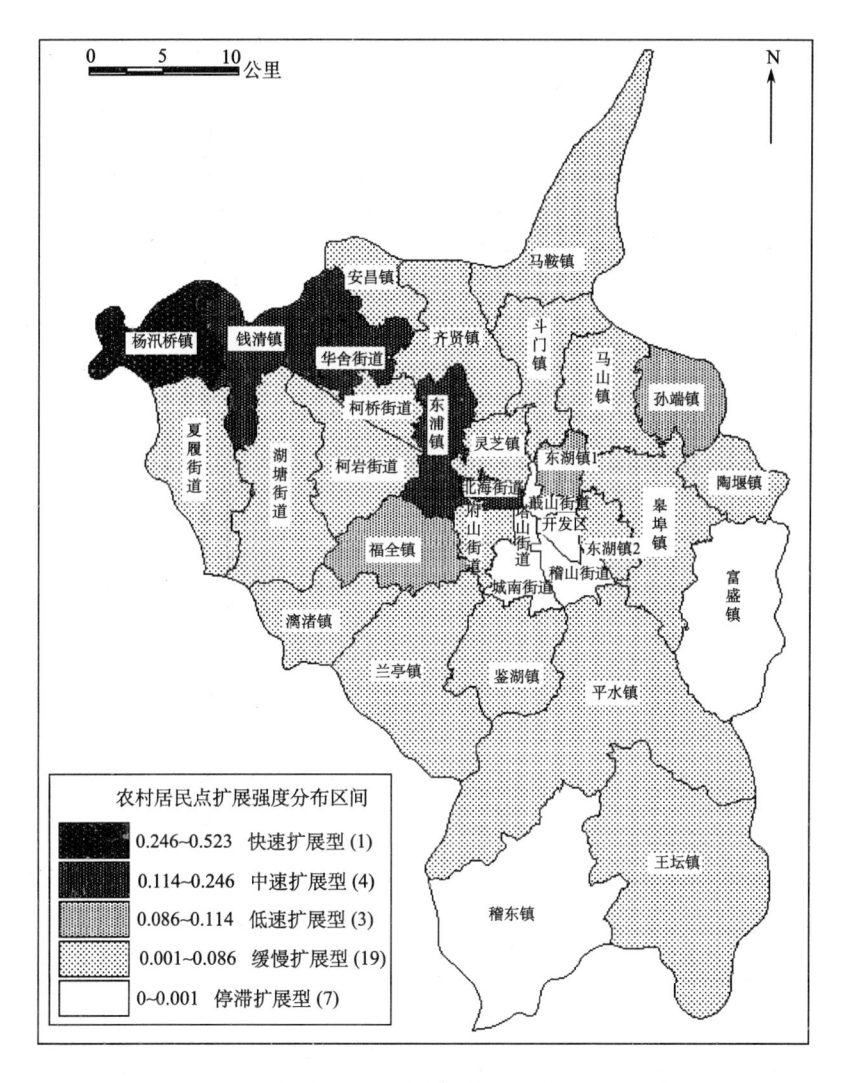

图 9—6 绍兴地区农村居民点用地扩展强度分布

资料来源：同上。

综合以上城市和农村居民点用地的情况得到城乡建设用地的扩展过程（表 9—12 和图 9—7）。

表 9—12 绍兴地区建设用地扩展强度(1990～2000 年)

扩展类型	年平均扩展指数	镇街个数	扩展面积 数量(hm²)	扩展面积 贡献率(%)	土地总面积 数量(hm²)	土地总面积 贡献率(%)
高速扩展	1.728～2.360	1	388.8	15.6	1 648.1	1.1
快速扩展	0.907～1.728	3	344.5	13.8	2 493.4	1.7
中速扩展	0.164～0.907	12	1 296.5	52.0	32 315.7	21.6
低速扩展	0.082～0.164	4	216.1	8.7	16 083.8	10.7
缓慢扩展	0～0.082	12	275.5	11.1	78 162.6	52.2
停滞扩展	0	1	0.0	0.0	11 585.6	7.7
萎缩扩展	−0.038～0	1	−28.6	−1.2	7 562.5	5.1
合计	0.166	34	2 492.7	100.0	149 851.6	100.0

高速扩展型:柯桥街道;

快速扩展型:北海街道、塔山街道、府山街道;

中速扩展型:东湖镇(北)、华舍街道、安昌镇、杨汛桥镇、钱清镇、蕺山街道、柯岩街道、灵芝镇、东浦镇、陶堰镇、开发区、斗门镇;

低速扩展型:齐贤镇、马山镇、孙端镇、福全镇;

缓慢扩展型:东湖镇(南)、皋埠镇、湖塘街道、鉴湖镇、马鞍镇、夏履街道、城南街道、漓渚镇、稽山街道、平水镇、兰亭镇、王坛镇;

停滞扩展型:稽东镇;

萎缩扩展型:富盛镇。

资料来源:同上。

1990～2000 年间,绍兴地区建设用地的总扩展面积为 2 492.7hm²,占区域土地总面积的 1.7%。总体扩展强度为 0.166,其中最大的是柯桥街道,达 2.359,最小的富盛镇为−0.038。绍兴地区在建设用地的空间扩展上存在如下特点:①建设用地的空间扩展呈现出明显的空间分异,南部扩展普遍较慢,没有一个中速扩展以上的类型,北部则除了马鞍镇外扩展强度都比较大,包括所有强度前 16 位的镇、街;同时北部的空间扩展还是围绕以市中心区和县城两大中心和杭甬铁路公路、铁路交通干线绍兴部分展开;②从数量上看,北部中速扩展以上的地区的扩展面积为 2 029.7hm²,占全部扩展面积的 81.4%,与此同时其土地总面积占区域总面积的比例仅为 24.3%,建设用地的空间扩展高度集中在这 12 个镇、街;杭甬铁路和杭甬高速公路沿线地区共有钱清镇、华舍街道等 16 镇、街,其面积占区域土地总面积的份额为 33.8%,而其扩展面积则为 63.5%,可见沿交通干线扩展是建设用地扩展最主要的方式之一。总之,绍兴地区建设用地扩展呈现的空间分布特点是大集中、小分散的局面。

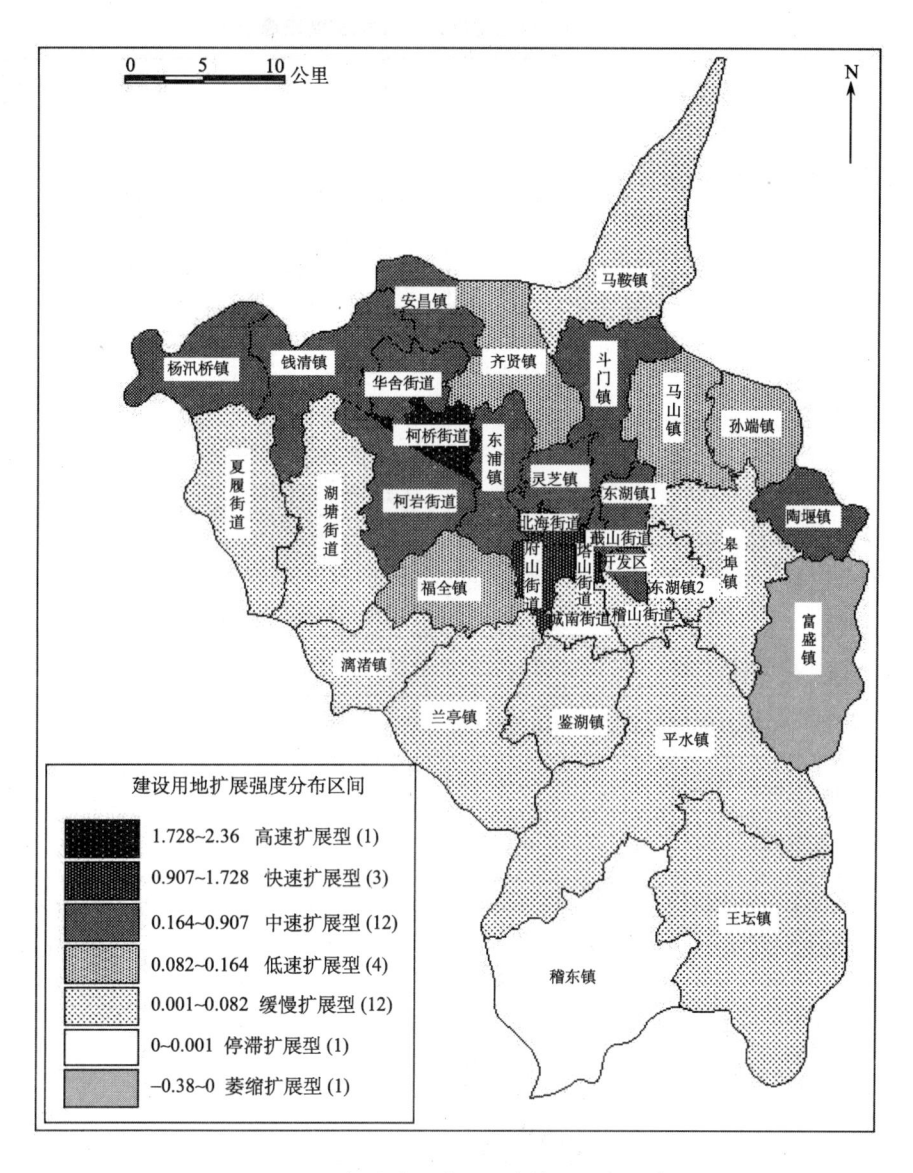

图9—7 绍兴地区建设用地扩展强度分布

资料来源：同上。

4. 建设用地扩展的来源分析

对建设用地来源的分析将有助于了解土地利用变化的驱动机制。由表9—13中很明显地看出，绍兴建设用地绝大部分来源于耕地，占全部的94.9%，而来源居第二位的林地仅占4.5%，其他来源则很少；与城市用地比较，农村居民点用地对耕地的占用更加明显，其面积所占份额比前者高4个百分点以上。从各镇、街的情况来看，城市用地有一半的扩展源全部来自耕地，占全部扩展面积80%以上的镇、街也接近三成；农村则更有八成以上的扩展源完全来自耕地。从对建设用地扩展源的分析可以看出，绍兴市建设用地的扩展基本靠侵占耕地进行，绍兴经济建设的发展与耕地的保护、粮食生产的矛盾仍然十分突出，并制约其今后的可持续发展过程。

表 9—13　绍兴地区建设用地扩展来源

占全部扩展面积的比例	镇街	城市用地来源		农村居民点用地来源	
		耕地	林地	耕地	林地
=100%	镇街个数(个)	15	1	24	0
	所占比例	51.7%	3.3%	82.8%	0
80%~100%	镇街个数	8	1	2	0
	所占比例	27.6%	3.3%	6.9%	0
20%~80%	镇街个数	4	4	3	2
	所占比例	13.8%	13.3%	10.4%	6.9%
0~20%	镇街个数	1	5	0	2
	所占比例	3.5%	16.7%	0	6.9%
=0	镇街个数	1	19	0	25
	所占比例	3.5%	63.3%	0	86.2%
扩展面积(hm²)		1 555.5	99.8	910.2	17.5
占全部扩展面积的比例		59.9%	3.8%	35.0%	0.7%

注：本表的镇街数量均不包括城市和农村扩展面积为零的镇街；扩展百分比的计算只包括扩展面积而不包括转移面积；其他地类转化为城市和农村用地的很少，故未计算；镇街栏所说的"所占比例"是针对某一来源内部而言。
资料来源：同上。

5. 城市用地扩展和农村居民点用地扩展的异同分析

① 农村居民点用地扩展的速度普遍要低于城市用地扩展的速度。农村居民点用地扩展的平均强度仅为 0.062，而城市用地扩展的强度则为 0.104，几乎是前者的 2 倍；前者缺少高速扩展这一种类型，而后者则有；前者各个强度类型的平均值和最高值都低于后者，比如从高到低的顺序排列各类型扩展强度的均值，前者分别是 0.523、0.263、0.135、0.031，而后者则分别是 2.287、1.296、0.468、0.151，后者都是前者的 3 倍以上。

② 农村居民点用地扩展快速的地区与城市用地扩展快速的地区在空间上正好交错分布，农村居民点用地扩展的主要地区相当于城市用地扩展的主要地区沿交通线向西平移的结果，结果造成整个从越城区到萧山区之间的地区建设用地扩展速度都很快，形成一个连绵的城市化和农村城市化交错的地区。同时说明，农村居民点用地和城市用地都主要沿交通线路作轴向扩展。

③ 由于南部主要是低山和丘陵地带，导致南部地区的农村居民点和城市用地的扩展速度都比较低，这一点从前面的两类用地扩展强度图可以清楚说明。

④ 如果把街道作为城市化地区,而镇作为一般所说的完整区域的话,则剔除掉12个街道,而以20个镇为对象来分析城市用地和农村居民点用地扩展的差异,可得到如下图的结果。有8个镇的城市用地扩展强度快于农村居民点用地,其城市用地、农村居民点用地的平均扩展面积分别为60.0hm²、15.9hm²,前者为后者的3.8倍;农村居民点用地比城市用地扩展快的则有12个镇(包括3个城市用地萎缩的镇),其平均扩展面积为53.9hm²、8.9hm²,前者为后者的6.0倍。可见除了城区向外围的扩展外,一般镇的建设用地扩展还是以农村扩展为主,占全部建设用地扩展面积的56.8%。从空间分布上看,城市用地扩展快的地区分布于东北部地区且为集中连片分布,而农村居民点扩展快的地区在北部表现为散落分布,而南部则是集中分布。

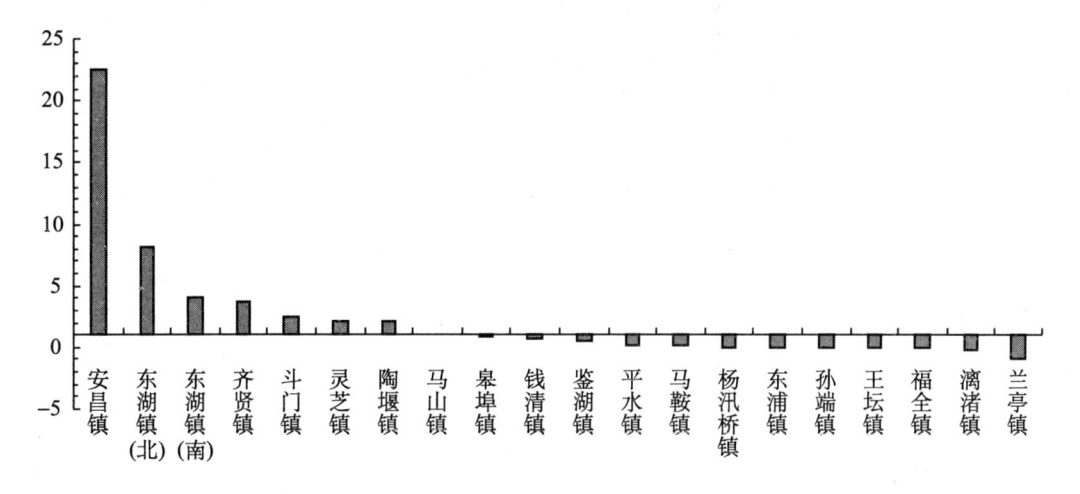

图9—8 绍兴地区城市用地和农村居民点用地扩展对比

注:图中的分界点的纵坐标值为1。稽东镇和富盛镇的城市用地为零或负、农村居民点用地为零,故也被除去。
资料来源:同上。

三、绍兴地区城乡建设用地扩展的时空模式

1. 城市用地扩展的时空模式

绍兴地区城市土地的扩展情况见图9—9所示,其扩张主要有填充式、蔓延式、飞地式三大类。

① 填充式扩展。填充式扩展是指开发和利用已有城市用地内部的未利用部分,使之成为连片完整的城市用地的扩张模式。由于20世纪90年代以前,城区和各镇的发展都非常分散,在空间上形成了"村村像城镇、镇镇像农村"的半城市化发展格局,城镇用地的空间整合和集中发展就成为90年代的主要发展思路,体现在城市用地的空间扩张上,在主要镇的中心村及其周边村的城市用地开始向同一个中心扩展,绍兴县城的城市土地扩张非常典型地反映了这种扩展方式,华舍、齐贤、陶堰、斗门、马山、平水等镇、街的扩展方式也是如此。需指出的是,越城区内部主要是塔山街道的闲置和非城市用地的调整改造也属于填充扩展模式。靠填充式扩展

的城市用地面积为 801.8hm², 占全部城市扩展面积的 51.5%, 是区域城市扩展的主要方式。

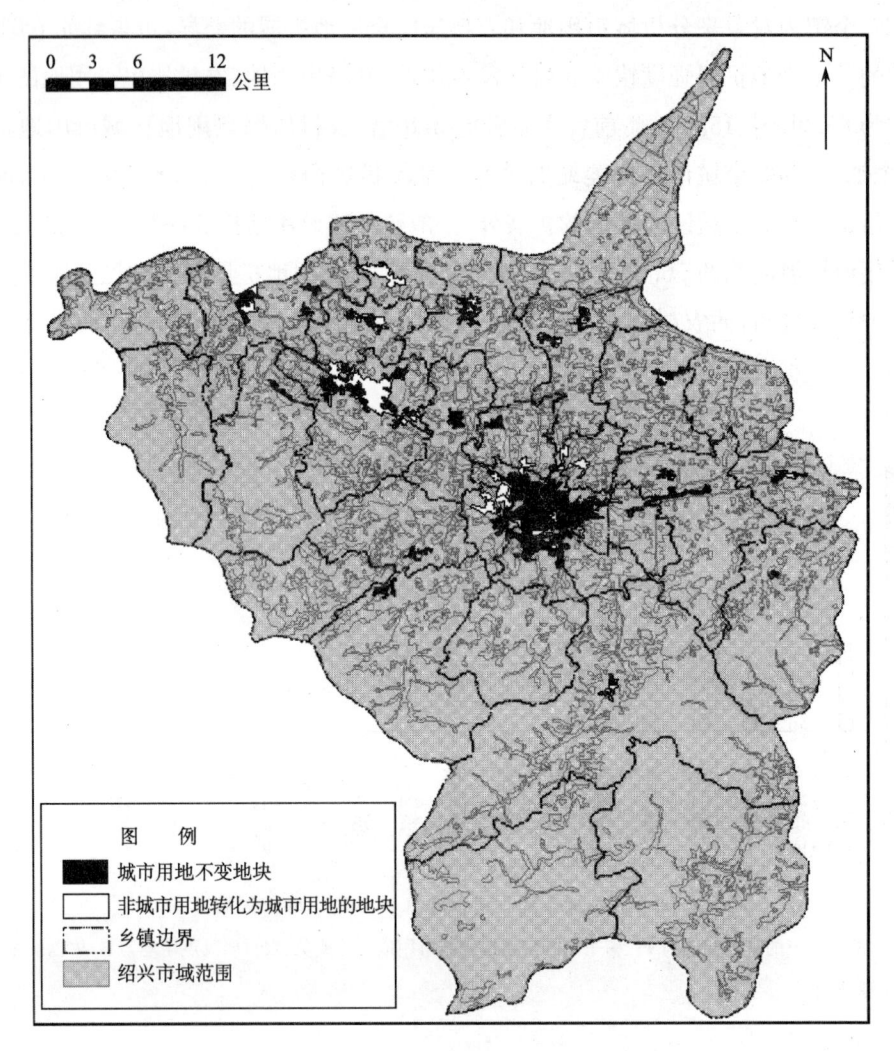

图 9—9 绍兴地区城市用地扩展

资料来源:同上。

② 蔓延式扩展(还包括轴向扩展)。蔓延式扩展是指城市外围地区土地开发利用不断向周围地区蔓延或依附于城市本身向外形成环状或块状地区。这类地区主要包括府山街道、北海街道、安昌镇、钱清镇、东湖镇(南)、开发区、湖塘街道、杨汛桥镇、皋埠镇、夏履街道等地区,其中前四个镇街在空间上的表现尤为明显,它们主要得益于工业的快速发展对城市用地的需求。此种填充方式的扩展面积为 552.5hm², 占全部扩展面积的 35.5%。

③ 飞地式扩展。飞地式扩展指由于具有某些资源禀赋优势,在远离城市的资源点发展工商业,形成城市发展的飞地,然后建成飞地与主城区之间的快速联系通道,再沿通道两侧成指状增长;或者为了转移主城区的工业,在条件比较优越但距离主城区有一定距离的周边地区发展工业,接收主城区转移的工业,发展卫星城。这两类都属于飞地式扩展方式。这类扩展方式因其性质主要发生在越城区周边的灵芝镇、东湖镇(北)和塔山街道,其城市用地扩展面积为

150.7hm², 占区域城市扩展面积的9.7%。

2. 农村居民点用地扩展的时空模式

相对于城市用地扩展的相对集中,农村居民点用地的扩展比较分散(图9—10),扩散的模式特征也不够明显,但仍可概括为蔓延式扩展和飞地式扩展两大类。由于90年代以前绍兴地区农村居民点扩建规模比较大,之后该地区为了解决农村居民点分散的问题,对新批农村居民点用地实行严格限制,因此扩展已不再是大规模扩展,而是在必须扩建的居民点附近作蔓延式扩展。另一方面,由于经济的发展,不少村庄为了摆脱原来老村落基础设施落后而改造又困难的现状,在靠近公路等交通区位便利、基础设施比较完备的地区开辟新的土地建设新村,于是形成飞地式扩展的方式。但是后一种利用方式遗留的旧村改造还没有完全完成,因此旧村仍然占据着农村居民点用地的用地方式,使得北部的农村居民点用地朝着小集中大分散的方向发展。从空间上看,这两种扩展方式都位于农村工业化快速发展的北部平原地区,特别是

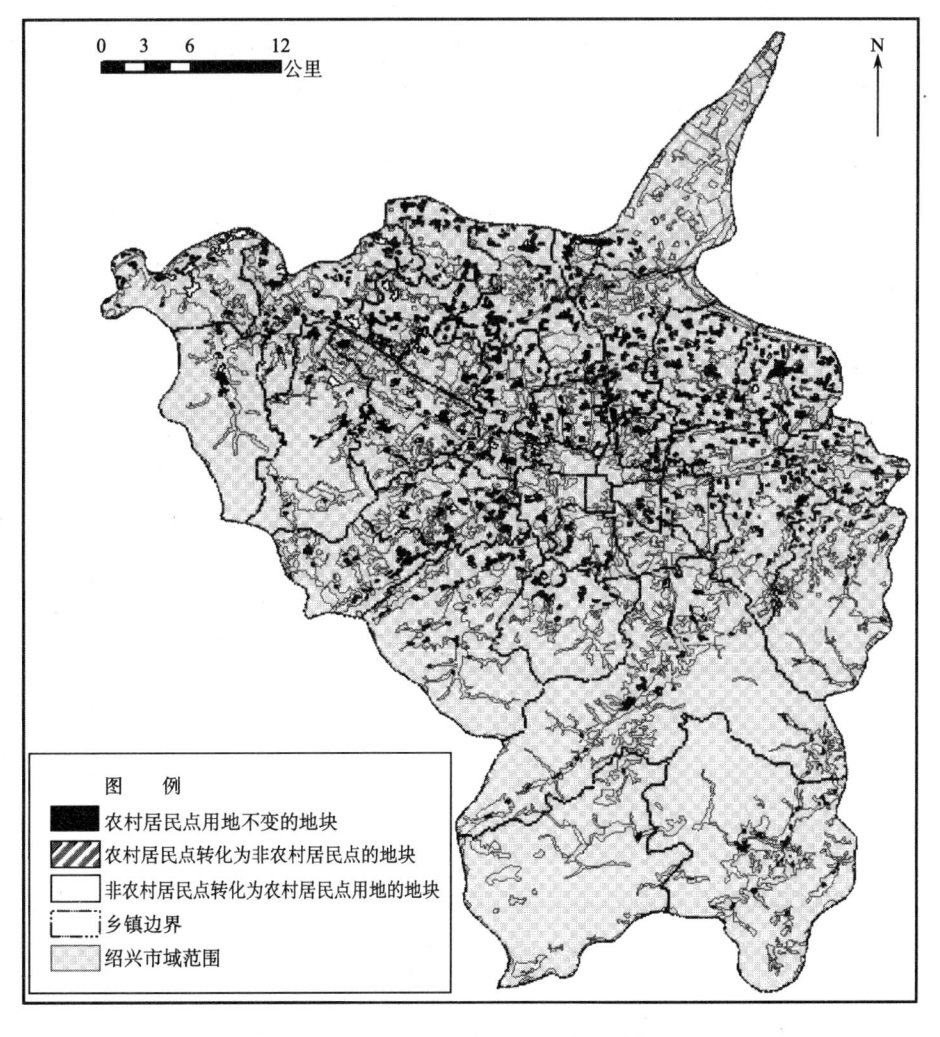

图9—10 绍兴地区农村居民点用地扩展

资料来源:同上。

杨汛桥镇、钱清镇、华舍街道、东浦镇、马鞍镇、福全镇、孙端镇7个西北部的镇、街,它们共占农村居民点用地扩展面积的62.2%。

3. 建设用地扩展的时空模式

综合分析城市用地和农村居民点用地的扩展,可以看出建设用地的时空扩展过程(图9—11)存在如下的特点:

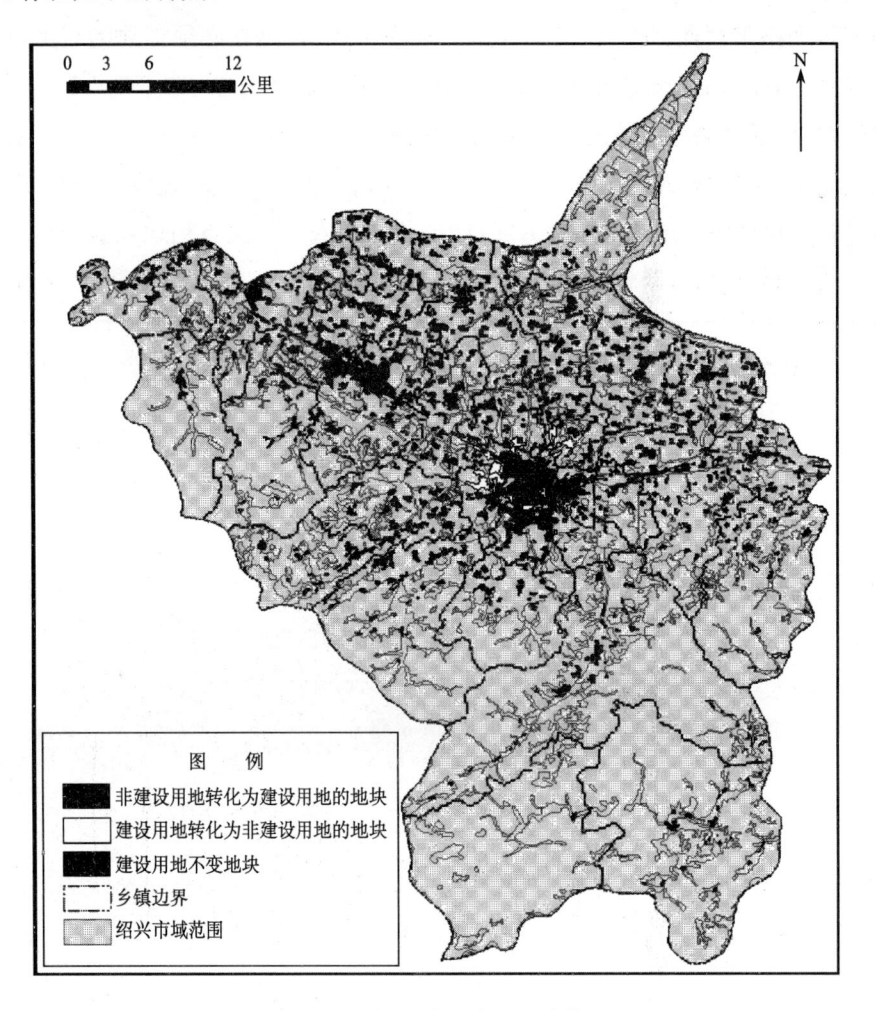

图9—11 绍兴地区建设用地扩展

资料来源:同上。

① 从整个区域来看,建设用地的轴向扩展特征明显,利用MapInfo的缓冲分析功能进行的沿主要交通干线的缓冲分析表明,在1990年,沿交通轴两侧500m和1 000m的建设用地占区域全部建设用地面积的比分别为37.6%和72.6%,而在2000年该比例更是高达38.7%和74.2%,可见沿轴向扩展是其扩展的最主要方式;

② 从各个镇、街看,市中心区和县城是两个主要扩展核,主要进行填充式扩展和蔓延式扩展,此外还有多个小核心(钱清镇、杨汛桥镇、华舍街道、安昌镇、齐贤镇等)也进行同样的扩展,

它们和两个主核心共同组成区域城市用地扩展核；

③ 尽管扩展集中于少数地区,并呈现集聚扩展的趋势,但还未从根本上扭转绍兴地区建设用地的空间分散现象,村村像城镇、镇镇像农村的半城市化现象依然存在；

④ 扩展的重点基本上都集中在北部平原地区,南部的山地丘陵地带扩展缓慢,比如,南部的平水、稽东、王坛三镇,区域土地总面积占全区的28.3%,而建设用地扩展面积仅占全区的2.4%,远低于其土地总面积所占的比重；

⑤ 90年代的建设用地扩展由城市用地主导,城市用地扩展面积占全部扩展面积的64%,而农村居民点用地的扩展已退居其次而只占36%,这和80年代的过程恰好相反,说明了绍兴地区的建设用地已经初步摆脱了过去毫无规划的混乱状态,走上政府宏观调控引导建设用地扩展的道路。

第三节 绍兴地区城乡建设用地扩展的驱动力

一、驱动力分析框架的构建

土地利用的变化是社会的、经济的、政治的、文化的、技术的、自然的等多种力量综合作用的结果[3]。在向心力、扩散力和摩擦力三种作用力中至少一种的作用下,导致某种用地类型向另一种用地类型转化。当然各种因素的作用不是独自进行的,而是一个相互联系的、有层次的作用力系统[13],但由于目前土地利用变化系统理论的建立仍然是一个持续性的挑战[14],要从系统论的观点进行解释还缺乏理论指导,因此本章仍沿袭传统的采用单因素的解释方法。图9—12是在借鉴陈晓军等[15]的分析框架的基础上构建的绍兴市土地利用变化解释框架。

土地利用的变化是多变量共同作用的结果,这些因素分自然和人类作用两大类,自然因素的影响相对稳定,发挥着累积性效应,社会经济因素(也称人类驱动力)则相对活跃,在不同的时期其主导作用力量是不同的,因此本章也主要从人类驱动力来探讨绍兴市城乡建设用地扩展的驱动原因。另一方面,本章主要按上图给出的解释框架进行解释,其中的一些因素融入其他因素中间,而没有单独提出来进行分析。

二、建设用地扩展的驱动力分析

1. 自然条件的限制

人类的活动离不开其活动的地域空间,不同的地区有不同的光、热、水文、地形、地质地貌、植被、矿产资源、自然灾害等条件。尽管随着人类认识自然和改造自然的能力不断增强,人类的活动特别是生产建设活动对自然条件的依赖已经大大减少,但是不可能完全摆脱对自然的依赖。

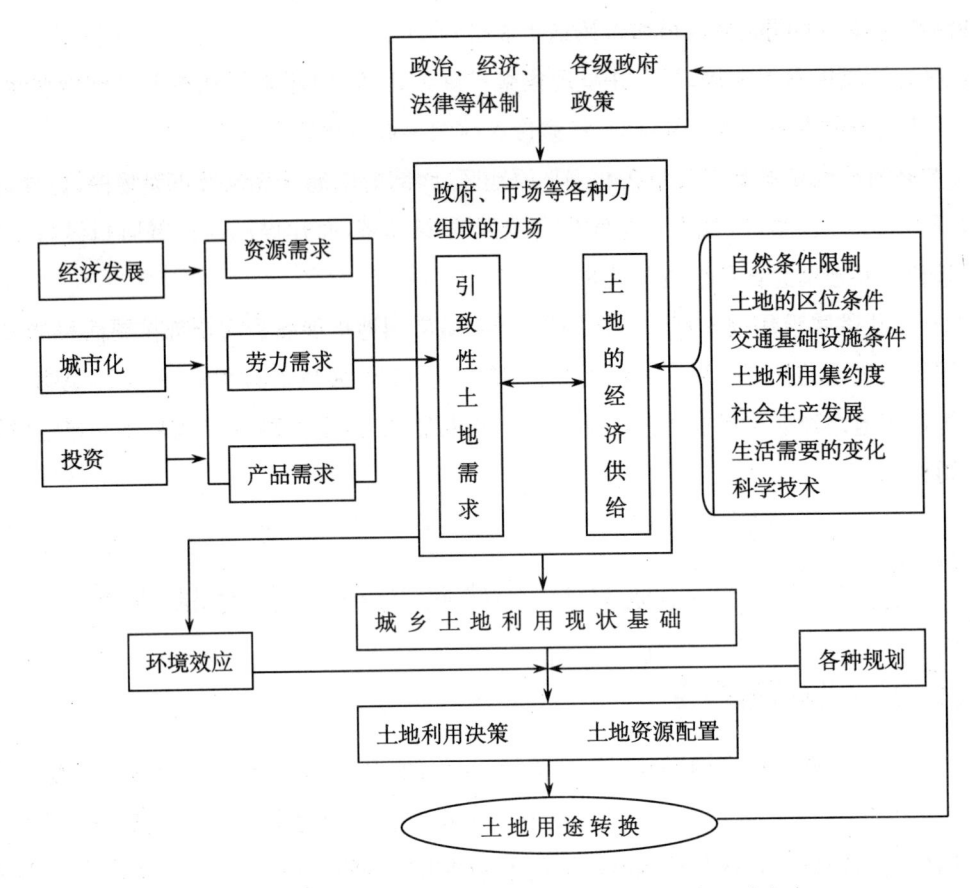

图9—12 绍兴地区城乡建设用地扩展的驱动力分析因素框架

绍兴地区地处长江中下游平原向江南低山丘陵过渡的沿海地区,地势南高北低,南部为低山丘陵,其间分布着面积不大的河谷沟地和小盆地,而北部则是水系发达的宁绍平原的一部分[16],这种地形地貌格局使得绍兴的生产活动主要集中于北部,南部仅集中于河谷地带。北部平原水系发达是城镇建设多沿河湖分散分布的重要原因,而土壤基质的好坏也直接关系到是否适于开展建设等。由于地形地貌的限制,为了扩展用地,南部不得不开山平地,而北部则向杭州湾填海要地。此外,南部的漓渚镇原本开发缓慢,但由于煤矿资源的发现而促进了其开发,使过去10年内建设用地扩展的强度比同为丘陵山地的富盛镇、王坛镇、稽东镇等高得多。可见,自然条件对建设用地的扩展仍然有相当的制约作用。

2. 体制和政策对建设用地扩展的双向影响

我国的政经体制通过用地、财政、城乡隔离等制度对建设用地扩展产生影响。

(1) 土地流转制度

1978年以前我国一直采用行政划拨的方式,造成建设用地的粗放、效益低下。改革开放以来逐步实施有偿、有限期、可流转的土地使用制度,城镇用地的使用效率不断提高,土地利用的集约化使城市内部不符合市场经济规律的用地类型逐步被置换,越城区一批工业企业搬出主城区向西部和北部近郊区扩散;原来城区内部的闲置用地和耕地等也被建设用地所取代,仅此一项就使越城区的建设用地增加了 63.7hm²。

(2) 土地整理政策

为缓解建设用地不足和耕地保护的矛盾,绍兴地区大力实施了土地开发整理项目,特别是"代置换用地"(一部分建设用地不足的地区通过在建设用地矛盾不突出的地区租农田作为本地区农田的指标的办法来占用本地农田作建设用地)、填海造陆(主要用作耕地)、改造园地等为耕地等方法来增加耕地,这样可以在保持耕地动态平衡和农保率不下降的前提下增加建设用地的供给。

20 世纪 90 年代初期,绍兴市大力实施工业进园进区制度,允许每个镇拥有一个开发园区的政策使各乡镇的乡镇企业分散分布的状况得到了极大的改善,相对增加了建设用地的供应量。但正是由于允许每个镇都可以有一个开发区,从更大范围来看,建设用地分布依然非常分散,整个绍兴的城市用地呈现小集中大分散的局面。

在农村居民点政策上,原来绍兴地区空心村问题非常突出,主要是富裕农民在基础设施发达的道路旁边修建新房而抛弃原来的老房子或者出租给外来人口,为此浙江省和绍兴市实行了严格的一户一宅制度,规定每户只能有一个住宅,面积最高为 125m²;同时实施了空心村改造工程,两项政策有效遏制了农村居民点用地的继续快速扩展。

(3) 省直管县财政制度

浙江省作为全国省直管县财政的试点单位,绍兴市在执行过程中明显地对市、县扩展格局产生了影响。绍兴市各县、市的财政直接对省里负责,这样其财政收入除了交给省里一部分外都可以留作自用而不必上交给绍兴市。这就导致市里减少了大部分城市建设资金,降低了城市向外发展的速度,而绍兴县由于有充足的资金搞县城的基建和生产项目的投资,县城面积迅速扩展 0.7 倍,成为研究区域扩展速度最大的地区。

(4) 其他制度

城乡隔离制度使富裕农民进城受到诸多限制,离土不离乡的制度将其限制在本镇,造成了农村居民点用地的分散布局现象难以改变。乡镇合并制度使被撤销的镇的镇区用地规模停滞增长,而中心镇则因腹地范围增加而扩展较快。如现在的平水镇由原平水镇、平江镇和部分稽江镇的地域合并而成,这使原本位于山区丘陵地带的平水镇镇区以年均 0.022 的扩展强度而高于其北部的兰亭镇、富盛镇。而就地城市化制度的实施虽然在小范围内实现了农村居民点的土地集中,但从更大范围来看却延续了分散格局,例如杨汛桥镇在 25 个行政村中的 10 个进行城市化社区改造,取得了良好的村级用地集聚效益[17],而全镇的建设用地分散布局反而得到了巩固。

3. 规划的引导作用

早在 20 世纪 90 年代初期,绍兴县就提出了推进县域城市化和空间发展有序化的三级城镇空间结构:以柯桥为核心,组合华舍、齐贤、安昌、东浦的县域中心城市;前清、斗门、皋埠、平水、鉴湖为五个次中心城镇组群；其余城镇为三级城镇组群。同时又提出规划建立城南（现越城区城南街道和鉴湖镇）、齐（贤）安（昌）开发区、斗门开发区、钱（清）杨（汛桥）开发区的四块县级开发区[18]。通过一系列的政策、资金等方面投入的促进，它们获得了飞快的发展，发展速度明显比相邻地区快；特别是绍兴县决定把县政府从越城区迁至柯桥街道和柯岩街道以后，柯桥进入高速扩张的阶段。例如，县域中心城市、五个次中心城镇组群以及三级城镇组群的建设用地平均扩展速度分别为 0.090、0.018、0.003，可见城镇规划的实施导致它们发展的速度出现了明显的差异，其中柯桥街道和柯岩街道的更是达到 0.889。而受要修建绍（兴）嘉（兴）大桥的影响，位于绍兴境内绍嘉大桥桥头的齐贤镇的土地被征用作工业发展之用，例如在齐贤镇团前村的走访调查表明，由于靠近规划大桥的桥头，全村近三年内已有一半以上的耕地被征用，而此进程目前还在持续。

90 年代中期以后编制的绍兴市城镇体系规划提出，绍兴市区 2020 年的目标是 100 万人口的大城市，其中越城 58 万人，柯桥 25 万人，袍江 17 万人，三大组团之间以一个大湖作为城市的绿肺。之后虽不断修编，但此格局没变。而当时的现状离规划人口有较大的缺口，因此政府通过制定各种优惠政策和措施促进主城区向西和向北扩展，扩大城区范围，在柯桥大力扶植绍兴中国轻纺城使之做大做强，而对袍江工业区除完善基础设施外，还修通了连接市区和工业区的高速公路，以此来大力吸引外资。规划的制定和实施正在改变着整个绍兴地区主城区不强、周边镇均匀发展的局面，市区、柯桥和袍江所在的斗门镇都进入了相对快速的发展阶段。

但从总体上看，绍兴规划的制定和修订一般落后于快速发展的经济水平，再加上人口的迅速增加，导致大量的工业用地、居住用地、基础设施用地等混用问题突出。

4. 农村工业化和农村城市化的推动

改革开放以来绍兴的乡镇企业异军突起，在绍兴的经济发展过程中扮演着非常重要的角色。例如，从 2000 年规模以上企业的构成来看，仅集体经济的从业人员数、工业总产值和工业企业数分别占全部的 33.0%、37.9%和 27.9%[19]，若包括农村的私营经济在内，农村工业比例会更高。但是乡镇企业的蓬勃发展与其粗放式的用地和低效率的用地扩展相伴。在浙江省，农村工业每创造一个就业机会需占地约 0.105hm^2，远高于全省乡及乡以上独立核算工业企业职工人均用地 0.026hm^2 的水平；同为工业用地，我国城市工业人均用地为 55m^2，而农村则高达每人 555m^2[20]。同时农村工业化使得大量外来人口涌入，例如 2000 年、2002 年绍兴县外来人员分别达 14 万以上和 20 万左右，为数巨大的外来人口分散于各镇势必导致对当地居住用地、基础设施服务用地等需求的增加。因此飞速发展的乡镇企业在迅速增加绍兴地区的经济总量的同时，也导致大量非农建设用地（主要是耕地）转变为工业和其他建设用地，而土地利用的不集约则使这种扩张趋势更加明显。利用绍兴各镇的数据进行的回归分析也表明工业发展与建设用地扩张之间存在明显的正相关关系（表 9—14）。另外，有些工业发展相对落后的镇、街为了发展工业，甚至亏本出售土地导致工业用地粗放式的蔓延或者圈而不用。

同时农村工业化推动了小城镇的发展[21]。农村工业化再加上其他多种因素的共同作用，使绍兴市进入以农村城市化为主的城市化进程,其中80年代以建制镇数量的增加为主,90年代以后城市化水平的提高在于各建制镇规模的迅速扩大[22]。

表9—14　2000年绍兴各镇城乡建设用地与工业发展的相关分析

用地类型	工业总产值		二产就业人数	
	相关系数	Sig. (2-tailed)	相关系数	Sig. (2-tailed)
城市用地	0.477*	0.045	0.641*	0.004
农村居民点用地	0.612**	0.007	0.750*	0.000
建设用地	0.640**	0.004	0.824*	0.000

* 为0.05水平的显著相关性,** 为0.01水平的显著相关性。
资料来源:《绍兴县统计年鉴2001》和2000年TM遥感影像数据。

90年代以前,绍兴地区"离土不离乡"、"就地转移"式的乡村城市化,导致建制镇数量迅速增加,城镇用地空间分散布局。90年代以后的农村城市化,各镇的用地扩展以外延式的扩展为主。绍兴县城大规模的农村城市化,使柯桥迅速由绍兴县的重要城镇扩张为绍兴的中心城镇,同时发挥在布匹交易量居全国第一的中国轻纺城的强大吸引力,使大量外来人口、工业企业向柯桥镇区周围集聚,相应带动当地的二、三产业的发展,二、三产业的发展又反过来通过促使人口集聚、产业集群,从而不断产生建设用地的需求,使原本规模小而分散的柯桥街道、柯岩街道、华舍街道的建设用地在空间上连为一体。而有一些镇如东浦镇由于基础设施建设落后、镇容镇貌较差,生活环境甚至还不如周围的农村,因此对农民进镇居住没有构成吸引力,同时由于其地处县城和市区的中间,因此城镇发展比较缓慢,城镇用地几乎没有扩展,建设用地的较快扩展主要由农村居民点的扩展所致。

5. 经济发展是推动建设用地扩展的决定性因素

经济发展是城镇土地演化的决定性因素,其中,经济运行的总量特征决定着城镇土地演化的总量特征,经济运行的结构特征决定着城镇土地演化模式的结构特征。经济总量的高速增长及其波动决定城镇土地总量的高速增长及波动。利用绍兴各镇GDP与城镇建设用地的回归分析表明,绍兴各分镇建设用地与其GDP之间的相关系数为0.795(较显著),双尾检验值为0.000,说明它们存在非常明显地相互关系,图9—13也可以比较明显地反映其相关性。

另一方面,经济的发展带动一大批农民富裕起来,而富裕农民为提高生活质量,就将收入的相当一部分用于建房扩屋(当地相当一部分农村的住房都达到五层楼高,而实际上至少有两层都是空而不用),部分家庭的一户多宅是导致大量耕地被侵占、农村居民点用地继续扩张的重要原因。

6. 交通和基础设施建设的向心吸引

交通干线的走向和穿行对绍兴市城市空间的扩展产生了深远的影响。用MapInfo的缓冲分析功能进行的分析表明(表9—15),主要交通干线两侧500m范围内就集中了全区近40%的建设用地,而1 000m范围则更是集中了近3/4的建设用地;与此同时,在整个90年代,这两个范围内扩展的速度更是远高于其他地区。

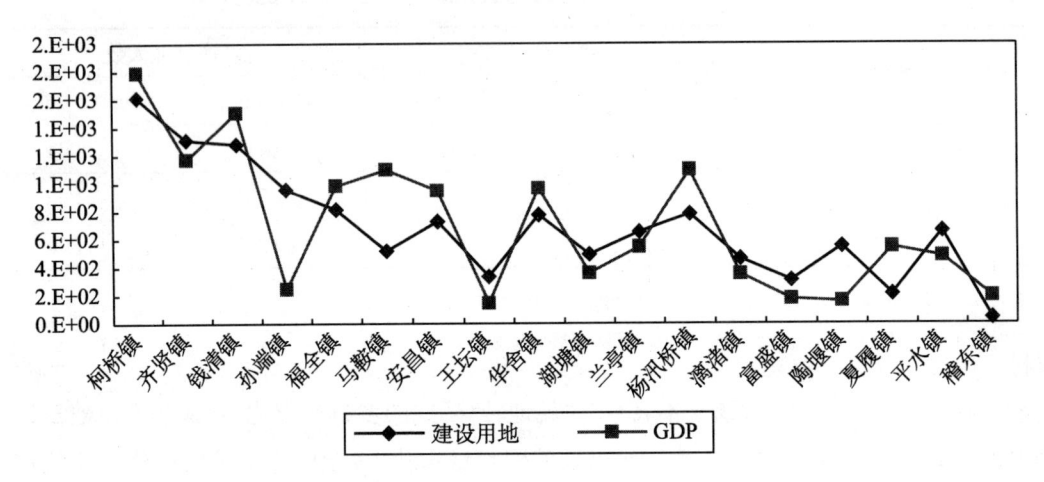

图9—13 绍兴各镇经济总量与建设用地量的相关关系

注:图中GDP的单位为与建设用地相比较而变为百元,建设用地的单位为hm^2。

资料来源:同上。

具体而言,区域中北部是水网平原地区,城镇发展的自然地形障碍较少,长期以来由于受东西向区际交通干线(主要是杭甬铁路、杭甬高速公路、104国道以及绍兴市级主要交通干道等)的牵引,沿线发展成为地区城镇建设用地最主要的拓展方向和共同特征(图9—12)。随着未来东西向交通机能的进一步强化,城镇带型发展的趋势仍将继续。

表9—15 绍兴地区交通干线影响下的建设用地扩展分析

建设用地分析指标	1 000 m缓冲区	500 m缓冲区	区域全部
1990年面积占全区比例	74.4%	38.5%	100.0%
2000年扩展面积占全区比例	79.3%	42.6%	100.0%
扩展强度	0.720	0.663	0.166

注:1 000 m缓冲区分析所列数据为以交通干线为轴,两侧垂直距离各为1 000 m范围内的建设用地及其扩展面积;500 m缓冲区分析含义同前。区域全部则指研究区域全部建设用地及其扩展面积。

资料来源:同上。

7. 环境的反馈效应

受发展条件的限制,绍兴地区的农村工业主要集中于印染、纺织等高污染行业,而农村工业在生产工艺、监测技术和废料处理等方面落后,其污染强度明显高于城市企业,而农村工业布局分散加剧了资源浪费与污染蔓延,造成更大的污染和损失。在这种情况下,绍兴地区开始考虑集中污染企业进入园区,改变分散布局的面貌,同时对污染物集中进行处理,减少污染和因污染造成的损失。另一方面,随着环保意识的加强和对洁净环境的追求,也促使一部分投资者主动选择环境优雅的园区作为其投资对象。两方面的环境互动效应使工业用地趋于园区集中布局。近几年绍兴县建设用地扩展之所以达到全浙江省最高的 $5km^2/a$,主要就是由于大量的印染企业因为环境污染而从镇区和农村居民点外迁至开发区等,同时印染上游企业的大发展,导致大量耕地被占用。可见,环境的变化从人们的环境意识和工业发展、居住对环境的要求等方面对绍兴土地利用的变化产生着越来越显著的影响。

从以上对绍兴市建设用地扩展驱动力的分析中可以看出,绍兴市的建设用地扩展既有和其他地方相同的原因,也有比较独特的一些因素。但是这些因素究竟哪些比较重要的,而哪些较为不重要的,以及这些因素之间的相互作用关系等,都需要定量分析,而限于数据的不完整和不匹配,本章没有进行相关的探讨。不过,根据实际调查的结果和对相关因素的整体分析,农村工业化和农村城市化、经济发展、交通基础设施等几方面应该是最主要的驱动力,而制度、政策和规划所起的作用也是比较突出的,环境因素和自然条件的限制的影响力则有限,不过环境因素的驱动能力越来越强,而自然条件的影响则越来越弱。

参 考 文 献

[1] 罗光莲:"土地利用变化及驱动力研究——以江安县为例"(硕士论文),西南农业大学,2003。
[2] 王思远等:"中国土地利用时空特征分析",《地理学报》,2001(6)。
[3] 刘盛和:"北京城市土地利用扩展的时空模式及其动力机制"(博士论文),中国科学院地理科学与资源研究所,2000。
[4] 史培军等:"深圳市土地利用变化机制分析",《地理学报》,2001(2)。
[5] 朱会义、李秀彬:"关于区域土地利用变化指数模型方法的讨论",《地理学报》,2003(5)。
[6] 刘盛和、何书金:"土地利用动态变化的空间分析测算模型",《自然资源学报》,2002(1)。
[7] 朱会义等:"环渤海地区土地利用时空变化分析",《地理学报》,2001(3)。
[8] 王仰麟等:"景观生态系统的空间结构:概念、指标与案例",《地球科学进展》,1999(3)。
[9] 赵水阳主编:"绍兴市土地利用",绍兴市土地管理局报告,1992。
[10] 梁方仲:"中国历代户口、田地、田赋统计",上海人民出版社,1980。
[11] 姚培锋、李青锋:"明代绍兴府市镇探析",《杭州师范学院学报(社会科学版)》,2002(6)。
[12] 王关水:"简析绍兴20年经济快速发展的动因",《浙江社会科学》,1999(4)。
[13] 摆万奇、赵士洞:"土地利用变化驱动力系统分析",《资源科学》,2001(1)。
[14] 李秀彬:"土地利用变化的解释",《地理科学进展》,2002(3)。
[15] 陈晓军、张宏业、刘盛和:"北京城市边缘区土地用途转换宏观动因机制分析",《地理科学进展》,2003(2)。
[16] 绍兴市环境保护局、浙江大学地球科学系编:"绍兴市环境保护地图集",绍兴市环保局报告,2001。
[17] 顾文选:"绍兴、吴江农村城市化的情况调研",《城市发展研究》,2003(4)。
[18] 绍兴县人民政府、杭州大学区域与城市科学系编:"绍兴县县域总体规划说明(1992~2010年)",绍兴县人民政府,1994。
[19] 绍兴市统计局:"绍兴市统计年鉴2001",中国统计出版社,2001。
[20] 郭占恒等:"浙江农村工业化与城市化联动发展研究",《浙江学刊》,2000(1)。
[21] 张叶:"浙江农村工业化、城镇化与生态环境",《浙江学刊》,1998(4)。
[22] 李王鸣、谢良葵:"乡村地区城市化机制研究——以浙北为例",《经济地理》,1997(1)。

第十章 珠江三角洲城镇群体演变的时空特征与动力机制

第一节 城镇群体发育的自然基础

一、地理位置与范围

珠江三角洲位于广东省中部,东经112°00′~115°00′,北纬21°30′~24°30′的范围之内,北回归线贯穿其中。它是由西江、北江、东江三个主要支流与潭江、绥江、流溪河、增江交汇而成的复合三角洲。从不同研究角度出发珠江三角洲具体范围有不同划分方法。一般自然地理研究所指的珠江三角洲以河流的分叉处为三角洲的顶点,西江三角洲开始于高要县羚羊峡东口,北江三角洲开始于三水县的芦苞,东江三角洲开始于东莞市的石龙附近,总面积8 601km²,又称"小珠江三角洲"。将西江下游的肇庆盆地、北江下游的清远盆地、东江下游的惠阳盆地和流溪河下游的广花平原、潭江下游的潭江盆地并入就称为"大珠江三角洲"。从经济社会角度划分的珠江三角洲则随着我国的改革开放逐步深入而变动较大。1985年1月国务院提出将珠江三角洲开辟为沿海开放地区,并提出先"小三角",后"大三角",分步骤有计划地安排。"小三角"经济区为4市(佛山、江门、中山、东莞)和12县(番禺、增城、南海、顺德、高明、新会、开平、恩平、台山、鹤山、宝安、斗门)。1986年广东省政府决定把三水划入小三角经济开放区范围,总面积达2.28万km²(广州与两特区未计入)。1987年12月广东省决定将珠江三角洲经济开放区范围扩大到"大三角",除"小三角"外,还包括花县、从化、高要、四会、广宁、惠阳、惠东、博罗八县和肇庆、清远、惠州市,共7市21县,土地面积4.26万km²。另外,1984年广东省在编制《珠江三角洲经济发展规划》时提出的珠江三角洲经济区的概念则将龙门、新丰县也纳入其中,共9市23县。一般来说,以市县为单位,大珠江三角洲包括广州、佛山、江门、中山、肇庆、惠州、深圳、珠海、东莞、清远、番禺、花县、从化、增城、南海、三水、顺德、高明、新会、鹤山、台山、开平、恩平、博罗、惠阳、高要、四会、宝安、斗门等10市19县(面积3.92万 km²,1987)(不含惠东)。

1994年10月,广东省委七届三次全会作出将珠江三角洲地区建成广东省首先实现现代化的一个大经济区的决定,制定出《珠江三角洲经济区现代化建设规划纲要(1996~2010年)》。包括广州、深圳、珠海、佛山、江门、中山、东莞全部,惠州市的惠城区、惠阳、惠东、博罗,肇庆市的端州区、鼎湖区、高要、四会,总面积4.16万 km²。第五次全国普查珠江三角洲经济区人口为

4 077万人,城市化水平72.2%。考虑到自然与历史上清远市区与清新县都属于大珠江三角洲范围,并虑及区域空间的完整性,本章将清远市区与清新县、港澳都纳入其中,这样本章研究的珠江三角洲范围总面积达4.6万多km²,总人口约5 000万。

二、气候水文概况

珠江三角洲地处南亚热带,南临南海,气候温和,光照时间长,热量丰富,降水充沛且雨热同季,霜冻时间仅为2~3天,作物全年生长。年平均气温约22℃,最冷月气温12.5~12.7℃,最热月平均28.2℃。年降水在1 600~2 000mm,热带气旋或台风影响强烈。珠江水系的流域面积与长度在我国均属第四位,但多年平均径流仅次于长江居第二位,多年平均悬移质输沙量约为$8.3×10^7$t。珠江属水沙丰富的水系,其中西江、北江、东江径流量分别占73.5%、13.5%、7.3%,输沙量分别占86.9%、6.2%、3.7%。珠江水系共有8个入海口门,东部的虎门、蕉门、洪奇沥、横门构成伶仃洋河口,南部的磨刀门和鸡啼门构成磨刀门河口,虎跳门与崖门构成崖门河口。西、北江62.1%的水量从东四门入海,加上东江与增江水量共占珠江入海水量的62.5%。东四门输沙量占珠江输沙总量的50.9%。磨刀门河口的入海水量与输沙量分别占珠江水系的29%与42.4%,崖门河口的入海水量与输沙量分别占珠江水系的8.9%与10.6%。从海洋动力作用来说,珠江三角洲属弱潮汐型河口。枯水季节的潮水界西江可达三榕峡,北江达三水,东江到石龙—圆洲。珠江口近岸波浪冬季以北东向涌浪为主,夏季多为南、西南向涌浪。

三、地质地貌与土壤生物概况

珠江三角洲的地质基础奠定于燕山运动,即白垩纪前后的花岗岩侵入,形成高峻的断块山地与深广的断陷盆地。珠江三角洲的外围山地花岗岩分布广泛,中部则是三水、东莞、新会三大断陷盆地。在造山运动中断陷盆地堆积了陆相红色碎屑岩系,伴有火山活动。在早第三纪珠江三角洲地质轮廓基本定型。晚第三纪以来的新构造运动在珠江三角洲表现为继承性的断裂并引起断块升降运动。晚第三纪上新世开始的喜马拉雅运动第二幕引起的断块升降运动使珠江三角洲第三纪的剥蚀面抬升与若干地块断陷构成区域的棋盘状基地地貌格局。主要受北东至北北东向的华夏和新华夏构造、近东西向的纬向构造、北西向的构造三组断裂控制。其中罗浮山断裂、广三断裂、西江断裂、白泥—沙湾断裂、广从断裂、新会断裂、横沥断裂、平沙断裂规模较大,形成了东莞、中山、顺德、三水、新会、斗门六个明显的凹陷区。晚更新世以后,珠江三角洲进入沉积阶段,表现为平原区沉降边缘区抬升,并在海平面升降变化的影响下出现三次沉积旋回。

从地貌形态来看,珠江三角洲地貌总体特征可通俗地概括为"二水二山六分田",地貌形态以平原为主。位于三角洲中部与北部地势较高的平原称为高围田及高沙田,位于地势较低的东南部和南部的平原称为中沙田或低沙田,河流沿岸地势低洼的平原称为渍水地。部分渍水地被人工改造为基水地,主要分布在顺德、南海、中山等市。外围区域以低山丘陵为主,平原中间分布有丘陵、台地、残丘构成的岛丘。

珠江三角洲地带性土壤为砖红壤性红壤。根据地质地貌、水文生物与人工因素可分为水稻土、菜园土、人工堆积土、潮汐泥土、滨海盐渍沼泽土、滨海沙土、砖红壤性红壤、黄壤八个土类。其中水稻土与砖红壤性红壤所占比例最大。水稻土集中分布于冲积平原、田间垌地、谷地等。砖红壤性红壤则集中分布于低山丘陵。菜园土集中分布于城郊蔬菜集中种植区域。原生植被为南亚热带季风雨林，仅存于远离居民地的个别中低山区，荒山丘陵多为马尾松、芒箕、桃金娘、岗松群落。栽培果树主要有荔枝、龙眼、柑橘、杨桃、木瓜等，农作物主要种植水稻、花生、甘蔗、薯、香蕉、菠萝等。

第二节　城镇群体的时空演变过程及动力类型

一、珠江三角洲区域开发的历史过程

珠江三角洲虽然不是汉文化的发源地，但其开发历史也相当悠久。特别是作为中原文化转播者的古代汉族与越族人民为珠江三角洲的开发共同做出了巨大贡献。其历史开发过程与城镇的发展兴衰紧密相连。分析珠江三角洲区域发展历史背景有益于理解其城乡聚落的时空演变规律。

如表10—1所示，珠江三角洲开发的历史与北方移民和中原文化在岭南的传播密切相关，因此封建历史时期的总体发展方向是由北向南、自西向东推进。古代生活在珠江三角洲的南越族主要以原始的生存方式繁衍，秦汉时期北方军队进驻岭南，珠江三角洲开始受中原农耕文化影响，其时珠江三角洲属南海郡，下设番禺（广州）、博罗、四会、中宿（清远）、增城、高要等县。汉朝时，赵佗以广州为中心，建立了南越国。三国两晋南北朝时期北方动荡，大量北方移民迁居珠江三角洲，主要分布于西江与潭江下游。永嘉之乱使得大批北方人口南迁，其中流入珠江三角洲的汉人在百万以上。隋唐时期由于大庾岭山道的开凿，经粤北进入珠江三角洲的移民渐增。

隋唐五代时，岭南未受战乱破坏，广州已成为世界著名大商港，"雄蕃夷之宝货，冠吴越之繁华"，并置市舶司，为中国历史上第一个海关官署。侨居广州的波斯、阿拉伯商人达12万。水陆交通要道上出现一些小城镇，如青歧、金利、龙江、容奇、桂州等，并始置南海、东莞县。但此时珠江三角洲发育缓慢，滨线推移不快。宋元时期北方移民大量涌入，开始大规模围垦，新垦土地主要分布于三江干流两岸及自然三角洲顶部一带，并出现广利、三水、会海等古镇。明清是珠江三角洲的围垦高峰期，并从明朝起发展了基塘农业的土地利用方式，成为中国最重要的商品粮与丝、糖基地。明朝新置顺德、三水、新宁、从化县，清朝新置花县、鹤山县，小榄、古镇、石龙等镇得以兴起。明清时期珠江三角洲圩镇空前繁荣，由明朝商品经济萌芽时期的100多个发展到清末的近千个。明清时期广州在泉州港衰落以后发展成为全国最大港市，而澳门在明中叶被葡萄牙殖民主义者侵占以后发展成为东方巨港，形成两港并立的局面，并促进珠江

三角洲圩市和城镇大量增加。明嘉靖(1522～1566年)广州府圩市136个,占全省31%。其中以接近广州、澳门的商品性农业区域和经济作物中心的县发展最快,如顺德、东莞、南海、新会等。且专业圩市比非专业圩市增加快。这些圩市以广州、佛山为中心,由密到疏分布,南海、番禺、顺德分布最密。圩市共分雏形圩市、普通圩市、专业圩市、城镇四个等级。清中叶的广州、佛山、陈村、石龙号称广东四大名镇,江门、大良、小榄、市桥、沙湾、隆庆(四会)、九江等城镇发展很快。鸦片战争至1949年以前为澳港易位与广州经济中心新发展时期。康熙24年(1685年)海禁废止,外国船只可入广州,澳门地位开始下降。自澳门被葡萄牙占领后,一度发展成为与广州并立的区域经济中心,与广(州)、佛(山)、陈(村)、(石)龙构成珠江三角洲城镇的"T"形空间格局,殖民经济开始对珠江三角洲城镇发展产生深远的影响。到鸦片战争前香港还是珠江口外一个人口仅3 000人的荒凉小岛。18世纪海上交通由帆船进入汽船时代,1869年苏伊士运河开通,东西方距离大大缩短,香港作为自由港得到快速发展,并因其良好的深水大港条件迅速取代澳门成为外国资本进入中国的桥头堡,1842年对华贸易的第一洋行从澳门迁往香港,标志澳港易位完成。1907年香港人口突破40万,1929年达80万,1937年达到100万。穗澳经济发展轴东移为穗港经济发展轴(表10—1)。在珠江三角洲整个封建历史时期的开发过程中,广佛都市区都保持珠江三角洲唯一核心区域的地位,直至外来资本的进入。

表10—1 历史时期珠江三角洲城镇发展重大事项

历史时代	社会经济背景概况	城镇发展重大事项
秦朝	公元前214年秦朝统一岭南	设南海郡,郡治广州(番禺城)有傅罗(博罗)、四会等县
汉朝	公元前206年至公元前111年南越国,东汉末年第一次中原人口大规模南迁岭南	修赵佗城,新置中宿、增城、高要等县,分属南海、苍梧郡,公元226年交广分治,广州得名
晋朝	西晋结束三国鼎立,东晋北方多战乱	分属南海、东官、新会、新宁、苍梧、始兴等郡,行政变动较频繁,新置宝安等县
南北朝	东晋至南北朝第二次中原人口大规模南迁	郡县设置数量多且变化频繁,梁置高要郡,郡治肇庆,置清远等郡,陈置归善县,县治惠州,筑罗阳城、梁化屯城
唐朝	中原鼎盛时代,珠江三角洲开发较缓慢	贞观年间置市舶司于广州管理外贸形成道、州、县三级建制,分属广州、循州、冈州、端州、恩州等州,新置东莞、南海等县
宋元时期	珠江三角洲得到大规模开发,南宋时期中原人口第三次大规模南迁岭南	广州、惠州、肇庆等古城有较大扩展,佛山镇初步兴起,古镇得到较快发展,广州附近形成8个卫星镇新置香山(今中山)等县

续表

历史时代	社会经济背景概况	城镇发展重大事项
明朝	郑和下西洋、实行海禁制度。晚期取消海禁,商品经济开始萌芽,欧洲完成新大陆发现与环球航行。1553年葡萄牙殖民者开始在澳门居留,明末战乱	新置顺德、从化、三水、新宁(台山)、高明、开平、恩平等县,广州、东莞、惠州、肇庆等城有较大的扩展,在惠东新建平海城,佛山、石龙、沙湾、陈村、新造、西南、横潭等镇蓬勃发展,涌现大量圩市
清朝	明末清初大量中原人口南迁,形成第四次迁移高潮。清初实行"海退"。1685年粤海关在广州成立。17~18世纪西方近代科学飞速发展。1768年近代蒸汽机出现,1804年出现了蒸汽机火车,1807年又出现蒸汽机轮船。19世纪西方发达国家完成产业革命,进入资本主义时代,而珠江三角洲在1840年后成为中国最早沦为殖民地的区域	新设花县、鹤山县。澳门与广州成为双核心,与佛山、陈村、石龙组成区域"T"形城镇结构。江门、小榄、市桥、隆庆、三洲、新塘、长沙等镇发展成重要中心城镇,出现高于明朝数倍的圩市。1840年后香港取代澳门,城镇发展轴线东移为穗港轴线。近代铁路、公路、航空等交通设施在晚清开始修建,民族工、商业在半封建半殖民统治的夹缝中得到一定的发展,封建式城堡建设开始解体,工业化的城镇发展开始出现
民国	军阀混战,抗战时期陈济棠主粤期间经济有所发展	20世纪20~30年代城镇一度繁荣
1949~1978年	国防前线,计划经济广交会	城镇发展被严格控制在计划之内

二、改革开放以来城镇群体的时空演变及其特征

20世纪末珠江三角洲城镇群体在改革开放的背景下发生了翻天覆地的变化,时空演化过程与历史时期的珠江三角洲开发过程形成了鲜明对比。总体上表现为由南向北从东到西的空间扩展态势。

以下着重从等级规模、空间格局、职能类型等方面对改革开放以来珠江三角洲的城镇群体演变规律进行研究。

1. 等级规模变动

等级规模变动特征是城镇群体时空演变最基本的内容,一般采用城市非农业人口数代表城镇规模。但珠江三角洲镇级人口资料收集困难,且有大量外来人口。而政府机构仅对户籍人口有较为严密的统计体系,大量外来暂住人口的统计数据精度不高。因此,本章以卫星影像上提取城镇建筑覆盖面积为城镇规模的代表,采用遥感数据弥补常规统计数据的不足,是把新

技术引入解决社会经济信息缺失的一种办法与尝试。本章具体分析了珠江三角洲近期城镇等级规模的变动状况。

为便于对比,将城镇建筑覆盖区空间统计单元进行了适当合并处理,与城市市区融为一体的镇不作为独立统计单元,城镇中心之间空间距离不超过10km且紧密相邻的城镇合并为一个统计单元,这样空间统计单元共有438个,结果如图10—1所示。从城镇数量来看,规模在0.5km^{2}以上的城镇在1998年均比1988年有所增加,小于这一规模的城镇数量则呈减少之势,其中规模在0.1km^{2}以下的城镇到1998年已所剩不多。各规模级城镇总面积除最小规模级城镇因数量急剧减少而在1998年下降外,其他各规模级城镇面积都有较大增长。而1988~1998年各规模级城镇的平均面积除50~100hm^{2}规模级略有下降外,其余都有所增大。500~5000hm^{2}四个规模级的城镇建筑覆盖面积在总体所占比例1998年比1988年有较大提高,其余则下降。1500~2000hm^{2}的城镇从无到有,发展到5个(容桂、大沥、虎门、长安、厚街),全是镇级城镇。2000~5000hm^{2}的城镇增至5个(江门、肇庆、珠海、中山、东莞),大于5000hm^{2}的城镇个数增加至4个(佛山、深圳、香港、广州)。

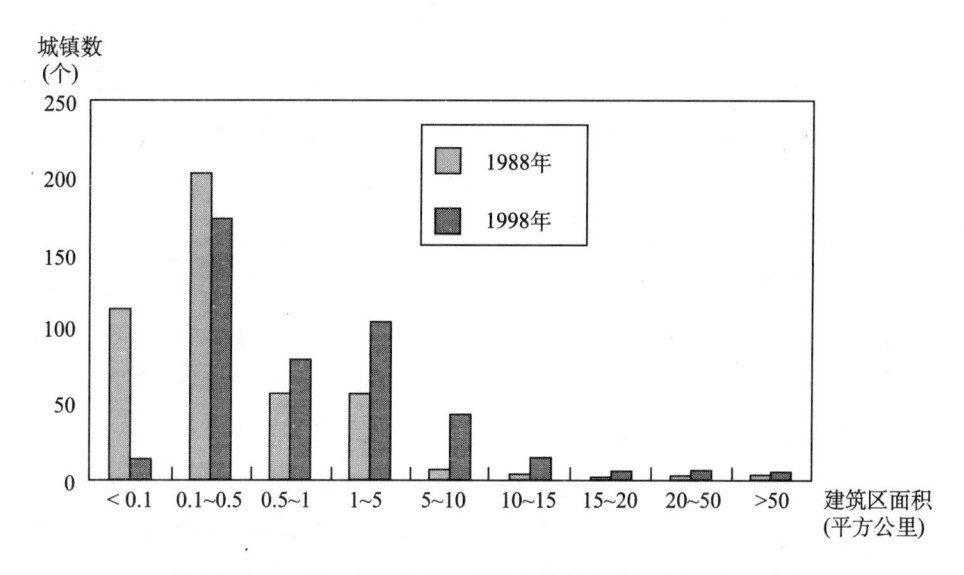

图10—1 珠江三角洲城镇各规模级数量变动(1988~1998年)

以城镇建筑覆盖面积为代表的珠江三角洲城镇等级规模时空格局如图10—2所示。从图中可知,珠江三角洲城镇等级规模在空间上表现出明显的内外圈层分异特征。以广州市原8个区、番禺区、东莞、深圳、港澳、珠海、中山、江门市区、新会、顺德、南海、佛山市区的全部与增城南部的永和、宁西、新塘、沙埔、仙村、石滩、三江、沙庄8个镇(街)组成的内圈层集中了绝大部分等级规模较大的城镇,各城镇在空间上紧密相邻。而外圈层城镇等级规模相对较小,分布也较为稀疏。从两个时期对比分析来看,1998年珠江三角洲城镇等级规模在总体上较之1988年有明显提高,较大规模的城镇在数量与平均规模方面普遍提高。

利用卫星遥感数据获得的较为客观的城镇建筑覆盖面积替代城镇人口数据进行城镇规模等级研究,可以弥补当前珠江三角洲外来流动人口统计方面的缺陷。研究结果表明,珠江三角洲城镇等级规模在20世纪末的变动是非常巨大的,城镇规模普遍出现较大幅度的提高,其中镇级城镇的发展尤为显著,在各规模等级城镇的集中分布程度下降的同时其总体差异度有较大增加,但从空间上来说,大规模城镇主要密集分布于内圈层,内外圈层格局保持了相对稳定。

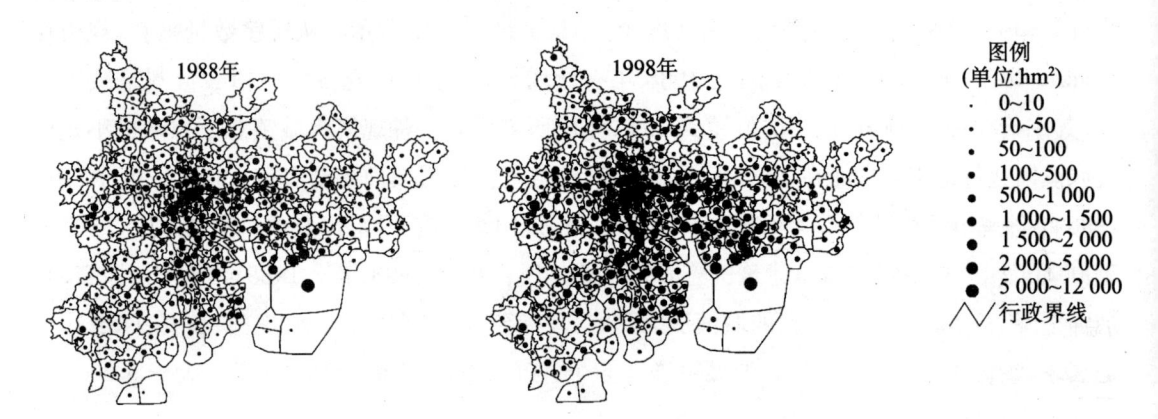

图10—2 珠江三角洲城镇等级规模时空格局

按地区级以上、县市级、镇级三级行政机构所在空间统计单元分别计算各级行政驻地城镇建筑覆盖区增长幅度。以上级行政驻地优先为原则,下级行政机构位于上级行政驻地空间统计范围内的不再将其作为下级行政统计单元计算,结果见表10—3。由表可知12个地级以上行政驻地(含港澳)建筑覆盖区总面积在各级别中所占比例最大,但增长速度最慢,占总体的比例在下降。21个县市级城镇在总体中的比例较为稳定,增长速度在三级城镇中居中,但占总体比例最低。镇级城镇的增长幅度最大,占总体比例已接近地级以上城镇。总体来说,行政级别越高,城镇用地扩展速度越慢,土地集约化利用程度也越高。三个行政级别之间城镇建筑覆盖面积表现出"两头大中间小"的总体结构,县市级城镇建筑覆盖区所占比重较低。

表10—3指标描述了珠江三角洲城镇等级规模的总体变动态势。等级体系不平衡指数反映了城镇在各规模级分布的均衡性,取值在0~1之间,值越大则越不平衡,集中分布在某些规模级的程度就越高,计算公式如下:

$$S = \frac{\sum_{i}^{n} y_i - 50(n+1)}{100n - 50(n+1)}$$

其中,n为规模级的个数,y_i为各规模按占城镇建筑覆盖总面积的比重从大到小排序后第i级累计百分比。

四城市指数是指最大的四个城镇建筑覆盖面积占全部城镇建筑覆盖总面积的比例,它反映核心城市在城镇体系中的重要性。结果表明1998年的等级体系不平衡指数与四城市指数均比1988年有所减少,表明等级体系之间的集中程度在下降,城镇建筑覆盖区面状扩展趋势加强,与珠江三角洲城乡一体化发展趋势相对应。

表10—2 珠江三角洲城镇等级规模基本统计指标(1988年、1998年)

指标	<10 (hm²)	10~50 (hm²)	50~100 (hm²)	100~500 (hm²)	500~1 000 (hm²)	1 000~1 500 (hm²)	1 500~2 000 (hm²)	2 000~5 000 (hm²)	>5 000 (hm²)
城镇个数(1988)	112	201	56	56	6	3	0	1	3
城镇个数(1998)	13	172	79	104	42	14	5	5	4
城镇总面积(1988)	688	4 677	4 026	12 168	4 151	3 782	0	2 489	23 627
城镇总面积(1998)	92	5 020	5 561	23 790	29 099	16 463	9 408	13 561	46 765
城镇平均面积(1988)	6	23	72	217	692	1 261	0	2 489	7 876
城镇平均面积(1998)	7	29	70	229	693	1 176	1 882	2 712	11 691
占总体比例(%)(1988)	1.2	8.4	7.2	21.9	7.5	6.8	0	4.5	42.5
占总体比例(%)(1998)	0.1	3.4	3.4	15.9	19.4	11.0	6.3	9.1	31.2

表10—3 珠江三角洲各行政等级城镇变动

行政等级	1988年 城镇面积(km²)	1998年 城镇面积(km²)	1988年 占总体比例(%)	1998年 占总体比例(%)	1988~1998年 城镇净增长(%)
地级以上	330.4	688.6	59.4	46.0	108.4
县(市)级	54.0	139.3	9.7	9.3	158.0
镇级	171.0	669.6	30.9	44.7	290.1

标准差反映了各城镇规模的总体差异量,均值则表示城镇规模的平均大小。计算结果显示标准差与均值在1998年比1988年有了较大增长,说明各城镇建筑覆盖面积的总体差异拉大且城镇规模普遍扩大。

表10—4 珠江三角洲城镇等级规模变动主要指标

年份	等级体系不平衡指数 (S)	四城市指数 (FI)	标准差 (STTD)	均值 (hm²)
1988年	0.601 1	0.47	698	127
1998年	0.501 1	0.31	1 291	341

改革开放以来,珠江三角洲城镇出现了前所未有的发展态势,迅速崛起为我国城镇最为密集的区域。1987年12月,经国务院同意将珠江三角洲对外经济开放区扩大至包括10个地级市21个县市的范围,总面积4.26万 km²。在对外开放政策的影响下,珠江三角洲区域城镇近期出现了新的发展态势。选用1988年与1998年两个时期的TM卫星影像,提取出城镇专题信息(建筑覆盖区),结果显示1988年建筑覆盖区面积在0.1 km²以下的城镇个数为112个,

0.1~0.5km² 的城镇个数高达 201 个,5~10km² 的城镇个数只有 6 个,10~15km² 的城镇 3 个,缺少 15~20km² 的城镇,20~50km² 的城镇只有 1 个,大于 50km² 以上的城镇仅 3 个。而 1998 年建筑覆盖区面积小于 0.1km² 的城镇数只剩下 13 个,0.1~0.5km² 的城镇减为 172 个。0.5km² 以上的城镇在各等级中普遍增加,其中 1~20km² 的城镇个数增加最快。1~5km² 的城镇由 56 个增至 104 个,5~10km² 的城镇个数增至 42 个,10~15km² 的城镇增加到 14 个,15~20km² 的城镇从无到有,发展到 5 个(容桂、大历、虎门、常安、厚街),20~50km² 的城镇增至 5 个(江门、端州南岸、珠海市区、中山市区、莞城),大于 50km² 的城镇个数增加 1 个(佛山—桂城、深圳市区、香港、广州)。城镇扩展在空间上呈现由南往北、由东向西的总体态势,与改革开放以来外资通过香港大量涌入的空间扩展方向相对应。广佛都市区城乡聚落在区域近期发展大潮中也获得了快速发展,真正成为城乡一体化发展的都市区。

2. 城镇群体空间扩展特征

首先,珠江三角洲城镇建筑覆盖区近期空间扩展呈现出核心增长与交通指向扩展并重的特征(彩图 10—1)。主要体现为:一是内圈层集中了绝大部分的城镇建筑覆盖区增量,内圈层的核心地位进一步提高,外圈层的县市以上行政驻地的城镇建筑覆盖区增量也明显高于其周边区域,核心发展的特征明显;二是城镇建筑覆盖区增量集中于 107 国道广深段、105 国道广珠段、广深铁路沿线,轴状增长显著,基于 TOD(Transportation Oriented Development)模式的城镇建筑覆盖区扩展非常突出。选择省级以上主干道路作缓冲区(buffer)分析,在 ArcInfo 和 PCI 软件支持下,以干道中心线为标准的 1km 缓冲区范围内集中了 1988~1998 年间新增的 616.29km² 建筑覆盖区,占此期间全区新增建筑覆盖区总面积的 66.87%。

其次,城镇建筑覆盖区增长总量与增长速率空间分布不一致。城镇建筑覆盖面积增长总量反映了近期城镇发展的实际规模。1988 年珠江三角洲各城镇建筑覆盖总面积为 556.08km²,1998 年增至 1 497.61km²,增长了 2.69 倍。大部分城镇 1988~1998 年新增建筑覆盖面积在 0.5km² 以下,三大核心都市区与县市级以上政府驻地所属的城镇新增建筑覆盖面积均在 5km² 以上,内外圈层分异明显,城镇建筑覆盖区核心极化发展趋势强烈。

3. 城镇群体职能类型时空演变

城镇职能类型常用城镇最主要的职能进行划分。其中区位商常被用于确定城镇的基本—非基本职能。从城镇群体出发的区位商能够反映各城镇在总体中的职能分工,一般可将区位商大于 1 的职能看做该城镇在群体中具有突出特征的专业化职能类型。本章对珠江三角洲改革开放早期(1980~1986 年)的城镇群体职能类型时空演变特征进行了分析。具体采用了广东省统计局在 20 世纪 80 年代对小城镇调查的统计资料,利用 ArcInfo 建立了空间数据库。选用按行业划分的社会劳动者统计指标作为城镇职能类型的划分依据。其中 1980 年和 1984 年社会劳动者按部门被划分为工业、建筑和资源勘探、农林水气、运输和邮电、商服供销、城镇公用、文教卫科福利、金融保险、机关团体九大类别,而 1986 年则划分为工业、建筑、交通运输、商服业、卫生、教文广播六大类别。接下来对各镇计算相应年份的不同类别的区位商。农林水气区位商大于1的建制镇主要是沿海、沿河渔业城镇与部分大中城市郊区城镇、林区城镇。1984年相对1980年的空间格局较为稳定,总体区位商差异较大。公用事业区位商大于1的城镇集中分布在西江下游沿岸,空间格局较为稳定。金融职能较为突出的城镇主要分布在新会、东莞、番禺、台山、高明、恩平以及清远市郊等地,空间格局相对稳定。行政职能较为突出的建制镇与金融职能突出的城镇有一定的一致性,但部分山区建制镇(如博罗、增城)的行政职能也较为突出。建制镇行政职能的时间演变较为显著,区位商大于1的建制镇在1984年比1980年有较为显著的减少,表明行政职能在改革开放初期的城镇发展中有较为显著的相对减弱的趋势。工业职能较为突出的建制镇集中分布在东莞、南海、深圳、花都、顺德、中山、宝安等县市(区),且1980～1986年间空间格局十分稳定。商服职能突出的城镇表现出由珠江三角洲核心区域向外围区域扩散的时空特征,1980年区位商大于1的建制镇相对集中于核心区域,但这种特征在1984年时相对减弱,而1986年则显著表现为外围区域强于核心区域的特征。这说明由于核心区域的城镇工业发展较快,其商服业在城镇职能中呈下降态势,而外围区域城镇职能在区域经济发展总体带动下,城镇发展开始加速,但由于工业投资尚未指向这些外围城镇,主要以为过境人流或当地人口提供商业与服务业作为城镇发展的主要方式。建筑业职能突出的建制镇主要分布在清远、台山、恩平、顺德、高明、高要、惠阳等县市,表明这些城镇具有从事建筑行业的传统。交通运输职能突出的城镇主要分布在南海、三水、花都、顺德等县市,开平、台山、恩平等县城以及位于水陆交通要道(如增城的新塘镇、博罗、清新等县的国道沿线城镇、沿海港口城镇等)的城镇也表现出较强的交通运输职能。教科文卫职能突出的城镇空间分布与商服业职能突出城镇表现出一定的相似性,总体体现出外围区域建制镇的这一职能的显著性高于核心区域,核心区域除番禺南部等工业较为落后的城镇外,其余各建制镇的教科文卫区位商均在1以下。

三、城镇群体演变的动力类型

1986年珠江三角洲实行了撤区设乡镇的改革,1987年底珠江三角洲对外开放区扩大到全部区域,外资开始大规模进入,城镇群体演变出现许多新的动力因素与机制。其一,对外改革开放的深度与广度进入一个新阶段。外资开始全面自由进入珠江三角洲各城镇,投资领域由工业向其他行业的渗透,第三产业开始得到较快的发展。对外出口商品由改革开放早期的低附加值的农林产品与资源消耗型工业品为主转变为附加值较高、资金技术密集型新兴工业产品为主。其二,部分内资企业特别是乡镇企业在80年代中期完成了原始资本积累,在对外开放过程中企业自我发展能力得到锻炼,产业结构与规模达到新的阶段,形成对当地经济与城镇发展具有决定性作用的企业集团。其三,这一阶段进入珠江三角洲工业化起飞阶段,不仅大量珠江三角洲本地农业人口进入工厂,而且吸引了上千万的区外人口进入珠江三角洲城镇工作。由于珠江三角洲城镇内部发展的不平衡,区域内户籍人口产生了大规模迁移。珠江三角洲西部的城镇户籍人口出现了大范围减少的现象,而以穗港为中心的东部城镇户籍人口增加幅度加大。

从珠江三角洲城镇群体发育历史过程与近期态势出发,采用主导因子划分的方法,珠江三角洲城镇演变可以定性地划分为悠久历史的核心城市、特区城市、交通走廊型城市、内资主导型城市、后发型城市五种动力类型。

1. 悠久历史的核心城市(广州)

核心城市是珠江三角洲城镇群体发育的主要动力源泉,是城镇群体发育水平的代表,成为引领一定区域城镇群体与其他区域城镇群体进行空间竞争的关键城市。广州是珠江三角洲城镇群体发育最早的城市,有着两千多年的悠久历史,城市的每一轮兴衰忠实地记载着珠江三角洲社会经济的变迁。作为核心城市,其城市发展具有较高的自我平衡能力,某些职能是同一区域内其他城市无法取代的,并随着社会经济的发展而不断提高。这些核心城市的高级职能主要有高级别的行政服务、金融中心、高等教育、科研机构、交通枢纽、会展中心、大型跨国公司总部等。早期的广州城市(任嚣城)核心职能是军事、政治职能,是岭南最早的中心城市,宋朝以后经济中心功能开始增强。明朝珠江三角洲经济得到较大发展,郑和下西洋开辟了与海外联系的通道,海禁取消后广州成为通往世界各地的重要贸易城市。清朝在广州设立了"十三行",成为中央政府外贸窗口,广州在中国对外经贸关系中扮演了越来越重要的角色。鸦片战争后广州成为半封建半殖民时代在全国有重要影响的中心城市,许多近现代城市发展的重大变革都率先出现在广州。改革开放以来广州作为改革前沿阵地,城市规模空前壮大,自我发展能力极大增强,据最新统计,广州市常住人口已经超过1 000万,成为我国第四个人口过千万的特大城市。

2. 特区城市(深圳)

政策因素是特区城市发展的主导因子。深圳经济特区于1980年8月正式成立,其城镇发展动力机制具有典型的特区经济特色。从经济角度来说,在资金来源、土地供应、人力资源等生产要素的形成机制与运转模式方面其城镇发展均是内地其他城市无法比拟的,成为中国经济改革的试验基地。外商投资与内地资金按照市场经济的运作模式共同推动深圳城市的发展,原始的本地资金在城市发展中的作用相对有限。土地供应制度一改计划经济时代的无偿划拨转变为有偿使用,不仅使土地成为城市经济运行体系中的重要组成部分,也成为政府收入的主要来源之一,激发了政府土地开发的热情。外来人口为深圳发展提供了源源不断的劳动力,1980年深圳市仅有32.09万人,而1998年则超过了394.96万人,其中外来暂住人口280.36万,非户籍人口成为城镇人口主体。从社会角度来说,深圳城市的发展属制度驱动型,特殊的社会经济制度创造了城市发展的奇迹。从自然条件来说,深圳毗邻香港的自然区位也是其城镇快速发展的先天动力。从计算机模拟结果来看,深圳城镇发展与交通干道、距中心区域的距离、地形条件等因素直接相关[1]。从城镇扩展时空过程来看,深圳城镇扩展主要呈由罗浮、新安、沙井作为重要初始核心沿107国道等主干道路由核心向外围迅速扩展的格局。

3. 交通走廊型城市(东莞)

核心城市之间的城镇发展动力主导因子是交通,故称交通走廊型驱动城市。例如东莞市位于珠江三角洲东部,东江下游,介于香港—深圳、广州—佛山两个都市区之间,扼珠江虎门出海口,是典型的交通走廊型城市。该市总土地面积 2 465 km²,地貌总体态势为东南高西北低,西北部是河网密布的东江冲积平原,中部以丘陵台地为主,东部多低山丘陵,大陆海岸线 61.4 km,主要农作物有水稻、甘蔗、花生,盛产荔枝、香蕉、柑橘等水果。1985 年原东莞县改为县级市,1988 年升格为地级市,现辖 32 个镇区,户籍人口 1 508 152 人(1999 年底),外来人口 2 448 134 人(1999 年底)。2000 年的全国第五次人口普查显示该市总人口已经超过了 600 万。改革开放以来,经济发展迅速,国内生产总值由 1978 年的 6.11 亿元增长至 1998 年的 355.51 亿元,人均国内生产总值则由 1978 年的 553 元增长到 1998 年的 24 031 元。工业总产值指数由 1978 年的 1 057.69(1949 年为 100)增至 1998 年的 114 796.15。其城镇扩展速度在 20 世纪 90 年代超过了深圳特区。1988 年东莞市沿 107 国道线状发展的态势初步形成,但尚未形成紧密的城镇条带。1992 年在邓小平"南巡"讲话精神鼓舞下该市出现了以土地开发为先导的房地产热潮,1993 年东莞市城镇用地由 107 国道向腹地沿广深铁路和该市各镇的联络公路呈网络状蔓延,网络型条带城镇空间格局基本形成。在 1993 年的土地开发基础上,1998 年消化了很大部分房地产开发热潮中形成的开发区用地,新增土地开发得到控制。相对珠江三角洲其他城镇而言,东莞市吸引以香港为主要来源地的外资的比较优势突出体现在其交通条件。因此其城镇发展主要驱动力来自于其地处穗港之间的交通走廊位置,条带状城镇出现有一定的合理性。从"跳跃—填充"的城镇空间扩展信息图谱规律来说,该市居于穗港两核心城市间的"填充"区域,以交通为先导的城镇用地扩展实际上是一个空间填充过程。随着香港与珠江三角洲其他城镇联系的不断密切,东莞的交通走廊地位还会进一步提高,以道路为先导的城镇填充过程将会继续扩大,有望成为与广佛都市区、港深都市区在空间上成为一个整体的中部大都市。

4. 内资主导型城市(顺德、南海、三水)

内资主导型城市的发展主要依靠自身经济积累起步,外资或者政策优势在其城市发展过程中所起作用有限。这些城市主要是自然发展条件较好、城镇发展历史悠久的城市,如顺德、南海、三水等市。顺德市位于珠江三角洲围田区南缘与沙田区北缘的平原水网地带,基水地占全市土地的 1/3,农业生产条件优越,商品经济历史悠久,自明朝设县以来城镇发展迅速,出现了许多历史古镇。改革开放以来,顺德开始了真正的现代工业化时代,利用以集体所有制为主体的镇办工业为龙头,拉开了现代工业化的序幕,形成了以家用电器和轻纺工业为支柱、大型骨干企业为支撑的现代化工业生产体系,有力地推动了城镇的发展。南海市的商品经济发展历史久远,改革开放以来南海利用地处广州佛山都市区的有利条件,加快工业化进程,采取"以集体为主,镇、管理区(村)、经济社、联合体、个体五个层次一起上"的工业化方针,村办工业成为经济发展的重要力量,有力地推动了城乡经济共同发展,并使其城镇发展表现出显著的城乡一体化特征。三水城市发展与"水稻、水泥、饮料"工业发展的支持紧密相关,大面积水稻种植使三水市在粮食紧缺时代积累了一定的经济资本,工业化过程中突出以水泥、健力宝饮料为支柱带动了全市的经济发展,仅健力宝集团的一年利税就占了全市财政收入的45%,而全市中心城镇西南镇更有"健力宝城"之称,足见内资企业在其城镇发展中的重要作用。

5. 后发型城市(从化、高明)

后发型的城镇自身经济实力有限,其发展动力主要依靠珠江三角洲经济较为发达的城市的辐射带动作用,城镇发展动力的主导因子是先发展城镇的产业转移。目前珠江三角洲核心城市的一些产业已经开始向这些城镇启动较大规模的迁移。以高明市为例,它位于珠江三角洲西部外围地区,与珠江三角洲核心城镇佛山、南海、顺德相邻,和这些县级市相比,其城镇发展相对落后。但近年随着核心城市发展导致地价升高、劳动力成本提高、环境保护要求提升,使得占地规模较大、有一定污染、劳动力密集型企业开始向珠江三角洲外围区域扩散,从而带动了落后型城镇的发展。以高明市人和镇为例,该镇近年发展较快,1999年成功吸引了14家外向型企业前来投资,已初步形成以玻璃、陶瓷、纺织、家具、食品、金属制品为主体的工业体系,这些工业往往占地较大,或者有一定的污染,对发展区位要求不高,因而选择在能满足这些条件的人和镇发展。1999年该镇有工业企业40多家,工业产值4.73亿元,比1998年增长41.19%,呈现出快速增长的发展态势。同时,城镇建成区面积迅速增长,形成以镇中心区、对川工业区为主体的城镇发展空间格局。在外来投资中,主要来自南海、佛山、顺德等地,人和镇成为这些发展较早的城市产业扩散基地。高明市西安镇(现改为西安区)的城镇发展动力机制与人和镇相似。劳动密集型、对环保有一定负面影响的工业企业是城镇发展最直接的推动力。该镇初步形成了以纺织、服装、塑料、陶瓷、化工、电子、食品为主体的工业结构,外来投资中珠江三角洲其他发展较快城市的产业转移占有重要地位。也有后发展城镇靠第三产业为龙头带动城镇扩展的情况,其中旅游城镇最为突出。如从化市温泉镇的发展主要是随着旅游业的发展而兴旺起来的。由于第三产业的兴起往往滞后于第二产业,这类城镇也就具有后发展效应。

第三节 城镇用地扩展的区域类型及其与城市化发展的空间耦合

一、研究方法

利用GIS技术,首先对珠江三角洲1990年和2000年的遥感影像数据进行处理,提取城乡居民点、工业和交通用地数据,以此作为城镇用地的数据,分析10年内珠江三角洲城镇用地扩展的特征,同时引入城镇用地综合扩展系数,对珠江三角洲28个市县进行城镇用地扩展类型划分。之后,从城市化发展阶段、城市化与城市用地扩展的耦合关系、城市化的空间发展格局等视角,探讨珠江三角洲城镇用地扩展与城市化的内在关系。

二、城镇用地扩展现状

根据遥感影像数据将土地利用类型分为六大类,分别为耕地、林地、草地、水域、城镇工交和未利用土地。其解译结果显示,2000年珠江三角洲土地面积为412.45万hm²,其中,耕地面积占30.62%,林地面积占47.06%,水域占10.17%,城镇工交用地占10.04%,草地占2.05%,未利用土地仅占0.06%。

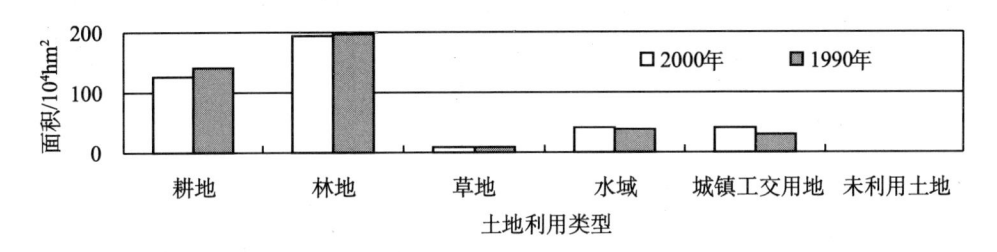

图10—3 珠江三角洲土地利用变化(1990～2000年)

表10—5 珠江三角洲土地利用变化(1990～2000年)

	耕地	林地	草地	水域	城镇工交用地	未利用土地
2000年(10⁴hm²)	126.30	194.10	8.44	41.95	41.41	0.24
1990年(10⁴hm²)	140.81	196.63	8.92	37.05	28.19	0.23
增长面积(10⁴hm²)	−14.51	−2.53	−0.48	4.90	13.22	0.01
增长率(%)	−1.08	−0.13	−0.55	1.25	3.92	0.39

1990年珠江三角洲城镇用地28.19万hm²,占全区土地面积的6.85%;2000年城镇用地面积增至41.42万hm²,比重增至10.04%。从1990年到2000年城镇用地的面积增加了13.22万hm²,占土地面积的比重增加了3.20%,即每年平均以1.3万hm²的速度扩展(图10—4和表10—5)。城镇用地的扩展主要集中在广深珠三角区域内,其中又以深圳中北部与东莞交汇处、广州西部周边及南延地区、珠海与斗门南部沿海地区三个区域比较显著。

耕地和城镇工交用地是两种变动最剧烈的土地类型,且变动区域主要集中在广州—深圳—珠海三角区域内部及其周边。就耕地而言,广州以西比广州以东缩减范围和规模要大,而有少量面积增加的区域主要集中在中山、珠海和斗门沿海岸地带以及高要东部;水域变化区域主要集中在水域类型高度密集地区。在本区的西南部沿海一带有几片面积较大的斑块,并与耕地的变动基本吻合;水域增加区域主要集中在广州以西地区,顺德和番禺交界地带,江门和新会交汇处、三水、四会、南海以及台山和斗门的沿海一带;水域缩减区域则主要分布在中山、珠海的沿海一带。

从总体来看,城镇工交用地和耕地变动剧烈,水域有增加的趋势,其他土地类型变化不大。

广州以西耕地的缩减,实际是被城镇工交和水域共同吞噬,其中在个别地方水域的扩张超过了城镇工交用地的扩张,如江门、新会、台山等地。广州以东的深圳和东莞则几乎是以城镇工交一种土地类型的扩展吞噬着耕地、林地和其他用地,珠海和斗门也具有类似特征,但程度有所不同。

三、城镇用地扩展的区域类型划分

尤因(Ewing)曾从空间形式和目的用途上把城市扩展归纳为三种类型:插入式、跳跃式在农田草地中的发展型;沿主要干道、高速公路建设的新商业性开发区型;低密度、单一使用性质的大型开发项目型[2]。本节主要从速度和规模上来划分28个市县的城镇用地扩展类型。

1. 划分方法和结果

为了确定本区28个市县的城镇用地扩张变化的类型,选择1990～2000年各市县城镇用地年增长率、城镇用地占各个市县土地类型比例的变化程度以及各市县城镇用地占研究区内同类土地类型比重的变化等数据,生成度量本区城镇用地扩展状态的三类指标(表10—6)。表中的城镇用地综合扩展系数Ulc,用下式求得:

$$Ulc = \prod_{i=1}^{3} Ul_i$$

表10—6 城镇用地综合扩展系数的计算

Ulc	Ul_i
城镇用地综合扩展系数	内部结构递转系数:$Ul_1=|P_t-P_0|$,Ul_1表示城镇用地的在各市县的比例变化,P_t、P_0分别为末期和基期城镇用地占各市县所有土地类型的比例
	空间结构递转系数:$Ul_2=|W_t-W_0|$,Ul_2表示城镇用地在研究区的比例变化,W_t、W_0分别为末期和基期城镇用地占研究区内该类型土地总量的比例
	扩展速率:$Ul_3=|(\sqrt[t]{S_t/S_0}-1)|$,$Ul_3$表示城镇用地递变速度,$S_t$和$S_0$分别为各市县末期和基期城镇用地的面积,$t$为评测期

按照各市县城镇用地综合扩展系数Ulc的大小,并参照Ul_1、Ul_2和Ul_3的值,将珠江三角洲28个市县的城镇用地扩展类型可分为三大类型:强扩展型、弱扩展型和相对稳定型。划分标准为:强扩展型:$Ulc>10$;弱扩展型:$10>Ulc>0.2$;相对稳定型:$Ulc<0.2$。

2. 类型特征分析

表10—7和图10—5显示:强扩展型的地区包括珠海、东莞、斗门、深圳、顺德、中山、南海、广州、番禺9个市县。这9个市县城镇用地扩展的共同特征是综合扩展系数Ulc大于10,城镇用地扩展速率Ul_3接近或大于5,内部结构递转系数Ul_1除斗门外都大于3,空间结构递转

系数 Ul_2 除佛山和江门市区外均大于 0.4，这说明属于强扩展型的市县不论是从城镇用地扩展速率而言，还是从城镇用地扩展的内部结构和空间结构的递变程度来看，都位居珠江三角洲前列。弱扩展型的地区有佛山、肇庆、花都、江门、新会、惠阳、台山、增城、高要、三水、四会 11 个市。这一类型的各市的综合扩展系数都大于 0.2，城镇用地扩展速率 Ul_3 在 0.5 以上，内部结构递转系数 Ul_1 除台山外都超过了 1.4，空间结构递转系数 Ul_2 除肇庆市区外均大于 0.1。与强扩展型的市县相比较，这 11 个市城镇用地的扩展速度、内部结构和空间结构的递变程度明显较低。相对稳定型的地区有高明、鹤山、博罗、惠东、惠州、恩平、从化、开平 8 个市县。这几个市县综合扩展系数、土地类型的递变速度、内部结构和空间结构的递变系数均接近于 0，说明其城镇用地扩展相对较少。

表 10—7 珠江三角洲城镇用地扩展类型划分

地名	Ul_1	Ul_2	Ul_3	Ulc	类 型
珠海	9.685 6	1.107 2	17.757 4	190.424 0	强扩展型
东莞	5.915 9	2.644 7	11.365 4	177.821 4	强扩展型
斗门	12.634 3	1.350 9	6.839 3	116.734 1	强扩展型
深圳	5.772 1	1.343 8	9.051 2	70.207 5	强扩展型
顺德	6.485 9	0.835 5	9.372 4	50.786 4	强扩展型
中山	6.237 4	1.026 9	5.581 5	35.750 6	强扩展型
南海	5.044 1	0.659 2	8.712 1	28.966 5	强扩展型
广州	3.032 8	0.656 5	8.037 1	16.003 4	强扩展型
番禺	5.089 6	0.456 6	5.770 5	13.408 8	强扩展型
佛山	4.268 4	0.054 0	23.799 4	5.482 5	弱扩展型
肇庆	5.289 5	0.106 4	6.811 9	3.835 0	弱扩展型
花都	2.792 8	0.300 5	2.670 3	2.241 2	弱扩展型
江门	3.363 6	0.046 2	9.801 6	1.523 1	弱扩展型
新会	3.187 9	0.191 2	2.165 1	1.323 9	弱扩展型
惠阳	1.419 3	0.916 8	0.865 3	1.125 9	弱扩展型
台山	1.559 7	0.859 9	0.689 6	0.924 9	弱扩展型
增城	1.420 3	0.635 8	0.805 6	0.727 5	弱扩展型
高要	2.072 7	0.325 7	0.530 5	0.358 1	弱扩展型
三水	3.315 4	0.052 9	1.563 7	0.274 3	弱扩展型
四会	2.110 0	0.171 4	0.622 0	0.224 9	弱扩展型
高明	0.798 0	0.294 6	0.305 1	0.071 7	相对稳定型
鹤山	0.691 5	0.311 3	0.237 9	0.051 2	相对稳定型
博罗	0.171 7	0.871 8	0.051 0	0.007 6	相对稳定型
惠东	0.037 9	1.064 7	0.011 2	0.000 5	相对稳定型
惠州	0.018 6	0.562 7	0.030 0	0.000 3	相对稳定型
恩平	0.000 0	0.716 7	0.000 0	0.000 0	相对稳定型
从化	0.000 0	0.569 0	0.000 0	0.000 0	相对稳定型
开平	0.000 0	1.036 0	0.000 0	0.000 0	相对稳定型

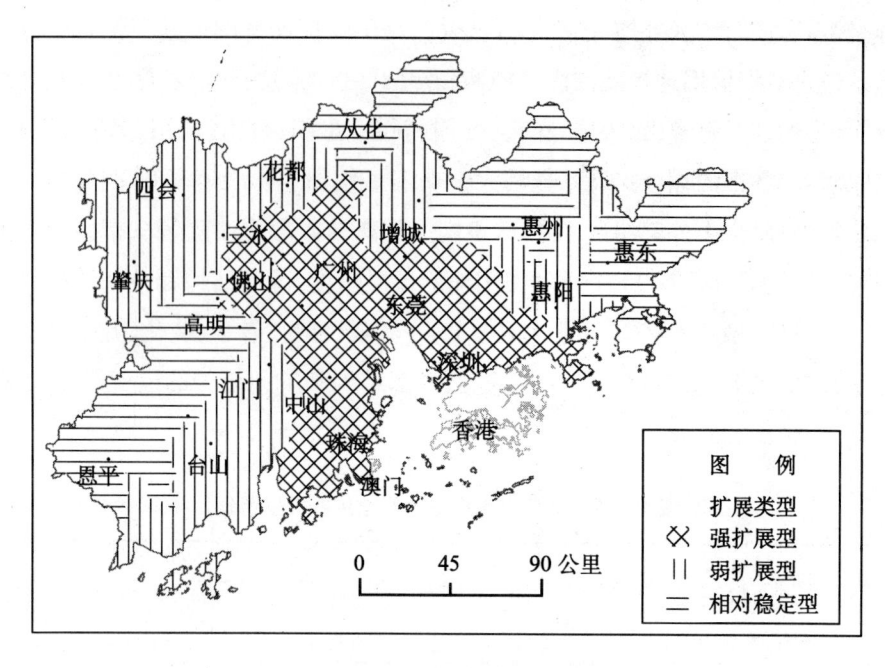

图 10—4　珠江三角洲城镇用地扩展类型

四、城市化与城镇用地扩展

城市化在空间上表现最为明显的特征之一就是城镇用地的扩展,在不同城市化阶段,城镇用地扩展程度、方式和表现特征不同[3]。

1. 城市化发展水平与城镇用地扩展的耦合关系

城市化发展阶段的划分标准一般是按照:当城市化率小于30%为起始阶段,当大于30%、小于70%为加速阶段,当大于70%为完成阶段[4]。按照上述指标,本章分别计算了1990年和1999年的珠江三角洲28个市县的城市化率,并将其划分为三个发展阶段(表10—8)。

表10—8　珠江三角洲28个市县城市化阶段划分

	城市化起始阶段(<30%)	城市化加速阶段(30%~70%)	城市化完成阶段(>70%)
"八五"初期	高要、从化、博罗、台山、增城、惠阳、鹤山、开平、惠东、斗门、四会、东莞、中山、番禺、南海、新会、花都、恩平、高明、顺德	三水、珠海、肇庆、深圳、惠州	江门、广州、佛山
"九五"末期	高要、博罗、东莞、增城、从化、开平、惠东	中山、四会、新会、惠阳、顺德、花都、鹤山、台山、南海、恩平、斗门、三水、番禺、高明、肇庆	江门、深圳、珠海、惠州、广州、佛山

218

对比表10—7和表10—8可发现,在"八五"就进入城市化加速或完成阶段的城市,土地利用变化类型主要为强扩型;由低级城市化发展阶段跨入高级城市化发展阶段的市县其土地利用变化为弱扩展型,如珠海、深圳、顺德、南海、新会、中山、番禺、四会、花都、肇庆、台山等;土地利用变化为相对稳定型的市县城市化都处于初级阶段。

为了进一步研究城市化发展水平与城镇用地扩展之间的关系,本章引入城市化与城镇用地扩展耦合系数 LUc:

$$LUc = Ul_3/Ucv \times \frac{1}{100}$$

式中,LUc 表示城市化的变化与城镇用地扩展的耦合系数;Ul_3 表示各市县城镇用地扩展速率;Ucv 为各市县城市化水平的年递变速率。

表10—9将珠江三角洲28个市县根据其 LUc 值分为三大类,结果显示,它们与城镇用地扩展的三大类型十分吻合,即 $LUc<1$ 的市县为城镇用地扩展相对稳定型,$1<LUc<5$ 的市县为城镇用地弱扩展型,$LUc>5$ 为城镇用地强扩展型。可见,珠江三角洲城市化发展的水平与其城镇用地的扩展具有很强的相关性。

表10—9　珠江三角洲城市化发展水平与城镇土地扩展的耦合关系

$LUc<1$	$1<LUc<5$	$LUc>5$
高明、鹤山、博罗、惠东、惠州、恩平、从化、开平	佛山、江门、三水、新会、广州、花都、四会、高要、台山、增城、惠阳	斗门、珠海、顺德、中山、东莞、深圳、肇庆、番禺、南海
$Ulc<0.2$	$0.2<Ulc<10$	$Ulc>10$
高明、鹤山、博罗、惠东、惠州、恩平、从化、开平	佛山、肇庆、花都、江门、新会、惠阳、台山、增城、高要、三水、四会	珠海、东莞、斗门、深圳、顺德、中山、南海、广州、番禺

2. 城市化发展的空间格局与城镇用地扩展

(1) 圈层发展结构与城市用地扩展

珠江三角洲经济和城市发展水平大致可分为三个圈层,不同圈层其城市化水平、经济发展水平等存在明显的差异(表10—10)。

表10—10　珠江三角洲不同圈层城市化水平和经济发展状况　　　　　单位:万元

	城市化水平（%）	人均国内生产总值	人均工业总产值	人均农业总产值	人均财政收入	人均房地产投资额
第一圈层	57.68	4.96	7.33	0.15	1.80	0.58
第二圈层	40.47	2.21	5.22	0.20	0.63	0.08
第三圈层	30.45	1.31	2.45	0.23	0.48	0.04
珠江三角洲	47.58	3.48	5.67	0.18	1.23	0.35

第一圈层位于珠江三角洲的中央和环珠江口地区,包括广州、佛山、南海、顺德、番禺、中山、珠海、斗门、东莞、深圳10县市。该圈层是珠江三角洲经济最发达地区,人均GDP、工业总产值、财政收入均居首位,按照非农业人口占总人口的比重统计,1999年城市化水平为57.68%,远高于第二和第三圈层。该圈层集中了珠江三角洲各类等级和职能的城镇,已经形成了都市连绵区,随着城市体系和网络化交通体系的发展,城镇和交通用地扩展也很显著,基本属于强扩展型。

第二圈层位于珠江三角洲的中间地带,包括三水、花都、增城、惠州、惠阳、江门、新会、鹤山、高明9市。从经济发展水平和城市化进程来看,明显差于第一圈层,也低于珠江三角洲的平均水平,但近年来发展速度较快,如惠州和江门城市化水平已经超过了70%。这一圈层城市用地以弱扩展型为主体,基本与其经济发展水平和城市化水平相吻合。

第三圈层有台山、开平、恩平、高要、肇庆、四会、从化、博罗、惠东9个市县组成,在空间上呈不连续的两个半圈。与第二和第三圈层相比较,除人均农业总产值外,其他经济指标均较低;另外,城市数量较少、交通设施相对落后,城镇用地基本属于相对稳定性。

上述分析显示,珠江三角洲城镇用地扩展强度基本与经济发展水平和城市化水平的圈层结构相吻合,即由中心向外呈递减的趋势,这也说明城镇用地扩展的区域类型与其经济发展水平和城市化进程有直接的关系[5]。

(2) 城市沿轴线发展与城镇用地扩展

珠江三角洲城市沿主要交通轴线发展的格局与城市用地扩展方向具有很高的一致性。广深高速公路和107国道、广珠高速公路和105国道沿线是珠江三角洲的城镇密集带,这两大城镇发展主轴是城镇用地扩展最强烈的地带。广深城镇发展轴是连接深圳都市圈与广州都市圈的重要通道,该通道同时受广州、深圳(香港)特大城市的影响,城市群的分布相对密集,呈现出以深圳为中心、沿交通干线向北轴带状延伸的空间特征,城镇用地扩展方向和强度也具有该特征。广珠(澳门)发展轴是连接珠海都市圈与广州都市圈的重要通道,该轴线沿线周边城镇用地扩展强度仅次于广深轴线(彩图10—2)。

除上述两大城市发展主轴外,其他5条城市发展的次级轴周边也是珠江三角洲城镇用地扩展比较强烈的地带。这5条城镇发展次级轴为:一是广州—肇庆城镇发展轴,沿线城市包括三水、四会、高要、肇庆;二是广州—佛山—恩平城镇发展轴,沿线城市包括南海、佛山、鹤山、开平、恩平等;三是广州—惠州城镇发展轴,沿线城市包括增城、博罗、惠州、惠东等;四是深圳—惠州城镇发展轴,即沿205国道和惠盐高速公路发展的城镇密集带;五是珠海—台山城镇发展轴,包括珠海、新惠、台山等。这5条城镇发展轴线周边城镇用地扩展也很明显,且在广州—肇庆和广州—惠州轴线城镇用地扩展尤为剧烈(彩图10—2)。根据城镇用地发展现状和城镇发展潜力和趋势,可以预计这5条城镇发展轴线周边将成为未来珠江三角洲城镇用地扩展最快的地带。

(3) 中心城市的辐射与城镇用地扩展

珠江三角洲已经基本形成了以广州、深圳和珠海为中心的城市群,其城市化进程与3大中心城市的发展,特别是3大城市经济职能的转变过程关系密切[6]。进入20世纪90年代,3大中心城市发展模式已经由外延粗放式向内涵集约式转变,但城市经济发展水平、功能以及对周边地区的辐射作用在时间和强度上仍然存在着一定的差异。就城镇用地扩展而言,也具有类似的特征。本章分别以3大中心城市为核心,按照距中心点20km、40km、60km为半径划定三个圈层(图10—6),计算了0~20km、20~40km和40~60km 3个环状地带范围内1990~2000年城镇用地的绝对变化量、年递增率和单位面积变化量(表10—11)。

彩图10—2和表10—11显示,以3大中心城市为核心,各环内城镇用地的扩展具有以下特征。

第一,3大中心城市为核心的第一圈层内,其城镇用地单位面积扩展率均位居第一位,特别是深圳市高达19.61%,这说明10年内3大中心城市的辐射作用,特别是引发的城镇用地扩展仍然以其周边为主。与一圈层相比,第二、三圈层单位面积扩展率为低。

第二,从城镇用地的绝对变化量来看,广州市位居3大中心城市之首,而就单位面积的变化率而言深圳则居于前列,城镇用地的年递变率却是珠海市处于第一位。这一特征说明广州市对周边城镇用地的影响范围广、程度较强,目前处于相对平稳状态,深圳对周边城镇用地的影响正处于强烈作用阶段,而珠海对周边城镇用地的影响速度不断加快。这一特征与3大中心城市经济辐射作用基本吻合,2000年末,广州周边地区城镇化已经处于稳定、持续发展阶段,深圳周边城镇经济化发展速度最快,如惠阳和东莞等,而珠海周边地区城镇化水平相对较低,但发展速度很快。

第三,从城镇用地扩展的年递增率来看,广州和深圳的第二圈层已经居于第一位,而珠海第一圈层仍然最快,这反映了广州和深圳尽管对城镇用地扩展的影响主要集中于第一圈层,但第二圈层环城镇用地扩展速度加快,这一特征与3大中心城市的经济和城市职能扩展过程相吻合。

表10—11 不同圈层城镇用地的变化

中心城市	距离(km)	1990年(hm²)	2000年(hm²)	年递增率(%)	单位面积变化率(%)
广州	0~20	35 966.22	50 828.33	3.52	11.83
	20~40	40 027.23	61 694.33	4.42	5.77
	40~60	41 840.69	57 647.39	3.26	2.77
深圳	0~20	17 467.80	31 347.33	6.02	19.61
	20~40	18 964.31	37 800.61	7.14	10.86
	40~60	24 453.92	41 284.94	5.38	6.69
珠海	0~20	6 391.21	14 793.32	8.75	13.83
	20~40	9 167.09	19 124.65	7.63	6.53
	40~60	10 015.44	18 340.90	6.24	3.96

五、小结

城市化在空间上表现最明显的特征之一就是城镇用地的扩展。珠江三角洲的城镇用地是上世纪90年代以来变动最剧烈的土地类型之一。通过划分城镇用地扩展的类型（变化幅度），本节较好地解释了城镇用地扩展的城市化背景。研究表明，珠江三角洲各地城镇用地的扩展强度与城市化的发展水平和空间发展格局直接相关。首先，城市化的发展水平越高，城镇用地扩展也越剧烈，但达到一定水平之后城镇扩展趋势缓和。从各市县的城市化与城镇用地扩展的耦合系数与城镇用地扩展系数的对比来看，两者具有很强的一致性。其次，珠江三角洲城市化的圈层和轴线发展格局，直接影响着城镇用地的扩展方式和方向。城市用地扩展比较强烈的类型主要集中在距中心城市20km的第一圈层内和两大城市发展主轴线周边。此外，广州、深圳和珠海3大主要城市城镇用地在扩展强度上的空间差异，从另一侧面反映了三者在城市化发展阶段、城市经济及其职能上的差异。

第四节 典型样区城镇群体时空演变的信息图谱剖析

地学信息图谱是计算机化的地学图谱。它建立于现代空间技术、信息科学、地球系统科学、地理信息系统、虚拟现实等学科理论技术基础上，通过分析征兆图谱提出诊断图谱，并就未来态势与对策制定实施图谱。城镇群体时空演变有其内在的规律性，采用图谱的研究方法能够简明扼要地从较长的时空演变实况中把握其规律性。遥感与地理信息系统为城镇群体演变图谱提供了方便的信息化手段。本节利用珠江三角洲局部典型区域较长的历史实况资料对城镇群体信息图谱进行了研究。

一、典型样区选择及其基本概况

为从较长的时间尺度来考察城镇群体聚落的演变规律，分析其时空演变信息图谱特征。本节选取广州—佛山都市区作为典型样区，着重分析其辛亥革命以来现代城镇的发展演变规律。广佛都市区是珠江三角洲城镇发展较早的核心区域，其城镇发展规律对整个珠江三角洲城镇发展有指导意义。

公元前214年秦朝在南岭设南海郡，郡治番禺城（今广州）。汉朝初年，赵佗立南越国，以广州为都城。从汉朝始，广州就成为全国为数不多的经济都会之一。唐代广州成为"通海夷道"的起点，是世界性的贸易大港。宋代是广州城大扩展的一个重要时期，先后修筑了中城、东城、西城三个子城。明代广州城得到进一步扩展，增加了新城，清代增修了东西两翼城。1912年后，广州开始突破城墙的局限，拉开了开放式城市的发展序幕。1918年成立市政公所，1920年开始拆除城墙、改造马路展开现代道路与市政设施建设。佛山城是从晋代起源、明朝中叶迅速崛起的工商业古城。明朝中叶佛山水道取代被淤积的西南水道成为西江、北江通广州的必经之地,加上此时以手工业为主的商品经济得到快速发展,佛山利用其交通要塞与良好的手工业基础迅速发展,与汉口、景德镇、朱仙镇并称为中国四大名镇,并与京师、苏州、汉口合称为天下"四大聚"。佛山城的行政地位远不如其经济地位重要,历史上只作过短暂的南海县治。

从自然条件来说,广佛都市区地处自然地理所称的珠江三角洲中北部。北回归线从其北沿经过,年太阳总辐射大致在 4 500~4 800 兆焦耳/m^2·年,年日照时数在 1 800~1 900 小时,年平均气温 21.5~21.8℃,年平均降水 1 700~1 800mm。有佛山水道、平洲水道、陈村水道、顺德水道、沙湾水道经过本区域连通西、北江与东江,北有流溪河汇入。除广州市东北部为低山丘陵集中区外地势平缓,土地肥沃,作物全年生长。

二、数据收集与处理分析

为较为客观地再现研究区较长历史时期的城乡聚落演变实况,采用该区域四个历史时期的 1∶5 万地形图与卫星影像,提取出城乡聚落专题信息。具体选用了该区域民国初期地形图(1913~1929 年实测 1∶5 万地形图)、1957 年地形图(1957 年航测,1958~1961 年成图)、1982 年地形图(1982 年航测,1983~1984 年成图)、2000 年卫星影像(2000 年 11 月的 SPOT 卫星影像与 TM 影像融合)作为城乡聚落专题信息数据源。民国初期开始近现代城镇化进程,1957 年为城市化曲折历程的发端,1982 年迎来城市化的高速发展,2000 年则反映了世纪末的实际状况。四个时期的数据真实地记载了广佛都市区 20 世纪城乡聚落的沧桑巨变,代表了各发展阶段的曲折历程和特征。其中 1∶5 万地形图每个时期采用了覆盖该区域的 12 张图,以 150dpi 分辨率进行扫描,所得扫描图像像素(pixel)分辨率为 8.47m,与 SPOT 卫星影像的 10m 分辨率相近。扫描的地形图图像采用 PCI 遥感图像处理软件进行处理,利用地形图上的方格网进行图像几何形变纠正与镶嵌,再将镶嵌好的图像转为 ArcView 支持的影像格式,用 ArcView 进行屏幕数字化,提取出城乡聚落专题信息。由于地形图上建筑物表示较细,必须适当概括出城乡聚落图斑。概括原则是自然界线优先,如被大江大河分割的聚落原则上不归并为一个,同一自然村与独立工矿点一般概括为一个聚落,聚落之间外围边界距离一般在 100m 以上,广州、佛山城区也作为特大聚落看待进行统一分析。按这个原则提取的专题信息进一步整理,去掉面积在 1hm^2 以下的图斑,将独立的居民点纳入聚落。然后用 ArcInfo 将 shp 格式的城乡聚落专题信息经矢栅转换后统一变为 10m 分辨率的影像专题信息制图表达。SPOT 卫星的 10m 全色波段影像与 TM 影像则利用 PCI 遥感图像处理软件进行融合,对融合影像先用最大似然法进行机器分类,并采用分类后目视纠正处理办法提高城镇专题信息的提取精度。四个时期的城乡聚落专题结果如彩图 10—3 所示。

对提取出的城乡聚落专题信息进行统计分析(表 10—12)。民国初期,研究区城乡聚落面积仅为 90 631 097m^2,2000 年增至 704 053 038m^2,净增长了 6.7 倍。期间 1912~1957 年和 1982~2000 年间增长尤其迅速。1912~1957 年该区域经历了 20 世纪 30 年代陈济棠主政时期和 1949 年后"一五"计划实施两个重要发展机遇,城乡聚落迅速由 976 个跃升到 2 320 个,总面积增长了 2.24 倍,但平均单位聚落面积略有下降。这期间,该区域的经济制度完全摆脱了家族式封建经济制度的束缚,聚落规模因经济制度的改变使得分散发展的机会大大增加,故1957年该区域平均聚落规模较1912年有所下降,聚落平均标准差同比略有下降,规模差异性有变小的趋势。1957~1982年城乡聚落因国家宏观经济环境恶化而发展缓慢,1982年聚落总面积仅比1957年增加了37%,聚落个数只新增181个。但国家固定资产投资严重倾向大中城市,使得1982年城乡聚落规模差异拉大,反映为聚落大小平均标准差的急剧增大。1982年以来,广佛都市区迎来了历史上最为壮观的发展阶段,在我国改革开放政策的激励下城乡聚落蓬勃发展,广佛都市区真正发展为较为紧密的整体。这18年间,城乡聚落总面积增加了2.53倍,聚落平均面积增大到368 807m^2,同时规模尺度差异进一步拉大,平均标准差扩大到4 827 854m^2。但由于城市市区蔓延式扩大,大量原本位于城郊的聚落被融入市区,一些原本相邻的聚落也因空间扩展而融为一体,致使聚落数量在总面积增加的同时反而减少。

四个时期研究区城乡聚落规模尺度的变动分析表明1~5hm^2规模等级的聚落在四个时期均属数量最多的,分别占1912年、1957年、1982年、2000年聚落数量的59.9%、55.2%、63.8%、47.0%。5~10、10~15、15~20hm^2规模级聚落数量四个时期依次呈递减之势,反映了规模越大数量越少的聚落等级体系格局。从20hm^2以上的聚落发展规律来看,1912~2000年各规模级聚落数量总体上急剧递减,但同一规模级在时间序列上却迅速递增。20~50hm^2的聚落数量从民国时期的61个递增到2000年的202个。50~100hm^2的聚落由1912年的13个增至2000年的88个,100~500hm^2规模级的聚落从1912年的3个增至2000年的57个,500hm^2以上的由2个增加到9个。

表10—12　广佛都市区城乡聚落主要统计指标

指标 年份	总面积 (m^2)	个数 (个)	聚落平均面积 (m^2)	聚落平均标准差	平均分维
1912	90 631 097.0	976	92 859.73	372 425.82	1.028 1
1957	202 815 000.0	2 320	87 420.25	363 236.62	1.070 3
1982	278 306 771.5	2 501	111 278.19	1 042 954.00	1.064 5
2000	704 053 038.0	1 909	368 807.24	4 827 854.43	1.031 4

从空间分布来看,研究区城乡聚落总体上以广州为主中心、佛山为副中心呈不对称非均衡分布。1912年除广佛两中心周围聚落分布较密集外,还有两个聚落较为集中的次区域,一个是番禺北部台地丘陵聚落集中区,另一个是以江高—蚌湖—人和为轴线沿流溪河两岸分布的密集区。1957年除广州东北部低山丘陵区外,整个区域聚落增长较快,广佛两中心之间以及广从公路沿线区域的聚落发展尤为突出。1982年较之1957年总体上发展缓慢,较为突出的聚落空间扩展是广州市区向东与向南的蔓延,芳村区珠江沿岸发展也较为显著,这是国家在这些地方布置了较多的大中型企业的结果。2000年研究区城乡聚落发展达到了一个新的高度,广佛都市区真正成为空间上难以分割的整体,城乡一体化特征非常突出。1982~2000年间,

广州市区空间重点向东与向北发展,南部海珠区则因自然条件约束向南蔓延的趋势受限也转为向东蔓延。西部的芳村区则与南海市的黄歧、盐步连成一体,并与佛山南海市区紧邻,从而使得原本相对独立的两个城市中心在空间上连成一个整体。佛山市区空间扩展主要向南部的石湾区与东部南海新市区方向发展,北部的大沥等镇发展也非常快。另外番禺市桥、花都新华作为行政驻地也发展成为重要的次中心,广佛都市区之间的平洲、三山、陈村及广州市区与番禺市桥之间的大石、钟村是重要的增长点。

三、典型样区信息图谱特征

从区域发展的历史背景与现代城乡聚落演变实况出发,在空间信息技术支持下,初步归纳出研究区城乡聚落时空演变信息图谱的基本特征如下。

1. 典型的不完全对称双核心增长

广州是珠江三角洲最早的政治经济文化中心,在明代以前基本上是岭南区域发展的唯一增长核心。但明代开始的商品经济萌芽促成了佛山的崛起,成为与广州并驾齐驱的区域中心城镇。佛山在明代发展成为冶铁、纺织、陶瓷等手工业中心城镇得益于佛山水道地位的提高与本地丰富的原材料资源。明朝中叶广州通西北江的西南水道淤塞,佛山水道取而代之,成为西、北江通往广州的交通要塞,加之作坊式手工业为主的商品经济的发展才造就了清代时与京师、苏州、汉口并称中国"四大聚"的地位。广佛双核心的形成有其自然基础,广州、佛山二市间有沙湾断裂控制其地质基础,另有广从断裂、罗浮山断裂、广三断裂共同控制广佛都市区的地质构造,受地质构造影响,广州与佛山以沙湾断裂为轴呈不完全的对称分布。这种不完全的对称性也表现在二市的社会经济特性的不完全一致上,佛山的经济核心特征明显突出,而广州则具有更为浓厚的政治文化核心特性,两核心城市在功能上具有较好的互补性。

2. 显著的生命周期节律性

从广佛都市区城乡聚落时空演变的区域历史背景与近百年的客观数据分析可以看出,城乡聚落的时空演变具有显著的生命节律性。这种生命节律性与城乡聚落所处的生产力发展水平与社会经济制度相呼应。在漫长的古代封建自然经济期间,城乡聚落往往与政权更替和帝王生命周期紧密相关,盛世繁荣,乱世衰败,生命周期长短与政权稳定性息息相关。宋、元、明、清是珠江三角洲生产力发展最为重要的时代,城乡聚落得到蓬勃发展。封建经济体制结束后,城乡聚落进入了新的发展生命周期。封建社会在以家族式自然经济为主的制度下生产力受到较多的束缚,城乡聚落数量增长较为缓慢,往往以家族为核心呈致密的紧凑状。1912年后,生产力发展得到前所未有的解放,城乡聚落数量上增长迅速,官僚资本主义经济制度开始建立,广佛都市区成为全国重要的政治经济文化中心,特别是20世纪30年代发展尤为显著,是官僚资本主义制度下的一个重要的成长时期。1957～1982年城乡聚落发展进入生命周期的低潮期,城乡聚落受计划经济约束发展缓慢,25年间聚落数量与总面积均增长有限。1982年以来又开始了生命周期的高潮期,发展规模与速度达到前所未有的新高度。在每一次城乡聚落发展的生命周期中,都有起步、高速发展、衰退阶段等过程,且后一次发展的生命周期往往会远远超过前一次的水平,呈螺旋式上升状。如1978～1984年是新一轮聚落发展的起步阶段,1985年到现在是高速发展阶段。这种生命节律可分为长周期、短周期等多种形式。

3. 多尺度"跳跃—填充"(Jump-Fill)的空间发展特性

广佛都市区城乡聚落时空演变信息图谱的另一个重要特征就是多尺度"跳跃—填充"(Jump-Fill)的空间发展特性。城乡聚落在一个发展生命周期结束、下一个新的发展生命周期或同一生命周期的低潮向高潮转换之际往往会采取跳跃(Jump)的空间扩展模式,并在不同的时空尺度下具有自相似现象。广佛都市区由最初的广州单核心模式发展成双核心模式可以看做是"跳跃—填充"发展模式的开始。佛山的兴起源于商品经济萌芽时期,当时作为行政管理中心的广州城满足不了商品经济发展所需要的条件,于是在交通与资源条件均较为优越的佛山跳跃式崛起,成为与商品经济相适应的工商城镇。佛山古城没有城墙以及与工商业联系紧密的文化遗存较多的事实说明了它的跳跃式兴起源自于商品经济发展。民国后资本主义经济发展要求城市发展突破围墙的局限,向更大的空间跃升式发展,番禺县治从广州市区经新造迁至市桥是广州城市空间扩展的又一次跳跃。1982年后广州经济技术开发区的发展是广州空间跳跃扩展的近期实例,它是对外开放经济发展要求下出现的空间扩展形式。每一次城乡聚落发展生命周期从空间跳跃扩展开始,然后便是在母空间与跳跃发展空间之间的填充式发展。填充的速度与城乡聚落发展阶段、母体空间与新生空间的规模大小、具体条件等关系较密。如广佛之间的大沥、盐步、黄岐、平洲的较快发展就是空间填充的表现,同样广州市区与市桥之间的大石、钟村,佛山城区与石湾区之间,广州市区与经济技术开发区之间的东圃—大沙,广州市区与花都新华之间的新市—石井、江高等城乡聚落发展均是填充发展的模式。这种"跳跃—填充"的发展模式是多尺度的,从时间上有长期、中期、短期等尺度,如广州—佛山的"跳跃—填充"发展模式属长期尺度,广州市区—经济技术开发区的"跳跃—填充"发展模式则属短期尺度。从空间来看"跳跃—填充"可分为大区域、小区域、市域、城域等尺度。如产业革命时期从伦敦到世界各地的城市化过程可看做以伦敦为核心向其他地区的全球尺度上的"跳跃—填充"过程,广州—香港的城镇空间跃迁可算做小区域的"跳跃—填充"过程,广州市区—番禺市桥的"跳跃—填充"则是市域尺度。城镇空间跳跃发展的次序一般是从交通枢纽、工矿区、行政、大型公共服务设施等职能区开始,商业、居住、其他服务业则常常是在填充时期发展起来的。具体来说广佛都市区城乡聚落"跳跃—填充"模式可简化为图10—5的模式。

广佛都市区城乡聚落时空演变信息图谱的另一个显著特征就是TOD(Transit Oriented Development)模式。TOD(交通指向发展)模式首先由发达国家提出,在我国的城市规划实践中被广泛采用。但研究区聚落时空演变一直具有这一特性,在区域核心形成、聚落生命节律的转换、"跳跃—填充"过程等方面无一例外地遵循了这一模式。广佛都市区最早的核心番禺城(任嚣城)的形成就体现了TOD的雏形。其时,番禺城(广州)位于北方移民经西江、北江通向

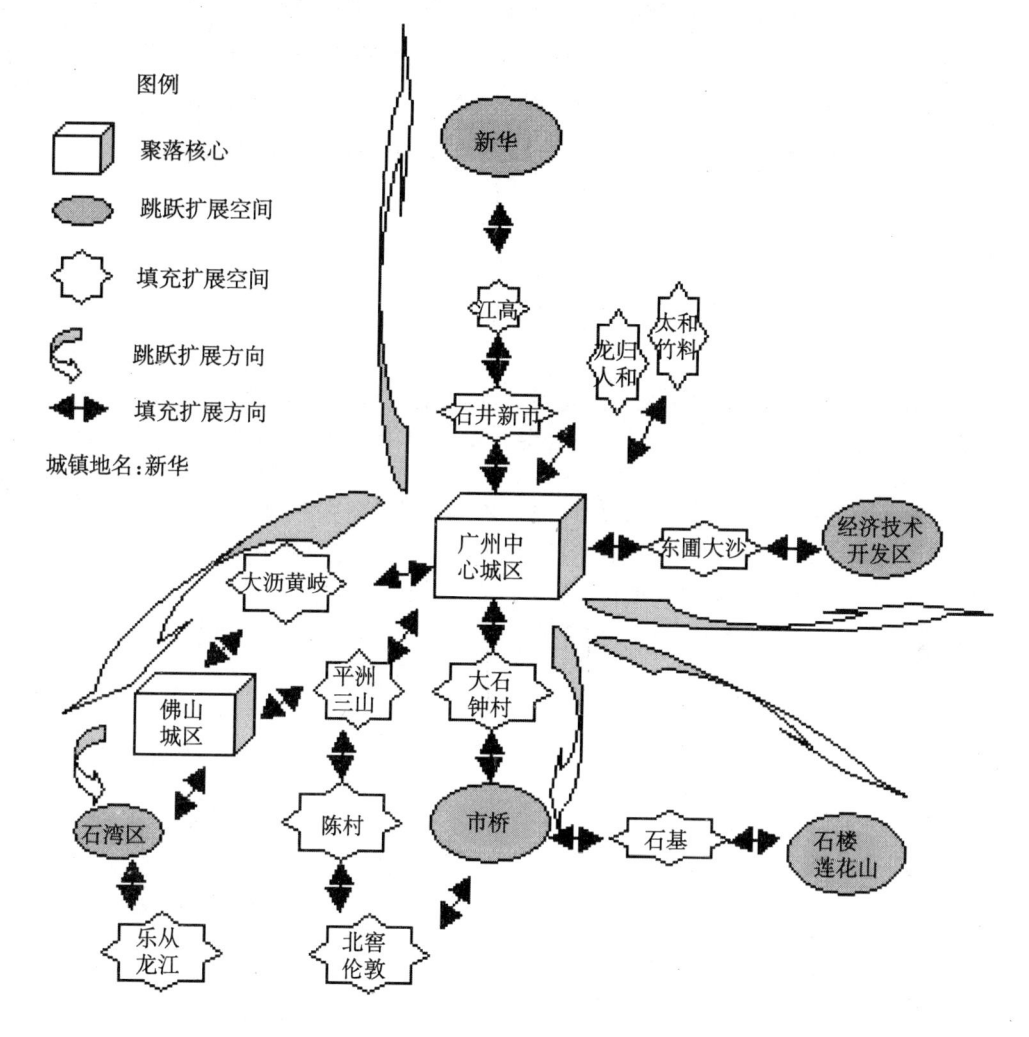

图例
- 聚落核心
- 跳跃扩展空间
- 填充扩展空间
- 跳跃扩展方向
- 填充扩展方向

城镇地名：新华

图10—5 广州—佛山都市区城镇"跳跃—填充"空间扩展模式示意图

东江进而向粤东、珠江三角洲腹地迁移的水陆要冲，筑城于此首要的因素便是利用交通之利。佛山核心的形成也同样体现了 TOD 特征。尽管商品经济的萌芽是佛山崛起的重要背景，但佛山水道取代淤积的西南水道成为西、北江通往广州的交通要塞却是佛山古镇兴起的直接动因。同样，后来崛起的珠江三角洲新核心澳门、香港等均体现了远洋运输发展的交通指向性。聚落时空演变的生命节律性与 TOD 特性也密不可分，每次聚落发展生命节律的转换时期也是新的交通时代开始的时期。以机器驱动的公路、铁路运输方式开始取代自然力、人力畜力为动力的内河航运、驿道运输的时候正是城乡聚落开始现代化发展的转折期。清末民初开始的大规模筑路运动标志着现代广佛都市区城乡聚落发展生命周期的开始，这时广州突破城墙的限制向着西面的黄沙火车站快速发展，广三铁路沿线的聚落也发展较快，海珠桥建成后又使广州城越过珠江屏障开始向海珠区发展。现代快速交通方式的崛起使城乡聚落发展面临新的生命周期转换，进入新的发展阶段。在城乡聚落"跳跃—填充"过程中 TOD 模式表现也十分突出。跳跃发展空间大多形成于交通枢纽，如花都新华、番禺市桥、广州经济技术开发区跳跃发展形成的新发展空间无一例外地落在交通枢纽位置。同样填充空间也具有强烈的交通指向性，交通条件好的空间会得到更快的填充，如广州—市桥之间的大石、钟村，广州市区—开发区之间的东圃—大沙，广州—佛山之间的大沥、黄岐等均因位于交通干道经过之地得以快速发展。珠江三角洲城镇近期发展更体现了这一特性。总之，TOD模式是广佛都市区城乡聚落时空演变信息图谱最基本的特征之一。

参 考 文 献

[1] 史培军、宫鹏、李晓兵等：《土地利用/土地覆被变化研究的方法与实践》，科学出版社，2000。
[2] 刘纪远、张增祥、庄大方等："20世纪90年代中国土地利用变化时空特征及其成因分析"，《地理研究》，2003，22(1)。
[3] 何书金、李秀彬："环渤海地区耕地变化及其动因分析"，《自然资源学报》，2002，17(5)。
[4] 龙花楼、李秀彬："长江沿线样带土地利用格局及其影响因子分析"，《地理学报》，2001，56(4)。
[5] 史培军、陈晋、潘耀忠："深圳市土地利用变化机制分析"，《地理学报》，2001，55(2)。
[6] 张明："区域土地利用结构及其驱动因子的统计分析"，《自然资源学报》，1999，14(4)。

第十一章 城市空间扩展的资源环境胁迫效应与城市可持续发展的空间管理对策

沿海地区由于历史基础、地理位置以及自然资源条件等因素影响,形成了环渤海地区、长江三角洲地区以及东南沿海地区三个各具特色的地域经济综合体,集中分布着辽中南、京津唐、长江三角洲、珠江三角洲四大城市群,一直是我国城市密集分布的地区。尤其是改革开放以来,借助于区位及政策等优势,吸引了大量的国内外投资以及大量劳务人员和优秀的科技、管理人才,成为我国经济增长最快的核心地区。特别是自1978年我国实施改革开放政策以来,沿海地区连续20多年保持了年均10.9%的经济增长率,均高于全国同期9.5%的平均水平。在对外开放方面,沿海地区的进、出口贸易额占全国的比重从1980年的47.7%上升到2000年的92.5%。另外,沿海地区还吸引了全国大约87%的外商直接投资。依据第五次人口普查资料,2000年沿海地区的城市化率达到44.6%,在加速工业化和城市化进程方面取得了举世瞩目的成就。

不过,沿海地区在城市化迅速发展、社会经济快速增长的同时,也面临着人口增长、水土资源减少、能源及原材料短缺、产业结构滞后、区域发展差距加大、环境恶化等重大问题。如何缓解沿海地区的资源、环境与经济发展之间的矛盾,对人地关系进行协调,是沿海地区城市可持续发展的重要内容,也是学者们研究的重点。本章侧重于对城市空间扩展过程中的资源环境胁迫效应进行论述。

第一节 城市空间扩展的资源胁迫效应

沿海地区城市的空间扩展很大程度上取决于城市自身产业的快速发展及其对企业、人口的强烈吸引。如北京、广州等特大城市的流动人口都达到200万人以上,一些开放城市的外地人口数量竟超过本地的常住人口。大量的人口使沿海地区的人均资源占有量非常短缺,如沿海地区的人均耕地仅相当于全国平均水平的2/3,人均水资源总量为全国平均水平的3/5,人均能源占有量仅为全国平均水平的1/7。而且随着人口的持续增长,人均资源占有量还将进一步下降,人口过多导致的人地关系矛盾还会加剧。

一、水资源短缺问题严重

1. 城市、工业与农业用水矛盾突出

我国东部沿海地区,水资源总量占全国的26.4%,但由于人口数量巨大,人口稠密,人均水资源量仅是全国平均水平的64.9%,其中环渤海地区人均水资源量只有全国平均水平的19.25%,南方地区的人均水资源量要高于北方地区。人均水资源量超过1 800 m³的省份有海南、福建、广西、浙江和广东,北京、天津、辽宁、河北、上海、江苏和山东的人均水资源量在32~577 m³之间。在北方沿海地区的工业用水中,江苏占到一半左右,这与江苏省石油化工、化学原料和化学制品等产业所占比重较大有关。

生活水平的提高和生活质量的改善使城市居民生活用水量不断增加。1994年沿海地区北方省市的生活用水为58.8亿m³,2001年沿海地区生活用水为72亿m³,年均增长1.9亿m³,生活用水占用水总量的比重由5.1%上升到6.5%。生活用水量不断增长的同时,排出的生活污水也随之增加,1981年占废水排放总量的比重为19%,1990年为31.2%,2000年上升到54.2%,超过了工业排出的废水量,并且生活废水排放比较分散,不易治理,对水环境产生较大的负面影响,进而加剧了水资源的短缺程度。

沿海地区由于工业化进程加快及城市扩张,城镇生活和工业用水在1997~2001年间增长了5亿m³,年均增长率达到1.6%。而农业用水则由1 558亿m³下降到1 480亿m³,年均增长率为-1.58%。农业用水减少,一方面是实行多种农业节水措施的结果,另一方面也与为保证工业和生活用水而削减用水量有关。

由于水资源潜力有限且供水投入不足,城市地区除了不断开采地下水外,只能靠挤占农业和生态用水来支撑发展,使得农业与工业用水之间的矛盾越来越突出。例如,北京的密云水库在20世纪80年代以前每年可为农业提供8亿~9亿m³灌溉用水。到了20世纪90年代末,密云水库已经成为北京的重要城市供水水源,每年供给农业用水不足1亿m³。同时,由于大量开采地下水,导致城郊大量的农用机井报废。除了上述用水部门之间的矛盾外,河流的上、中、下游之间,调水工程的调出区与调入区之间也不同程度地存在水资源相争的利益冲突。

2. 水资源浪费与缺水现象并存

长期以来,水资源在我国一直被无偿或低价使用,社会普遍缺乏水资源的价值观念和危机意识,沿海地区工农业用水一方面很紧张,另一方面浪费也很严重。目前,沿海地区城市工业用水循环复用率仅为40%~50%,苏沪及以南地区由于水资源相对丰富,工业用水浪费更为严重,城市工业用水复用率(不含电力)在30%~40%以下。缺水的环渤海地区城市工业用水复用率水平较高,90年代初达到60%~70%。但是,就整体而言,仍低于国外先进水平。例如,1989年日本不含电力工业用水复用率已达75.3%。

此外,生活用水浪费普遍。一方面表现为城市供水网年久失修,跑、冒、滴、漏导致水的损

失率较高,节水、污水处理回用及雨水利用技术还没有很好地推广。另一方面,长期以来工程维修费用不足,供水工程老化,都影响了工程供水效益的充分发挥。

沿海地区的缺水面积不断扩大,目前的主要缺水区为:京津地区、河北中部和南部地区、山东半岛、南四湖地区;辽中南地区以及沿海的各大中型城市和若干东南沿海岛屿。缺水类型主要是资源型缺水,也有部分地区为工程型和污染型缺水。

城市人口集聚、经济高速发展、高耗水的产业结构、技术落后及不合理的生产和生活方式等诸多因素共同作用,导致水资源供需矛盾日趋紧张,沿海地区的水资源承受着城市发展带来的极大压力。

二、城市空间扩张与土地利用

改革开放以来,沿海地区以其得天独厚的区位优势和先行开放之利,经济率先高速发展,各项建设全面展开。由于社会经济高速发展、城镇建设大规模扩张、外来人口迅速增加和土地利用方式不当等原因,沿海地区的土地资源尤其是耕地,在各种压力下经历了前所未有的利用方式和质量的变化,一个显著特征就是耕地的减少及居民点和工矿用地、交通用地的增加。大量的农用地转化为工业用地和城镇建设用地,大量的良田在工业化和城市化过程中丧失,沿海地区的人地矛盾日趋尖锐。

城市空间扩张过程中土地面临的主要问题表现在:经济密度和人口密度不断加大使土地承受的压力日趋增加;居民点及工矿用地和交通用地面积不断扩大致使耕地、林地、牧草地和水面及园地大规模地减少;土地资源和投资的浪费与低效利用。

1. 较高的经济密度和人口密度对土地的压力日益加大

沿海地区由于开发历史悠久,人口密集,经济密度和人口密度都大于全国平均水平,经济密度由 1952 年的 2 358 元/hm^2 增加到 1978 年的 12 961 元/hm^2,年均增长速度为 6.8%,大于全国的增长速度 6.1%。沿海地区与全国的相对经济密度比重由 1952 年的 3.3 扩大到 1978 年的 3.87。1978 年以后,沿海地区的经济快速发展,相对经济密度比重从 3.87 增大到 2000 年的 5.21,与全国比较,差距进一步扩大。沿海地区的人口密度也不断增加,1952 年为 18 人/hm^2,2000 年上升到 41 人/hm^2,人口密度增加值为 23 人/hm^2,与全国年均增加 7 人/hm^2 相比,沿海地区经济和人口聚集对土地的压力进一步加大(图 11—1~2)。

我国的人均耕地不到 0.1 hm^2,为世界人均耕地的 1/3,为美国人均耕地的 1/9,印度的 2/5,加拿大的 1/20,澳大利亚的 1/32,低于世界上大多数国家。2000 年沿海地区人均耕地为 1.04 亩,低于全国 1.54 亩的人均水平。沿海地区人均耕地最多的为环渤海地区,为 1.31 亩/人,其中河北省的人均耕地最高(1.55 亩/人),与全国平均水平相当。除此之外,其余省市均低于全国平均水平,如上海的人均耕地只有 0.31 亩/人,仅为全国的 1/5,北京为全国的 1/4。整体上看,沿海地区人均耕地平均为全国水平的 2/3,并且后备土地资源严重缺乏(表 11—1)。

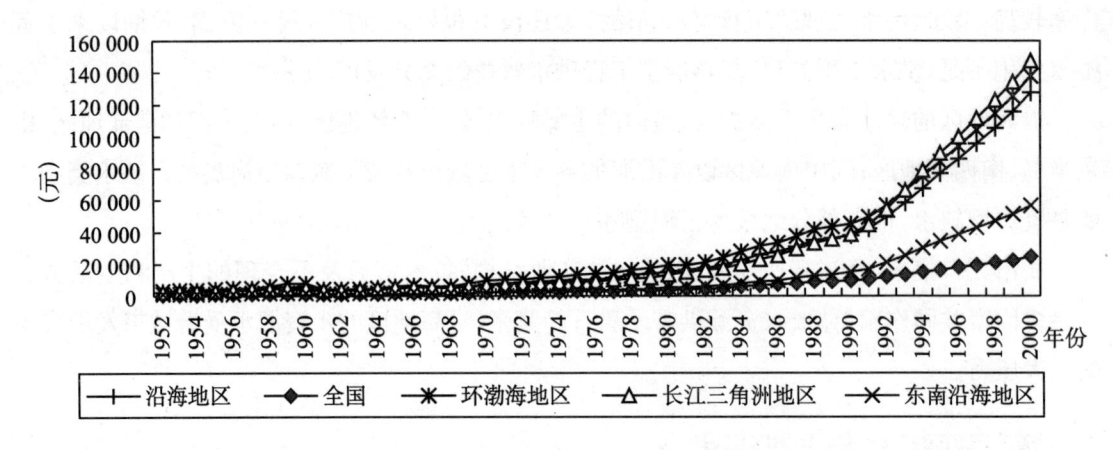

图 11—1 全国及沿海地区经济密度变化

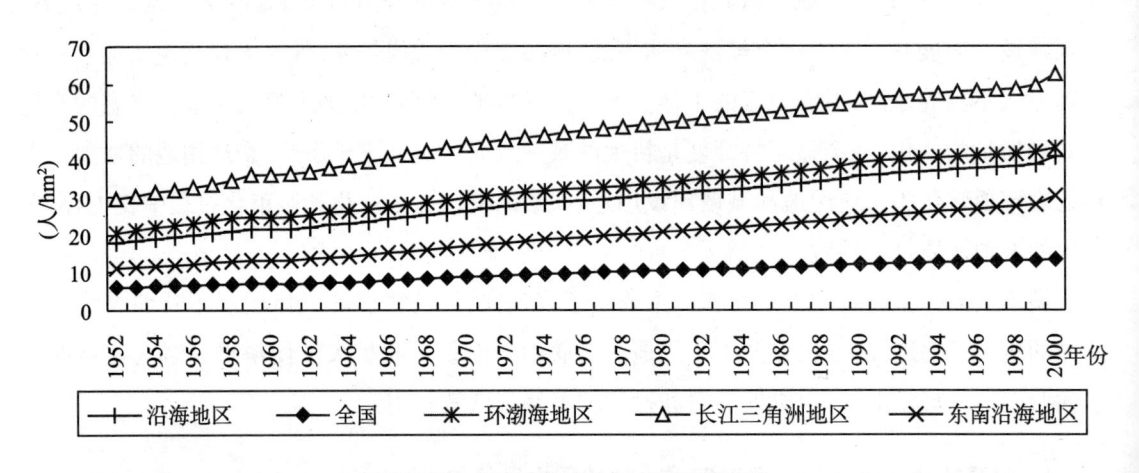

图 11—2 全国及沿海地区人口密度变化

表 11—1 沿海地区各省耕地状况[1]　　　　　　　　　　　　　单位：亩

省份	人均耕地	省份	人均耕地
上海	0.31	山东	1.29
北京	0.41	广西	1.40
福建	0.64	海南	1.47
广东	0.67	辽宁	1.50
浙江	0.71	河北	1.55
天津	0.76	沿海地区人均耕地	1.04
江苏	1.05	全国	1.54

2. 居民点及工矿用地和交通用地不断扩大，占用大量耕地

尽管国家为了防止耕地的过快减少，实施了"占补平衡"政策，但沿海地区有限的耕地还在迅速减少。2000年沿海地区耕地面积共减少38.9万 hm²，在沿海地区减少的耕地中，非农建设用地占到9.58万 hm²，占耕地减少总量的26.7%，远高于全国10.4%的平均水平(图11—3)，

其中东南沿海地区,特别是广东对外联系密切,经济发展速度快,伴随着快速的工业化和城镇化,大量的耕地转变为城市、工业、交通用地,2000年东南沿海地区减少耕地达19.2万hm²,占沿海地区耕地减少总量的53.5%。长江三角洲地区减少的耕地占到耕地减少总量的25.8%。环渤海地区由于国有企业所占比重较大,经济发展相对缓慢,减少的耕地占耕地减少总量的20.7%。

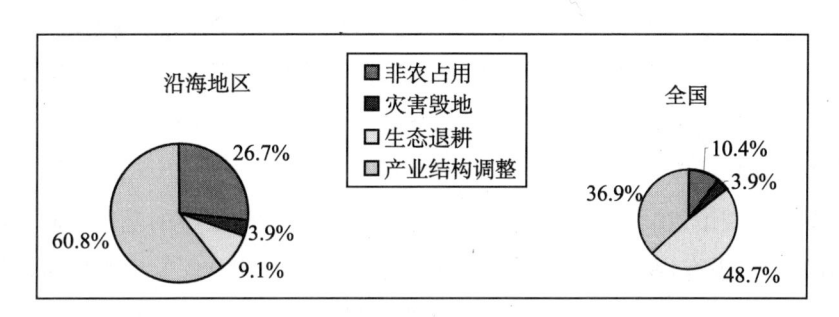

图11—3 全国及沿海地区2000年耕地减少情况比较[2]

从表11—2中也可以看出,居民点和工矿用地的增加占土地利用增加面积的近一半,其中东南沿海地区增加比例最大,占到42.8%,换言之,交通用地和居民点及工矿用地增加最快的是东南沿海地区,其次是长江三角洲地区,再次为环渤海地区。

表11—2　全国及沿海地区土地变动情况(1996～2000年)　　　　　　　　　单位:亩

	耕地	园地	林地	牧草地	水面	居民点及工矿用地	交通用地
环渤海地区	−1 244 871	−21 875	1 106 893	668 067	−40 097 544	1 951 452	274 414
长江三角洲地区	−1 612 625	−373 207	206 542	−18 660	−28 762 384	1 606 452	527 360
东南沿海地区	−3 306 288	1 774 746	−20 430 605	−397 760	−18 251 811	2 304 312	760 539
沿海地区	−554 338 285	−82 718 122	−733 027 401	−31 204 450	−176 632 354	5 862 215	1 562 313
全国	−26 941 439	8 283 195	17 707 934	−34 439 283	−304 854 613	9 505 683	4 406 406

近年来城市化、工业化占用的土地中,大部分是耕地,而且是近城郊区的优良耕地。如果长期持续下去,直接结果将使农业发展大受影响,食物安全面临危机。

3. 土地资源和投资的浪费与低效利用

在我国很多地区存在着将城镇化片面地理解为城市地域和建筑在空间扩张的认识,因此为加速城市化进程,盲目扩大城镇规模,占用了大量土地,甚至占而不用。城市占用土地的速度远远超过城市化的发展速度,如全国建成区面积从1987年的10 816km²猛增到1995年的19 042km²,增加了87%,而同期城市化率仅从25.32%上升到30%,只增加了4.68个百分点[3]。就经济产出与人均土地占有量而言,城镇的土地利用本该是非常集约的,但很多城市的扩张以"摊大饼"式的外延为主,与国外土地的集约利用存在较大差距。

同时,"开发区热"、"房地产热"等政策导向和地方决策也是导致土地单位产出效益不高的一个重要原因。部分城市为了吸引外资,低价大量出租出让土地,盲目建立各种开发区。例如在1992～1993年的开发热中,广西北海市一年多租出土地近800hm^2,国家实行宏观调控后,大批资金被抽走,使许多项目搁浅。到1995年底,批出的土地只有25％动工,尚有75％的土地荒芜闲置。有些地方政府为了吸引外资办产业,片面强调"以地生财",自相压低土地价格,以致地价失控。一些乡村不按经济规律办事,急功近利,盲目攀比,擅自划定"工业开发区"、"旅游发展区"、"房地产开发基地"、"商业贸易区"等等,致使占用耕地过多。目前我国开发区建设的数量和规模已远远超过了物力、人力和财力的可能,开发区中已批租土地的开发建设与土地出让的规模不相适应。

各种开发区及城镇建设分散,摊子铺得过大,使已投入大量资金的基础设施不能充分发挥作用,城市开发建设没有规模效应,投资效益低下。土地过量出让又导致政府可掌握的土地供给量不足,尤其是中远期建设难以提供用地,削弱了政府运用土地供求杠杆调节城市经济发展的能力。土地批租中片面优惠让利,使得土地收益减弱,使政府本来应得的土地增值收益大量流失。政府财政收入减少又导致利用土地收益投资基础设施建设的能力不足。

4. 城镇化与耕地减少的实证分析

城镇化的过程就是农村人口和要素不断向原有和新兴城镇转移和聚集的现象和过程。它包括城镇人口和城镇数量的增加以及城镇规模的扩大[4]。城市化中的基础设施建设会占用大量的郊区农田,改变周边土地用途,导致农村特别是城郊利用结构与布局的显著变化。为了探讨城镇化与耕地减少之间的相互关系,以北京、天津和河北为例进行探讨。从图11—4中可以看出,除个别年份京津冀地区的城镇人口有所下降外,城镇人口呈不断增长的趋势,而且增长速度不断加快,由1949年的567.4万人增加到1998年的2 477万人,50年的时间其城镇人口增长了4倍,年均增长速度为3％。尤其1978年以后,京津冀地区的城镇人口的年均增长速度为3.1％,城镇人口增长速度加快。与之相伴的是,城区面积不断扩张,如1987～1995年间,北京市城区面积就增长了1.22倍。

从图11—5和图11—6中可以看出,京津冀地区的城镇人口数量与耕地变化存在着较强的负相关关系,即耕地面积随着城镇人口的增加而不断减少。特别是1978年以后,二者的相关系数更是达到了0.965,反映出城镇人口的增加是导致耕地面积减少的一个重要因素[2]。

这种"经济、城市上去,耕地下来"的现象所反映的深层问题是:沿海地区的城市扩张走的是一条传统的资源消耗型的发展道路,经济和城市的发展是以土地资源的大量消耗为代价的。从发挥沿海地区的地缘优势看,沿海地区利用靠近港澳台地区,与日本、韩国等发达国家联系密切的这种优势建立开发区、引进外资、大力进行产业结构调整,在提高经济效益的同时,占用了一部分耕地,对促进地区发展是有积极的促进作用的。但是,沿海地区的耕地占用应该控制在一定比例之内,不能放任自流,出现大量非法占用耕地和土地弃荒现象。如果按照这一模式继续发展下去,沿海地区城市难以实现可持续发展。

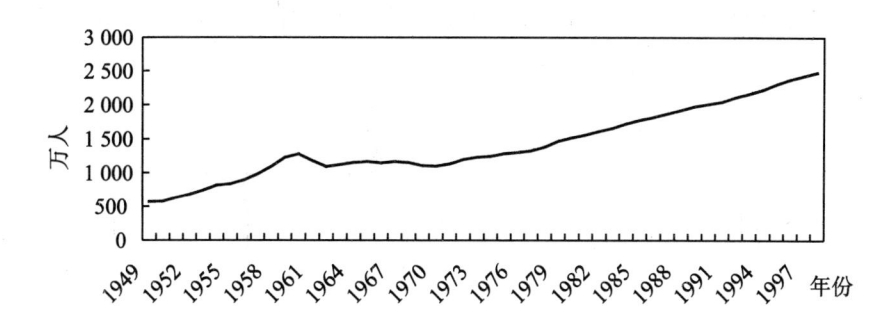

图 11—4　京津冀地区城镇人口变化(1949～1997 年)

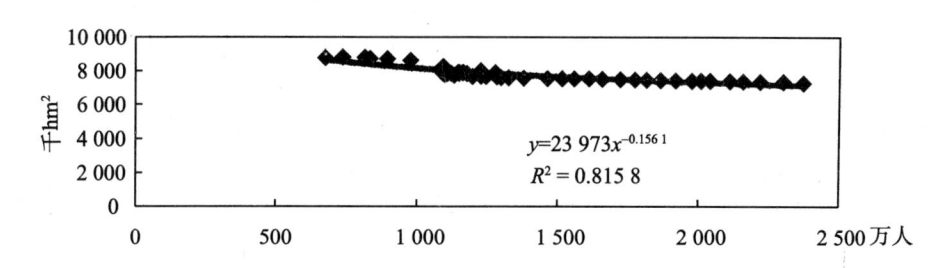

图 11—5　京津冀地区城镇人口与耕地变化相关分析(1949～1998 年)

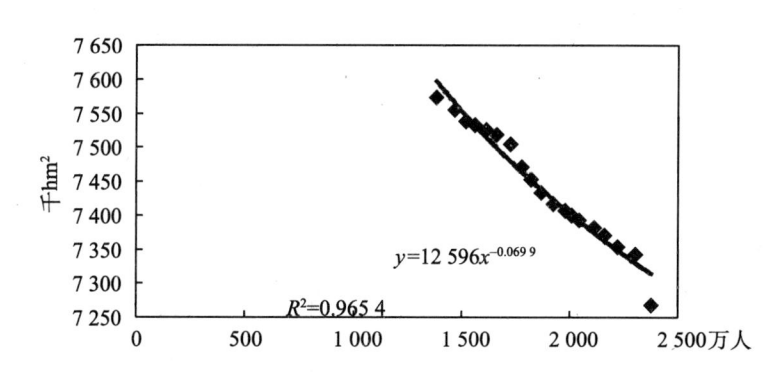

图 11—6　京津冀地区城镇人口与耕地变化相关分析(1978～1998 年)

三、能源需求与供给矛盾突出

沿海地区是我国主要的钢铁、石油、化工、重型机械、轻纺和建筑材料工业基地,随着城市建设的发展和经济的扩张,对能源的需求不断增加。但总体上讲,沿海地区属于能源资源贫乏带,能源需求与供给矛盾比较突出。

1. 能源及矿产资源基础薄弱

按煤炭、石油和天然气以及水力的理论蕴藏量来计算,沿海地区的能源资源总量为 650 亿 t 标准煤,而全国能源蕴藏量为 9 238 亿 t 标准煤,沿海地区能源蕴藏总量仅占全国的 7%,与沿海地区人口、经济在全国中的比例 42.4%、64.6%相比,能源所占比重明显偏低(表 11—3)。以人均能源拥有量来衡量,沿海地区人均能源拥有量仅为 121t,相当于全国人均水平 730t 标准煤的 1/7。在沿海地区,人均能源量最少的是长江三角洲地区,其人均能源拥有量仅为 40.2t 标准煤,是沿海地区的 1/3,全国的 1/18。

表 11—3 沿海地区能源与经济状况(1999 年)

	煤(10^8 t)	石油(10^4 t)	天然气(10^8 m^3)	人口(10^4 人)	国民生产总值(10^8 元)
沿海地区	548.9	66 498.3	223.64	53 622	57 740.3
全国总计	10 008.51	207 227.3	4 997.09	126 583	89 403.6
沿海/全国(%)	5.48	32.08	4.48	42.4	64.6

资料来源:根据参考文献[5]整理。

沿海地区能源和矿产资源基础薄弱,不仅数量少,在开发潜力、质量以及地域组合上都存在缺陷。矿产资源的潜在能力只有 1.2 万亿 t,为全国总量的 12.1%。铁矿石有效含铁成分只有 35%,与国际上 50% 以上的有效含铁量存在较大差距。地域分布上,环渤海地区能源蕴藏量最高,占沿海地区总量的 69%,一次能源生产量占沿海地区总能源生产量的 82%,也是沿海地区黑色金属矿产资源的主要集中地。有色金属矿产资源则集中分布在东南沿海地区,长江三角洲中部地区除了非金属矿产外,其他资源无任何优势可言。能源及矿产资源与其消费的空间分布之间存在着很大差异。

表 11—4 沿海地区各类能源占全国的比重[2] 单位:%

	合计	煤炭	水力	油气
环渤海地区	4.7	4.9	0.7	44
长江三角洲地区	0.6	0.5	1.2	5.5
东南沿海地区	1.5	0.4	5.4	20.5
沿海地区	6.8	5.8	7.3	66
全国	100	100	100	100

2. 能源消费长期大于生产,能源缺口呈扩大趋势

作为全国人口和经济集聚的发达地区,长期以来东部沿海地区矿产资源消费保持着较快的增长速度。20 世纪 50 年代初东部沿海地区的能源及矿产消费总量为 1.1 亿 t,约占全国总量的 74%,其中,金属矿产品和一次能源的比重分别占到全国消费总量的 86% 和 61%。20 世纪 60~70 年代,由于我国工业布局的重心由沿海向内陆转移,东部沿海地区能源及矿产品消费占全国的比重下降了 21 个百分点。改革开放以来,随着国家对外开放政策的实施和社会资本投入重心快速的东向移动,东部沿海地区再次成为国家现代经济建设的中心,矿产能源消费比重也不断上升。2000 年,沿海地区的能源与矿产品消费总量达到了 34.6 亿 t,在全国的比重也从 1980 年的 52% 上升到 2000 年的 55.3%。

从能源生产与消费的形势看,沿海地区由于人口稠密,经济相对发达,能源消费量大,其消费总量远远大于其能源生产量,而且能源缺口呈不断扩大的趋势。1985年其生产总量为23 021万t标准煤,1990年为26 564万t标准煤。沿海地区消费总量1985年为33 428万t标准煤,1990年则上升到43 125万t标准煤。1985年沿海地区的能源自给率为69%,1990年下降到62%。由于沿海地区目前能源开发利用程度较高,能源资源的开发潜力有限,可以预见,今后沿海地区的能源会越来越依赖于国外和中、西部地区。

从沿海地区能源分区消费来看,环渤海地区作为全国最大的原材料生产基地,能源消费占全国一半以上。如1957～2000年北京和辽宁的能源生产量从1 992万t标准煤增加到了5 904万t,年均增长速度为1.8%。同期,能源消费量从2 456.5万t标准煤上升到14 089万t标准煤,年均增长速度为4.1%,能源消费增长速度远远超出能源生产增长速度,能源调入量从1957年的546万t标准煤增加到9 854万t标准煤。东南沿海地区在20世纪90年代以前,由于工业基础较弱,能源消费在三个地区中所占比重最低。1990年后,随着城市发展,本地区工业化进程全面展开,东南沿海地区的能源消费呈明显加快的趋势。到2000年,东南沿海地区的能源消费占沿海地区能源总消费量的26%以上,比1990年增加了10个百分点。长江三角洲地区能源消费在沿海地区中的比重呈不断下降趋势。1952年其消费比重为38%,1980年降至31%,2000年下降到27%。

从供应保障来看,沿海地区的能源供应长期以来处于偏紧状态,大致可分为三个阶段。第一,自给阶段。在20世纪50年代,由于我国工业处于起步时期,生产规模小,沿海地区的能源基础尚能保障沿海地区能源消费的有限增长,其能源自给水平比较高,占到97%左右。第二,区际化发展阶段。20世纪60～80年代,沿海地区的工业化进程加快,原料加工能力的大幅度增长带动了能源需求的增加,能源保障受到前所未有的挑战,不得不从中、西部地区调入。如1975年,沿海地区的煤炭净调入量为3 375万t,1995年调入量超过1亿t,1999年则上升到3.4亿t。由于中、西部地区的能源资源难以满足沿海地区日益增长的消费需求,在经济全球化日益加强的格局下,沿海地区的能源保障开始向国际化方向发展以寻求出路。第三,国际化发展阶段。20世纪90年代以来,沿海地区能源供应的开放力度增长迅速,1999年沿海地区原油消费的23.7%和油制品消费的38.2%是由国际市场供给的。由于我国能源生产与消费分布的空间不均衡,国外进口能源日益增多,我国的能源安全问题也业已提上国家议事日程。

第二节 城市空间扩展的环境胁迫效应

随着沿海地区经济得以迅速恢复和发展,环境污染问题也逐渐严重起来。从20世纪70年代起,沿海地区工业和生活"三废"的排放量已经接近环境自净化量。改革开放后,经济进入持续高速发展时期,乡镇工业如雨后春笋般涌现,"三废"排放量在某些区段大大超过环境自净能力,大规模的环境污染开始出现,沿海地区环境总体质量恶化。

一、大气污染呈现多元化趋势

以煤为主的能源结构及大型火电站的频繁建设使以煤烟为主的大气污染呈不断严重和恶化态势。废气排放量由1991年的42 212亿标 m³ 增长到2000年的73 982亿标 m³，年均增长速度为6.4%。沿海地区排放的工业废气一直占到全国的一半以上，所占比重在不到10年内增加了3个百分点，达到了53.6%。环渤海地区由于重工业所占比重大，排放的工业废气最多，占到沿海地区废气排放总量的一半左右。北京、沈阳、天津、济南等城市的总悬浮颗粒含量最高，如1996年济南总悬浮颗粒浓度为0.474毫克/m³·日，是全国平均值（219毫克/m³·日）的2倍[2]。

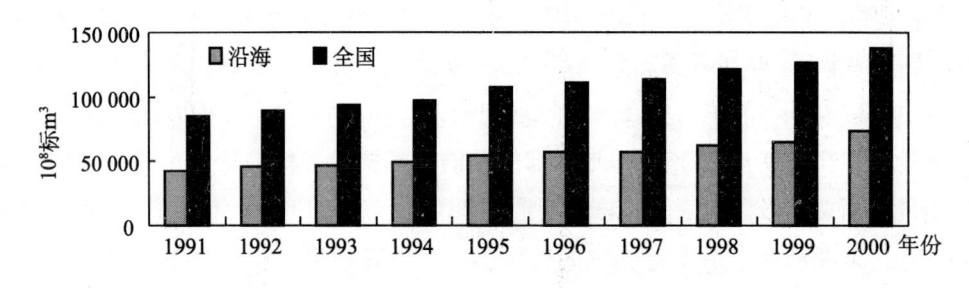

图 11—7　沿海地区工业废气排放变化（1991～2000年）

酸雨是当今世界上普遍关注的环境公害之一。沿海地区由于大气污染加剧，所引起的酸雨面积也不断扩大。近年来，酸雨污染由南向北发展较快，最早出现的是珠江三角洲酸雨区，现在已经扩展到上海、厦门及以青岛为中心的北方酸雨区。1997年，酸雨最严重的地区是长江三角洲，局部地区如杭州一带降水pH为4.0～4.5（表11—5），酸雨危害最严重的城市包括上海、杭州、舟山、福州、厦门等。

另外，近年来，由于汽车，特别是家庭轿车的急剧增加，沿海地区城市汽车尾气污染呈加重趋势，如北京、上海、广州等城市空气中的氮氧化物浓度超过全国平均值。其中，北京、上海、沈阳、广州等在全球50多座城市大气监测中排在污染最严重的城市中的前10名。

表 11—5　沿海地区降水 pH 状况（1997年）

降水 pH	地区分布
4.0～4.5	长江三角洲局部地区
4.5～5.0	长江三角洲、浙江、福建、广东、广西
5.0～5.6	山东半岛、江苏
5.6～7.0	山东大部、北京、天津
>7.0	环渤海地区

资料来源：参考文献[6]。

二、水环境质量恶化

沿海地区由于人口集中、工业密集，其污水排放量一直占到全国的一半左右，从1980年的50%上升到2000年的52%。随着沿海地区工业和城镇化的发展，工业废水、城市生活污水的大量排放以及人为污染水源，沿海地区水质恶化的现象也越来越严重。全国七大水系中有六大水系流经本地区入海，沿海各省的主要河流、湖泊和地下水都受到不同程度的污染，特别是靠近城镇和工矿区的河流，水质急剧恶化，有的已经成为排污河（表11—6）。在沿海地区的主要河流中，辽河、海河污染严重，以Ⅴ类或劣Ⅴ类水质为主；淮河水质中，Ⅴ类或劣Ⅴ类水质的河段占1/2；黄河水质污染日趋严重，大部分属于Ⅳ、Ⅴ类水质，且经常受到断流的威胁；长江、珠江干流总体水质较好，但是干流岸边污染严重，部分河段受到污染。此外，南四湖、太湖等湖泊、水库也存在不同程度的污染。

表11—6　各流域废水排放量统计　　　　　　　　　　　　　单位：亿吨

年份	全国	长江	珠江	松辽	淮河	海河	黄河
1980	315	130	36.8	42.6	25.5	36.9	18.1
1997	584	183	152	73	52	49	36
1998	593	189	155	71	47	55	32
1999	606	207	136	68	60	55	27

就沿海地区工业废水排放来看，长江三角洲地区废水排放所占比重增加最快，由1981年的35%上升到2000年的40%。环渤海地区和东南沿海地区的比重则不断下降，其中环渤海地区由于水资源紧张，节水意识强于其他地区，工业废水自1981年以来呈持续下降态势。

表11—7　沿海地区工业废水排放变化　　　　　　　　　　　单位：亿吨，%

年份	1981	1985	1990	1995	2000
环渤海地区	43.9	42.6	41.4	37.8	35.0
占沿海地区比重	37.6	36.4	34.1	33.9	34.3
长江三角洲地区	41.3	45.5	47.1	43.9	41.1
占沿海地区比重	35.3	38.9	38.8	39.4	40.2
东南沿海地区	31.5	29.0	33.0	29.8	26.0
占沿海地区比重	27.0	24.8	27.2	26.7	25.5
沿海总量	116.7	117.2	121.5	111.5	102.1

值得注意的是，生活污水的排放量不断增加，沿海地区的水污染从点源污染为主向面源污染迅速转变。由于生活废水的增加以及面源污染的迅速扩延，尽管工业废水排放呈减少趋势，但沿海地区水质状况并未从根本上得以好转。除京、津两市外，其他省份劣Ⅲ类水质的河段比例均占到所流经河流总长度的一半以上，山东2001年高达95.3%。水污染的特征还表现为由地表水污染向地下水污染发展、由单因素向复合污染方向转化的特点，这都将加剧今后水环境治理的难度。

表 11—8　各省枯水期Ⅳ、Ⅴ和劣Ⅴ类水质占河流长度比例　　　　　单位:%

年份	北京	天津	河北	辽宁	山东	江苏
1995	43.8	26.0	67.0	62.1	59.0	80.5
1996	48.3	32.4	61.6	71.2	74.7	87.0
2000	19.5	28.6	60.2	80.8	90.8	61.2
2001	38.6	20.7	52.9	76.1	95.3	58.4

三、地下水超采引起的环境地质问题日益严重

沿海地区特别是环渤海地区,由于水资源总量偏少而且用水量增长快,为了满足不断增长的用水需求,不得不大量开采地下水,使得许多地方的地下水都处于超采状态,引起了一系列的生态环境问题[7]。

由于长期开采,在北京、河北等地已经形成了大面积的地下水漏斗,北京东部、天津、冀(县)枣(强)衡(水)沧(州)、德州的漏斗已经连成一片,范围超过了 2.3 万 km^2,天津、沧州的中心水位埋深达到 80m。北京长辛店、高井、石景山一带,淄博齐鲁石化公司等重要工矿区的地下水资源已处于疏干、半疏干状态。根据水资源公报统计,2001 年沿海地区的漏斗面积达到了 37 948km^2,是 1997 年 20 827km^2 的 1.8 倍,年均扩张速度 16.2%。沿海地区的地下水位漏斗主要分布在环渤海地区和长江三角洲地区的江苏、浙江等省。地下水漏斗面积不断扩大的同时,漏斗中心地下水位埋深也在不断增加,如北京漏斗中心地下水埋深 1997 年为 32.1m,2001 年继续下降到 34.81m。

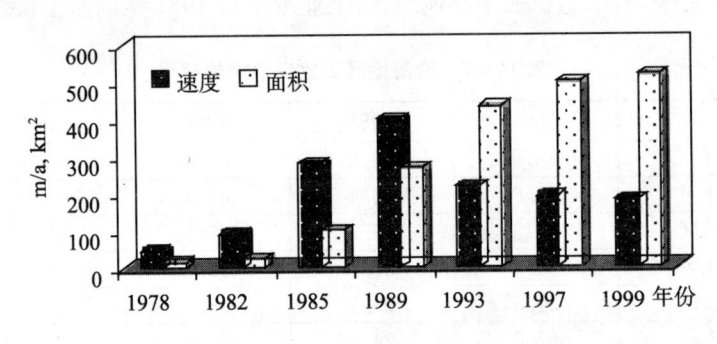

图 11—8　莱州湾海水入侵速率与面积变化

资料来源:参考文献[8]。

过度开采地下水又带来北京、天津、上海等城市地面下沉、海水入侵等问题。天津累计沉降量大于 1.5m 的面积已达 112km^2,漏斗中心累计沉降量已达 2.69m,塘沽、汉沽的一些地点甚至已降到海平面以下。山东半岛的莱州市和龙口市海水入侵面积超过 400km^2。从莱州湾的海水入侵过程可以看出,自 70 年代以来,海水入侵速度随时间呈先增后减的倒"U"形分布。70 年代末海水入侵速率每年 45m,80 年代初达到每年 90m 左右,入侵速率增长 1 倍;80 年代

末猛增至每年 400m 左右,90 年代末稳定在每年 180m。尽管入侵的速率有所控制,然而入侵的面积不断增长。70 年代末入侵面积为 15.8km², 80 年代末迅速上升到 267.9km², 90 年代初入侵面积猛增至 435km², 90 年代末又扩展到 520km²。

由于大量开采地下水,不但会造成地下水水位持续下降、漏斗面积不断扩大、诱发严重的地面沉降,而且还会造成地裂缝灾害、使深层地下水间接受到污染等危害[9]。区域地下水水位下降会导致取水工程的出水量减少或机井干枯、抽水设备报废,地面沉降、地裂缝等问题则会破坏公路、铁路等大型基础设施以及大量的建筑物,危及人民的生命财产安全。

四、近海海域污染加重

1989 年《中国环境状况公报》指出,总体上看,大部分海域水质较好,长江口、珠江口水质良好。2001 年《海洋公报》表明:我国近岸海域污染加重,局部海域环境呈恶化趋势,严重污染海域面积比 2000 年扩大了约 4 000km²,主要分布在人口密度大、工业区集中的大、中城市沿海近岸海域,特别是鸭绿江口、浙江南部和珠江口海域的严重污染面积增大;渤海湾、莱州湾、山东半岛南部近岸海域和福州至厦门近岸海域的轻度污染也呈扩大趋势。

由于地质和地理条件的特殊性,沿海地区生态环境极其脆弱和敏感,加之人口增长和经济发展以及缺乏科学管理,沿海地区的水生态平衡失调不断加重:水资源短缺、水环境污染、地面沉降、生态环境退化、海水入侵、海平面上升和赤潮等频繁发生。水资源和生态环境的持续利用,已成为我国沿海地区一项极其重要的战略任务。

五、固体废弃物污染不断增加

随着国民经济的发展和城镇人口的迅猛增加,沿海地区各类固体废弃物也与日俱增。1982 年沿海地区共产生固体废弃物 18 128 万 t,综合利用量为 4 542 万 t,综合利用率为 26.2%。2000 年沿海地区的工业固体废弃物产生量达到 33 473 万 t,年均增长率为 33%,综合利用量为 19 309 万 t,综合利用率仅为 57.7%,2000 年沿海地区历年贮存固体废弃物占地面积已达到 24 759.8hm²。除了占用大量土地外,部分有害废渣还会造成土地和地下水污染。

另外,沿海地区的生活垃圾也不断增多,部分地区出现垃圾围城现象。有的地区城市生活垃圾和工业废渣未经处理即被用做改土,垃圾里面的部分重金属和有害物质残留在土壤中,经过不断积累造成二次污染,直接或间接地影响恶化城乡环境。塑料用品的迅速增加,使得沿海地区"白色污染"现象也比较严重。

六、沿海地区土地质量下降

随着经济发展速度的加快和生活质量的提高,人们的生产和生活等方面对土地的需求不断增加,在利用土地的过程中也产生了各种不合理的,甚至是破坏性的影响,如对土地资源进行盲目开发,甚至掠夺性过度使用,未能用养结合导致耕地失去自身更新恢复的能力,土地质量不断下降等。

沿海地区的水土流失也呈不断扩大趋势(表11—9)。环渤海地区由于森林覆盖率低(9.4%)，水土流失面积占到沿海地区水土流失面积的60%。长江以南的广东、福建和海南等地分布有大量的(砖)红壤，在山林和植被破坏的情况下，容易造成水土大量流失，使有机质强烈分解，土壤营养元素缺乏，保肥供肥能力差。丘陵山区的森林砍伐过量、毁林垦荒、开采矿石等人类活动则是加剧东南沿海地区水土流失的主要原因，东南沿海地区的水土流失面积从1990年的464.5万 hm²增加到了1996年的527.5万 hm²，年均递增速度达到2.4%。

表11—9 沿海地区水土流失面积[2]　　　　　　　　　　　单位：10³hm²

年份	1990	1991	1992	1994	1995	1996
环渤海地区	18 250.3	18 339	18 350.43	18 350.46	18 350.46	18 401.52
长江三角洲地区	3 540.4	3 587	3 583.91	3 585.61	3 585.61	3 594.91
东南沿海地区	4 645.1	4 692	4 749.08	4 763.74	4 766.18	5 275.41
沿海地区总量	26 435.8	26 618	26 683.42	26 699.81	26 702.25	27 271.84

注：1993年数据缺失。

总之，城市空间的扩大，工矿企业的增多，"三废"排放从点扩展到面，严重污染了土地环境，主要表现在：工业排放的废气及烟尘中，汞、铅、铬等重金属造成土地污染；二氧化硫等形成的酸雨使土壤酸化；工业废水和城市生活污水灌溉农田或废水被雨水冲刷进入耕地，不但使土壤质量下降，又污染农产品；工业废渣、尾矿、城市垃圾等造成四周农田的土地污染；工业污水直接和间接排入江河湖泊，污染水域，危害鱼类。

第三节　典型案例研究

一、案例1：唐山市资源型产业结构及其资源环境胁迫效应

历史上，尤其是近代工业革命以来，能源及矿产资源的发掘成为大量新城市诞生的主要动因，可以说，正是煤、铁、石油等资源的早期开发缔造了西方工业城市的文明。现代社会能矿资源仍然是世界上部分城市发展的主要动力，资源型产业仍然是这些城市发展的支柱性产业。据统计，中国现有资源型城市129个，占全国城市总数的19.3%，河北省唐山市的资源要素禀赋条件、历史发展基础及国内计划经济时期的地域分工共同奠定了唐山市重工业发展的基础，并塑造了唐山市资源型的产业结构。

唐山市位于华北平原东部，丰富的矿产资源和便利的交通条件使其成为我国近代工业发源地之一。1877年清廷派员创建开平煤矿，1881年建成并开始出煤，这是我国第一座现代化的煤矿，也是唐山由一个村落发展成为一座城市的开始，由此揭开了以煤炭开发带动城市发展的帷幕。1938年1月唐山正式建市，民族工业相继兴办，逐渐成为冀东政治、经济、文化的中心。1949年后，唐山市凭借其优越的区位和资源优势及已有的工业基础，快速发展成为我国

环渤海地区重要的能源原材料工业城市,跻身于京津唐城市群,形成了以工业带动城市发展的模式。

实际上,城市化对资源环境的影响主要是通过资源消耗过程中的能量转换、物质迁移过程中的物理变化以及废弃物排放过程中的生化异化等产生作用。在此过程中人口和经济的集中是加速上述变化的主要原因。产业作为人口集中的主要依托和经济集中的重要载体,必然在此过程中扮演重要角色。产业结构的形成既是城市化的基本起因,又是城市化的一种必然结果[10]。唐山市城市化的演进与空间扩张是与其工业化的进程密切联系在一起的。因此,以唐山市为案例,分析其立足于工业化的城市发展过程中的资源环境影响。

1. 资源型产业结构一直是唐山市经济发展的主体

(1) 环渤海地区重要的能源原材料基地

1949年后,唐山市的第二产业得到重点发展,1975年产值构成已达到57.2%,高于该年全国比重45.7%;1976年惨遭地震破坏后,第二产业得到迅速恢复;1978年产值比重上升到65.2%,占该年全国的比重为48.2%;1999年,第二产业产值比重下降到56.7%,仍高于全国的比重49.3%。自1957年后,唐山市第二产业产值比重一直居于三次产业之首,高于全国的平均水平。第二产业从业人员的比例也始终高于全国的平均水平(表11—10)。

表11—10 唐山市三次产业产值及从业人员构成与全国的比较(1999年)　　　　单位:%

地区	产值构成				从业人员构成		
	第一产业	第二产业	工业	第三产业	第一产业	第二产业	第三产业
全国	17.7	49.3	42.7	33.0	50.1	23.0	26.9
唐山	18.7	56.7	53.7	24.6	41.5	33.1	25.4

资料来源:1999年《中国统计年鉴》、《唐山市统计年鉴》。

1952~1999年唐山市重工业产值一直远高于轻工业,1999年轻、重工业比例为37.8:62.2,高于全国同期49.2:50.8的水平。就重工业内部来看,至1997年,唐山市原料工业产值比重上升为54.4%,采掘业下降到12.8%,分别高于全国的平均水平30.4%和8.4%;同期全国制造业产值比重61.2%,唐山市仅为32.8%。由此可见,唐山市的经济主体重工业的发展又集中在原材料和采掘初级加工部门。

(2) 重工业部门产值构成不断增加

就工业内部结构来看,1949年煤炭采选及炼焦业为最主要的重工业部门,1952年工业产值高达29.78%,其次为纺织业,产值构成为22.88%。至1975年,工业产值比例最高的部门仍为煤炭采选及炼焦业,产值比重降低到20.53%,机械、冶金、化学、电力产值所占比重分别提高到16.62%、15.82%、6.36%和5.69%,建材工业产值下降为6.29%,纺织业产值构成大幅度下降,仅为8.72%,食品工业由8.60%上升到11.42%,1976年唐山大地震前,基本形成了以煤炭、机械、冶金、食品、纺织、建材、化学、电力为主体的工业结构。就震后恢复来看,投资

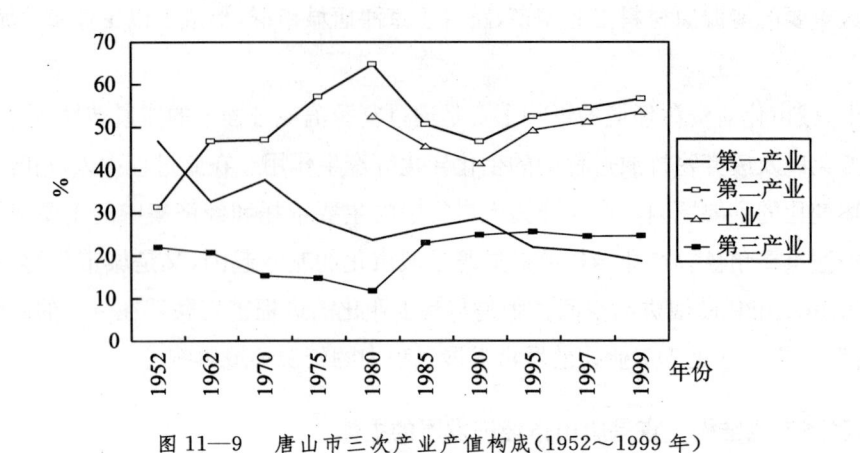

图11—9　唐山市三次产业产值构成(1952~1999年)

倾向主要集中于煤炭、建材、电力、机械、冶金这些重工业部门。1982年,冶金工业产值构成上升为15.99%,居于首位,煤炭工业下降为13.78%,电力工业上升到12.54%,行业间产值构成差距缩小,按产值构成排序为:冶金、煤炭、机械、电力、食品、纺织、化学、建材。经过地震后的恢复建设,到1985年,城市建设基本得到恢复,经济已开始进入正常发展阶段。电力工业继续上升,超过机械工业成为第三大工业部门,非金属矿物制品业由7.13%上升到9.71%,居第六位,食品、纺织产值构成继续下降。金属制品业、造纸及纸制品业、橡胶、塑料等部门得到了较快的发展,但产值构成较低,不能构成主要工业部门。至1999年,产值构成持续上升的主要部门有黑色金属冶炼及压延业、非金属矿物、化学、造纸业,加上排序在前的机械、采掘、电力、金属制品业等,合计达到81.2%(图11—9)。

由以上分析可以看出,唐山市依靠地区矿产资源优势发展生产和促进城市化的性质一直没有改变,以能源原材料为主体的工业结构愈加明显;产品技术含量低,产业结构偏重于基础工业。

2. 资源型工业为主体的城市发展过程中的资源环境影响

(1) 工业原材料消耗系数呈上升趋势,加大了对资源的使用程度

表11—11按1990年不变价计算得出工业行业原材料消耗系数,可以看出,工业生产消耗的主要原材料中,以生铁、钢材最多,铅、铜、铝次之,锌、锡最少,合成橡胶1993年以后才开始使用。这些原材料的消耗系数基本都是逐年上升的,万元产值的获得要依靠消耗更多的原材料来实现,无形中加大了对资源的使用程度,所以资源的利用效益是下降的。

表11—11　唐山市工业原材料消耗系数的变化情况(1985~1997年)　　　单位:吨/万元

原材料	1985年	1990年	1995年	1996年	1997年
煤炭	0.04	0.04	0.05	0.08	0.09
生铁	0.26	0.31	0.58	0.72	0.79

续表

原材料	1985 年	1990 年	1995 年	1996 年	1997 年
钢材	1.51	2.31	3.94	5.81	7.41
水泥	1.18	3.04	5.45	14.74	15.76
原木	1.42	3.61	9.67	14.03	18.63
锯材	6.85	14.43	41.62	118.37	175.74
铜	298.07	774.43	1 093.01	1 441.9	3 006.76
铝	260.46	562.46	466.77	904.04	1 587.97
铜材	571.34	689.52	682.16	773.26	1 117.61
铝材	5 686.5		1 315.2	3 199.29	5 979.54
铅	195.2	233.33	695.31	466.81	517.17
锌	427.05	666.62	1 622.92	3 788.46	5 076.16
纯碱		91.7	86.08	109.53	125.36
烧碱		35.51	61.44	88.44	99.91
硫酸	14.2	12.99	20.58	22.43	30.05
天然橡胶	66.53	170.58	578.27	816.43	943.72
合成橡胶			393.23	677.6	356.48
平板玻璃	6.4	9.77	23.13	33.49	55.66

(2) 产值贡献率大的重工业部门为主要的环境污染源

从汇总工业企业的污染监测和调查情况来看，构成唐山市经济主体的重工业部门因其高耗材、耗能、耗水的生产性质，万元产值"三废"排放量大，"三废"排放量所占比重高，为唐山市主要的环境污染源（表11—12）。

表 11—12　唐山市 1999 年汇总主要工业企业产值、"三废"排放量及资源消耗情况

	工业产值、"三废"排放量及资源消耗构成(%)							万元产值"三废"排放及用水量			
	产值	废水	废气	固体废弃物	工业用水	耗煤	耗油	废水	废气	固体废弃物	工业用水
								t	m³	t	t
黑色冶金	30.70	5.53	26.90	18.80	21.30	14.50	77.80	16.4	88 000	8.49	981
非金属矿	14.90	3.35	24.90	0.68	3.45	22.80	10.20	20.5	168 000	0.63	327
采掘业	10.30	15.60	19.90	69.3	8.52	2.78	8.82	137	194 000	93	1 165
化学工业	9.55	15.60	4.10	3.05	9.03	6.96	0.22	149	43 100	4.43	1 337
机械工业	6.73	1.10	0.41	0.11	0.14	0.45	0.74	14.8	6 200	0.24	29.5
造纸业	6.67	36.70	4.80	0.67	4.44	3.12		501	72 200	1.39	942
食品烟草	5.79	12.40	0.77	0.19	2.35	1.13	0.37	195	13 400	0.47	573
纺织业	4.30	6.97	0.24	0.07	0.53	0.39		147	5 500	0.21	174
电力煤气	3.99	0.08	17.50	6.88	49.50	41.30	0.22	1.76	441 000	23.9	
金属制品	3.15	0.20	0.16	0.15	0.03	0.22	0.03	5.65	5 000	0.66	11.3
皮革毛皮	1.39	1.14	0.08	0.03	0.10	0.14		74.8	5 900	0.27	102
医药制造	1.32	0.29	0.03	0.06	0.10	0.08		19.8	2 200	0.66	109

废水污染源 万元产值废水排放量大的行业有：造纸及纸制品业、石油加工及炼焦业、食品烟草加工及食品饮料制造业、化工原料及化学制品业、采掘业；万元产值工业用水量大的行业有：石油加工及炼焦业、化工原料及化学制品业、采掘业、黑色金属冶炼及压延工业、造纸及纸制品业。就废水排放量来看，造纸、化工、采掘、食品烟草饮料、纺织业、黑色金属冶炼及压延业、非金属矿物制品业排在前面，为主要的废水污染源。废水污染排放量增加较快的有：造纸、石油加工及炼焦、食品、纺织、医药制造业（图11—10）。

废气污染源 万元产值废气排放量大的行业有：电力煤气及水的生产和供应业、采掘业、非金属矿物制品业、黑色金属冶炼及压延业、造纸及纸制品业，这五大行业1999年的废气排放量达到94%。其中，黑色金属冶炼及压延业、非金属矿物制品业、采掘业的废气排放量1999年分别上升到26.9%，24.9%，19.9%；电力工业废气排放量随产值构成的降低下降到17.5%，但是二氧化硫的最主要来源：造纸、食品、化工的废气排放量所占比重加大。

固体废弃物污染源 万元产值固体废弃物排放量大的行业有：采掘业、电力煤气及水的生产和供应业、黑色金属冶炼及压延业、化工原料及化学制品业、造纸及纸制品业；采掘业固体废弃物排放量构成1999年为69.3%，污染极为严重；黑色金属冶炼及压延业固体废弃物排放量构成下降到18.8%，仅次于采掘业；电力工业固体废弃物排放量构成有所下降，三行业的废气排放量仍高达95%，此外，化工、造纸的固体废弃物排放量多于其他行业（图11—11）。

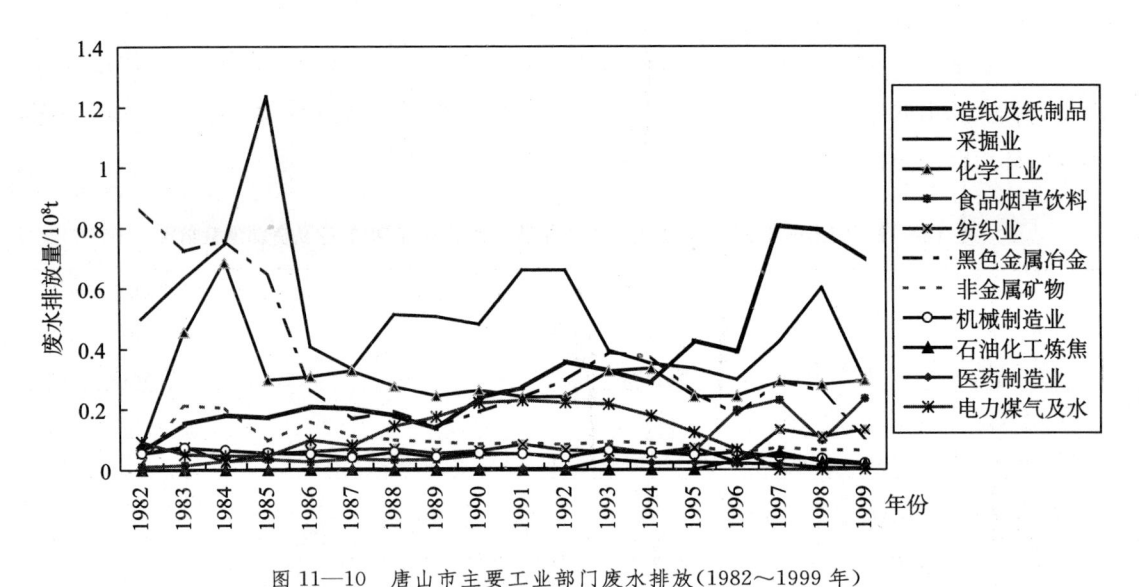

图11—10 唐山市主要工业部门废水排放(1982~1999年)

（3）工业污染源总体上呈增长趋势

从1982~1999年汇总企业产值和"三废"排放的情况来看，随着各工业部门地位的变化以及生产过程的改进和污染治理程度的不同，"三废"排放量的变化也不同。在产值贡献率大的工业部门中，机械、电气、电子设备制造业环境影响最小，化工原料及化学制品业"三废"排放量构成的上升低于产值构成的增加，其他主要行业的污染有不同程度加重的趋势。

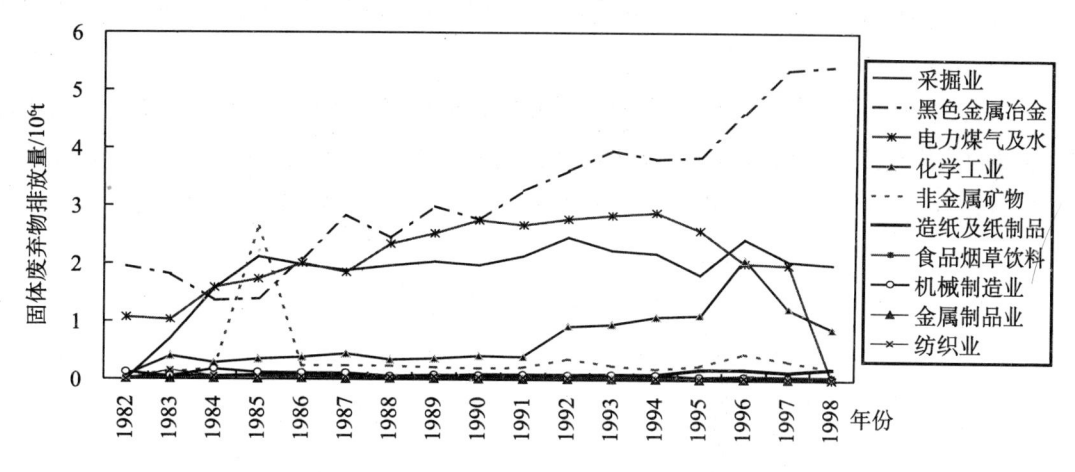

图 11—11 唐山市主要工业部门固体废弃物排放量(1982~1998 年)
注：图中采掘业的固体废弃物排放量比实际数值缩小了 10 倍。

机械电气电子设备制造业产值构成略有上升，但万元产值"三废"排放量下降，1999 年，废水、废气、固体废弃物的排放量构成分别为 1985 年的 0.52、0.07、0.04 倍，工业用水和新鲜水用量也只有 1985 年的 0.25 和 0.33 倍。化工原料及化学制品业产值构成 1999 年上升为 1985 年的 1.91 倍，万元产值废水、废气、固体废弃物的排放量下降，只有 1985 年的 0.17、0.69 和 0.54 倍，固体废弃物的排放量构成是 1985 年的 0.60 倍，而废水、废气上升到 1.40、1.64 倍，但小于产值构成的增加幅度。

造纸及纸制品业的产值构成 1999 年是 1985 年的 4.04 倍，万元产值废水、固体废弃物的排放量下降，废气排放量上升，分别是 1985 年的 0.32、0.43、1.62 倍，废水、废气排放量构成上升为 1985 年的 5.69、8.15 倍，上升的速度快于产值构成的增长，固体废弃物排放量构成下降为 1985 年的 0.89 倍。工业用水和新鲜水量构成持续上升，高耗水的生产性质和产值的提高使其成为工业用水和废水污染大户。

非金属矿物万元产值"三废"排放量和工业用水量大幅度下降，废水、固体废弃物排放量和工业用水量构成下降，废气排放量构成上升到 1985 年的 1.34 倍，低于产值构成的增加，但高达 24.9%，其中烟尘、粉尘排放量分别占到 27.46% 和 80.28%，为各业之首，二氧化硫为 14.82%，仅低于电力工业，仍为主要的大气污染源。

黑色金属冶炼及压延业万元产值废水、固体废弃物排放量下降，排放量构成分别是 1985 年的 0.23 和 0.76 倍，但固体废弃物的构成由 1997 年的 13.43% 上升到 1999 年的 18.8%，所占比重仍较大。万元产值废气排放量上升到 1985 年的 1.79 倍，排放量构成是 1985 年的 3.4 倍，大于产值构成的增长，由 1985 年的 7.92% 增加到 1997 年的 20.93%，1999 年达到 26.9%，成为最主要的废气污染源。

电力煤气及水的生产和供应业产值构成下降幅度较大，工业用水及新鲜水用量和万元产值废水排放量减少，废水排放量构成下降幅度大，对水造成的压力减缓；而万元产值废气、固体废弃物的排放量增加，分别是 1985 年的 1.22 和 1.78 倍。废气排放量构成降低，小于产值构成下降的幅度,由1997年居于各业之首的24.16%和70.65%分别下降到1999年19.90%和69.30%,为主要的"三废"污染源。

食品工业的废气、废水的万元产值排放量和排放量构成的增长幅度都在产值构成增加之上,但废气、固体废弃物所占比重较小,而废水排放量上升到12.4%,是废水中COD的主要污染源。纺织业万元产值废气、固体废弃物排放量下降,排放量构成下降的幅度大于产值构成的下降,但万元产值废水排放量上升到6.97%。

医药制造业废水排放量和固体废弃物排放量构成超过产值构成的上升,万元产值废气排放量和废气排放量构成下降;金属制品业随着产值构成的上升,废气、固体废弃物的排放量下降,废水的排放量构成上升幅度超过产值构成。皮革毛皮羽绒制品业废水排放量构成上升较快,石油加工炼焦业成为新的废水污染源。

(4) 工业污染源空间影响范围加大

市区是唐山市工业的起源地和集中分布区,其中路北、路南中心区集中了煤炭、钢铁、电力、建材等工业,工厂主要沿市区东部的陡河两岸分布,重工业分布以东岸最为集中。如唐山钢铁有限公司、唐山陶瓷集团有限公司、唐山冶金矿山机械厂、启新水泥厂、唐山发电厂及众多的重工业工厂都分布在此;紧邻市中心区的开平区分布有陡河发电厂、冀东化工集团有限公司等特大型、大型企业,80年代以来小煤窑、小陶瓷厂得以迅速发展;古冶区是以开滦的赵各庄、林西、唐加庄、范各庄、吕家坨五矿为基础的典型的煤矿区;1976年唐山大地震后,将京山铁路以南的唐山机车车辆厂、轻机厂、齿轮厂及纺织工业、机械工业等38个工厂及职工迁到唐山市北部的丰润县,划定为唐山市新区,并新建大型水泥厂、热电站、冀东制药厂,形成了唐山市又一工业和城市人口集中分布区。市区南部50km的南堡开发区石油、天然气、海盐储量丰富,分布有南堡盐场、三友碱业有限公司及化学纤维厂等。在1999年的汇总企业污染情况统计中,市区企业的产值构成为56.5%,废水、废气、固体废弃物的排放量分别占到20.1%、62.9%、40.8%,工业用水、耗煤、耗油分别为76.6%、64.5%、71.1%,在城市扩张的过程中环境和资源承受着巨大的压力(图11—12)。

在大力推进农村工业化的过程中,唐山市外县区的小型企业自80年代以来迅速增加,一些企业完成原始积累后,90年代逐步发展成为知名大企业,1999年小型企业个数、产值比重分别占到唐山市的65.25%、73.97%,大型企业分别上升到51.6%和60.94%,这些企业的发展带动了地方经济和城镇的建设。如邻近唐山市区并毗邻京津的丰南县以工业带动经济的发展,随着经济实力的增强,先是升级为县级市,2002年又并入唐山市区,改为丰南区。唐山新区所在的丰润县随着与市区经济联系的加强及交通优势和后发的企业力量,经济上升较快,同时也被划入到唐山市区。以上两区的道路、建筑等都得到明显改善,人们的生活观念也日益接近大城市,是改革开放以来工业带动唐山市区空间扩张的典范。矿产资源丰富的迁安县和遵化县也在工业的带动下实现了县改市的城镇升级的过程,其中,迁安市立足铁矿资源开发"黑色工厂"建设,90年代中期已建成铁选厂77座,成为全国生产铁精粉大县,位居河北省经济百强县之首,随着2008年北京奥运会的召开和首钢钢铁产业的移入,钢铁工业建设又会上一个新的台阶,并进一步带动当地经济的发展及城镇的建设。不可忽视的是,这些县区立足于当地资源的快速发展和接收大城市污染产业的空间转移势必加大对资源、环境的压力,迁安市在外县区中的环境污染状况最为严重。

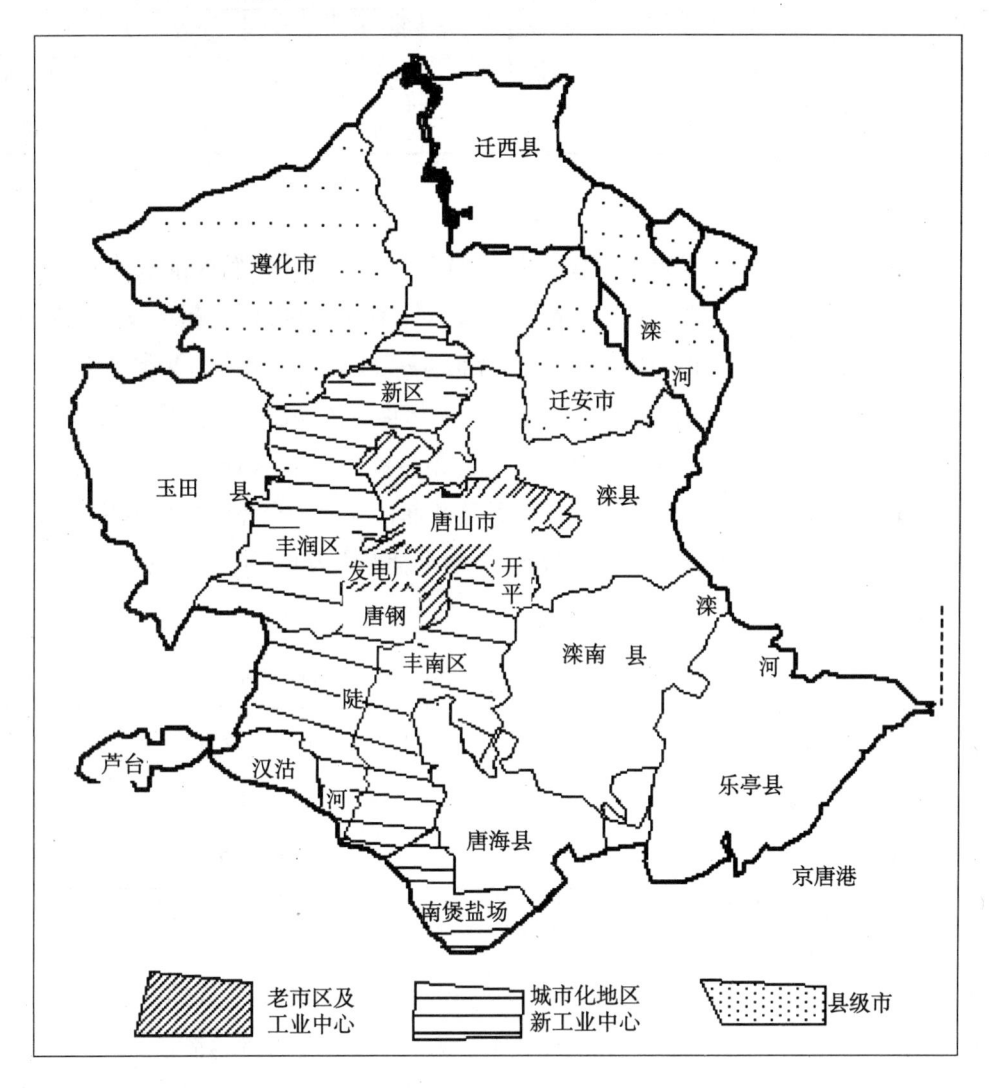

图 11—12　唐山市城市化及工业污染区

(5) 生态环境安全水平下降

大气污染以煤烟型污染为主。煤为唐山市最主要的能源,大气污染主要为煤烟型污染。工业废气的排放总体上呈上升趋势。1992、1997 年随着经济规模的扩大出现两个高峰值。1999 年工业废气总排放量为 $2.082\ 4\times10^{11}\ m^3$,其中二氧化硫、工业烟尘、粉尘的排放量分别为 $2.26\times10^5\ t$、$2.01\times10^5\ t$、$1.52\times10^5\ t$,主要污染物大气总悬浮微粒、二氧化硫等超标排放,工业区的大气污染指数明显高于全市平均值(表 11—13)。

表11—13　唐山市大气污染指数比较(1997～1999年)　　　　　　　　单位:mg/m³

	二氧化硫		氮氧化物		总悬浮微粒物		飘尘		一氧化碳		臭氧
	全市	工业区	全市	工业区	全市	工业区	全市	工业区	全市	工业区	全市
1997年	0.076	0.117	0.059	0.068	0.345	0.426	0.226	0.286	2.50	2.96	0.047
1998年	0.063	0.097	0.062	0.060	0.362	0.454	0.229	0.287	4.12	5.35	0.051
1999年	0.070		0.060		0.334		0.429		2.89		0.066

资料来源:唐山市环保局。

地表水污染严重。1999年唐山市工业用水量为2.95×10^9t,废水排放总量为1.89×10^8t,工业废水处理率为95.7%,但工业废水排放达标率仅有62.9%,超标废水主要排入滦河、陡河和还乡河中。据唐山市环保部门统计,滦河66.7%的河段水质为Ⅴ类和劣Ⅴ类水质,尤以滦河上游河段最为严重,主要是迁安造纸厂废水污染所致;流经市区的陡河主要污染物为非离子氨、石油类、挥发酚和生化需氧量等,平均污染指数高达1.40,80.6%的河段水质为Ⅴ类和劣Ⅴ类水质,以唐钢附近的钢厂桥和丰南稻地断面污染最为严重。陡河水库总磷和高锰酸盐指数超标,作为市区的地表水引用水源地,年取水量平均为6590万t,其污染状况直接威胁着居民的健康(表11—14)。

表11—14　陡河水库水质部分指标监测结果(1997年)　　　　　　　　单位:毫克/升

陡河水库中心	高锰酸盐指数	总氮	总磷	挥发性酚	生化需氧量
5月	3.21	2.399	0.042	0.001	1.13
8月	3.40	1.142	0.024	0.001	0.84

资料来源:唐山市环保局:《唐山市环境统计、环境监测年鉴》(1980～1997)。

工业固体废弃物综合利用率低,累计堆存量大。通过对1985～1997年的数据作相关分析,固体废弃物产出量与工业产值之间的相关系数为0.6307,显著性检验值为0.007,说明两者有较好的相关性,工业产值的增加建立在加大对资源的开采利用和排放更多的废弃物基础之上。固体废弃物的综合利用产值仅在1986年超过了工业总产值的3%,其余年份均小于2.5%。全市历年累计堆存量3.6524×10^8t,占地面积1.4×10^7m²,主要成分是煤矸石、尾矿、粉煤灰,长年露天堆放,不仅大面积占用土地,而且经过风化、降解、雨水冲刷,向环境中排放大量的二氧化碳、烟尘及其他有毒有害物质,极易形成二次污染。

采煤塌陷与矿山群采使生态环境破坏加剧。唐山市的煤炭经过百年开采,已形成6×10^7m²的采空区和2.14×10^8m²的采煤塌陷地,由于多数煤炭开采区位于市中心区周围,因而塌陷地围绕市中心区分布。这些采煤塌陷地严重破坏了地表自然形态、建筑物和农田,致使陆地生态环境蜕变为水生生态环境,现已形成总面积达1.8×10^7m²的积水坑53个,水深最深达20m左右。对丰富的铁矿、石灰石等资源的"群采"也使生态环境遭到严重破坏,由此引起的水土流失、耕地减少、山洪暴发、植被破坏、资源浪费等问题愈益突出[11,12]。

3. 资源型产业结构对资源环境影响的动力机制分析

(1) 资源型产业的持续发展是唐山市环境污染的直接诱因

多年来,黑色金属冶炼及压延加工业、非金属矿物制品业、采掘业、电力煤气及水的生产和供应业、化工原料和化学制品业、造纸及纸制品业作为唐山市经济发展的主体行业,产值贡献率大,同时均为资源消耗型行业,原材料消耗系数和万元产值综合能耗高、万元产值"三废"排放量大。资源型产业结构的持续发展加大了对矿产和水资源的压力,经济效益的提高伴随着资源的耗竭和"三废"的大量排放,已形成了上述种种环境问题,如不重视和改变,必将导致生态环境安全水平的持续下降和环境质量的日益恶化。

(2) 城镇化规模的简单扩张导致环境污染源多而分散

改革开放以来,在市管县城市体制改革和鼓励发展农村工业以及农村城镇化的热潮中,迅速发展起来一大批小型企业和农村企业。1976年唐山大地震前,唐山市大型企业只有8个,占全部企业数目的0.67%,但产值占全部工业总产值的47.02%,全部集中于市区。1999年,特大型企业为5个,加之大型企业共计57个,占全部企业数目的5.08%,工业总产值比重却降为37.79%,反映出大型企业的规模效益不够突出。小型企业自80年代以来得到了迅猛发展,1983年企业数目和工业总产值占全市的比重分别为98.11%和43.09%;1997年企业数目比重下降为95.39%,产值比重上升为63.35%;1999年小型企业数目和产值比重分别降为66.6%、45.4%。1975年,乡镇企业工业总产值只有全部工业总产值的3.3%,1985年,上升为16%,1995年就高达67.2%。经济秩序的混乱及严重的环境问题促使国家加大了对这些小型企业的整治力度,1999年农村工业的产值和个数分别降到31.88%和35.84%。这些迅速发展起来的小型企业和乡镇企业分布分散,沿用着靠大量消耗资源、能源来推动经济发展的传统模式,重复建设着将被大、中型企业淘汰的污染严重的生产过程,环境意识淡泊,不惜破坏资源和生态环境。据1997年唐山市乡镇工业污染调查分析报告提供的数据,全市4 987个有污染乡镇工业每年向农村环境排入含有8种主要污染物的废水达7.46×10^7t,每年有2.55t六价铬、1.6t氰化物和476.69t石油类等有毒物质进入农村生态环境,北部山区的232家乡镇选矿厂每年排出废水1.83×10^7t,直接进入农田产生污染,造成巨大的经济与生态损失[12]。

(3) 环境治理与短期经济利益的矛盾制约有效环境管理系统的形成

利用地区优势、促进经济发展是政府、企业的共同目的,因此限制短期经济行为的政府环境管理刺激系统、企业的清洁生产系统不能主动完善。随着中央加大了对环境治理的力度,各级地方政府就将其当做一项任务来完成,层层下达控污指标。为了保护地方财政并受利益驱动,环境保护部门的工作得不到自上而下和自下而上的有力配合。有的企业耗费几十、几百万元的治理设施,由于管理不善或单纯为了减少运行费用,治理设施非正常运转。这种被动治理环境的行为阻碍着生态环境与经济发展从根本上的协调。

企业的更新改造资金增长幅度缓慢且不稳定,用于节约能源、提高产品质量和进行"三废"

治理的资金投入少而不持续(图 11—13)。如开滦荆各庄矿从建矿到投产,环境保护不能和生产同步进行,"三废"超标严重,由于原排水渠老化,出口标高较高,造成矿井污水不能顺利排放,雨季来临,附近农田受淹,1995 年淹没附近两个村庄 53km² 耕地,近 7km² 菜棚[13]。就更新改造资金的来源看,大部分为企业自筹资金,国内贷款占一小部分,90 年代以来,利用外资的比例逐渐增加,而债券等筹集资金的形式还不成熟,所占比例很少(图 11—14)。企业有限的更新改造资金和筹集资金的局限性限制了其进行技术改造和治理污染的力度。

如何处理产业结构初加工化过高同经济效益之间的矛盾,减少资源损耗和环境污染的巨大压力,是唐山市面临的切实问题。随着经济实力的增强,唐山市必须以可持续发展的眼光审视环境安全问题,逐步改善恶化的生态环境应成为其未来发展的基本前提。

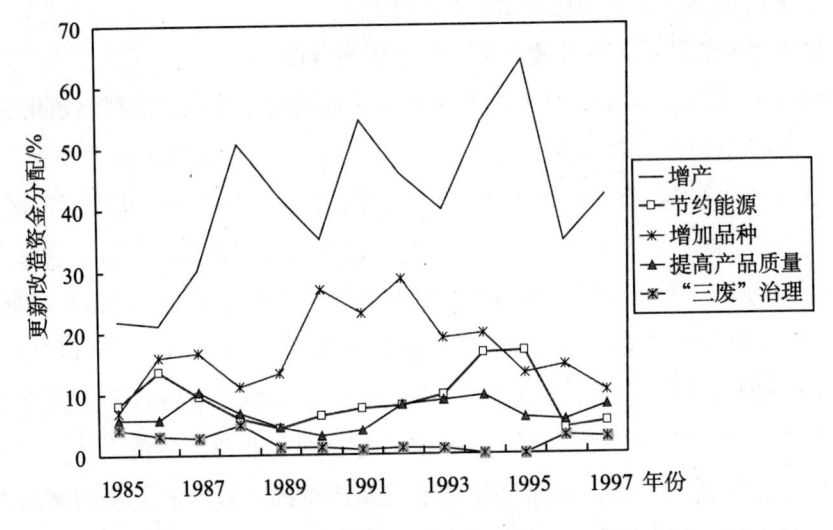

图 11—13　唐山市更新改造资金分配(1985～1997 年)

资料来源:唐山市统计局。

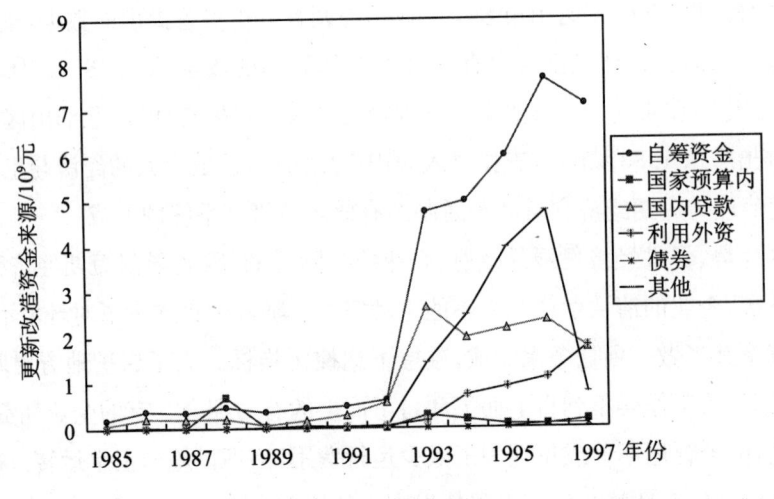

图 11—14　唐山市更新改造资金来源(1985～1997 年)

资料来源:唐山市统计局。

二、案例 2：珠江三角洲城镇群体时空演变的环境效应

1. 研究范围与资料来源

研究范围包括博罗县城以下的东江下游,清远飞来峡以下的北江下游,高要三榕峡以下的西江下游,恩平县城以下的潭江下游所覆盖的广大流域及其边缘的丘陵山地,面积 24 934 km^2。行政上包括深圳市域、东莞、广州市区(原八区)、南海、三水、番禺、顺德、中山、珠海市域、台山、江门市区的全部,惠阳、博罗、增城、从化、花县、清远、四会、高要、肇庆市区、高明、鹤山、新会、开平、恩平等县市的大部或部分地区。该区域包括了通常所称的自然地理意义上的珠江三角洲的全部范围,是我国城镇最为密集的区域之一。

收集了 1983 年完成的 1:20 万珠江三角洲土壤资源评价图。广东省土壤研究所 20 多位科技工作者在总结该所 1980 年之前研究工作基础上,于 1980 年初至 1982 年底的 3 年中,利用航片进行野外调查,采集大量土壤标本进行室内分析后,在 1:20 万土地利用现状图、土壤类型图的基础上,根据农业适宜性确定评价指标和标准绘制而成该图。图中将研究区的土壤资源按用途分为水稻土(R)、旱地(U)、基水地(S)、丘陵山地自然土(N)、海涂(Se)五类,其中水稻土采用了耕层厚度、耕层质地、潜育层深度、pH 值、耕层有机质含量、含盐量、排灌情况、耕性、常年亩产、障碍层深度等指标进行评价,基水地采用了耕层厚度、耕层质地、有机质含量、pH 值、基面高度、基水面积比、耕性、常年产量等指标,旱地土壤采用了耕层厚度、pH 值、侵蚀程度、旱涝情况、障碍层深度、地面坡度、排灌情况、地貌类型、有机质含量、常年产量等指标,自然土采用了海拔高度、地面坡度、土层厚度、表层厚度、表层质地、有机质含量、侵蚀强度等指标,每类土壤根据这些指标进行专家打分,计算出总的得分值,然后根据得分值将各类土壤资源划分为 3～4 级(包括水体在内共有 19 级),在各级的基础上又根据主要限制因素划分为不同"型"。另外收集了 1988 年与 1998 年两个时期研究区的 TM 卫星影像共 10 景,同一时期的卫星影像时相相差不超过一年。

2. 数据处理方法与过程

① 将 1:20 万珠江三角洲土壤资源评价图以灰度方式按 200dpi 分辨率进行扫描,所得扫描图像地面分辨率为 25.4 m。利用 PCI 软件的 GCPworks 模块进行几何纠正,几何误差控制在一个像素内。然后将纠正后的影像转为 ArcInfo 支持的格式,在 ArcInfo8.02 中进行屏幕数字化,并建立相应的空间数据库,将属性数据与图形数据统一管理。对 Coverage 进行编辑整理后,将各土壤资源按等级类型属性转变为 30m 分辨率的影像,实现属性数据的影像化,以便与 TM 影像提取出的城镇专题信息进行空间叠加分析。

② 新增城镇建筑覆盖与土壤资源评价专题图的空间叠置分析。将新增城镇建筑覆盖专题信息与影像化土壤资源图进行空间叠置分析。30m 分辨率的 TM 影像一般能满足 1:10 万～1:25 万地形图或专题地图编制的几何精度要求。本章选用的 1:20 万土壤资源评价图

在制图精度上与 TM 影像属同一个级别,且二者均用 30m 像素表示,具有较好的可比性。从土壤资源评价矢量图与 TM 影像空间叠置效果来看,由于几何配准控制在了一个像素内(30m),对比发现以河流岸线、山体为参照的矢量数据与影像地物有很高的吻合度,完全能满足二者空间叠置分析的精度要求。采用 PCI 软件提供的统计分析模块统计出新增城镇建筑覆盖与土壤资源评价专题图的空间叠置分析结果(表 11—14)。

3. 新增城镇建筑覆盖对各等级土壤资源的影响强度与特征

从新增城镇建筑覆盖占用各类土壤资源总体情况来看,水稻土、旱地、水基地、自然土壤、海涂、水体分别占全部被占用土壤资源的 65.63%、12.20%、9.88%、11.45%、0.36%、0.48%。一等旱地(U1)、一等基水地(S1)与一等水稻土(R1)被占用的总和达 59.43%。其中一等水稻土(R1)被占用 41 091hm^2,占了全部新增城镇建筑覆盖面积的 48.12%,远远超过任何其他类型。土壤资源占用商(SU)的计算结果(表 11—14)表明,SU 值大于 1 的土壤等级分别是一等水稻土(R1)、一等旱地(U1)、一等基水地(S1)、二等基水地(S2)、三等基水地(S3)。其中一等旱地的 SU 值高达 8.034 5,其被城镇建筑占用最为强烈。由于一等旱地主要是位于城郊的优质菜地,在城镇向外扩展过程中首当其冲成为被占用的对象。其次是基水地的 SU 值较高,一、二、三等基水地的 SU 值分别为 2.634 1、2.056 5、1.863 6。基水地位于乡镇企业发达的顺德、南海、中山等地,在乡镇企业迅速发展过程中基水地受到强烈的冲击,面积迅速萎缩。其中一些乡镇已经发展成为全国乃至全球都有一定影响力的城镇,如顺德的容桂镇。由此可见,珠江三角洲城镇发展是以大量优质土壤资源的减少为代价。容桂镇就是科龙、格兰仕等国际知名家电集团的总部所在地。这些城镇依靠基水地优越的农业生产条件而兴起,在城镇化过程中又强烈地对原有土地利用方式产生冲击。一等水稻的 SU 值为 1.409 9,其被城镇建筑占用的强度虽低于一等旱地与基水地,但由于其占土壤资源总体比例远远超过其他土壤资源,实际上成为被城镇建筑占用规模最大的优质土壤资源。此外,二等水稻土(R2)、三等水稻土(R3)、四等水稻土(R4)、二等旱地(U2)、三等旱地(U3)的 SU 值在 0.5~1 之间,其他各土壤等级的 SU 值均在 0.5 以下。总体来看,土壤资源农业适宜性越好的土壤受城镇发展影响越强烈。采用 RS 与 GIS 相结合的方法,能够获得城镇发展对不同质量土壤资源影响的具体数量指标,在城镇化对土壤环境影响研究领域有一定的应用价值。自 1988 年珠江三角洲全面对外开放以来,其快速的城镇化过程造成了大量农业适宜性好的优质土壤资源流失,且表现出土壤资源质量越高、受城镇发展影响越深刻的特点。协调好城镇发展与优质土壤资源保护的矛盾,做好珠江三角洲城镇建设用地与基本农田保护的统一规划是实现珠江三角洲区域可持续发展的重要保证(表 11—15)。

4. 城镇群体演变对水环境的影响

城镇的快速发展对水环境造成了巨大破坏。由于以河流为主的水体往往贯穿多个城镇,因此从城镇群体角度来分析水环境对城镇化的响应更有利于揭示水环境的变化规律。许多研究成果表明水体污染与城镇发展具有很强的时空对应关系。

表 11—15 珠江三角洲土壤资源分等统计结果

资源类型	等级	各等级资源面积(hm²)	占总体百分比(%)	新增城镇建筑占各等级土壤资源面积(hm²)	各等级土壤城镇建筑所占面积占新增城镇面积百分比(%)	土壤资源占用商(SU)
水稻土(R)	R1	851 090.90	34.13	41 090.77	48.12	1.409 9
	R2	166 758.30	6.69	5 708.52	6.68	0.998 5
	R3	154 416.70	6.19	3 891.51	4.56	0.736 7
	R4	158 284.00	6.35	5 361.03	6.28	0.989 0
旱地(U)	U1	21 643.56	0.87	5 968.35	6.99	8.034 5
	U2	15 220.71	0.61	316.89	0.37	0.606 6
	U3	123 859.20	4.97	4 133.97	4.84	0.973 8
	U4	1 058.31	0.04	0.00	0.00	0.000 0
水基地(S)	S1	40 780.99	1.64	3 688.38	4.32	2.634 1
	S2	57 402.64	2.30	4 043.52	4.73	2.056 5
	S3	10 889.92	0.44	702.72	0.82	1.863 6
自然土壤(N)	N1	10 382.04	0.42	77.76	0.09	0.214 3
	N2	517 307.60	20.75	7 820.37	9.16	0.441 4
	N3	87 239.54	3.50	149.13	0.17	0.048 6
	N4	145 109.90	5.82	1 733.85	2.03	0.348 8
海涂(Se)	Se1	10 540.17	0.42	14.22	0.02	0.047 6
	Se2	12 297.51	0.49	125.91	0.15	0.306 1
	Se3	16 481.70	0.66	165.78	0.19	0.287 9
水体	W	92 655.65	3.72	407.16	0.48	0.129 0

王云鹏等人利用1988、1990、1992、1994、1995、1996、1997、1998年的TM卫星影像与实测数据分析了城镇发展对广州珠江河段的水体污染情况,并将这10年间广州河段的污染过程划分为三个阶段[14]:1988～1994年前,1994～1995年,1995～1998年。第一阶段的污染主要集中在增步河—白鹅潭和前后航道白鹅潭—丫髻沙段,污染源主要来自石井重工业区、西村电厂、煤场、火车南站、纸厂等地。但广州珠江河段在这一阶段总体上污染程度较轻,范围较窄。第二阶段(实际上应包括1993年,属经济过热时期)为污染时空变化最为剧烈的阶段。表现为污染面积迅速扩大,污染程度急速加剧。黄埔航道、东江北干流的污染显著加强,并向下游扩散。第三阶段承接第二阶段继续扩大。石井河段、里水涌、雅瑶水道、佛山水道、花地水道、车陂河呈现深蓝黑色,污染已经非常严重。这种水体污染的时空扩散规律与城镇扩展时空规律相对应。1992年邓小平同志"南巡"讲话后,珠江三角洲兴起了房地产开发热潮,各类开发区

遍地开花,而相应的环保措施却未能及时跟进。因此造成了城镇开发最快的时期也成了水环境破坏最快的时期。

闵育顺等人利用1997年的采样数据对珠江广州河段近百年的重金属元素及总有机碳的沉积通量研究表明,重金属的沉积规律与城镇发展规律有较好的对应关系[15]。1900~1945年重金属沉积少且变化不大,1946~1967年逐年略增,特别是1963~1967年较大,1968~1972年明显减少,1973~1990年逐年增大,尤以1985~1990年相对较高,1991~1992年明显减少,1993~1997年急剧增高。这种重金属的沉积规律与广州城市发展规律有很好的时空耦合性,1963~1967年是国家经济在"调整、巩固、提高"之后发展有所加快的时期,广州的重工业得到国家重视。1968~1972年的"文革"期间,工厂生产受到严重破坏,城镇建设也停滞不前,甚至倒退。1985~1990年是城市经济改革开始的几年,国有企业生产得到发展,城市建设也加快了步伐,因此水体污染也加重。1991~1992年经济发展相对减缓,1993年之后又步入经济增长与城镇建设的历史新高度,水环境破坏加剧。

三、案例3:深圳特区城市化发展的环境影响分析

1. 深圳特区城市化及经济发展特征

深圳经济特区(以下简称深圳特区)是中国实行对外开放的产物,特区总面积327.5km^2。1980年户籍人口和暂住人口分别为8.41万人和1万人,1990年分别增长到39.53万人和61.45万人,城市化水平已达到88.7%。从1992年开始,深圳特区内人口已全部转为非农业人口。深圳特区自改革开放以来,10多年的时间迅速地完成了城市化,这一特征在任何一个处于城市化进程的区域都不具备,具有改革开放时期中国特色鲜明的沿海城市扩张特征。

深圳特区国内生产总值由1980年的1.46亿元持续增长至1994年的446.49亿元,15年间年均增长了305倍。产业结构演变与库兹涅茨所指的一般规律不同,初期,产值比重表现为第三产业>第二产业>第一产业,之后快速城市化引致工业化加速发展,1990年第二产业产值超过了第三产业,形成了第二产业>第三产业>第一产业的产业结构,产值比重由1980年的13:40:47增到1994年的0.2:55.7:44.1,其中工业产值由1980年的17.9%增至1994年的44.8%。

深圳特区基本建设房地产开发投资额由1980年的1.25亿元增至1994年的778.8亿元,建成区面积也由3.8km^{2}增长至84km^2,投资额表现为第三产业>第二产业>第一产业的特征,其中第三产业的投资额中有10%~20%用于居民住宅建设。由此看来,第二、第三产业的快速发展成为深圳特区资源紧迫与环境问题的主要根源。

2. 城市化发展的环境影响

(1)自然植被明显减少,城市覆盖增加

深圳特区在城市化建设过程中,土地利用状况发生了巨大变化,变化的全过程是:第一产

业用地逐渐减少,第二产业用地逐渐增加,第三产业用地快速增长。用地变化可分为三个阶段:第一阶段为1979～1982年,第一产业>第三产业>第二产业;第二阶段为1983～1989年,第三产业>第一产业>第二产业;第三阶段为1990年以后,第三产业>第二产业>第一产业。深圳特区由一个小渔村发展成为一个大城市,由农业用地为主发展成为以城市用地为主,在较短的时间内发生了明显变化,而且变化特征与产业结构、人口经济结构、外商投资结构、基本建设投资结构的变化基本一致,足以说明以上诸方面正是深圳特区土地利用变化的直接原因,不可否认,追逐经济利益的人类活动成为深圳特区土地利用/土地覆盖变化的主导因子。

土地利用类型的变化必然改变土地覆盖的变化,有研究利用 TM 资料,通过最大似然法和 BP 神经元网络法,对深圳特区土地覆盖进行了测量,结果如表11—16。

表11—16 深圳特区土地覆盖变化[14]　　　　　　　　　　　单位:%

年份	城市覆盖	自然植被	人工植被	滩涂	水体
1988	28.4	37.0	27.7	5.5	1.4
1994	37.8	28.8	26.9	4.1	2.4

从表中可以看出,自然植被明显减少,城带覆盖明显增加,低湿地(水域和滩涂)略有减少。植被覆盖变化将引起地表热量特征的变化,进而改变区域环境容量。如深圳南山区境内的南山在开发过程中,相当部分山体的植被完全被破坏,如西丽湖沿岸的21个采石场的分布使山体裸露,加剧了水土流失,相对加重了洪涝灾害,使区内一些低洼地区洪水发生的频率增加,在一些靠近河道两侧的地段,每当发生台风暴雨,就酿成人员伤亡与财产损失,环境安全问题已十分突出。

除了城市扩张过程中导致土地利用/土地覆盖变化以外,深圳特区的主要环境问题是水污染、大气污染、固体废弃物污染、噪声污染以及水土流失和洪水、台风灾害等。

(2) 水源的点状和面状污染并存,后者呈加剧趋势

随着人口的增加与经济的发展,对水的需求增长很快,产生的废水也呈增长趋势,废水排放量、工业废水排放量与未处理量逐年增加(表11—17)。20世纪80年代初期,特区刚刚开始建设,资金主要用于生产建设,环保设施不配套,加之环境意识尚缺,也没有严格执行环境管理,1988年工业超标废水量达到高峰值594万 t。此后,随着污染的加剧,对工业企业超标废水开始实行严格控制,工业超标废水排放量在波动中下降。同时,生活污水排放量增多,与城市其他废水合计占到废水排放量的90%,点状污染向面状发展,而且生活污水中富含 N、P 等富营养化元素,对河流、池塘、水库已造成危害。如深圳水库的水质污染指数从1988年的0.67上升到1993年的1.27,10项有机污染指标8项超标,总氮、总磷全年超标,西丽水库的总氮、总磷也严重超标,水污染已到了非控制不可的临界边缘。流经深圳特区的深圳河、布吉河和南山区的大沙河有机物污染指标超过国家地表水Ⅴ类标准的几倍到几十倍,河水严重变质,常年发黑发臭,有的已变成了鱼虾绝迹的"死河"。南山区3个高尔夫球场每日排放的生活污水和深圳造纸厂每日排放的造纸废水合起来达到600万 kg/a,危及大沙河沿岸的养殖业,也严重

影响了附近居民的身体健康与城区景观。

表11—17 深圳特区水、大气、固体废弃物排放及处理情况(1984～1994年)

年份	全年供水量(万t)	废水排放量(万t)	工业废水排放量(万t)	工业超标废水排放量(万t)	工业废水未处理量(万t)	工业废气排放量(亿标m³)	工业废气未处理量(亿标m³)	二氧化硫(t)	工业固体废弃物量(万t)	工业固体废弃物未处理量(万t)
1984	3 645	3 459	312	247	67	2.4	1.4	110	2.0	1.98
1985	4 931	4 745	350	283	99	2.7	1.7	114	2.3	2.27
1986	7 320	7 216	372	247	103	19.7	11.1	415	2.5	2.44
1987	8 563	7 965	584	353	169	26.4	13.0	543	2.6	2.51
1988	12 940	10 384	839	594	472	32.1	15.2	685	2.4	2.30
1989	15 589	12 074	1 193	313	792	38.4	18.5	979	2.4	2.24
1990	17 106	13 685	1 552	341	968	21.5	10.0	1 166	2.2	1.94
1991	17 904	14 323	1 545	360	988	58.4	23.6	1 356	3.5	2.61
1992	21 793	17 434	1 546	232	916	69.1	1.9	1 702	4.8	3.45
1993	27 390	21 912	1 575	319	949	293.1	0.8	3 317	11.1	4.64
1994	32 604	26 083	1 875	242	1 197	276.1	3.0	10 774	20.1	9.59

资料来源：深圳市统计局，1996。

(3) 大气污染面临新的挑战

大气污染主要来自工业废气、汽车尾气等方面。1984年二氧化硫的排放量为110t，1994年增至10 774t，1984～1994年间二氧化硫的排放量与工业总产值的相关系数为0.903 9，反映出工业发展过程对二氧化硫排放的直接影响。

城市加快发展的过程中，汽车迅猛增加，1995年汽车已达40万辆，而且外来车辆频繁，大气中的氮氧化物含量直线上升，已由1986年的0.046mg/m³上升到1993年的0.121mg/m³，局部地区超过了国家大气二级标准。随着汽车流量的持续增大，氮氧化物超标的情况还将继续，深圳特区大气污染将面临新的挑战。

(4) 固体废弃物污染增长速度加快

城市工业的发展必然产生大量的工业固体废弃物，尽管工业固体废弃物的处理量逐年增加，但由于工业发展过快，工业固体废弃物的排放量及未处理量也在增多。另外，第三产业和居民生活也会产生大量的固体废弃物，以焚烧、堆积掩埋、填海等方式排入环境中，危害大气、水体和土壤环境。

(5) 城市噪声污染

农村城市化之后，闹市代替了昔日乡村的宁静。1993年，道路交通噪声平均值达74.7dB，达标率只有10.5%，区域环境噪声平均值为61dB，达标率为3.5%，其中居民、文教区的噪声达标率为零。随着特区经济的发展和香港的回归,市内居民车辆和过境车辆大量增加,已给噪声的治理带来了很大的压力。此外,夜间施工、宾馆酒楼娱乐活动所产生的噪声对居民生活的影响也与日俱增,成为本区环境投诉最集中的问题。

3. 造成环境问题的主要原因

(1) 工业区与居民区混杂,企业环保设施不到位

深圳特区建设大大加快了城市化速度,城市化又促进了工业、商贸与旅游业的发展。特区开发的初期,将大气污染、水污染严重的火电、化工、印染、电镀等行业集中布置在南山区,该区内工业区与居民区混杂,居民与工厂关于污染纠纷问题时有发生。此外,区属企业中"三来一补"企业多,低档次的劳动密集型企业多,小型企业比重大,没有环保设备与措施,一些先期发展起来的骨干企业也存在设备洁净工艺水平低等问题。

(2) 市政基础设施与工业布局匹配水平低

深圳特区的市政基础设施从零开始,早期建设重点在罗湖和福田,而工业集中的南山区基础设施建设投入晚,基础设施水平低下,加上各区块各自为政,以至于道路、市政排污管网等基础设施不配套,不能满足工业快速发展对环境治理的工程需求,出现农业蔬菜与水产养殖遭受工厂排放的严重水环境污染及锅炉排烟危害居民生活环境等问题,给区域环境管理带来很大困难。

(3) 企业及政府管理水平尚待提高

农村城市化以后,乡镇企业遍地发展,企业管理水平、城市管理与行政管理水平偏低,具体表现为:小企业的管理多停留在经验管理阶段;办事处以下的企业与行政管理人员素质低,缺乏应有的培训,经常导致因管理不善造成资源能源的浪费;企业与政府机关对信息管理的认识水平和自身技术水平不足,现代化的信息管理手段没有得到认同和使用,环境管理缺乏准确性、及时性和可靠性。

深圳特区作为一个新兴的城市,在未来的一段时间内,经济还将持续高速发展,从业人口和流动人口也在增加,工业发展、人民生活水平提高对资源的消耗及与之而来的污染物排放对环境的危害将成为城市发展过程中不可忽视的问题。

第四节 城市可持续发展的空间管理对策

沿海地区具有突出的经济优势和区位优势,改革开放以来,资源开发和利用的规模及强度均达到历史上空前水平。与此同时,经济发展与资源—环境之间的矛盾也逐渐出现:资源开发粗放、资源供给或再生能力不足,可再生资源开采量大于生产量且再生条件受到破坏、工业生产及居民生活对环境已造成严重污染等等。正是人类活动,特别是经济发展过程中,忽视生态环境的平衡规律,从生态环境获取过多的资源,并排放大量的废弃物,引发资源环境系统结构

的紊乱和功能的衰退,引发种种环境问题。简言之,过快的经济发展和过多的人口压力与沿海地区有限的资源环境承载力之间形成了尖锐的矛盾。

从已有研究对沿海地区环境—经济模式的分析中可以看出,随着经济实力的增强和国家对资源环境问题的重视以及保护措施的相继出台,沿海地区的产业结构在努力地进行调整,生产工艺和技术不断地更新,环境状况局部有所改善,但总体仍在恶化,且资源环境条件恶化与经济结构具有重要的相关关系。面临着巨大的人口、资源、环境压力及经济全球化竞争的挑战,沿海地区的城市可持续发展问题显得尤为重要。

一、城市可持续发展的战略取向

1. 树立城市环境与经济协调发展的战略思想

西方发达国家及我国沿海地区城市化、工业化发展过程中的经验和教训足以说明,单纯强调经济发展走"先污染后治理"的路子将付出资金、物资、人力的巨大代价,环境污染和破坏的后遗症难以根本消除,而且给人类健康带来不可挽回的损失。反过来,资源短缺与环境的恶化也会制约经济的持续发展。自20世纪70年代开始,围绕着"增长极限论"展开了对经济资源环境关系问题的大讨论,直到20世纪90年代才寻求到一种崭新的发展模式——可持续发展战略[14]。可持续发展的实质就是人和自然关系的协调发展,即在现有的科学技术条件下,经济在人口、资源和环境三个约束条件下能够持久、有序、协调地发展。协调发展已被全世界公认为处理发展经济和保护环境之间关系的最佳选择,无疑也是保证我国沿海地区城市实现可持续发展战略目标的必由之路。

经济起飞初期,资源环境会伴随着经济增长而不断恶化,经济发展到一定阶段,资源利用率不断提高,环境恶化会得到遏止并伴随着经济的进一步发展而好转。经济增长与环境之间的这种倒"U"关系,被称为环境库兹涅茨(kuznets)曲线,许多经验和数据都验证了环境退化率与经济发展水平的这种倒"U"关系的存在。但环境库兹涅茨曲线的转变模式并非是一成不变的,沿海城市应以协调发展的战略思想为指导,借鉴和利用发达国家的经验和技术来控制和治理环境恶化,避免"先发展后治理"的传统环境转变道路,使传统的"突兀"倒"U"形曲线变得扁平,促使环境质量的根本转变提前发生。因此,在推动经济发展与城市扩张的同时,必须考虑区域内资源的承载能力,合理高效地利用资源,提高资源使用效率,并注意减少排污量和加强环境治理。

2. 努力提高环境与经济的综合实力

无论是出于投资环境及产品的竞争力的考虑,还是资源环境的胁迫效应,沿海地区的城市经济发展都应当立足于经济效益的提高,而不仅仅是依托于大规模资源消耗的规模扩张。在经济增长的同时,强化环保与经济发展同等重要的观念,努力保护环境。通过增加环保投资,提高城市绿化率,加大污染控制力度,提高区域环境质量。最终通过提高经济与环境的综合实力,实现环境—经济的高度协调发展。

3. 树立环境资源有价意识,依法合理使用环境资源

长期以来,生态环境资源一直作为一种非经济性的自由取用物品而成为人类社会经济活动必要的生产和生活条件,人类掠夺式的经济增长模式是以生态环境为代价来满足人类社会经济发展要求的,政府政策的失灵与不合理的资源环境制度又加剧了这一恶性循环过程,从而使人类经济活动与生态环境之间的矛盾不断激化与尖锐化,终将发展成为互为因果的两极:一方面,经济发展对生态环境资源的需求增加,将使生态环境资源由免费物品向稀缺的经济资源转变;另一方面,负荷过重和遭到污染的生态环境资源的供给能力相对缩小,进一步加重生态环境资源的稀缺。可持续发展战略产生的经济根源就在于生态环境资源由免费物品向稀缺的经济资源转变。

我国沿海城市面临着环境资源的严重短缺,因此,必须树立环境资源有价的意识,理解环境成本与生态服务的真正内涵,在工农业发展中对环境资源的使用应与其他生产资料等同考虑,杜绝过度浪费使用,自觉执行将污染物排放纳入生产成本的环境治理政策。

4. 将生态城市作为城市可持续发展的方向和目标

从生态学角度来看,城市是根据人类自身愿望,改造环境所建立的人工生态系统,是生命系统与环境系统在城市这个特定空间的组合,是一个规模庞大、组成及结构十分复杂、功能综合的"自然—社会—经济"复合生态系统[16~19]。1997年,国际现代建筑会议组织通过了关于"生态城市"的宪章,提出了通过城市规划来实现城市生态系统与自然生态系统的协调。生态城市的建设是以生态学原理和城市生态理论为指导,以自然生态系统的良性循环和承载力为基础,以人类经济活动的可持续发展为中心,以社会的全面进步为目的,对城市规划和工商业布局进行"生态式"建设,构建城市社会、经济、生态等协调发展的动态平衡系统。

可见,生态城市是城市发展的方向和目标,是解决城市危机、保护和改善城市环境的积极策略。沿海地区城市的发展也应树立生态城市的理念,从而在城市扩张过程中促进城市人口、资源、环境之间持续、协调、稳定的发展。

二、城市可持续发展的空间管理对策

1. 加强自然资源的可持续利用[2]

土地资源　首先要加强植树造林工作,提高沿海地区的植被覆盖率及特种多样性指数,治理水土流失,改善沿海地区生态环境。第二,要切实保护耕地资源。必须坚决纠正只顾短期利益而大肆侵占耕地的行为,提高土地的利用效率,实现耕地的占补平衡。第三,加强土地利用方面的法制建设和动态监测。无论是宏观管理、市场交易还是土地的有效保护和合理利用,都必须有法律保证。通过动态监测,促进土地市场建设向规范化方向发展,以杜绝违法用地、违法管理、越权审批等行为,为土地资源的持续利用提供保障。

水资源 在不断健全、完善法制,通过立法解决区域性(包括流域之间、流域上中下游、地区间)的水资源分配问题的同时,还应做到:①坚持节约为主、开源为辅的方针,如通过产业结构调整,改造传统支柱产业和落后工艺,可以降低万元产值耗水量,提高工业用水重复利用率和废水排放;②最大限度减少污染物排放、消除污水中各种有害物质实现污水资源化和恢复水环境功能;③控制海水入侵、地面沉降。通过模拟分析,对区域地下水开采进行优化设计,将地下水开采量控制在区域允许开采的范围之内。并选择最佳地段,进行人工回灌,以贮补水源,使地下水位稳定在特定许可范围以内,防止地面沉降和海水入侵。

能源 为根本上解决能源消费所带来的大气污染问题,协调经济、能源和环境的发展,必须实施可持续发展的能源战略:①加大节能工作力度,提高能源利用效率;②优化能源结构,应加速东海、南海等近海油气田的开发,充分利用海外丰富的油气资源和沿海地区的港口优势,加快引进海外石油、天然气的步伐,同时,借鉴总结大亚湾和秦山核电站建设的经验,可以在山东、江苏、浙江等地建设核电站,以改变目前沿海地区火电比重过大、能源结构不合理的状况;③充分利用国内外两种资源、两个市场,在社会主义市场经济条件下,建立稳定的国内能源调入渠道,同时从国外进口石油、天然气等能源。

海洋资源 ①实施海洋可持续性开发战略,强化海洋的综合管理。第一,强化海洋环保意识和发展海洋经济意识,尽快制订和完善如"中国海洋功能区划"、"海洋产业发展计划"等规划和管理体系。第二,加强海洋环保,维持生态平衡。坚持"预防为主,防治结合"的方针,实行污染物排海总量控制制度,发展清洁生产技术和环保产业;健全海洋环境监测监视网络。第三,加大投入,加强对各种海洋灾害的发生、发展及消亡的背景和内在联系的研究。完善和加强海洋灾害监测、预测警报服务系统建设,进一步健全完善预警防御系统。②科技兴海。沿海地区今后海洋科技的重点要放在与发展新兴海洋产业和传统产业技术履行有关的高新技术和适用新型技术领域,并加速新技术产业化进程。这些技术主要包括:海洋生物技术、海底矿产资源勘探开发技术、海水资源的综合利用技术等。

2. 以发展现代城市和城市生态经济为重点,选择和调整产业结构

根据产业结构演进的一般规律,产业结构对生态环境的影响必然经历一个从低能耗到高能耗再到低能耗的倒"U"形发展轨迹。目前,我国一、二、三次产业的产值比重属于"二三一"结构,因而正处于高能耗和高排污的发展阶段,沿海地区也不例外。产业结构作为利用资源与环境变化的主导性因素之一,也是政策调控的重点所在。改革开放 20 年来,由于产业结构的演进,我国能源消耗增加量折合标准煤 56 525 万 t,与其他影响能源消耗变动的因素相比,其作用度为 5.1%。由于工业是我国能源消耗和污染排放的绝对大户,因此,工业内部行业结构的变动对生态环境的影响就比较大。经测算,我国工业内部行业结构变动对能源消耗、废水排放等要素变动的作用度分别为 15.1% 和 16.1%[10]。

沿海地区城市在产业结构的配置和选择上,应利用区位和经济优势,在经济全球化背景下,以市场为导向,将国内外市场需求及其变动趋势作为产业结构升级的出发点,通过技术创新和外向经济带动战略,从依赖物质资源向经济资源、人才资源、知识资源转变,加快现代城市中高、精、尖、新兴产业的发展,努力发展出口导向型和进口替代型产业。在产业结构的调整中,综合考虑城市与区域生态安全因素,促使资源耗费型产业向资源节约型产业转变,为此要限制重污染产业的增加,大力发展生态产业,发展循环经济。

3. 提高资源利用效率,削减工业污染

企业是工业活动的载体,运行过程中产生具体的环境问题,因此必须重视对企业微观实体的研究和监控,提高特定公司工业产品的生态效率。其中,技术改造、工艺更新是提高生产效率、实现清洁生产的重要途径,也是取得经济效益和环境效益的保证。

产品寿命周期的设计在于重新将废弃物作为可利用的有效资源,产品寿命周期的延长促成了闭合的物质循环,高效使用资源、降低成本的同时减少了废弃物的排放。产品寿命周期并不仅限于企业内部,企业间也应密切配合,通过在工业系统内部进行物质循环和增加原材料的利用效率来减少资源使用和污染物的排放。

4. 进行合理的城市规划与产业布局,形成良好的区域生态网络框架

通过人口集中、产业聚集实现的城市化过程,可以在区域资源总量供给有限的条件下,实现资源的优化配置和集约利用,促进人地关系地域系统各要素的协调和可持续发展。目前,沿海地区经济发展的空间态势,仍处于向核心地区聚集时期,核心区内的各个主要城市的发展也基本上处于以聚集为主的发展阶段。

今后,一方面应积极地鼓励农村工业向城市特别是向建制镇和中小城市集中,在发挥规模经济和提高集聚效益的同时,有效地进行环境污染治理和保护。另一方面,优化城市布局和工业布局,合理布局工厂,建立绿化隔离带,使环境污染远离市区、居民区、环境敏感区,如水体、水库、河流等。依据环境容量,建立环境功能区,整块连片治理环境污染。在城市建设过程中,努力保护自然环境,提高城市绿化率和土地利用率,同时,深入开展城市环境综合治理。

5. 制定区域性城市发展战略,改善城市发展环境

沿海地区的城市化进程在全国处于领先地位,但不同的区域城市化的发展机制不同,城市化进程也存在着差异,除城市化过程中带来的资源环境共性问题外,又各自有不同的约束条件。

1990~2000年,珠江三角洲城市数量从9个增至23个,中心城市市区人口从659万人增到1704万人,其中深圳发展为特大城市,其他7市都发展为大城市,14个县级市的市区人口合计314万。城市首位度由1990年的3.97下降到2000年的1.25,四城市指数从2.09下降到0.96,城市体系已从首位型发展为等级规模型。由此可见,在外来资金与人口迁移的参与下,珠江三角洲的城市化过程加速,并形成了以众多小城镇的非集聚式发展推动区域性城市化进程的态势,其中,劳动密集型产业的快速增长是推动经济发展和吸引外来人口的根本原因。大量人口的聚集,无疑对促进珠江三角洲经济发展和城市建设、市场繁荣发挥了巨大作用。反之,正是由于区域经济发展差距与产业结构和就业机会的差异,使这些地区的外来劳动力充足。由于地方政府追求近期地方税收、管理费和工缴费的增长,企业依靠大量雇佣廉价劳动力获取近期利润,导致对产业升级、产品更新换代重视不够。同时,大量租房者群体的存在,使大量"城中村"、"城边村"内村民违章扩建房屋,导致耕地减少,加重生活垃圾与生活污水污染,造成居住和卫生环境恶化。部分外来工的工作稳定性和待遇低,对社会稳定也存在着威胁。

对于珠江三角洲地区在快速发展过程中出现的这些环境、土地、农业、基础设施与城乡建设布局等十分突出的问题,需要采取有针对性的措施进行必要的调控,如通过产业政策和区域政策引导产业升级,大力发展正规教育和在职教育提高劳动力素质,通过政府搭桥和企业之间的合作,与周边区域建立产业链,使部分生产加工环节或劳动密集型产业向周边地区转移,这些都将有利于减少珠江三角洲对低素质一般劳动力的需求,从而控制大量人口的无序涌入,减少城市环境压力。

河北省拥有丰富的矿产资源,其资源优势不仅弥补了京津两市工业生产体系的要素需求,而且是上述两城市高耗能、高耗水及其他资源依赖型产业进行空间置换的理想场所,对于京津冀地区的城市环境系统而言,建立起良好的区域空间协调机制和区域可持续空间秩序对于加快城市化进程和统一筹划环境治理及保护等问题就更为重要。

长江三角洲地区一些中小城市(如张家港、昆山等)的发展速度已经超过了核心城市和大城市的发展速度。同时,上海、南京和杭州等中心城市的郊区化和郊区城市化现象都很明显。应该加强对城市近郊区和广大农村地区城镇发展和建设一体化的规划管理与调控,以最大限度地提高经济和环境的整体效益。

辽中南地区是我国1949年后重点建设的重工业基地,城市密集,但相比之下,城市发展相对缓慢,资源型产业长期发展过程中积累的环境问题已十分突出,又面临着资源短缺和附加值低等困境,政府应给予扶持政策与措施,以多种方式发展产业以促进产业结构多元化,通过加强城市建设和保护自然环境,积极营造投资环境,努力实现城市经济的转型和减少重工业下的资源消耗和环境污染。

6. 完善政策制度体系,统一政府、企业、公众在环境保护中的作用

尽管市场经济日益深入,由于城市扩展过程中存在着人口流动及盲目发展的随机性,产业结构的调整是一个相当长的动态过程,在企业目前的发展中强调环境保护又同其短期生产行为相矛盾,公众自发地认识到环境影响从而自觉地保护生态环境,还需要一个过程,资源分布与需求存在着明显的区域性差异等诸多现实问题,所以实现经济与环境的协调发展仍然需要政府的总体调控和部署。

在目前的经济基础下,政府首先要端正观念,尽快建立起经济发展过程中实现生态环境资源有效配置的一系列法规和制度体系,重视规范和考核地方政府及企业的环境行为,注重对企业家、公众的环境教育,努力营造一个企业除非提高环境形象否则就无法立足于市场和社会的环境导向优先的氛围,引导消费者树立满足需求、提高生命质量、提高资源利用效率、提高可更新资源的利用率、减少浪费等可持续消费观点。与之相对应,消费者的可持续消费观念和行为,企业、公众的环保意识又会促使有效率的环境管理系统的形成,健康、生命、安全等环境质量要求理应成为城市发展的宏观背景。

参 考 文 献

[1] 中华人民共和国国土资源部:《1999年中国国土资源报告》,海洋出版社,2000。
[2] 王长征:"沿海地带人地关系的因素分析与状态评估"(博士论文),中国科学院研究生院,2003。
[3] 何伟、叶晓峰:"我国城市土地利用状况近观透视",《现代城市研究》,2000(6)。
[4] 杨晓东、林文:"中国城镇化道路的战略选择",《中国农业大学学报(社会科学版)》,2002(2)。
[5] 姚建华、赵一如:"充分利用大陆桥优化沿海能源供应",《资源科学》,1999(4)。
[6] 樊杰、陆大道:《中国沿海发达地区现代化带动战略》,友谊出版公司,2001。
[7] 陆大道:《中国沿海地区21世纪持续发展》,湖北科学技术出版社,1998。
[8] 赵德三:《山东沿海地区灾情分析与减灾探讨》,山东科学技术出版社,1996。
[9] 袁仁茂、陈锁忠等:"苏锡常地区地下水开发中的问题及其可持续发展对策",《北京大学学报:自然科学版》,2001(4)。
[10] 黄金川:"城市化与生态环境耦合关系理论与方法研究"(博士论文),中国科学院研究生院,2003。
[11] 李文君、杨明川、史培军:"唐山市资源型产业结构及其环境影响分析",《地理研究》,2002(4)。
[12] 唐山市跨世纪经济社会发展战略课题组:《唐山市跨世纪经济社会发展战略》,新华出版社,1999。
[13] 项君、陈子云:"开滦荆各庄矿环保工作现状及对策",《煤矿环境保护》,2000(2)。
[14] 王云鹏、闵育顺、傅家谟等:"水体污染的遥感方法在珠江广州河段水污染监测中的应用",《遥感学报》,2001,5(6)。
[15] 闵育顺、祁士华、张干:"珠江广州河段重金属元素的高分辨率沉积记录",《科学通报》,2000(增刊)。
[16] 李积勋、史培军:《区域环境管理的理论与实践》,中国科学技术出版社,1997。
[17] 吴玉萍、董锁成:"实施可持续发展战略的制度创新——构建绿色经济制度",《世界环境》,2000(4)。
[18] 陈万灵:"生态经济城市的核心是创建生态工业体系",《生态经济》,2001(10)。
[19] 李文君:"工业转型与可持续发展初探",《北京师范大学学报(社会科学版)》,2000(2)。

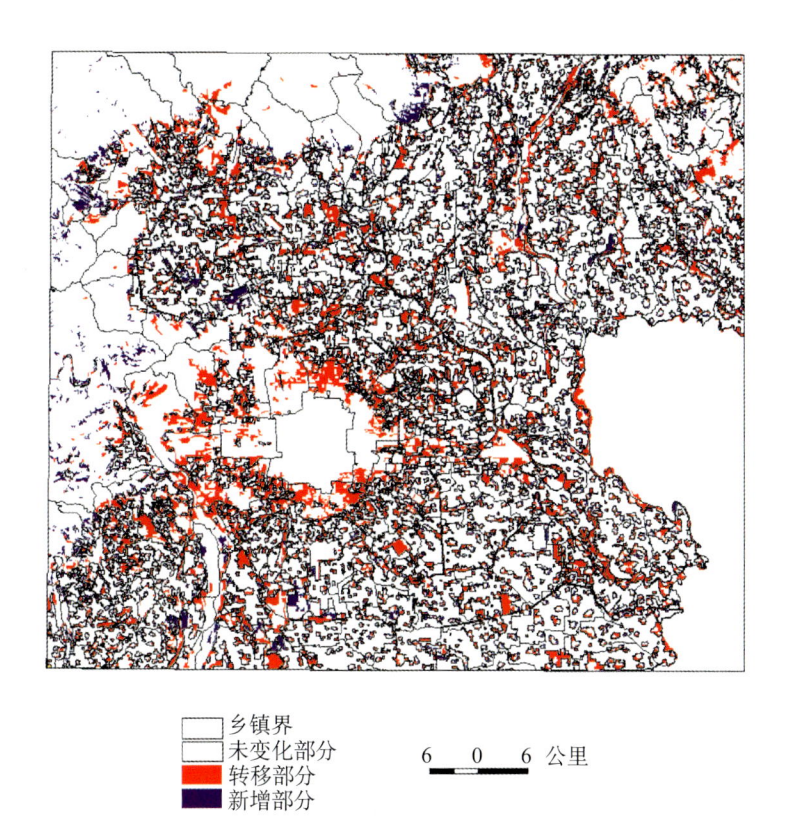

彩图 3—1 北京耕地变化的空间类型(1982~1992 年)

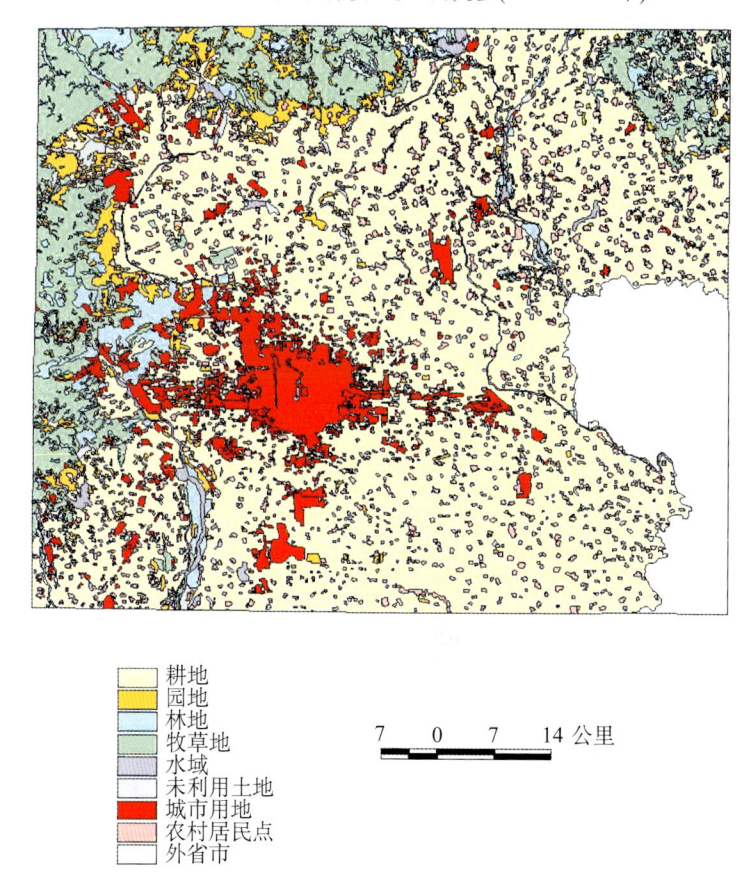

彩图 7—1 北京市土地利用(1982 年)

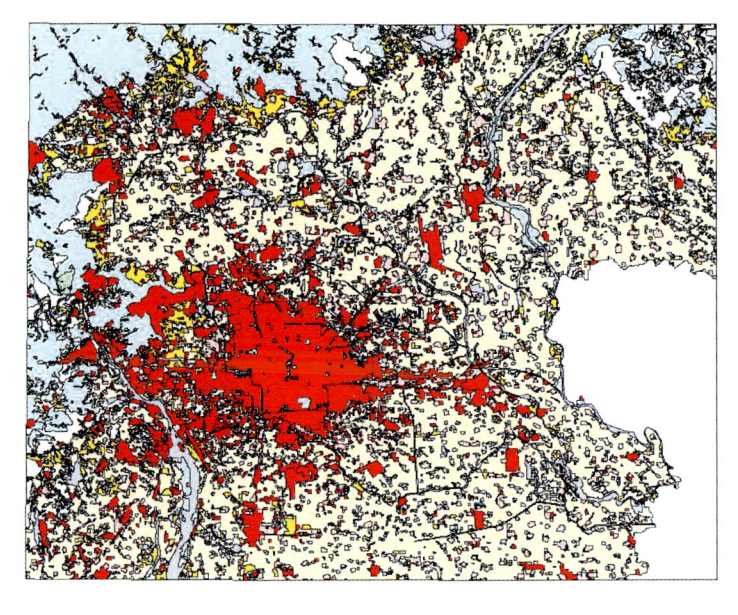

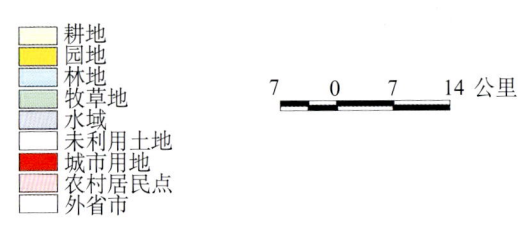

彩图 7—2 北京市土地利用(1992 年)

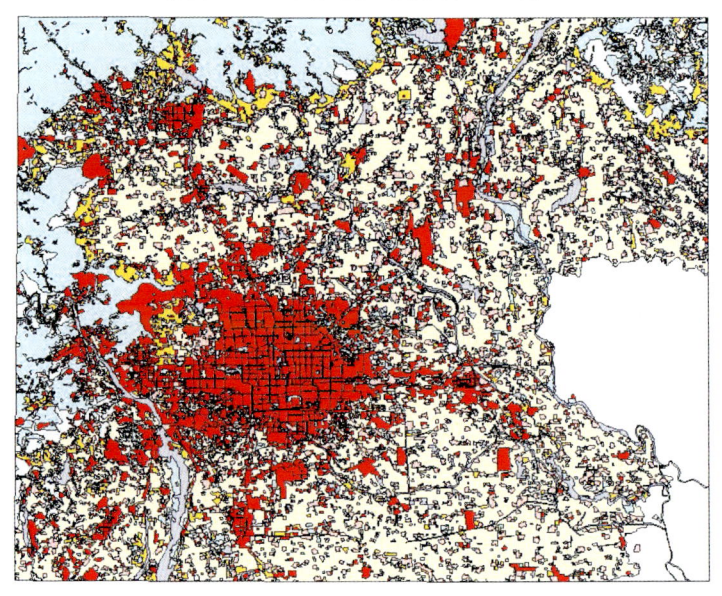

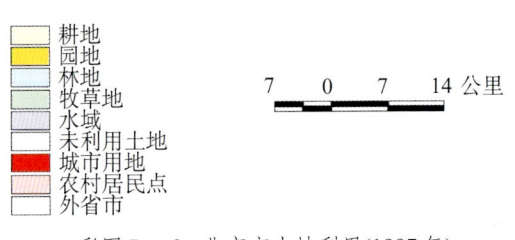

彩图 7—3 北京市土地利用(1997 年)

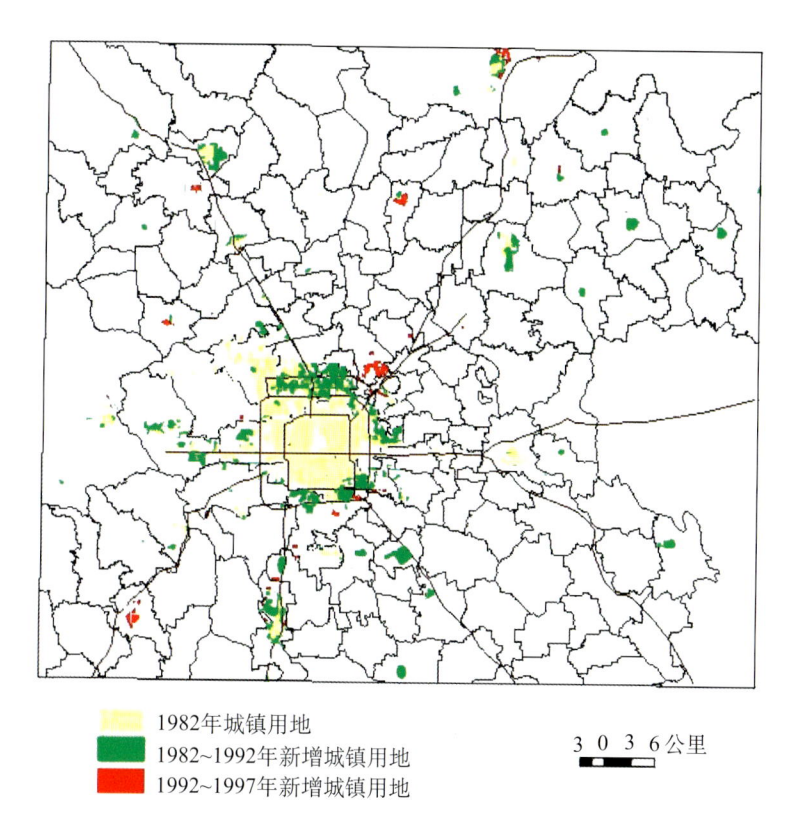

1982年城镇用地
1982~1992年新增城镇用地
1992~1997年新增城镇用地

3 0 3 6公里

彩图7—4 北京城镇用地扩展的时空模式（1982~1997年）

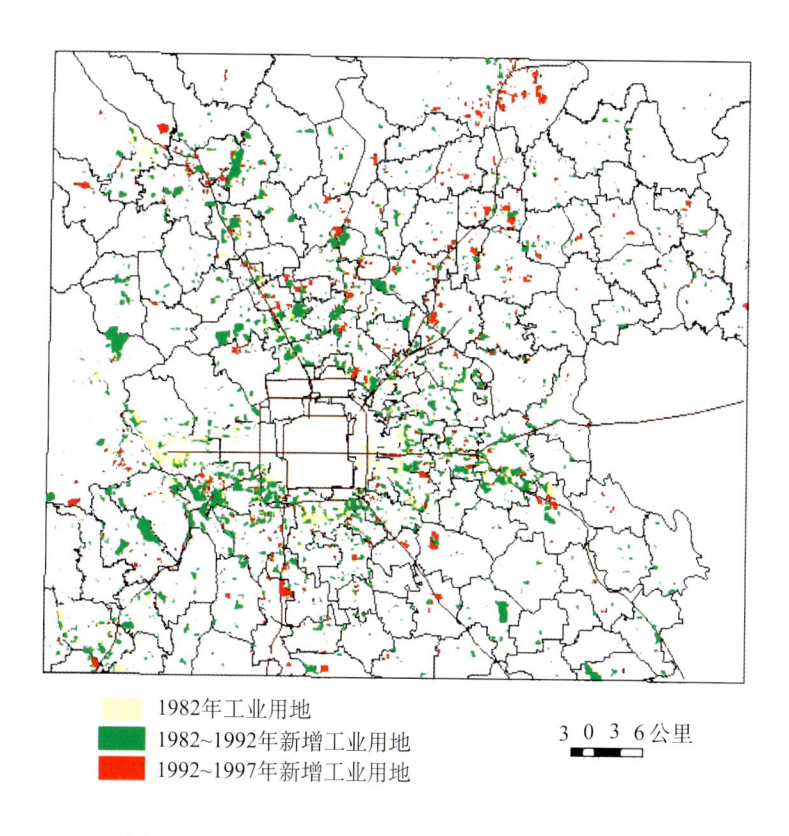

1982年工业用地
1982~1992年新增工业用地
1992~1997年新增工业用地

3 0 3 6公里

彩图7—5 北京工业用地扩展的时空模式（1982~1997年）

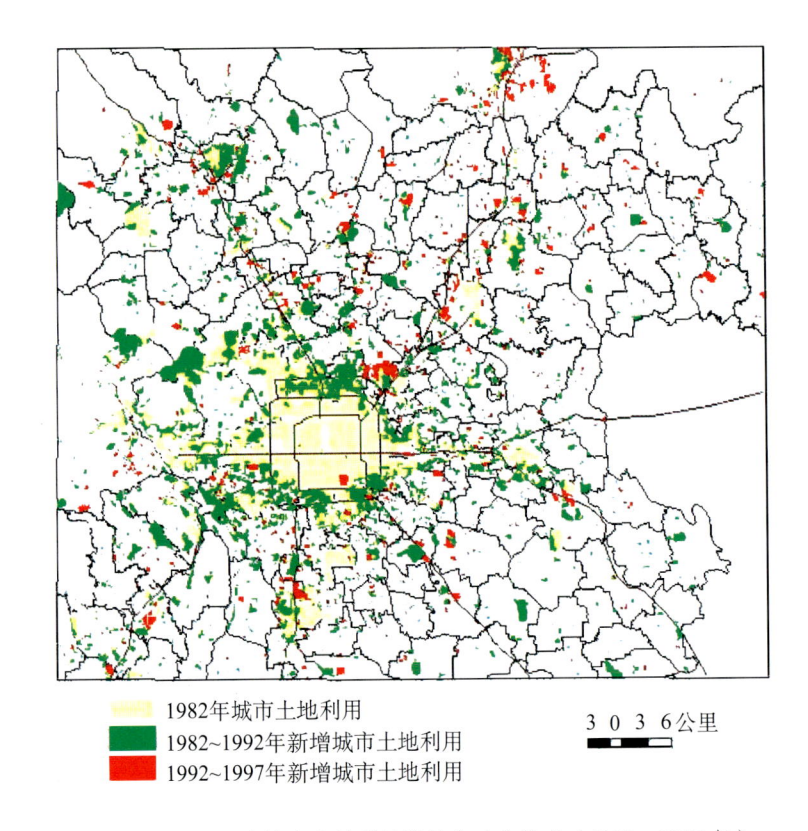

1982年城市土地利用
1982~1992年新增城市土地利用
1992~1997年新增城市土地利用

3 0 3 6 公里

彩图7—6 北京城市土地利用扩展的时空模式（1982~1997年）

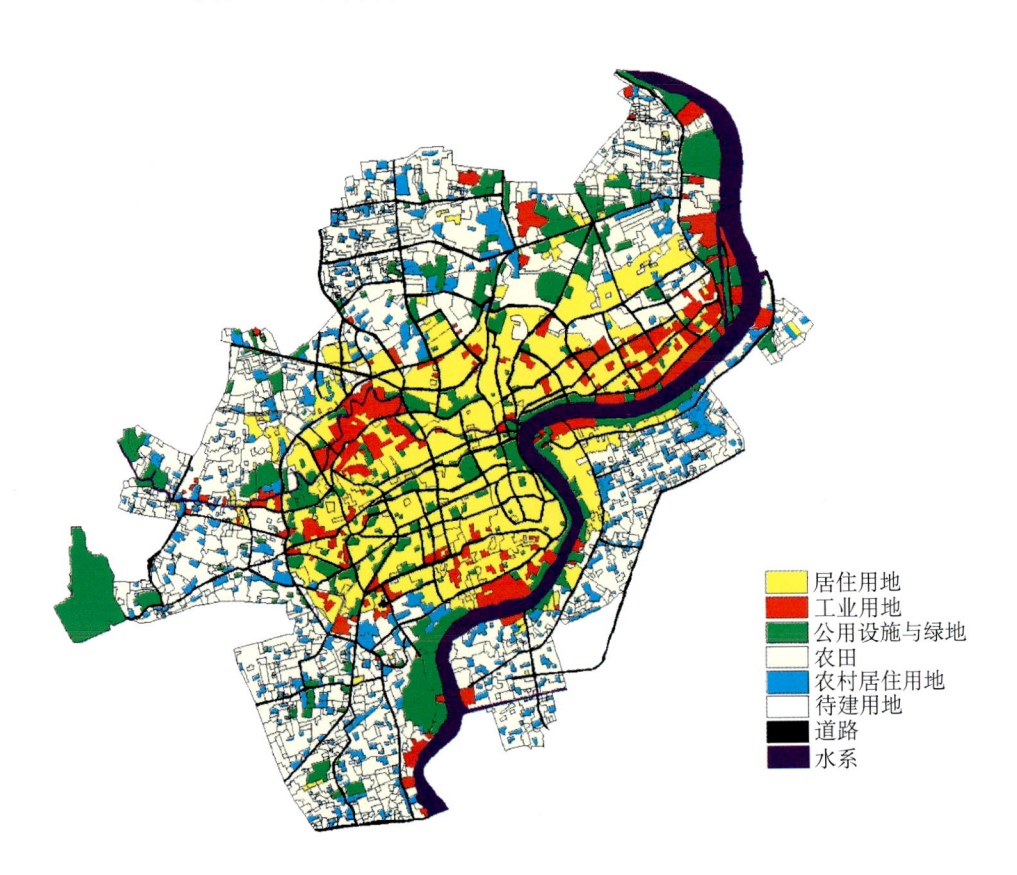

居住用地
工业用地
公用设施与绿地
农田
农村居住用地
待建用地
道路
水系

彩图8—1 上海市中心城土地利用(1958年)

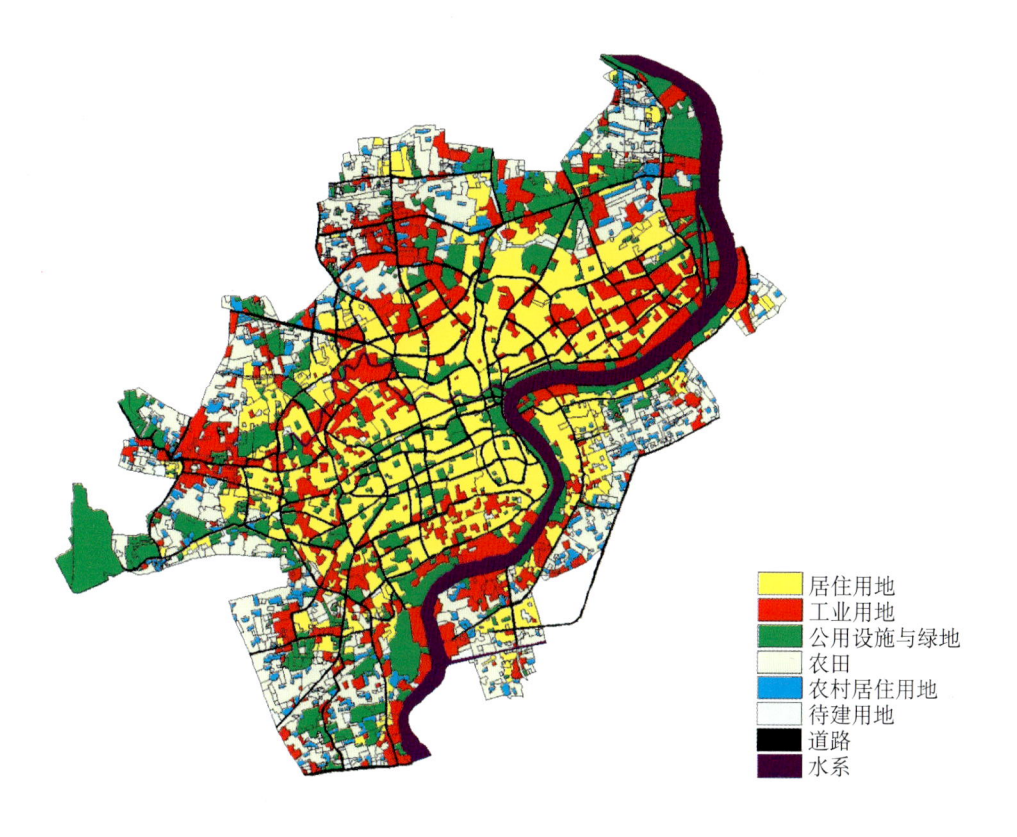

彩图 8—2 上海市中心城土地利用(1984 年)

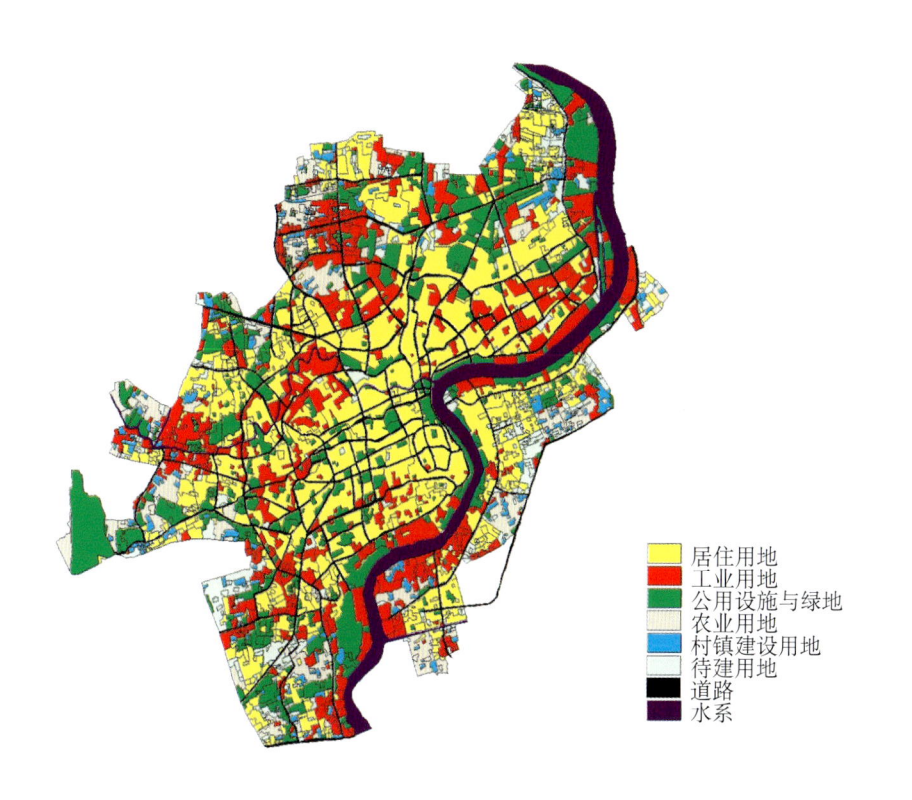

彩图 8—3 上海市中心城土地利用(1996 年)

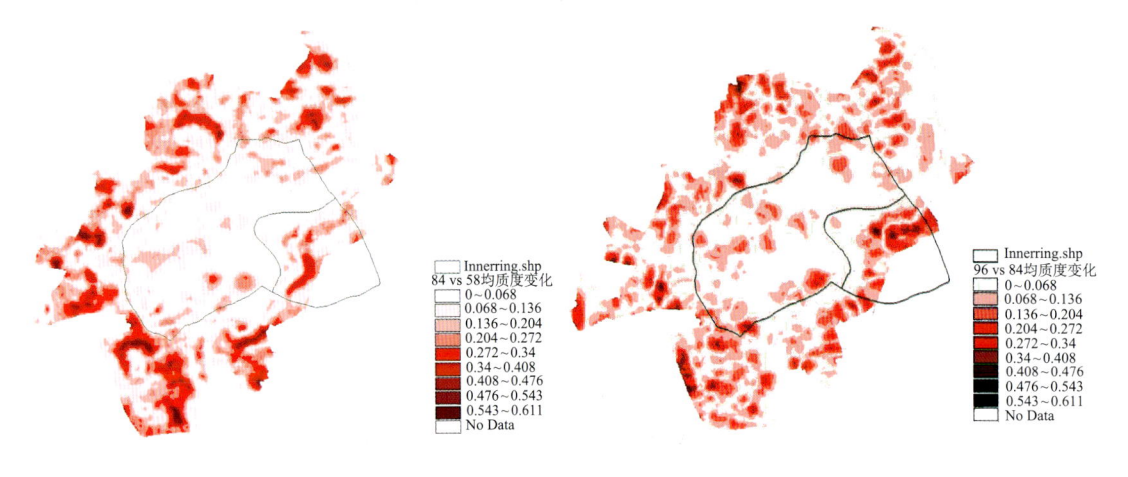

彩图 8—4 上海市中心城土地利用均质度
变化值域(1958~1984 年)

彩图 8—5 上海市中心城土地利用均质度
变化值域(1984~1996 年)

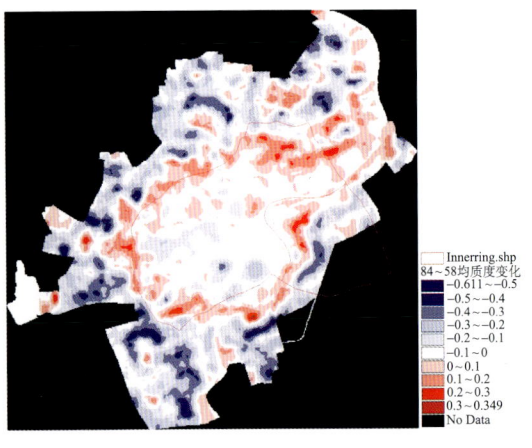

彩图 8—6 上海市中心城土地利用均质度
变化差值(1958~1984 年)

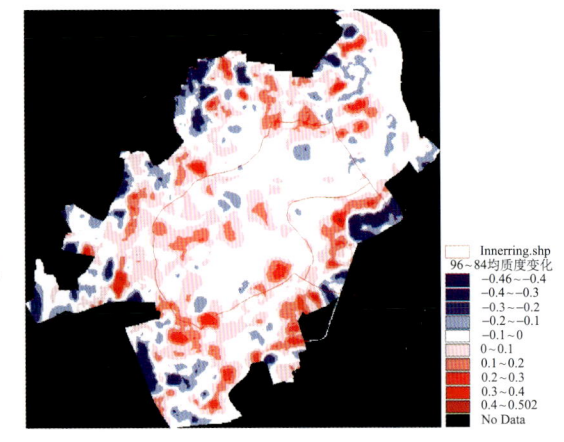

彩图 8—7 上海市中心城土地利用均质度
变化差值(1984~1996 年)

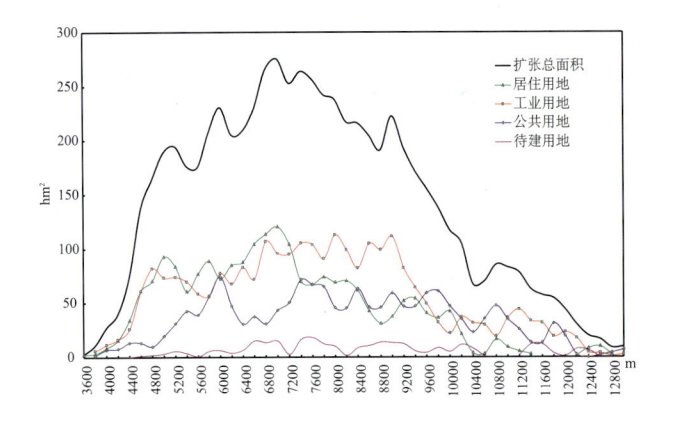

彩图 8—8 上海市中心城城市扩张的距离谱系
(1958~1984 年)

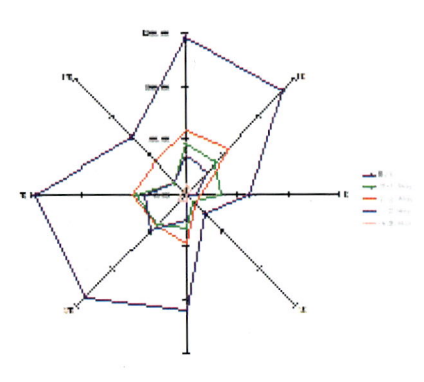

彩图 8—9 上海市中心城城市扩张的方位
谱系(1958~1984 年)

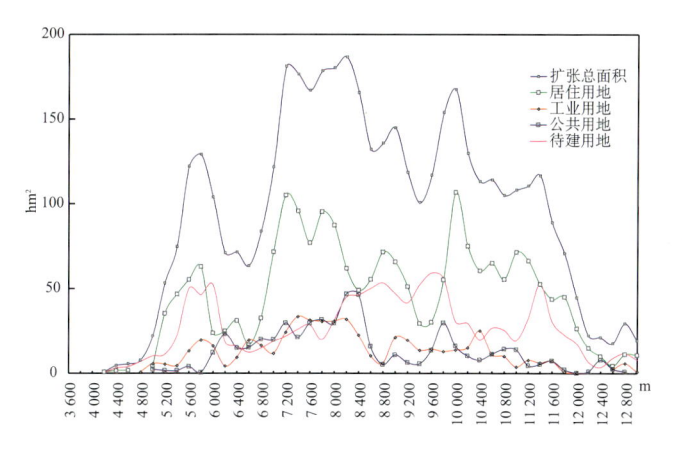

彩图8—10 上海市中心城城市扩张的距离谱系
(1984~1996年)

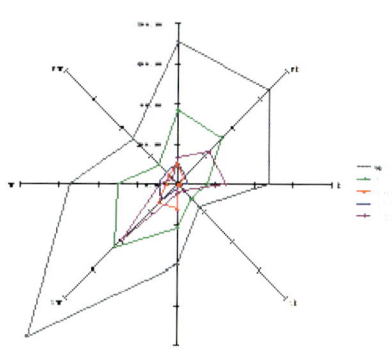

彩图8—11 上海市中心城城市扩张的方位
谱系(1984~1996年)

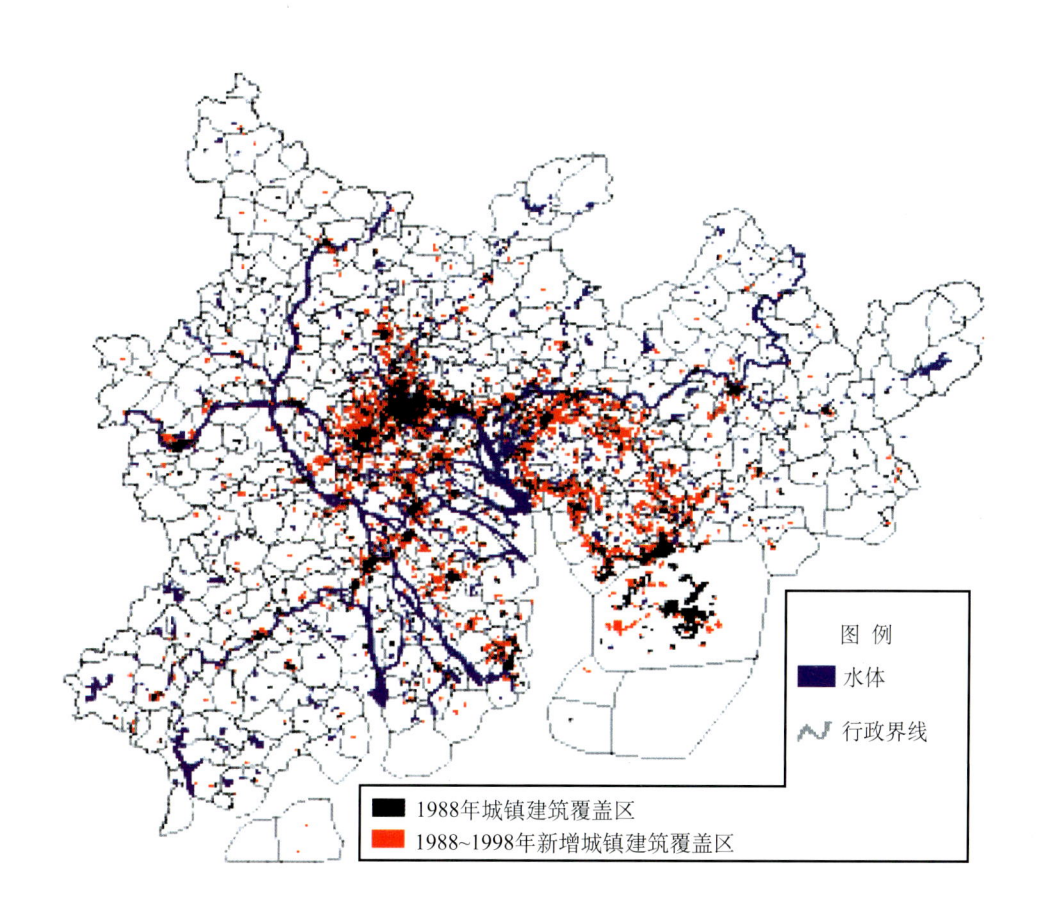

彩图10—1 珠江三角洲城镇群体空间扩展态势

彩图 10—2 珠江三角洲城镇用地扩展类型

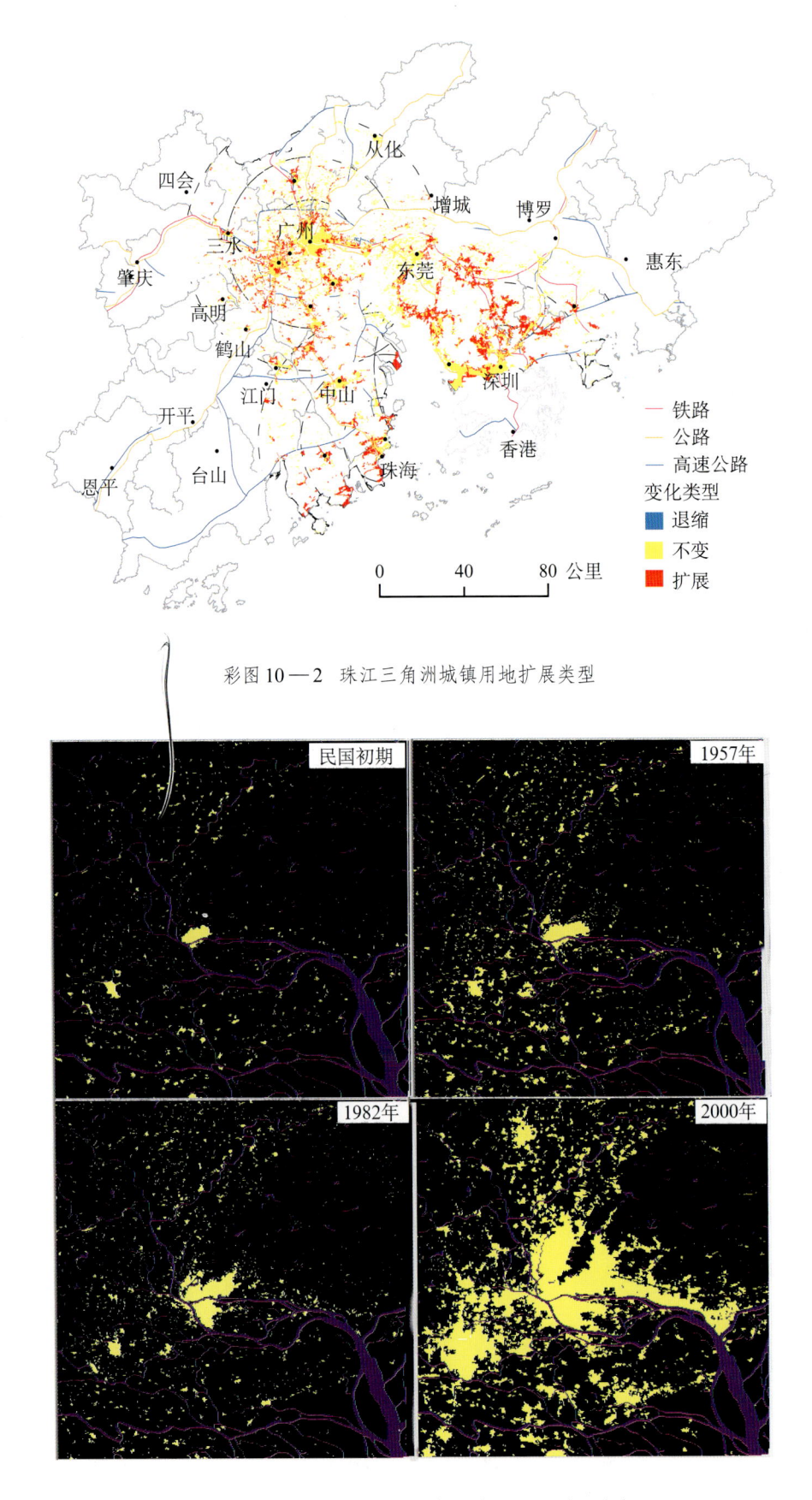

彩图 10—3 广佛都市区城乡聚落 20 世纪时空演变